上海交大 · 全球人文学术前沿丛书

王　宁 / 总　主　编　　祁志祥 / 执行主编

哲学、现代性与知识论

陈嘉明学术历程文选

陈嘉明　著

商务印书馆（上海）有限公司 出品
The Commercial Press (Shanghai) Co. Ltd.

　　陈嘉明，现任上海交通大学人文学院哲学系讲席教授、系主任。中国知识论专业委员会会长、中国现代外国哲学学会常务理事。曾任第24届世界哲学大会知识论分会联合主席。《哲学分析》、《清华西方哲学研究》、《德国哲学》、《现代外国哲学》、《上海交通大学学报》（文科版）的编委；Asian Journal of Philosophy 编委。曾受聘为"国家社科基金重大项目"、"国家社科基金成果文库"、教育部"长江学者"、"思勉原创奖"、"全国优秀博士学位论文"、美国"富布赖特基金"等项目的评审专家。获得过美国政府富布赖特基金英国学术院（British Academy）王宽诚基金，中国—欧盟高等教育合作基金等，在美国哈佛大学、加尔文学院，德国马堡大学，英国圣安德鲁斯大学，荷兰阿姆斯特丹大学等高校从事过访问研究或讲学。先后在《中国社会科学》、《哲学研究》、*Philosophical Forum*、*China Perspectives*等刊物发表过120多篇学术论文。论文在《新华文摘》等有较高的转载率以及被引用率，数次名列国内哲学学科"高被引作者榜"。获得过三次教育部优秀科研成果奖，四次省部级（上海市等）哲学社会科学优秀成果一等奖等，多次二等奖。是享受国务院颁发的政府特殊津贴专家、国家社科基金重大项目"当代知识论的系列研究"的首席专家等。

总序

经过各位作者和编辑人员的努力和在疫情期间的细心打磨，这套"上海交大·全球人文学术前沿丛书"很快就要问世了，我作为这套丛书的总策划和上海交通大学人文学院院长，应出版社要求特写下这些文字，权且充作本丛书的总序。

读者也许已经注意到这套丛书题目中的两个关键词：上海交大、全球人文。这正好涉及这套丛书的两个方面：学术机构的支撑和学术理论的建构。这实际上也正是我在下面将要加以阐释的。我想还是从第二个方面谈起。

"全球人文"（global humanities）是近几年来我在国内外学界提出和建构并且频繁使用的一个理论概念，它也涉及两个关键词："全球（化）"和"人文（学科）"。众所周知，全球化的概念进入中国可以追溯到20世纪90年代，我作为中国语境下这一课题的主要研究者之一对于全球化与中国文化和人文学科的关系也做了极大的推进。全球化这个概念开始时主要用于经济和金融领域，很少有人将其延伸到文化和人文学科。我至今还记得，1998年8月18—20日，时任北京语言大学比较文学研究所所长的我，联合了美国杜克大学、澳大利亚墨尔本大学以及中国社会科学院共同在北京举行了"全球化与人文科学的未来"国际研讨会，那应该是在中国举行的首次从人文学科的角度探讨全球化问题的一次国际盛会。出席会议并做主旨发言的中外学者除了我本人外，还有时任美国杜克大学历史系教授、全球化研究的主要学者之一德里克，欧洲科学院院士、国际比较文学协会名誉主席佛克马，中国科学院哲学社会科学学部委员、北京大学教授季羡林，中国社会科学院外国文学研究所所长吴元迈。会议的各位发言人对于全球化用于描述经济上出现的一体化现象并无非议，而对于其用于文化和人文学科则产生了较大的争议，甚至有人认为提出文化全球化这个命题在某种程度上就是为文化的西方化或美国化而推波助澜。但我依然在发言中认为，我们完全可以将文化全球化视作一个共同的平台，既然西方文化可以借此平台进入中国，我们也完全可以借此将中国文化推介到全世界。那时我刚开始在头脑中萌生全球人文这个构想，并没有形成一个理论概念。在后来的二十多年里，全球化问题的研究在国内外方兴未艾，这方面的著述日益增多。我也有幸参加了由英美学者罗伯逊和肖尔特主编的劳特里奇《全球化百科全书》的编辑工作，恰好我的任务就是负责人文学科的词条组织和审稿，从而我对全球化与人文学科的密切关系有了新的认识。特别是近十多年来中国文化以及中国的人文学术加速了国际化的进程，我便在一些国际场合率先提出"全球人文"这一理论构想。当然，我在全球化的语境下提出"全球人文"的概念，主要是基于以下几方面的考虑。

首先，在全球化的进程日益加快的今天，人文学科已经不同程度地受到了影响和波及，在文学界，世界文学这个话题重新焕发出新的活力，并成为21世纪比较文学学者的一个前沿理论话题。在语言学界，针对全球化对全球英语之形成所产生的影响，我本人提出的复数的"全球汉语"（global Chineses）之概念也已初步成形，而且我还指出，在全球化的时代，世界语言体系将得到重新建构，汉语将成为仅次于英语的世界第二大语言。在哲学界，一些有着探讨普世问题并试图建立新的研究范式的抱负的哲学家也效法文学研究者，提出了"世界哲学"（world philosophy）这个话题，并力主中国哲学应在建立这一学科的过程中发挥奠基性作用。而在一向被认为是最为传统的史学界，则早有学者在世界体系分析和全球通史的编撰等领域内做出了卓越的贡献。因此，我认为，我们今天提出"全球人文"这个概念是非常及时的，而且文史哲等人文学科的学者们也确实就这个话题有话可说，并能在这个层面上进行卓有成效的对话。面对近年来美国的特朗普和拜登两届政府高举起反全球化和逆全球化的大旗，我认为中国应该理直气壮地承担起新一波全球化的领军角色。在这方面，中国的人文学者也应该大有作为。

其次，既然"全球人文"这个概念的提出具有一定的合法性，那么人们不禁要问，它的研究对象是什么？难道它是世界各国文史哲等学科简单的相加吗？我认为并非如此简单。就好比世界文学绝非各民族文学的简单相加那样，它必定有一个评价和选取的标准。全球人文也是如此。它所要探讨的主要是一些具有普遍意义的话题，诸如全球文化（global culture）、全球现代性（global modernity）、超民族主义（transnationalism）、世界主义（cosmopolitanism）、全球生态文明（global eco-civilization）、世界图像（world picture）、世界语言体系（world language system）、世界哲学、世界宗教（world religion）、世界艺术（world art）等。总之，从全球的视野来探讨一些具有普适意义的理论课题应该就是全球人文的主旨；也即作为中国的人文学者，我们不仅要对中国的问题发言，同时也应对全世界、全人类普遍存在并备受关注的问题发出自己的声音。这就是我们中国人文学者的抱负和使命。可以说，本丛书的策划和编辑就是基于这一目的。

当然，任何一个理念概念的提出和建构都需要有几十部专著和上百篇论文来支撑，并且需要有组织地编辑出版这些著作。因而这个历史的重任就落到了上海交通大学人文学院各位教授的肩上。当然，对于上海交通大学在自然科学和工程技术领域的领军角色和影响力，国内外学界早已有了公认的评价。而对于其人文学科的成就和广泛影响则知道的人不多。我在这里不妨做一简略的介绍。实际上，上海交通大学历来注重人文教育。早在1908年，学校便开设国文科，时任校长唐文治先生亲自主讲国文课，其独创的吟诵诗文之唐调已成为宝贵的文化遗产。在这所蜚声海内外的学府，先后有辜鸿铭、蔡元培、张元济、傅雷、李叔同、黄炎培、邵力子等人文学术大师在此任教或求学。这里也走出了江泽民、陆定一、丁关根等中国共产党的领导人或高级干部。因此我们说这所大学具有深厚的人文底蕴并不算夸张。

新中国成立后，上海交通大学曾一度成为一所以理工科为主的高校，在改革开放的年代里，学校意识到了重建人文学科的重要性和必要性。经过多次调整与改革，学校于1985年新建社会科学及工程系和文学艺术系，在此基础上于1997年成立了人文社会科学学院。2003年，以文、史、哲、艺为主干学科的人文学院宣告成立，上海交通大学基础文科由此进入新的发展时期，并在近十多年里取得了跨越式的发展。其后，又有两次调整使得人文学院的学科布局和学术实力更加完整：2015年5月12日，人文学院与国际教育学院合并为新的人文学院，开启了学院发展的新篇章；2019年，学校决定将有着国际化特色的高端智库人文艺术研究院并入人文学院，从而更加增添了学院的国际化人文色彩。

21世纪伊始，学校发力建设世界一流大学，在弘扬"人文与理工并重""文理工相辅相成"优秀学统的同时，强化人文学科建设，落实国家"人才兴国""文化强国"和"建设创新型国家"的战略目标。经过近二十年的建设，人文学院现已具备了从大学本科到博士研究生的完整的培养体系，并设有中国语言文学一级学科博士后流动站。学院肩负历史重任，成为学校"双一流"学科建设的重点。

人文学院以传承中华文化为核心，围绕"造就人才、大处着笔"的理念，将国家意志融入科研教学。人为本、学为根，延揽一流师资，培养一流人才，以学术促教学；和为魂、绩为体，营造和谐，团队协作，重成绩，重贡献；制度兴院，创新强院，规范有序，严格纪律，激励创新，对接世界。人文学院将从世界竞争、国家发展、时代要求、学校争创一流的大背景、大格局中不断求发展，努力成为人文学术和文化的传承创新者，一流人文素质教育和国际学生教育的先行者，学科基础厚实、学术人才聚集、人文氛围浓郁的学术重镇，建设"特色鲜明、品质高端、贡献显著、国际知名"的人文学院。

人文学院下设中文系、历史系、哲学系、汉语国际教育中心、艺术教育中心，国家大学生文化素质教育基地挂靠学院。世界反法西斯战争研究中心、中华创世神话研究基地作为省部级学术平台，人文艺术研究院、战争审判与世界和平研究院、神话学研究院、欧洲文化高等研究院、上海交通大学—鲁汶大学"欧洲文化研究中心"和东京审判研究中心等作为校级学术平台，挂靠人文学院管理。学科布局涵盖中国语言文学、中国历史、哲学、艺术等四个一级学科。可以说，今天的人文学科已经萃集了一大批享誉国内外的院士、长江学者、文科资深教授和讲席/特聘教授。为了集中体现我院教授的代表性科研成果，我们组织编辑了这套全球人文学术前沿丛书，其目的就是要做到以全球的视野和比较的方法研究中国的问题，反过来又从中国的人文现象出发对全球性的学术前沿课题做出中国人文学者的贡献。我想这就是我们编辑这套丛书的初衷。至于我们的目标是否得以实现，还有待于国内外同行专家学者的评判。

本丛书第一辑出版五位学者的文集。分别是王宁教授的《全球人文视野下的中外文论研究》、杨庆存教授的《中国古代散文探奥》、陈嘉明教授的《哲学、现代性与知识论》、张中良教授的《中国现代文学的历史还原和视域拓展》和祁志祥教授的《中国美学的史论建构及思想史转向》。通过它们，读者可以了解这五位学者的学术历程、标志性成果、基本主张及主要贡献。欢迎学界批评指正。

是为序。

王　宁
2022年5月于上海

目录

自序　1

第一章　哲学的探究

第一节　先验论证刍论　9

一、先验论证问题的性质　9
二、先验论证问题的来源与发展　10
三、先验论证在形式上所潜藏的出现错误的根源　14
四、先验论证的性质及其必要性　17

第二节　康德与先验论证问题　22

一、康德的先验论证　23
二、先验论证的形式及其实质　25
三、先验论证的必要性　27
四、先验论证问题的启示　29

第三节　概念实在论：康德哲学的一种新解释　34

一、"符合论"与"哥白尼式革命"　35
二、"对象"在康德哲学中的双重规定性　36
三、概念在康德哲学中的建构作用　38
四、形式方面的知性规则如何能决定认识内容上的有效性　40
五、思维的主观条件如何会使知识具有客观有效性　42

第四节　意识现象、所予性与本质直观　47

一、隐性的心理现象能否被"契合地"感知　48
二、所予的是否就是绝对的和明证的　57
三、间接性的本质是否能够被直观　62

第五节　哲学、"穷理"与合理性　67

一、哲学的"穷理"　68
二、哲学如何穷理　70
三、作为理论的判定与选择标准的"合理性"　72
四、"合理性"的判定标准　74

第六节　外在主义与一致主义可否融合　78

一、戴维森的外在主义思想　78
二、戴维森的一致主义思想　81
三、戴维森对外在主义与一致主义的调和　85
四、对戴维森思想的回应　89

第七节　事实与价值可分吗？　93

一、事实可以被赋予价值的属性　93
二、事实与价值二分的观点是不恰当的　98
三、事实与价值的内在关联性　99
四、价值观念得出的两种途径　101

第二章　现代性与人文思潮

第一节　"现代性"与"现代化"　107

一、现代性的诸种界说　107
二、"现代性"与"现代化"概念的区别　109
三、"现代性"之我见　113

第二节　个体理性与公共理性　118

一、康德的个体理性　118
二、罗尔斯的"公共理性"　121
三、公共理性的内涵、目标与特性　126

第三节　从普遍必然性到意义多样性　129

一、追求普遍必然性的近现代知识观　129

二、寻求意义多样性的后现代知识观　133

第四节　理性与现代性　139

一、"理性"与"合理性"概念　140

二、对理性的批判与重建　143

三、理性与当代中国现代性的建构　146

第五节　尊严与权利：基于中国社会视角的一种探究　151

一、传统儒家的尊严观　151

二、儒家尊严观在中国社会的影响　153

三、中国现代性过程中的尊严与权利　156

四、应当提升对"尊严"的认识　158

第六节　中国现代性研究的解释框架问题　161

第三章　知识与理解

第一节　经验基础与知识确证　171

一、所予论与经验基础　172

二、经验基础与信念的关系　176

三、"证据"意义上的经验基础　184

第二节　信念、知识与行为　189

一、从柏拉图到休谟的信念论　190

二、信念之谜的续解：从康德到当代　194

第三节　专名、摹状词与"葛梯尔问题"　202

一、葛梯尔的第一个反例源于专名与摹状词的混用　202

二、有关"名称"理论的三个问题　205

三、意义指称论是认识的语义学基础　210

第四节　理解与合理性　211

一、"合理性"的研究背景　212

二、理解的合理性问题　216

三、一些关于合理性的现有原则　219

四、"理解的知识论"的合理性原则　220

第五节　理解、理由与解释　223

一、理解与认识的差别　224

二、理解的基础并非在于事实性　228

三、事实、理由与理解　231

四、理解与解释的关系　235

第六节　"理解"的理解　238

一、当今知识论背景下"理解"诸理论之不足　240

二、"理解"的基本性质　242

第七节　无解释的理解是否可能　252

一、有关理解与解释关系说的简单回顾　253

二、利普顿的观点：没有解释的理解　256

三、对利普顿思想的否定　260

四、利普顿不适当地限制了"解释"的概念　265

第八节　理解与"命题主义"　267

一、命题主义的主张　268

二、反命题主义　272

三、理解论上的反命题主义　276

四、命题式的理解是理解的最终归宿　279

第四章　中国哲学中的知识论

第一节　中国哲学的"力行"知识论　287

一、中国传统的"知"的观念　287

二、以诚为立足点的"德性之知"　292

三、"力行"的知识论　295

第二节　儒家知行学说的特点与问题　301
一、"知"之概念的双义性　302
二、道德之知乃是一种"信念"　303
三、"心"的概念与两种理性　306
四、"知"转化为"行"的动机或助力问题　310

第三节　略论金岳霖《知识论》中的几个问题　313
一、知识论的目标并不仅仅是"通"　314
二、知识论无法以"正觉"为出发点　315
三、"所与"的能够是独立的外物吗？　318
四、"代表说"（表象说）是否用不着或"说不通"？　320
五、"真"到底是知识论的概念，还是形上学的概念？　322

第五章　中国传统哲学及其现代化问题

第一节　自然主义与形上学：孔子哲学与孟子哲学之不同　327
一、孔子的哲学属于一种"自然主义"　328
二、孟子的形上学与先验哲学　331
三、辨明孔子哲学与孟子哲学之不同的学理意义　336

第二节　仁者为何应当爱人　339
一、孔子的经验性思维方式　339
二、儒家的义务论伦理及其义利观　342
三、儒家义务论伦理的影响　344
四、哲学的形而上发问的意义　346

第三节　中国现代化视角下的儒家义务论伦理　349
一、有关儒家伦理反思的两种思路　350
二、儒家伦理是一种单边的"义务论"　353
三、儒家义务论伦理缺失"权利"的观念　360
四、"权利论"伦理对于中国现代化的重要性　364

第四节　内在论：儒家心学的一种新诠释　369

一、内在论的根据——心是本体　370
二、心有"同然"的预设及其"类"的逻辑　373
三、心灵投射与认识的准则　378
四、中国有无哲学？　380

第五节　从语言现象学看中国传统哲学现代化问题　382

一、"语言现象学"的概念　383
二、中国哲学中的语汇变化　385
三、中国哲学中概念的变化说明了什么　389

第六节　新儒学现象与哲学创新问题　391

一、"现代新儒学"过于依附于传统　391
二、新儒学所存在的问题的深层原因　395
三、汲取哲学研究上的经验以提升中国哲学　396

第七节　元哲学问题与中国哲学的发展　399

一、"元哲学"的概念　399
二、"元哲学"问题在儒学中的特殊表现：道统论　400
三、哲学研究的思路与方法　403

陈嘉明著作一览　413

自序

承蒙王宁教授主编"上海交大·全球人文学术前沿丛书",使我有机会来编选这么一本论文的自选集。此一心愿几年前已经萌生,只是由于手上总有事在忙,所以一直未能如愿。今日有此机缘,交稿又设期限,所以算作是在一种外力助推下所成就的结果。

这本自选集按照编委会的要求分成了五章,不过实际内容大体可分为三个板块:一是康德与一般意义上的哲学研究,二是现代性的研究,三是知识论的研究。这三个部分反映了我这几十年来学术上的兴趣与用功之所在。

我对康德哲学的研读是从上大学之后就开始的,说来与李泽厚先生有关。记得是在1979年,他来厦门大学做学术讲座,我当时只是一位大二的学生,斗胆拿自己的一篇文章向他请教。不想李先生回京后给我写了封信,推荐我先读好四本书,即康德的《纯粹理性批判》,黑格尔的《小逻辑》《哲学史讲演录》与《历史哲学》,并专门叮嘱:《纯粹理性批判》这本书最难读,要硬着头皮读下去。后来我果真硬啃下去,起初确有王国维所述的初读康德的那种"几全不可解"的感觉。后来我的硕士与博士的毕业论文皆做的是康德的研究,其中的博士论文《建构与范导——康德哲学的方法论》,可作为自己在这方面的代表作。当时(1989年)的答辩委员会可谓是阵容强大，汇集了京城的西方哲学研究名家，如齐良骥、张世英、王玖兴、叶秀山、王树人等，以及导师梁存秀先生。答辩委员会给了我这篇论文以较高的评价，称它是"近年来研究康德的博士论文中最值得注意的一篇"。毕业后王玖兴先生还邀请我参加他所主持的康德《纯粹理性批判》的翻译工作，承担该书最后的"先验方法论"部分。该书的出版颇费了一番周折，直至2018年才由商务印书馆出版。与此多少有点关系，虽然梁老师希望我能将康德的《判断力批判》重新译出，但我并没有遵行，尽管也到广州外国语学院进行了德语的培训，并到德国的马堡大学从事了半年的访学。但虽如此，我对于康德哲学也还一直情有独钟，不论是在厦门大学或是上海交通大学，都常开设康德哲学的课程，也仍然进行一些有关康德的研究，所做的工作包括为叶秀山、王树人主编的八卷本的《西方哲学史》撰写康德的"纯粹理性批判"部分。收录在此自选集中的《概念实在论：康德哲学的一种新解释》，属于后来对康德哲学的新解读。文章提出康德哲学一方面是实在论的，这在于它坚持承认对象的独立存在，包括使用"物自体"与"客体"概念来表示这一点；但同时康德哲学又是"概念实在论"的，因为在它那里实在又是通过我们的概念而被构造的结果，这集中体现在他的"哥白尼式革命"的思想上，即主张不是认识必须依照对象，而是对象必须依照我们的知识。

在20世纪90年代中后期，我的研究兴趣与方向之所以发生了改变，转向英美知识论的研究，与1995—1996年去英国的圣安德鲁斯（St Andrews）大学的访学有关。当时是由于申请到英国学术院（The British Academy）的"王宽诚教育基金"，所以才获得了这一机会。在那里我接触到了当代知识论的一些论著，因此产生了浓厚的兴趣。由于复印了一些资料，所以回国后就有了从事这方面研究的可能。当时并没有互联网这样的便利条件，且国内高校一般只能利用国家的研究生专款来购买极为有限的外文书籍，所以除非在北京、上海这样的地方，有国家图书馆等作为依托，否则在文献资料方面会受到很大的限制。我在知识论研究上还得到的另一个机会，是获得美国的富布赖特（Fulbright）基金，得以在2001—2002年到哈佛大学从事访问研究，利用那里极为丰富的藏书，写出了《知识与确证——当代知识论引论》。虽然它只是一部介绍性的著作，但在当时的情况下，作为国内第一部系统地引进当代知识论的著作，还是起到了积极的传布作用。回国后我开始带知识论方向的博士生，经过多年持续的培养，现在有几位已成长为教授了，多数学生也成为国内知识论研究的骨干力量。

自2014年获得国家社科基金重大项目"当代知识论的系列研究"之后，我的知识论研究便主要集中于"理解"论的方向。"理解"在西方哲学史上是一个重要的概念，它在近二三十年来重又活跃起来，成为知识论聚焦的一个热门话题。由于理解涉及的领域众多，包括语言、认识与行为等，因此要建立一个统一的理解论并不容易。我在理解论上也尝试着提出自己的一些想法，总的说来，是想通过"意义"概念来贯穿起所有的理解活动，也就是不论对于语词、命题或行为的理解，都可以归结为对意义的把握。这表现为理解是不仅知其然，而且还知其所以然的认识活动。这里的"然"字，指的是某种"理由"。这与国外学者一般将理解的基础建立在"事实"之上不同。理由不仅包括个别性的事实，而且还包括普遍性的法则、间接性的证言，乃至主观性的假设等。在真正把握了理由或根据之后，理解者就能够把普遍性的知识运用于解释个别性的现象，也就是具有了判断力。

在知识论的研究上，我的兴趣还包括对传统中国哲学，尤其是儒家的知识论的研究。儒家知识论的一个与西方知识论明显不同的特点，是把"德性之知"，也就是道德知识断定为唯一的知识，主张"知行合一"，强调认识的目的在于行动，因此我把它称为"力行的知识论"。这种知识论有其积极的、引导人们践行道德的一面，但同时也不适当地限制了知识的范围；特别是它贬低"闻见之知"，这种观念与科举制相结合，直接妨碍了以经验观察为基础的现代科学在中国的产生。

在我的学术探索中，也思考过一些有关中国传统哲学及其现代化的问题，特别是对现代新儒学提出一些批评。这方面的写作并非是什么一时的心血来潮，其实自己平时挺喜欢读些中国经典，这是作为一位中国人自然会有的了解自己的文化与哲学的渴望。现代新儒学的一个努力方向，是要实现中国哲学的现代化。不过在我看来，它最根本的问题在于过于依附传统，局限于传统，甚至讲道统，坐而论道，在经典里求学问。牟宗三哲学的一个主要思想，是阐发"内圣开出新外王"。不过就现实而言，如今不论是理论或是现实所面临的问题，早已不是由道德的自我觉知能否开出"新外王"，如何开出"新外王"，而是如何更有效地发展科学以及如何建立民主制度，乃至反思民主制度的不足，推进民主制度的完善等。在这样的背景下，谈论由"内圣开出新外王"，属于书斋里自我想象的问题，未免脱离于时代，落后于时代。这种思路与做法造成的结果是不能从根本上超越传统，致使哲学保持着往昔的形态与内容，变成与社会越来越隔绝的东西，成为少数人书斋内的"古玩"。

对中国传统哲学及其现代化的问题的关注，使我延伸到对如何做哲学的"元哲学"问题的思考，认为国内在哲学研究上存在的问题症结，在于缺乏一种在各类现象中发现哲学问题的思路，而往往局限于在书本中讨学问；对哲学的"具体的普遍性"特征缺乏应有的认识，而片面地强调哲学思考的特殊性，这实际上是画地为牢，束缚了中国哲学的发展；不能提出我们自己对问题进行解释的概念，而是只能借用已有的概念乃至整个概念框架，等等。

本书中还有的一部分内容，是有关"现代性"的问题。对此问题的关注与国内当时的思想热点有关，但更重要的是出于一种现实的关怀。当时中国处于改革开放的初始阶段，正努力争取实现现代化。因此，什么是现代性，它与现代化概念有什么区别与联系，如何解释与建构中国的现代性，自然就成为学界的一个普遍关注点。我也介入其中，除了进行概念与理论方面的梳理、评介之外，还思考了中国现代性研究的解释框架等问题。这方面留下的比较聊以自慰的作品，是列入北京大学出版社"名家通识讲座系列"中的《现代性与后现代性十五讲》，它迄今已印刷了10次，达到3万多册。

  回首往昔，学问之路漫漫修远，求索至今一晃已有三十多载。所留下的虽远非什么传世之作，但皓首穷经，其中自有一番甘苦，故也敝帚自珍。我这一生至今，自然有过不幸与幸运。不幸的是在14岁时（1966年）即遇上"文革"的浩劫，过早地因学校停课而离开校园，插过队，打过工，蹉跎岁月忽忽12年。幸运的是后来恢复高考，得以进入大学，并一直留在高校工作至今，从事自己所珍爱的事业。庄子尝云："人生天地之间，若白驹之过隙，忽然而已。"明年正好是自己的古稀之年，能够出版这样的一本集子，为一生的学术耕耘留下一册记录，令我在岁末之际写下这些文字时，心中难免有万千的感怀。

陈嘉明

2021年12月27日于上海万源城寓所

第一章 哲学的探究

第一节　先验论证刍论[①]

自康德（I. Kant）提出并实际做出有关范畴的先验论证（"先验演绎"）以来，这一问题持续地得到了关注。有如查尔斯·泰勒所说的，这种类型的先验论证在20世纪哲学中仍然扮演着重要的作用。[②]介入这方面探讨的著名哲学家包括普特南、罗蒂、诺齐克、斯特劳森等。在我国，近年来这一问题也得到了重视，一些学者发表了论文，表达了自己的有关看法。本节提出的想法主要是：先验论证属于一种形而上学的论证方法，其性质是概念分析的。

一、先验论证问题的性质

大家知道，数学与逻辑学有其独特的逻辑证明方法，物理学等经验科学则有通过可观察事实来检验的方法。那么，形而上学的方法是什么呢？

从广义上说，先验论证关涉到的恰是一种形而上学的论证方法：这种方法不同于运用在数学[③]中的推导与运算方法，以及运用于经验科学[④]中的观察与实验的方法；它的实质是一种"概念的论证"。正由于这种非经验的论证性质，使得形而上学命题不能得到经验的检验，所以时常陷于争论之中，例如关于"共相"之类的争论，甚至潜藏着一种真假莫辨的危险。

笔者的这一看法与通常将先验论证的目的看作是为某种思想、知识

[①] 本节原文发表于《哲学研究》2009年第11期。
[②] Taylor, Charles, "The Validity of Transcendental Arguments", in *Proceedings of the Aristotelian Society*, New Series 79, 1978–1979, p.152.
[③] 休谟将其称作"观念的关系"的领域；莱布尼茨则把有关的真理称为"必然的真理"。
[④] 休谟将其看作属于"实际的事情"的领域，并曾明确宣称，"没有人想象，火药的爆炸或磁石的吸引可以用先天的论证（arguments a priori）来发现"（Hume, David, *An Enquiry Concerning Human Understanding*, Oxford University Press, 2007, p.20）。

等寻求其可能性的条件,或看作是对怀疑主义的反驳不同。在笔者看来,已有的先验论证在这两个方面做出了尝试,但这并不意味着它的作用仅限于这两个方面。如果提升到更普遍的意义上来反思,那么它实际上乃是一种形而上学的论证方法。非经验的形而上学正是以这种方法为论证工具的。这一看法将在本节的第四小节具体展开。

二、先验论证问题的来源与发展

先验论证问题的发生,一般认为首先来自康德。康德所使用的术语是"先验演绎"或"先验证明"。对康德来说,为何需要进行先验的论证?这是因为他在知识的构成中分离出一种包括范畴与思维原则等在内的"先天知识"(即非经验,又具有普遍必然性的知识),它们构成经验知识的可能性的条件。在康德看来,从思维的形式方面说,经验只有通过范畴才是可能的。[①]

范畴之类的先天知识的提出,使得知识在类别上增加了新的一种;也就是说,除了已知的经验知识与逻辑(数学)知识之外,又发现了另一种类型的知识。既然这是一种不同的知识,因此从学理上说,自然就产生了类似法学意义上的它的运用的权限与"合法性"问题,或者说它的"权利"问题,并且在它的证明上,也相应地具有不同的性质与方法。不可否认,对于先天的知识,我们没有办法采用像数学或经验物理学那样的方式来进行证明。康德的先验演绎的方法论意义,正是在于它对这一问题不仅实际给出了上述先验的证明,而且还在理论上做出了详细的说明。

康德的这一说明有如下几个要点:一是,先验论证的目的和实质,是要证明诸如"因果性"范畴之类的先天知识构成经验的前提条件。在这方面,康德经常被引用的论断是,由先天范畴而建立起来的原理本身

---

① 康德:《纯粹理性批判》,邓晓芒译,人民出版社,2004年,§13。

"首次使它的证明根据即经验成为可能,并且永远必须在经验中被预设下来"①。二是,先验论证的标准是范畴等先天知识必须与可能的经验相关联,否则就会出现类似"二律背反"那样的超出可能的经验范围的错误推理与证明。对于这一点,康德给予反复的强调。②三是,先验证明的具体方法只能通过直接的证明来进行,而不能借助反证法;此外,这种证明必须是唯一的。③

除了有关范畴的先验证明之外,康德的"驳斥唯心主义"部分也被看作是先验论证的范例,而且后者的论证方式被认为与后来的哲学家如维特根斯坦、斯特劳森以及戴维森等所做出的先验论证更为相近。康德这方面所要证明的是,我们有关外部状态的知识构成内部状态知识的前提条件。"外部对象的存在是绝对必要的"④,甚至我们的内部经验也只有间接地,并且只有通过外部经验才是可能的。

在康德之后,后期维特根斯坦有关私人语言不可能的论证⑤,赖尔有关"两极概念"(polar concept)的论证⑥,都被视为是给出了某种先验论证。此外,戴维森、普特南、塞尔、斯特劳森等人,也同样被认为在他们的著作中给出了先验的论证。⑦不过,这些哲学家之所以做出这种论证,主要针对的是怀疑论。这里尤其要提到斯特劳森,因为他在《个体》和《感觉的界限》中做出的先验论证被认为是当代最经典的,并且它们在20世纪下半叶重新引起了对这一问题的关注。

---

① 康德:《纯粹理性批判》,第569页。
② 康德:《纯粹理性批判》,第598页。
③ 康德:《纯粹理性批判》,第602—605页。
④ 康德:《纯粹理性批判》,第205页。
⑤ 维特根斯坦:《哲学研究》,汤潮、范光棣译,生活·读书·新知三联书店,1992年,§202–272。
⑥ 其论证是:就像除非存在真币,否则不可能有假币一样,同理,除非我们有某种东西是"对"的概念,否则我们不会有"错"的概念。因此,怀疑论的如下主张——任何时候我们都可能在未察觉的情况下犯错,就被驳斥了。
⑦ Dancy, J. and Sosa, E. (eds.), "Transcendental Arguments", in *A Companion to Epistemology*, Blackwell, 1992, pp.506–507.

有意思的是，就斯特劳森本人而言，他对先验论证的评价并不高。在《个体》一书中，他仅有一次提到"先验论证"，认为它是"非常一般、非常模糊的论证"，没有必要把哲学立场建立在这种论证之上。① 应当说，他的这一先验论证之所以引起注意，主要应当归之于后来者的诠释，即把它诠释为反驳怀疑主义的一种论证方式。本来，从全书的主旨来说，斯特劳森要论证的是他的"描述的形而上学"的两个基本信念：一方面，是我们具有一个包含着统一的时空系统图式在内的认识的框架（概念框架）；另一方面，存在着物体和个别的人，它们的可辨识性构成了认识框架存在的条件。或者说，一方面，认识框架构成了我们思考外部事物的可能性的条件，它作为"公共参照点"限制着我们的整个谈话方式和思维方式，决定着我们对个别事物的"定位"②；同时另一方面，作为认识框架的构成要素的单一的时空系统又是由经验实在所构成的。外部事物（尤其是物体和个别的人）的存在及其可辨识性，又是使得我们的认识框架获得可能的条件。在进行这种辨识时，我们需要某种标准或方法，因为我们是在不同的场合使用相同的框架。③ 可以看出，这两个信念在斯特劳森那里是相互依存的。这也就是斯特劳森所认为的，他的"分析"概念不同于一般"分解"意义上的分析，而是还要寻求把握概念与概念之间的联系——"在体系中寻找并建立联系"。④

刚才提到，斯特劳森的先验论证之所以受到重视，主要是因其被看作对怀疑主义的一种驳斥方式。不过对于斯特劳森的《个体》一书而言，反驳怀疑主义并不是它的主要目的。该书中论及怀疑主义的篇幅很有

---

① Strawson, *Individuals*, Routledge, 1959, p.40.
② Strawson, *Individuals*, pp.29–30.
③ Strawson, *Individuals*, pp.39–40.
④ 斯特劳森：《我的哲学》，载欧阳康主编《当代英美著名哲学家学术自述》，人民出版社，2005年，第416页。

限，只在四个地方出现。① 在这本书中，斯特劳森认为典型的怀疑主义者的"更为深刻的特征在于，他假装接受某个概念图式，但同时又悄悄地拒绝其运用的某个条件，因此他的怀疑是不真实的。这并非单纯是因为它们是逻辑上无法解决的怀疑，而是由于这些怀疑只有在这个图式中才有意义"②。

对怀疑主义的性质的这一刻画，同样构成斯特劳森有关"他者心灵"的论证的模式。他指出，要回答怀疑主义关于在思想者自己之外是否他人还具有思想或感觉的问题，我们只需论证，将心理状态归属于他人的能力构成了将心理状态归属于自己的先决条件。因为这一论证表明，任何做出这种怀疑的人所具有的先决条件，同样也是其他人所具有的。因此，假如怀疑主义是说得通的，那么它就是错误的。或者具体地说，认为自己能够具有感觉的前提，是认为其他人也同样能够具有感觉。而要将怀疑主义表达出来，本身就包含着认为自己是具有感觉的。因此这一先验论证的结论是，假如怀疑主义的这一思想是可以表达的，那么它也是错误的，亦即它不能否定他人也能够这样，从而不能否定"他者心灵"的存在。③

斯特劳森的这种先验论证产生了广泛的影响。在有关的回应文章中，美国知识论学者斯特劳德（Barry Stroud）发表于1968年的《先验论证》一文，引起了普遍的关注。他在这篇文章里对斯特劳森的先验论证进行了详细的分析，并质疑其有效性。在他看来，斯特劳森提出了我们在一个单一的时空系统的认识框架中能够辨识（identify）或再辨识（reidentify）个体，以及具有进行这种辨识和再辨识的可满足的标准。但这实际上意味着

---

① Strawson, *Individuals*, pp.34–35, 78, 106, 109.
② Strawson, *Individuals*, p.35. 另可参见下述引文："就许多怀疑主义问题来说，它们的陈述都假装接受了概念图式，同时又悄悄地否认其存在的某个条件。这就是为什么在它们被表达的用语里，它们是不可解决的。"（p.72）
③ "Transcendental Arguments", in *Routledge Encyclopedia of Philosophy*, Routledge, 1998.

一种"证实原则"。① 也就是说,对于所要证明的论题,不能仅仅从我们的思想、从事理上讲得通的东西那里,来推演事物存在的状况。因此,先验论证最终取决于按照它的标准在外部世界中进行检验。② 由此,他为斯特劳森的论证再补充了一个步骤,即"我们有时知道我们所具有的重新辨识个体的最好标准已经得到满足"③,认为这样就能够保证有关个体在外部世界中存在的论证是有效的,能够驳倒怀疑主义的攻击。既然斯特劳森的先验论证实际上蕴涵着证实原则,那么我们大可直接诉诸证实原则,所以斯特劳德得出的结论是,先验论证要么是错误的,要么是多余的。

三、先验论证在形式上所潜藏的出现错误的根源

斯特劳德把先验论证的症结所在归结为对"证实原则"的依赖,他的这一结论是有一定道理的,适用于特定的对象范围。不过,斯特劳德本人不加区分地把上述结论运用于所有不同对象类型的先验论证,这就过于绝对了。这里先着重分析先验论证在形式上所潜藏的出现错误的根源,然后在下一小节中再来对先验论证的对象范围加以区分,以阐明它在特定范围内的必要性和有效性。

本来,康德之所以要采用先验论证的方式,乃是由于范畴属于"非经验"的概念;假如它们是经验性的东西,就不会产生这类论证上的麻烦,而只需诉诸经验来检验,就像物理学之类的经验科学所进行的那样。

由于不能直接采用经验的证明方式,因此另一条可以走的道路就是

---

① Stroud, Barry, "Transcendental Arguments", in *The Journal of Philosophy*, vol.65, no.9, 1968, pp.247–248.

② 罗蒂也赞同斯特劳德的看法,认为斯特劳森的先验论证确实依赖于证实主义。他并且认为,斯特劳德表明了某种很重要的东西,这就是,"没有任何先验论证能够证明诸如物质对象的必然存在"。罗蒂的结论是:"我们唯名论者不需要康德的'先验论证'的新形式","唯一可靠的先验论证是实用主义的论证"(Rorty, "Verificationism and Transcendental Arguments", in *NOÛS*, vol.5, no.1, 1971, pp.3–14;罗蒂:《真理与进步》,杨玉成译,华夏出版社,2003年,第297页)。

③ Stroud, Barry, "Transcendental Arguments", in *The Journal of Philosophy*, p.247.

采用逻辑证明的方式，来证明范畴是经验之所以能够成立的前提条件。这样，条件者与被条件者（或对象）之间就构成一种逻辑关系。通常认为，先验论证在结构上表现为：仅当p，则q；q是真的，因此，p是真的。①在逻辑结构上刻画出先验论证的形式，无疑是有益的。不过从另一方面说，假如局限于从逻辑关系上来把握先验论证，有可能陷入一种危险，类似于逻辑推理中的"实质蕴涵怪论"那样。也就是说，论证的前后件关系能否在内容上成立，不能仅仅依靠其形式来断定，而是要通过其内容方面的联系来断定。如果仅仅按照形式方面来断定，则可能有类似"实质蕴涵怪论"的情况出现——假命题实质蕴涵任何真命题，真命题被任何命题所实质蕴涵。例如，"假如2加2等于5，那么雪是白的"。这意味着即使在形式上构成一种逻辑关系，但前后件之间可能在内容上毫不相干，是一种虚假的关系。所以针对"实质蕴涵怪论"，逻辑学先后提出"严格蕴涵"的概念以及"相干逻辑"，为的就是防止这类内容上不相干的东西造成蕴涵关系上的混乱。

与此相仿，假如先验论证的前件与后件被论证者视为具有逻辑条件关系，但实际上在内容方面却是不相干的，且又不能见诸经验来验证，那么问题就产生了，即它们可能在表面上形成一种逻辑条件关系，但事实上这种关系却不存在。这样，不管如何费劲地进行概念上的论证，并且似乎也显得十分有道理，但由于无法诉诸事实的验证，其中存在的问题就难以察觉。

了解到这类论证可能潜藏的问题所在，我们也就容易理解康德的用心。虽然考虑问题的着眼点与我们不同，但康德仍然反复强调先验证明需要与"可能的经验"（注意：不是"现实的经验"）相联系。例如，他写道："在先验知识那里，只要它仅仅与知性概念发生关系，那么这个准绳

---

① 可参见徐向东的表述：(1) Y是可能的，只有当X是现实的；(2) Y是可能的；(3) 因此，X是现实的。这是把先验论证看作在论证现象Y与现象X之间所存在的作为必要条件的逻辑关系（徐向东：《怀疑论、知识与辩护》，北京大学出版社，2006年，第188页）。

就是可能的经验。"①他并且告诫说,假如不注意这一点,那么证明就会像决堤的洪水一样四处泛滥,不可收拾。②也就是说,这种证明就或许会超越可能经验的范围,其结果就会产生一些既无法证明其真,也无法证明其假的"先验的假象"。

不过,虽然康德把可能的经验视为先验证明的"准绳",但对于他的范畴的先验论证来说,问题恰恰在于我们无法满足他所设定的这一证明的标准,因为他的这一论题(范畴是经验的客观有效性与普遍必然性的前提条件)纯然是形而上的、非经验的。这样,康德所论证的那十二个先天范畴是否构成经验的客观有效性与普遍必然性的条件,事实上也就成了一个理论上的"悬案":即使在概念上得到充分的论证,但由于它们无法满足用经验的"准绳"来衡量这一条件,其有效性如何终究是难以确定的。

此外,由于强调经验验证的准绳作用,康德反对在先验论证中使用"反证法",认为先验的证明无论何时都应当是直接的、明示的证明,而不应当使用反证法。因为尽管反证法也能带来确定性,但无法使我们理解构成事物之真的"可能性的根据"。③而我们知道,先验论证要证明的正是这一根据。因此,反证法所能达到的结果,不过是一种暂时满足理性的"权宜之计",它并不能从根本上解决问题。康德特别指出,在纯粹理性的"先验尝试"中,更不允许通过反证法来为自己的主张辩护,因为这种通过对反题的反驳来达到为自己的主张进行辩护的方式,不过是表现了对立意见与我们所能理解的那些主观条件的冲突,它实际上并没有做出任何事情来拒绝反题本身。尤其是在对有关宇宙的理念所进行的论证中,其要害也是它们脱离了经验,属于"超验的"使用,从而处于主观的"辩证假象"之中,因此完全不可能通过反驳对立一方来反证地达到真知识,也即

---

① 康德:《纯粹理性批判》,第598页。
② 康德:《纯粹理性批判》,第598页。
③ 康德:《纯粹理性批判》,第602页。

处于我们所熟知的所谓的"二律背反"中。①

不论是把可能的经验设定为先验证明的"准绳",还是反对在先验论证中使用反证法,总之,康德的用意是很明显的,就是要防止这类概念的论证出现问题或错误,如同他所指出的"先验假象"那样。不过,由于问题的根源恰恰在于这些需要论证的形而上学概念或命题本身的性质上,所以它实际上是避免不了的。在没有经验能够提供验证的情况下,先验论证只能通过提供合理性的证明,使得人们可以有学理上的理由来对相关的概念或命题做出判断和选择。

四、先验论证的性质及其必要性

前面已经论述过,先验论证由于其论证方式本身存在的前提与结论(所设定的命题与所要寻求的条件)之间的相干性问题,容易导致一些错误的出现,并且就斯特劳森式的具体论证来说,又产生了斯特劳德所指出的有待经验证实的问题,以及其他的批评,如它只能从假定的前提中得出单纯概念的、分析的结果,从逻辑的观点看这样的论证并没有什么特别的意义等。面对这样的批评,先验论证的合理性与必要性就成为一个问题。不过,在笔者看来,先验论证还是有其必要性的,关键在于它的"论域"的确定,也就是说它有特定的运用范围;在这些范围里,先验论证的运用有其必要性。这意味着虽然先验论证对于一些对象并不适用,有如斯特劳德所指出的那样,但它在某些特定的对象范围里有其适用性。这些对象范围是,在经验本身无法提供对某些命题的验证的情况下,诉诸先验论证就

---

① 康德:《纯粹理性批判》,第604页。顺便提及,赵汀阳在《先验论证》一文中曾提出:"康德总结出来的先验论证所使用的核心技术其实也是归谬法的技术,其新意在于选取了一个自卫性的角度,即试图去证明p的否定命题¬p不可能成立。"他并且具体归纳出所谓先验论证必须能够满足的"两个技术指标"(如构造一个p的反论¬p等),认为"先验论证的关键点就在这里"(赵汀阳:《先验论证》,载《世界哲学》2005年第3期,第98页)。这些看法实际上与康德的原意正好相反,对照上面的论述即可看出这一点。

成了不可替代的选择。换句话说，一方面，对于那些能够通过经验进行检验的思想或命题，无须进行先验论证；另一方面，对于那些无法或一时无法通过经验来验证的形而上学概念或命题，则只有通过先验论证来进行。这类概念或命题包括：

1.一般形而上学的概念或命题，如康德式的先天范畴、个别与一般问题、因果性问题（任何事情的发生都有其原因）、他人心灵的问题，以及诸如"我们每个人在任何时候都有……一种统一的关于殊相的知识框架"之类的命题。①

2.道德形而上学与宗教哲学方面的概念与命题，如"自由"和"正义"等概念、"上帝"观念、灵魂问题，以及"人是生而自由的""人都有自由意志"之类的命题。

这里的麻烦在于，虽然上述概念或命题都属于形而上学的概念或命题，但它们各自所需要论证的问题却属于不同的方面。对于康德式的先天范畴来说，需要论证的是其有效性问题；对于价值理念来说，需要论证的是其合理性问题；而对于宗教的"上帝"等观念来说，需要论证的则是其可信性问题。这些不同的思想对象与问题都用"先验论证"来解决，自然会引起对先验论证的有效性的质疑。反之，假如将这些思想对象与问题的种类区分清楚，那么我们也就不会一概而论地说，所有的先验论证都是多余的，最终都是需要付诸经验的验证的。下面对此分别加以说明。

首先，对于一般形而上学命题，例如"外部存在是经验认识之所以可能的条件"等，它们与经验命题的不同之处在于：后者是可以通过可感觉、可观测或可实验的过程来检验的，如天下雨那么地湿，这是可感觉的，如天体的大爆炸假说，这是目前通过对谱线红移的观察而得到支持的，等等；而前者所考虑的事物之间的关系，则不可能通过上述的途径得到证实，因此这种关系一般来说是通过哲学的反思所设定的。例如，"自

---

① 斯特劳森：《我的哲学》，载欧阳康主编《当代英美著名哲学家学术自述》，第14页。

由意志"的观念、共相与殊相的关系、"我们每个人在任何时候都有一种统一的关于殊相的知识框架"的命题,等等,这类形而上学的概念与命题的特点,在于它们的"非现象性",这就使先验论证有其必要性。但同时,也正是由于这种形而上的性质,为争议留下了广阔的空间,同时也使先验论证潜藏着因难以通过实证检验而产生的风险。这也是为什么形而上学总是处于争议之中的一个缘故。

对于康德式的范畴来说,需要论证的是其有效性问题。这类问题与价值理念方面的问题不同,不论时间的过程如何推移,它们都不会产生,更不会增加其经验性。举例来说,不论是在康德生活的18世纪,还是在200多年之后我们所处的今天,当谈论康德的先天范畴的有效性的命题时,这样的命题并不因为时间的推移而增加经验的成分,从而可以让我们像今天来评判当年的法国大革命一样看得更清楚些;相反,康德的上述命题在今天依然像他所提出时一样,是一个纯粹思辨的问题。因此,对它的证明也就依然需要像康德那样来先验地给出;虽然人类的具体思维经验增加了许多,但都改变不了康德的范畴的非经验性质。范畴对于思维无疑是必需的,但不能将它们的作用夸大到能够为经验带来普遍必然性乃至"客观性"的程度。

形而上学最典型的一个问题,是个别与一般的问题。什么是"一般"?它仅仅是名词,还是也是实体?一般与个别又是什么关系?一般是否体现了个别的本质?要论证这方面的问题,显然只能通过概念的论证来进行。大家都知道在中世纪有唯名论与唯实论的争论,而在现代,奥斯汀声称唯实论者以"共相"和唯名论者以"相似性"对概念所做的解释都是错误的。他否认"共相"的存在,断定先验论证并不能证明"共相"的存在,其结果是我们并不知道概念是什么。这些对"一般"概念的性质的不同解释,反映的是先验论证的结果所潜藏的争议性。

其次,是有关自由、正义等价值理念的论证。这类问题的特点是,它们的合理性虽然在社会实践中是可以得到验证的,但其中有一个时间方面的问题，即它们属于"未来"的领域，只有在付诸实践后的或近或远的将来，才能评价其后果。也就是说，在这类观念刚提出时，由于这些观念在现实领域中并没有相应的对象存在，所以对于它们是否具有合理性、是否能够被社会所接受、是否应当付诸实践、是否会产生好的效果等问题，无从加以判断，而是首先需要进行理论上的、学理上的证明，也即先验的论证，否则不但无法形成共识而被社会所接受，而且如果贸然运用到社会实践中去，将社会作为一个试验场，则一旦有所失误，其代价将是巨大的。但是当这类观念被运用于社会实践之后，它们的合理性如何就可以结合现实的结果来加以判定。此时，这类观念就逐渐增加了经验的性质，从而人们也就可以根据实践经验的结果来对它们进行调整和修正。

对于宗教的"上帝"等观念来说，需要论证的则是其可信性问题，这关涉到的是宗教心理、宗教体验的问题。它是一种单纯主观方面的问题，所谓"因信称义""信则灵"，本来就不属于经验验证的范畴。因此，这又是属于另一种类型的论证。

将这几类不同性质的先验论证加以区分之后，我们就可以得出结论说，像斯特劳德那样不加区别地断定先验论证最终需要诉诸经验的证实，否则要么多余要么无效的做法是错误的。上述加以区分的几种情况，它们都有着进行先验论证的需要，但是最后的结果并不一样：其中如价值观念是可以与经验相关联的，其合理性是可以结合经验来判定的；而类似康德那样的范畴则是始终无法通过经验来验证其有效性的（也即无法验证它是否能够为经验带来客观有效性、普遍必然性等）。

上面解释了先验论证的适用范围，余下的一个问题是，先验论证既然有用，那么这一论证方法的性质与特点又是怎样的呢？

从先验论证的性质上说，前面已经提到，它属于不同于经验与逻辑的"概念上的论证"。普特南曾经对他所提出的"先验推理"的性质进行过说明，这些说明对理解先验论证的性质具有参考价值。他指出，"先验推理是先假定某些一般前提，或做出某些非常宽泛的理论假设，然后去考察什么样的可能性是合乎情理的。这样一种程序既不是'经验的',也不完全是'先验的',而是这两种方法兼而有之"。普特南还指出,他的这种程序同康德的"先验"研究有密切的联系,它所考察的也是思想的"前提条件"。①

设定某个理论前提,然后从学理上,也就是概念上对其有效性进行考察,可说是先验论证的基本特征。先验论证所能做的充其量也就是这些。假如我们对照斯特劳森在《个体》一书中的论证思路,那么它与普特南的上述界说显示出相当程度的一致性。在该书中,斯特劳森一开始就设定了我们思考世界、思考特殊事物的方式是以某种"概念框架"为前提的,然后通过对殊相的辨识中这一概念框架所起的工具作用的认定,来论述其有效性②,这实际上也就是考察普特南所说的那种所设定的前提的可能性与合理性。

从方法上说,先验论证作为概念的论证(学理上的论证),主要是分析的。这一道理并不难理解。既然无法诉诸事实,也不能凭借单纯的逻辑推理,那么所能做的就只是在设定的前提与所要寻求的构成该前提的必要条件之间进行概念上的分析。这里需要指出的是,先验论证所使用的"概念分析"方法,并非仅是通常的"分解"要素的狭义上的方法。概念的分析固然要分析出对象所包含的要素,但分析哲学后来认识到的一个重要思想,是要把这些要素看作是处于联系之中的。有如斯特劳森所做的那样,他的分析方法寻求建立起概念与概念之间的系统联系。③康德要建立起范畴与经验之间的联系,斯特劳森要建立的则是我们辨识殊相的概念图式与

---

① 普特南:《理性、真理与历史》,童世骏、李光程译,上海译文出版社,1997年,第21页。
② Strawson, *Individuals*, pp.15–17.
③ 在《我的哲学》的自述中,斯特劳森谈到他对"分析"方法的看法,并提出了应当抛弃"那种过分特殊的或过分狭窄的分析概念",而用一种"新的模式"来取代,即重视"在体系中寻找并且建立(概念之间)的联系"(斯特劳森:《我的哲学》,载欧阳康主编《当代英美著名哲学家学术自述》,第416—417页)。

特殊的事物之间的联系。

上文说到，在西方哲学中，先验论证往往被看作是针对怀疑主义的。实际上，对怀疑主义的反驳也属于概念的论证；假如这样的反驳是属于经验论证的话，那么它是多余的，因为不论是外部世界的存在、事物运动的真实性、他者心灵的存在等，本来都是不争的事实。怀疑主义挑起的恰是概念论证的问题，这类问题通过经验是不能给出令人满意的回答的。例如，对于感觉到了的物质的存在与运动，我们如何从概念上来证明它们，而不是诉诸常识或经验，诸如通过举起手来证明手的存在，用走路来证明运动的存在？假如只是借助常识，停留于尝试，那无异于宣布人类并不存在智力与思想。

第二节 康德与先验论证问题[①]

"先验论证"问题的实质在于，哲学尤其是形而上学作为非经验的学说，其论证方式既不能是经验归纳的，同时也不能是逻辑演绎的情况下，它作为一种哲学的论证方式的可能性。先验论证的精神实质及其重要性也正是在这里。

一般认为，"先验论证"是康德首先做出的，它主要出现在康德《纯粹理性批判》中的两个地方，一是有关范畴的"先验演绎"，二是"对唯心主义的驳斥"。从1959年斯特劳森的著作《个体》出版起，先验论证问题重新引发了哲学家们的关注，有关的争论这些年仍在继续中。这方面的原因可说是与分析哲学家重新认可"形而上学"的地位有关。由于形而上学本身论证的需要，使得哲学家们重新诉诸先验论证的方法。近年来，先验论证问题在中国学者中也引起一些关注。

[①] 本节原文发表于《厦门大学学报》（哲学社会科学版）2010年第4期。教育部人文社会科学研究项目"经验与先验——知识论基础问题研究"（09YJA720017）、福建省社科规划项目"内在主义与外在主义——当代知识论研究"（2008B061）的阶段性成果。

一、康德的先验论证

我们先就上述的两个方面分别论述康德本人的先验论证思想。

康德把有关"范畴"的先验论证称为"先验演绎",其目的是要证明范畴这种思维的"主观性条件"怎么会具有"客观的有效性"[①],也就是构成经验知识之所以可能的客观的"条件"。笔者把康德对先验演绎的这一解释视为先验论证的目的与实质,也就是说,把先验论证看作是寻求某种思想或认识的可能性的条件,而不是像一些分析哲学家那样,把反驳怀疑论看作是先验论证的目的。这一来符合康德本人的原意,二来这一性质的论证,正是非经验性的哲学本身所需要的,而不仅仅是反怀疑论的需要。

不过,这样的范畴学说给康德在论证上造成很大的麻烦,他须得费力地证明范畴具有这样的"功能"和"有效性",或者换句话说,需要证明范畴的使用的"合法性"(正当性)问题。他认为,这一证明的性质,就像法律诉讼中有关"权利"的证明一样。

康德本人除具体做出了这一先验论证之外,还从理论上对这一论证的性质和特点做出了说明。一是,先验演绎(论证)的目的和实质,是要证明诸如"因果性"范畴之类的先天知识构成经验的前提条件。这涉及哲学知识的性质问题。在康德看来,哲学属于一种"由概念而来的理性知识"[②],或者说是"按照概念做推论性的判断"的知识[③],这有别于"构造概念"的数学知识。所谓"按照概念做推论性的判断"的知识,指的是哲学的认识乃是在普遍中思考特殊,这种思考的具体方式是将普遍的、形式性的概念与个别性的直观相结合,其中概念(范畴)是进行判断的根据,直观(表象)则是被提供为判断的"质料"的东西,也就是把"现象"这一实在的内容置于概念之下来加以规定。二是,先验论证的标准是范畴等

---

① 康德:《纯粹理性批判》,第82页。
② 康德:《纯粹理性批判》,第560页。
③ 康德:《纯粹理性批判》,第557页。

先天知识必须与可能的经验相关联，或者说可能的经验（现象）构成范畴使用的界限，否则就会出现类似"二律背反"那样的超出可能经验范围的错误推理与证明。这一"界限"的思想构成康德范畴论的一个基本内容，在《纯粹理性批判》第二版的"纯粹知性概念的先验演绎"一节的第22与23小节中得到具体论述。三是，先验证明的具体方法只能通过直接的证明来进行，而不能借助反证法。因为反证法的证明虽然可以带来认识的确定性，但"不能带来对真理的在其可能性根据之关联上的可理解性"，因此反证法的证明只能说是一种"权宜之计"。①四是，这种证明必须是唯一的。因为哲学既以概念为思考的根据，而且每一个先验的原理都只从一个概念出发，以之来确立对有关对象表象的综合的可能性的条件，所以"这个证明根据只能是一个唯一的根据"②。简言之，概念的唯一性，决定了根据以及相应的证明的唯一性。

除了有关范畴的先验证明之外，康德的"驳斥唯心主义"部分也被看作是先验论证的范例，而且后者的论证方式被认为是与后来的哲学家，包括维特根斯坦、斯特劳森以及戴维森等所做出的先验论证更为相近。康德这方面所要证明的是，我们有关外部状态的知识构成内部状态知识的前提条件。"为此外部对象是绝对需要的"③，甚至我们的内部经验也只能间接地，并且只有通过外部经验才是可能的。注意到康德这方面的提法，那么当我们见到斯特劳德对先验论证的批评——即由于先验论证最终需要诉诸经验证实的原则，因此这种论证要么是多余的，要么是错误的——就会知道这一批评实际上是不得要领的，因为康德的先验论证本来就已指出它是以"外部经验"为依据，是在这样的前提下进行的。例如，他写道："在先验知识那里，只要它仅仅与知性概念有关，那么这个准则就是可能

---

① 康德：《纯粹理性批判》，第602页。
② 康德：《纯粹理性批判》，第601页。
③ 康德：《纯粹理性批判》，第205页。

的经验。"①他并且告诫说，假如不注意这一点，那么证明就会像决堤的洪水一样四处泛滥，不可收拾。也就是说，这种证明就或许会超越可能经验的范围，其结果就会产生一些既无法证明其真，也无法证明其假的"先验的假象"。

在当代西方哲学家有关先验论证的探讨中，他们大都关注先验论证问题的第二个方面，从而使得先验论证成为一个用来反驳怀疑主义的工具。与此相反，在笔者看来，康德的先验论证最具普遍哲学意义的，其实是在第一方面，即寻求并论证认识（经验知识、思维、形而上学等）的可能性的条件，因为这涉及哲学作为一种非经验的思维方式，以及它的特有论证方式应当是什么的问题。对此我们在后面还会继续论及。

二、先验论证的形式及其实质

自20世纪后半叶以来，先验论证的问题在西方哲学界一再引起关注，产生了大量的讨论文章。争论的焦点主要集中在这种论证的有效性，以及它是否能够成功地反驳怀疑论。

斯特劳森的《个体》一书首先使用"先验论证"的概念，并进行了这方面的论证，掀开了先验论证回归的序幕，虽然他本人对这样的论证评价不高，认为它是一种"非常一般、非常含糊的论证"②。因为对于斯特劳森本人来说，哲学的方法是一种概念分析的方法，并且这种分析不同于一般意义上的"分解"要素式的分析，而是重在建立这些要素间的系统联系的分析。

在斯特劳森之后介入有关先验论证问题的探讨的著名哲学家，包括普特南、罗蒂、诺齐克等人。此外，虽然并不直接介入问题的探讨，但被认为在其著作中做出先验论证的，有后期维特根斯坦有关私人语言不可

---

① 康德：《纯粹理性批判》，第598页。
② Strawson, *Individuals*, p.4.

能的论证，赖尔有关"两极概念"的论证，以及戴维森、塞尔等人的有关论证。

在论证形式上，先验论证被归结为下述的逻辑形式：仅当p，则q；q是真的，因此p也是真的。

应当说，所归纳出的这一论证方式是属于先验论证的最基本的逻辑形式上的结构，而实际上做出的先验论证在内容上则要复杂得多。以康德的论证为例，为了论证范畴作为经验的先天条件，就其最基本的思路来说，他分别从主体的认识能力和逻辑工具两个系列进行论证，且先后在《纯粹理性批判》第一版之后写出的《未来形而上学导论》以及《纯粹理性批判》第二版中，对这一论证进行了修改，包括在《未来形而上学导论》做出将"客观有效性"概念等同于"普遍必然性"概念，以便从范畴在逻辑上具有普遍有效性来推出它们能够为经验判断带来客观有效性的结论，以此解决主观性的逻辑条件如何能够确保经验判断的客观有效性的难题。[①]

就上述的论证的逻辑形式本身而言，由于先验论证的对象一般是非经验的命题，因此这种论证容易产生的问题，在于所论证的命题与其根据之间是否确实存在那样的条件关系，即使它们在论证上符合上述的逻辑形式。假如局限于从逻辑关系上来把握先验论证，那就可能陷入一种危险，类似于逻辑推理中的"实质蕴涵"。"假如2加2等于5，那么雪是白的"这样的推理式，从形式推理的角度上判定是有效的，即使它的前件与后件之间并不存在实质上的关联，而只是由于满足了假言推理的真值条件。不过，对于非形式逻辑的论证，也就是当涉及内容方面的关联关系时，我们就不能仅仅从逻辑形式关系上加以判定，而是需要判定前件与后件之间是否具有实质性的、有效的联系。就康德的先验论证而言，也就是需要判定范畴与经验之间是否具有实质性的、有效的关系，判定范畴是否构成经验

[①] 陈嘉明：《建构与范导——康德哲学的方法论》，社会科学文献出版社，1992年，第100—102页。

的普遍必然性的条件。这种范畴与经验之间的条件关系，显然是不能仅从形式方面来加以断定的。也就是说，即使你在论证上把范畴与经验之间的关系断定为一种必要条件的关系，但它们是否就是这种关系，是要取决于实际情况的。

因此在本人看来，对于先验论证来说，重要的并非在于这一论证的形式。从逻辑的角度来说，对先验论证的这种形式上的把握，并没有什么太大的意义，尽管刻画出这一论证的逻辑形式有其技术上的作用。先验论证的主要意义在于它的目的，也就是康德所提出的证明有关论题的"正当主张"（Rechtsanspruch）及其"正当性"（Rechtmäβigkeit）、"权利根据"（Rechtsgrund）问题，或者说是从"学理上"对有关论题进行严格论证的问题，这才是先验论证的实质所在。正当性的证明就是对"根据"的寻求，对证明的理由的寻求。所以，哲学实际上就是某种"理"学，是论究事物的"理"之所在的学问。

三、先验论证的必要性

在西方已有的争论中，先验论证的作用受到一些质疑，其中最有力的批评来自斯特劳德的文章《先验论证》（"Transcendental Arguments"）。他声称，由于先验论证最终依赖于某种经验的证实原则，因此这种论争要么是多余的，要么是错误的。其他的批评意见则认为，先验论证只能从假定的前提中得出单纯概念的、分析的结果，等等。这些批评使得先验论证的合理性与必要性成为一个问题。

上面已经提到，笔者认为，先验论证问题的普遍意义在于，哲学尤其是形而上学作为一门非经验的学说，其特有的论证方式是什么的问题。哲学的论证方式既与归纳不同，同时也与演绎不同，因此先验论证的必要性首先就体现在它作为哲学论证方式这一作用上；至于作为反驳怀疑论的工具，这一作用则在其次。也就是说，哲学尤其是形而上学的一些概念、命题构成先验论证的特定领域。这意味着虽然先验论证对于一些对象并不适用,有如斯特劳德所指出的那样,但它在特定的对象范围里有其适用性。这些对象范围是,在经验本身无法提供对某些命题的验证的情况下,诉诸先验论证就成了不可替代的选择。换句话说,一方面,对于那些能够通过经验进行检验的思想或命题,无须进行先验论证;但另一方面,对于那些无法通过经验或一时无法通过经验来验证的形而上学概念或命题,则只有通过先验论证来进行。这类概念或命题包括:

1.一般形而上学的概念或命题,如康德式的先天范畴、个体与共相问题、因果性问题(任何事情的发生都有其原因)、他人心灵的问题以及诸如"我们每个人在任何时候都有……一种统一的关于殊相的知识框架"之类的命题。[1]这类命题所考虑的事物之间的关系,不可能通过经验的途径得到证实,因此这种关系通常只能通过概念的反思来设定。例如,什么是"共相"?它仅仅是个名词,或是实体?共相与个体又是什么关系?共相是否体现了个体的本质?要论证这方面的问题,显然只能通过概念的论证来进行。在本人看来,从某种意义上说,先验论证就是一种在学理上进行的概念的论证,其方法主要是分析的。这种分析旨在找出概念之间的关系,找出这种关系的"根据"(理由)所在。不论我们对"共相"是什么、共相与个体是什么关系做出何种断定,总要对这些断定的"正当性"做出论证,这就属于先验论证。通过这种论证,概念之间的根据及其关系确定了,论题的"正当性"问题也就随之而解。

2.道德形而上学与宗教哲学方面的概念与命题,如自由、正义等概念,上帝观念,灵魂问题,以及"人是生而自由的""人都有自由意志"之类的命题。这方面的先验论证的目的,同样是给出有关这些观念的正当性根据。以罗尔斯为例,他对于自己提出的两条正义原则[2]的正当性、合

---

[1] 斯特劳森:《我的哲学》,载欧阳康主编《当代英美著名哲学家学术自述》,第14页。
[2] 这两个原则是:第一,每个人对于其他人所拥有的最广泛的基本自由体系相容的类似自由体系都应有一种平等的权利。第二,社会的和经济的不平等应当这样安排,使它们被合理地期望适合于每一个人的利益;并且依系于地位和职务向所有人开放。见罗尔斯:《正义论》,何怀宏等译,中国社会科学出版社,1988年,第56页。

理性的根据何在，是通过"原初状态"的设定，给出一个在本人看来属于广义的"先验论证"。之所以这么看，一是因为罗尔斯的这一论证是非经验的，另一是在"先验"一词在康德那里属于某种"认识方式"的意义上。罗尔斯明确指出，他的这一论证的目的，是要给出支持接受所提出的正义两原则的根据，给出有关它们的合理性的解释。就其论证的形式而言，它采用的是一种假设—演绎的方式，即在给出"原初状态"的假设的前提下，进行严格的逻辑推演，以达到说明两个正义原则正是由原初状态出发进行选择的结果。

罗尔斯的这一论证与康德意义上的先验论证既有相同又有不同之处。相同之处在于，它们都是寻求有关论题的正当性、合理性的说明，并且这种证明都是在无法诉诸经验证实的状态下做出的（对于罗尔斯的正义原则来说，至少对于时下的经验来说是如此）。因此，罗尔斯声称他所进行的演绎"从头到尾都是高度直觉的"[①]。不同之处在于，罗尔斯的论证不是寻求使事物（如"经验"知识）得以可能的条件，而是反过来，构造某种条件（原初状态）来论证所要证明的命题（两个正义的原则）是这一条件的结果。上述分析似可扩展我们对"先验论证"可能具有的样式的理解。

四、先验论证问题的启示

对于中国哲学的发展而言，先验论证所体现的这种重视学理性论证的精神，正是我们亟须加以吸收的，并使之成为学术精神的一个重要组成部分。

这里以牟宗三对康德把意志"自由"作为一种"假设"的批评为例，来说明这一问题。康德以其"只有现象才是可认识的对象"为原则，将超感官的、非现象的"自由"视为一种"假设"，并以道德法则作为这一设定的认识理由。不过，在牟宗三看来，将自由作为假设不但在逻辑上是有

---

① 罗尔斯：《正义论》，第116页。

问题的，而且还会使康德所讲的全部道德真理成为没有着落的东西。他秉承熊十力的思想，断言自由并不是某种"假设"，而是一种"呈现"。①

牟宗三的反驳过程是这样的："自由"为什么不必采用"假设"的方式，而是其存在能够直接得到断定呢？这首先是因为心乃是道德的本体，自由自律的意志可还原为"道德觉情"的本心。由于自由属于无限心的必然属性，因此不必像康德那样只是作为理性的一个"假设"。其次，他把理性也等同于心，把自我的立法看作是它的明觉作用，也就是说，理性自我的立法即为一种"明觉"；立法是在觉知、感受中来立法。"它觉、它感受，即在此觉与感受中，转出'智的直觉'。"②

在这一论证中，牟宗三的非学理性首先表现在，他用一些非分析的、含糊的语言来说明这种智的直觉的产生，如"自我震动"、"逆觉体证"、"朗现"、自我的"放射之光"等。在他看来，智的直觉也就是明觉的自我活动之震动。他经由此振动而返照其自己、惊醒其自己，而使自由自律的意志成为一种自身力量的呈现、朗现。

是否这一论证真的有如牟宗三自己所言的那样，比康德来得远为彻底，或者说是那么可靠？这里让我们进行一番分析。

1.牟宗三用"性体"这一概念来表示中国古代哲学中的"本心""仁体"和"良知"。首先，它们被看作是一种"实体"——"性即是体"。"性体既是绝对而无限地普遍的，所以它……为一切存在之源的。不单是吾人之道德行为由它而来，即一草一木，一切存在，亦皆系属于它而为它所统摄，因而有其存在。"③其次，这一"体"仅仅通过"寂感真几一概念"就能"即转而为本体宇宙论的生化之理，实现之理"④，也就是成为一个"创

---

① 郑家栋编：《道德理想主义的重建——牟宗三新儒学论著辑要》，中国广播电视出版社，1992年，第340—315页。
② 郑家栋编：《道德理想主义的重建——牟宗三新儒学论著辑要》，第307页。
③ 牟宗三：《智的直觉与中国哲学》，中国社会科学出版社，2008年，第166页。
④ 郑家栋编：《道德理想主义的重建——牟宗三新儒学论著辑要》，第341页。

造原则","即表象'创造性本身'的那个创造原则"①。甚至连"自然系统之'然、自然'都是它的创造性之呈现的结果"②。道德性的、主观的心体、性体,如何能够有那么大的法力,甚至连自然世界也能创造出来呢?不仅如此,"智的直觉"这样一种原本只是直观的能力,也被说成是"创造的实现原则"③。这样的论说虽然听起来酣畅,但却是有悖科学精神的。

此外,从概念的类别上说,性体作为实体,表示的是一种存在物的概念,如何又能说它是一个创造的"原则"?"实体"与"原则"是两个根本不同类别的概念,表示的是两类不同的东西。实体是物质性的,原则是思想性的,两者如何能够随意等同,而且甚至连任何理由都不给出?不论是作为"实体"或是"创造原则",它们又如何能够"表象"什么东西?"表象"是一个与认识能力、认识行为相关的概念,不论是性体或创造,都不可能进行"表象"。再有,承认智的直觉的目的,"重在表示本心仁体乃至自由意志实可为一具体的呈现而已"。假如不是这样的话,牟宗三认为,那么"康德关于道德所说的一切,俱是废话"。④说本心是可"呈现"的,甚至是随时呈现的,如"恻隐之心""羞恶之心"等,这一说法甚至在日常语言的用法上都说不通。在汉语的通常含义中,"呈"指的是"显现、显露",指的是可见的现象,"现"字则更不待说了。而"心"这样的东西,显然是不可显现的。对于是否有恻隐之心,说可通过"体验"来获得,这是合乎情理的;但说它是可"显现"的,把内在心灵的活动说成是一种现象,则在学理上是说不通的。

以同样的方式,牟宗三还说:"'道'虽不可说,即不能用一定的概念去思考,然而它的真实性(绝对必然性)也还是呈现于我们的'虚一而

---

① 牟宗三:《智的直觉与中国哲学》,第166页。
② 郑家栋编:《道德理想主义的重建——牟宗三新儒学论著辑要》,第342页。
③ 牟宗三:《智的直觉与中国哲学》,第160页。
④ 牟宗三:《智的直觉与中国哲学》,第174页。

静'的道心之前的。"①"道"既然甚至无法用概念来加以思考,如何还能"呈现"在我们之前?这样的"呈现"不是成为一种很神秘的东西了吗?

2.就从"此觉与感受"中转出"智的直觉"这一点而言,同理,我们要问的是,它是现象上可认识的吗?不是。是经验上可证实的吗?也不是。是概念上可分析的呢?同样不是。诸如智的直觉也就是明觉的自我活动之"震动"之类的说法,只是一种譬喻性的说法,完全是非学理性的、非分析的,甚至有点概念游戏的味道。如果自我的"震动"这样含混的语言能够用以进行哲学证明,那还有什么是不可证明的呢?

3.对"德性之知"的论证。牟宗三提出,按照宋儒的说法,知不只是"知性之知",还有"德性之知",并认为"此德性之知亦曰'天德良知'"。在引用了程明道的"良知良能皆无所由,乃处于天,不系于人"之后,他断言:"此即纯然是天德诚明知自我活动,不是由于其他东西之影响而活动。……此在中国是宋明儒共许之义,几乎是家常便饭,然而康德处于西方学术背景之下,却反复说人不可能有这种知。"②问题是,"知"是一个什么概念,属于什么范畴?自然科学之"知"与道德之"知"是否同属一个类型?在知识论中,"知"的构成被认为具有三个要素:真、确证与相信;也就是说,可知的东西至少需要是可辨别真假的。但道德并不是一个真假的问题,而是一个善恶、正当性的问题。

4.自由是否可以是一种"呈现",而不必作为某种"假设"?当康德声称由于自由并非是可见的现象,因而不能断言它的存在,而只能作为"假设"时,是否他真的犯了牟宗三所说的错误,不恰当地把有关经验认知的界限标准误用于道德实践?或者我们只能有一种一致的标准,不论对经验知识还是道德实践都是如此?这涉及"元哲学"的问题。也就是说,我们依据什么样的准则,来断定心是体,心与自由能够呈现,德性也是一

---

① 郑家栋编:《道德理想主义的重建——牟宗三新儒学论著辑要》,第319页。
② 牟宗三:《智的直觉与中国哲学》,第164页。

种知？元哲学确立了，"吾道"就会一以贯之，学理上也就顺畅了。

由上可见，牟宗三在论证上至少存在这么两个缺陷。一是他缺乏某些元哲学的思想准则（诸如"现象学"的或"实在论"的，等等），用以断定自由、"道"是否可以是一种"呈现"，还是只能作为"假设"之类的根本问题；二是他在本体论、认识论与道德论之间随意转换概念，而没有给出理由上的说明，没有给出清晰的概念分析。这两个缺陷归结起来，可以说都属于缺乏学理性论证的表现。

由此我们也可以进一步联想到中国传统哲学的问题。上述牟宗三哲学思想的缺陷，实际上正是中国传统哲学的思想方式影响的结果。中国传统哲学的经典文献多是以语录、注释的方式出现的，比较缺乏逻辑的、系统的论证。此外，它们多专注于"修齐治平"或"阴阳、理气"之类的具体内容规定，而缺乏一种"元哲学"的思考。甚至直到新儒学那里，这样的不足也还是存在着。"元哲学"的问题，即哲学是什么，哲学的对象是什么，哲学的思想方式与论证方法又是什么，等等，很难说得到什么专门的思考。与此相反，西方哲学则不断地反思这样的问题，这构成它们哲学思考的一个特点，也是它们的哲学形态能够时常更新的根源所在。例如，康德将当时已有的形而上学都视为非科学的，真正的、科学的形而上学还是有待建立的，而他的"批判哲学"是为建立这一科学的形而上学做准备的。胡塞尔认为已有的哲学还不是严格的科学，因此需要实现从思想态度到思想方法的整个转换（例如从"自然思维的态度"向"现象学思维的态度"的转换），才能建立起作为严格科学的哲学（"现象学"）。维特根斯坦则认为以往的哲学都犯了"语言混乱"的错误，因此需要加以治疗。

与此相比照，中国传统哲学由于缺乏元哲学的思考，因而使得哲学始终停留于原有的状态，而难以发生根本形态上的变化。类似"哲学如何能够成为严格的科学"的问题一直没有发生，所以类似"先验论证"之类的问题也无从产生，从而新形态的哲学也就不能产生。包括新儒家在内的哲学，虽然吸收了一些现代西方哲学的内容，但从形态上来说，依然还是属于传统哲学的。上述牟宗三的哲学从其命题到论证方式即显得如此，也就是它依然属于陆王心学那样的哲学形态。

除了哲学本身进步的需要之外，先验论证问题之所以值得重视，还在于它作为学理性的论证所体现的一种学术精神。这方面的反思对于一般意义上的学术训练而言，也具有普遍的、现实的意义。中国的教育从私塾式的制度转向现代教育，表面上的新教育体制建立起来了，但相应的学术训练方法却没能得到同步的提升，尤其是对于人文学科而言。数学与自然科学由于其学科的性质，自然需要有科学思维的手段，如演绎推理、观察与归纳等。但对于人文学科来说，特别是对于哲学这样的非经验学科来说，是否明确意识到规范的学术方法的训练以及如何自觉地进行这样的训练，却不是一个一目了然的问题。传统的思维方式通过大量的经典文献以及解读性的著作依然在影响着我们，造成了我们在学理性意识与学术训练方面的某种欠缺状态。

第三节　概念实在论：康德哲学的一种新解释[1]

当代分析哲学家斯特劳森曾经这样说过："任何哲学家只有在用他自己时代的术语来重新思考前人的思想时，他才能理解他的前人。"[2]本节的想法与这一思想相似，目的是对康德哲学的性质提出一种新解释，即把它看作是一种"概念实在论"，进一步分析康德这一哲学所面临的困难与问题，并提出自己的一些见解。

本节所使用的"概念实在论"一语，基本上与布兰顿的用法相同。他写道："麦克道威尔和我都是关于世界的概念实在论者。我们认为，世

---

[1] 本节原文发表于《哲学研究》2014年第11期。国家社科基金项目"'元哲学'研究"（10BZX047）、厦门大学社会科学繁荣计划项目"知识论研究"的阶段性成果。

[2] Strawson, *Individuals*, p.11.

界实际上是独立于人的,但已经被概念塑造。"①之所以说康德哲学是实在论的,在于它坚持承认对象的独立存在,包括它使用"物自体"与"客体"概念来表示这一点。但同时康德又是"概念实在论"的,认为实在又是通过我们的概念而被构造的结果,这集中体现在他的"哥白尼式革命"的思想上,即不是认识必须依照对象,而是对象必须依照我们的知识;也就是说,"一切经验对象都必须依照这些概念(按:指康德给出的四组十二个'范畴')且必须与它们相一致"②。这意味着,概念构成了对象的可能性的根据;不是对象使表象(概念)成为可能,而是"表象(概念)使对象成为可能"③。上述康德思想的两个方面表现出一种矛盾,因为对象既然是独立于认识主体而存在的,那么它们就不会是认识构造的结果。这一矛盾的产生,应当说是源于康德哲学在其前提上的矛盾,也就是,它一方面在真理观上接受"符合论"的思想,同时又要进行它的"哥白尼式革命",于是两种相反意义上的"对象"概念就被接纳在同一哲学体系中。

一、"符合论"与"哥白尼式革命"

在真理观上,康德认可传统符合论的界定,即"真理是知识和它的对象的一致(Übereinstimmung)",并把它看作是给定的、作为前提的(geschenkt, und vorausgesetzt)。④但他同时又对符合论提出批评,认为由于认识的对象都是各不相同的,都有其特殊性,因此从认识的内容上是不可能提出一个充分的、普遍的真理标准的。这样,符合论的真理标准就只不过是一个思维形式方面的逻辑标准,即要求知识与知性、理性的普遍形

---

① 陈亚军:《德国古典哲学、美国实用主义及推论主义语义学——罗伯特·布兰顿教授访谈》(上),载《哲学分析》2010年第1卷第1期,第173页。
② Kant, *Kritik der reinen Vernunft*, Verlag Von Felix Meiner in Hamburg, 1956, BXVIII.
③ Kant, *Kritik der reinen Vernunft*, A92/B125.
④ Kant, *Kritik der reinen Vernunft*, A58/B82. 康德在其他地方也给出同样的真理定义:"……具有真理,即与客体相符合。"(A158/B197)"……真理……即概念与客体的符合一致。"(A642/B670)"知识和客体的一致即是真理。"(A191/B236)

式法则相一致。而由于这样的形式标准并无法用来判别认识在内容上的错误，因此它只能是真理的"必要条件"，从而也只是"消极的条件"①，是真理的"消极的试金石"②。

由于真理必须要与知识的内容相关，而普通逻辑又只能建立起真理的形式标准，无法满足真理在内容方面的要求，因此康德试图建立一种"先验逻辑"，以满足这一要求。他的先验逻辑的目标，是提供经验的可能性的条件。这些条件包括两大类：一类是作为"统觉"的"自我意识"这样的认识能力条件，另一类是"范畴"（基本的概念）这样的作为内容方面的认识规则的条件。之所以满足了这些条件就能够达到在内容上与对象相一致的要求，是因为在康德看来，范畴本身是与对象相关的东西，所以如果认识的活动遵照了范畴所规定的"规则"来进行，就会产生与对象相符合的结果。而这样一来，康德哲学自身就产生了一个与符合论相反的结果：不是认识去符合对象，而是对象必须符合我们的认识。而这一主张，恰恰是概念实在论的主张——对象无法独立于我们的概念而存在。

从理论上说，符合论与概念实在论是相冲突的。前者要求认识与对象相符，而后者则声称对象是经由认识塑造的结果。康德努力想把这两个矛盾的方面统一起来，这是通过他对"对象"做出上述的双重规定而实现的。

二、"对象"在康德哲学中的双重规定性

对"对象"的实在性的肯定，首先表现在"物自体"概念上。这一概念的第一个基本含义，是作为独立于主体的外部存在，提供认识的来源。此外，"物自体"还有另外两个含义：一是作为追求把握知识整体的范导理念，另一是作为实践理性的道德领地。③物自体作为认识来源的提

---

① Kant, *Kritik der reinen Vernunft*, A60/B84.
② Kant, *Kritik der reinen Vernunft*, A61/B84.
③ 参见陈嘉明：《建构与范导——康德哲学的方法论》，第22—32页。

供者的作用在于，它刺激我们的感官，使之产生"现象"。因此，物自体的实在性进一步表现为，它是现象的基础。

这样，在康德那里，认识的对象就被区分为两个层面：一是作为现象的基础的，也就是构成认识来源的"物自体"，但它们自身是不可认识的，可以被认识的只有显现出来的现象。另一是作为可认识的对象的"现象"；而现象之所以是可以认识的，是因为它依存于我们感性的一些主观条件，包括作为直观的纯粹形式的空间与时间。用康德的话来表述就是："……我们的知识仅仅与现象打交道，这些现象的可能性存在我们自身中。"[①] 把现象规定为是依存于主体而存在的东西，就使"认识使对象成为可能"在理论上能够得到解释，也就是使概念实在论成为可能。具体说来，康德论述了两个系列的条件，即主体认识能力方面的条件与逻辑的、认识的规则方面的条件。前者体现为感性的感知能力与知性的表象综合能力的结合，后者表现为范畴及其蕴含的经验综合原则的有效性。这两个认识系列条件运用的结果，是产生了作为认识综合结果的"客体"概念，即"在其概念中结合着一个所予直观的杂多的那种东西"，也就是它包含两个构成要素：一是概念，二是直观。"客体"乃是这两个要素的结合，从而是认识建构或塑造的结果。

可见，关键之处在于，把对象区分为"物自体"与"现象"，为康德解决符合论与哥白尼式革命的建构论之间的矛盾提供了理论上的解释，同时也为康德所要做出的科学与道德具有各自的领地的安排提供了理论上的可能。

康德在"对象"观念上的特殊界定，使得他的实在论具有一种特殊的品格。假如从正面的、积极的意义上去看待它的话，我们可以说它具有这样的优点：一方面，它承认了对象存在的实在性，这是与现实世界存在的情况相符的、合乎常理的；另一方面，它又证明了对象是离不开我们的

---

① Kant, *Kritik der reinen Vernunft*, A130.

认识、我们的概念的规定性的。"对象"的真正意义，在于它是我们认识建构的产物，是我们通过概念对感性表象加以综合而规定出的东西，从而表明离开了我们的认识，客体本身是没有什么意义可言的，它不过是一个自在的东西。

三、概念在康德哲学中的建构作用

上述康德关于"客体"概念的建构论界定，表明它是概念与直观（现象）两要素相结合的产物。在这一结合的过程中，概念所起的作用是一种综合的、建构的作用，也就是把感性所提供的直观杂多归摄到范畴之下，依据范畴来对直观（知觉）表象在形式上做出规定，包括分别在量、质与关系等方面做出规定，从而依据它们的时间序列、时间内容与时间次序上的显现，分别规定出它们所适合的判断形式。例如，依据两现象在时间上的相继出现，而将它们之间的关系规定为因果关系，从而在经验形式上选择相应的因果判断形式。

康德把范畴（概念）的这种作用视为"规则"或"原则"的作用。[①]"经验（按其思维形式）只有通过范畴才是可能的。"[②]在他那里，概念是作为经验认识中的形式规则起作用的。这种规则的作用具体体现在对感觉表象的综合。对此，康德从不同的方面分别做出论述。在《纯粹理性批判》的第一版中，这展现为从感知、想象力到统觉的三重综合。在《未来形而上学导论》中，它展现为给判断规定出它们所适合的形式，从而使知觉判断（经验的判断）成为经验判断。

康德"哥白尼式革命"所要达到的目标，就是确立这么一套经验判断所依据的先天规则系统。它独立于经验，却能够为经验提供客观性与必然性的根据。在康德那里，概念对对象的建构，也就是概念作为规则对对

[①] "纯粹理智概念就是可能经验的先天原则。"（Kant, *Prolegomena zu einer jeden künftigen Metaphysik*, Verlag von Felix Meiner, 1920, S.64）

[②] Kant, *Kritik der reinen Vernunft*, A93/B126.

象的综合、规整。"按照规则思维"是康德哲学所主张的一项基本原则。在知识构成的两个基本要素——概念与直观——的关系上，康德的解释是：直观没有概念是盲目的，思想没有直观则是空虚的。虽然这两个要素不可分离，但从根本上说，概念的作用是更为根本的，因为离开了概念，所有的认识只能是盲目的认识，成为不了科学的、理性的认识；反之，要获得感性知觉则比较容易，因为这对于正常的人来说都不是什么难事。这里应当指出的是，当康德在论述直观与概念之间的关系时，他是把它们看作是一种必要条件的关系，即如果没有概念，那么直观是盲目的，反之如果没有直观，那么概念（思想）是空虚的。不过，当康德在继而论证这些概念（范畴）对经验的建构作用时，他却把范畴与经验之间的关系看作是充分条件的，即在知觉判断上运用了这些原理，那么经验判断就成为普遍必然有效的。但实际上，范畴与经验之间的逻辑关系只是一种必要条件的关系。这是康德范畴论的一个根本问题所在。

从认识模式上说，康德这一模式存在的一个突出问题是，它是以欧几里得几何学、牛顿力学为认识模型进行反思，并提炼出其知识论模式的，属于科学主义思潮的产物。然而，由于作为其前提的欧几里得几何学与牛顿力学的特征是，它们的命题的真假都是能够确定的，是不以人的主观信念而转移的，其结果是具有必然性的，因而这种模型是否具有普遍意义，则是值得质疑的，尤其是康德要将这种模式推广到"形而上学"上来，把它与纯粹数学、纯粹自然科学归结为相同的认识模式，这就产生了其普适性与否的问题。形而上学的、哲学的领域恰恰是非现象的、非知觉的领域，因此与纯粹数学、纯粹自然科学不可能适用相同的思想模式和方法。形而上学属于诠释性的学科，因此适用于它的应当是诠释学的模式与方法，也就是形而上学解释的意义可以是多样的，而不是像"真"那样是唯一的、必然的。假如不是这样的话，那么我们将只有一种唯一正确的哲学，其余的只能是虚假的。

四、形式方面的知性规则如何能决定认识内容上的有效性

当康德对上述"概念作为形式规则使对象成为可能"的观念进行论证时,却遇到了一些困难。其中最为根本的是,形式性的规则系统如何能够提供认识有效性的根据,以及思维的主观条件如何会使知识具有客观有效性。

康德哲学的一个特征是形式与内容的分离。对于认识而言,在判断方面它表现为认识的形式(范畴以及由之派生出的知性规则系统)与认识的内容(感性直观提供的质料)这两者之间的分离。也就是,形式性的范畴系统、规则系统是先天的、逻辑上在先的,而内容方面的感性质料则是后天的、经验的;此外,它们两者的关系是,形式性的规则规定着内容方面的质料,不仅使之成为可能,而且使其结果具有客观性和普遍必然性。

这里的问题是,形式上的规则能否像康德所论证的那样,决定着对象内容上的必然普遍性,乃至客观有效性?

在《未来形而上学导论》中康德写道,在偶然的知觉判断能够成为必然的经验判断之前,需要进行的一项工作是把所予的直观归摄在某个范畴之下。范畴在这里所起的作用,是为相关的直观规定出它们的判断形式。它们"把直观的经验意识联结在一个一般意识里,从而使经验的判断得到普遍有效性"[1]。康德并且举例说,"太阳晒石头,石头变热"是一个知觉判断,不具有任何必然性。但如果说"太阳把石头晒热了",这就在知觉之上加上了"原因"这一范畴,从而使"热"的概念与"阳光"的概念必然地联结起来,这样该"综合判断就变为必然普遍有效的,从而是客观的"。[2] 这就是如我们前面所说的,把范畴视为经验判断的充分条件。

康德的这一论述涉及两个关键的问题:其一,是范畴的作用。康德提出,范畴"这样的概念……的职责仅在于给一个直观规定出它能够供判

---

[1] Kant, *Prolegomena zu einer jeden künftigen Metaphysik*, S.58.

[2] Kant, *Prolegomena zu einer jeden künftigen Metaphysik*, S.58.

断之用的一般方式"①。这等于说通过范畴的这一作用（为直观内容规定出它们的判断形式），偶然的知觉判断就变成了必然的经验判断。然而，这样的说法会产生一些问题，其中最直接的就是：形式性的综合判断规则如何能够决定判断内容的有效性；也就是说，如何能够赋予判断内容以普遍必然性，甚至是客观性？显然，由形式上的有效性是无法直接推出内容方面的有效性的。我们且用如下的例子来进行分析。

例如，有位病人发烧了，医生为此需要做出诊断。我们知道，感冒、肺炎或肝炎等，都可能引起发烧。因此医生可能做出的判断是：

A.因为感冒，所以这位病人发烧；或，

B.因为肺炎，所以这位病人发烧；或，

C.因为肝炎，所以这位病人发烧；等等。

这些判断，它们在形式上都是一样的，都属于假言判断，但内容上却是不同的，而且不可能都是正确的，因此并不能产生出如康德所说的加上范畴之后，判断就有了普遍必然性，乃至客观性的结果；相反，这些判断的正确与否，从根本上说是取决于内容方面的。

就此康德给出的一个理由是，在范畴为直观规定出其判断形式时，它"把直观的经验性意识联结在一个一般意识中"，由此使得判断具有普遍有效性。但这样一来，新的问题随之产生。其二，我们如何能够区别某人在进行判断时所处的是"某个意识"还是"一般意识"？就此康德又给出一个理由，即在知觉判断中，我们之所以处于"某个意识"，以及相关的知觉判断仅具有"主观有效性"，是因为它"与对象（Gegenstand）没有关系"。这就重又涉及"对象"概念的性质与作用问题。前面已经指出了康德的"对象"概念在规定上的多义性，这里我们又遇到类似的问题，即"对象"在此是被作为一个外部的存在物来看待的，而不是属于认识建构的产物。因此，"对象"的这一规定，就会与"对象必须依照我们的认

---

① Kant, *Prolegomena zu einer jeden künftigen Metaphysik*, S.58.

识"的说法相矛盾。因为不可能一方面把"符合对象（客体）"作为认识是否为真的标准，另一方面又把对象规定为必须依照我们的认识。此外还有一个问题是，即使我们是把直观在一个"一般意识"中联结起来，又如何能够使判断具有必然的普遍有效性，尤其是客观性呢？因为心理意识的东西，同样也无法决定知识内容的正确与否。因此康德的学说在这里表现为一种循环论证的状态——当无法论证形式能够决定内容时，就诉诸意识；而当无法论证意识能够决定知识内容时，就反过来诉诸范畴的功能。

五、思维的主观条件如何会使知识具有客观有效性

除了"形式上的东西能否为认识内容提供普遍必然的有效性的保障"以外，康德哲学需要解决的另一个难题是，主观性的东西能否为认识提供客观性的保证？这一问题对于概念实在论来说尤其重要，因为，如果断言客体无法独立于我们的认识而存在，是依附于我们的认识的，那么随之而来的问题就是，知识的客观性标准何在？

康德本人也明确提出了这个问题："所以在这里就出现了一种我们在感性领域中没有碰到过的困难，这就是思维的主观条件怎么会具有客观的有效性，亦即怎么会充当了一切对象知识的可能性条件。"①这句话告诉我们，康德是把"思维的主观条件"解释为有关对象的知识的"可能性条件"。也就是说，这类思维的主观条件，如果它们能够使知识成为可能，那么它们就是客观有效的；或换言之，只要能够充当知识的"可能性的条件"，那么就是客观的条件。"主观的"条件之所以能够使知识具有客观有效性，这是一个说法。

我们还可以引用康德的另外一些表述来证明这一点："范畴作为先天概念的客观有效性的根据将在于，经验（按其思维形式）只有通过范畴才是可能的。"②"所以意识的综合统一是一切知识的一个客观条件，不仅是

---

① Kant, *Kritik der reinen Vernunft*, A89/B122.
② Kant, *Kritik der reinen Vernunft*, A93/B126.

我自己为了认识一个客体而需要这个条件,而且任何直观为了对我成为客体都必须服从这一条件。"①"统觉的先验统一性是使一切在直观中给予的杂多都结合在一个客体概念中的统一性。因此它叫做客观的……"②(康德在这句话中所讲的"客体",也是概念加直观的东西。)

康德在上面这三段话中表示的都是相同的意思,即"客观性"指的是使对象(知识、经验等)成为可能的条件。此外,"主观的"条件之所以能够变成"客观的"另一个根据是,凡是"普遍有效的",也就是"客观的"。康德的论述是这样的:"客观有效性和(对任何人的)必然的普遍有效性这两个概念是可以互相换用的概念。而且虽然我们不知道自在的客体是什么样子,但是,如果我们把一个判断当作普遍有效的并且同时当作必然的,那么我们就懂得了客观有效性。……经验判断不是从对于对象的直接认识中(因为这是不可能的),而仅仅是从经验的判断的普遍有效性这一条件中取得它的客观有效性的。"③

不过,从普遍有效性来推出客观有效性,理论上说存在这样的风险,即存在大家的认识都是错误的可能性,因为大家都具有相同看法的东西并不能保证是真的。例如,在哥白尼的学说提出之前,欧洲科学界流行的是"地心说",但后来科学证明这种认识是错误的。

康德本人也试图在这两者之间做出区别。在《实践理性批判》中他提出,"并不是认其为真的普遍性证明了一个判断的客观有效性",而是"只有客观性才构成了一个必然的普遍同意的根据",并且这里所说的"客观性",是一种"与客体相一致"的东西。④可见,在"客观性"问题上康德哲学同样显示出了双重性,即有时把客观性界定为普遍有效性,但有时又把它界定为与客体的符合。

---

① Kant, *Kritik der reinen Vernunft*, B138.
② Kant, *Kritik der reinen Vernunft*, B139.
③ Kant, *Prolegomena zu einer jeden künftigen Metaphysik*, S.56.
④ 参见康德:《实践理性批判》,邓晓芒译,人民出版社,2003年,第14页。

在这方面，康德寻求的另一种思路是，通过"时间"本身的规定性来为认识提供客观性的保障。在"经验知识的类比"中，他以时间次序来作为客观性的保障。他以我们对船的位置移动的知觉为例。为什么我只能先知觉到船在上游的位置，然后才知觉到它在下游的位置？这是因为在这一知觉系列中蕴含着一种时间上的先后次序。就现象间的因果关系而言，总是时间上先在的现象规定时间上后在的现象。在斯特劳森看来，正是这两种对象间的与知觉间的时间次序，作为必然的条件，使得经验知觉成为可能。

应当说，思维的主观条件如何会使知识具有客观有效性这一问题，正是概念实在论能否成立的要害，因为概念在本质上正是主观性的东西。对于这一问题笔者的看法是，它是有一定的适用范围和条件限制的。对于自然科学的认识而言，应当是认识去符合对象，而对于人文社会科学而言则相反，应当是如同康德的哥白尼式革命所宣称的，对象必须符合我们的认识（概念）。对于自然科学的认识而言，虽然它们确实也依据一系列的主观条件，包括主观的认识能力（自我意识、统觉）、逻辑规则概念等，但源自对象方面的认识内容方面即客观"事实"的制约，则是更为根本的。因为我们对物质对象的认识，从根本上说是要达到对"事实到底怎样"的认识。

例如，非认知主义（non-cognitivism）所主张的就是这样的观点。它认为，"这张桌子是方形的"命题，比起"帮助处于困难中的人是正确的"来是更客观的，因为前者具有断定来自世界的事实的功能。假如该命题所获得的是事实，那么它就是真的，否则是假的。但是对于道德行为而言，它的依据表象而成为可能的性质，则是十分明显的。以孟子的对落井的孺子施以援手为例。面对一个掉下井里的孩子，到底救或不救，是取决于人们的观念的。之所以有人愿意救，有人不愿意救，原因就在于各个人的想法不同，甚至同样是动手去救了，动机也可能不同。但即使如此，在"表象（概念）使对象成为可能"这一点上，则是共同的。换言之，道德行为的本质是，动机（观念、认识）导致行为的产生；并且，如果这种动机符合道德的法则的话，那么它所导致产生的行为对象就是善的，也就是主观的东西使对象成为可能。有如康德所说的"他能够做某事是因为他意识到他应当做某事"①。

康德既同意符合论，又主张哥白尼式革命的先验建构论，这就形成了他的概念实在论的基本特征。一方面，客体是自在的，不依附于主体而存在；另一方面，客体又是概念规定的产物，是经过概念塑造的结果。

在康德那里，这一双重性的调和的可能性是借助"现象"与"表象"概念而实现的。客体并不直接显现给我们，而是通过"现象"的方式出现。概念是与感觉表象相关联的。概念的规范性体现在对感性表象的综合上，而这一综合通过把感觉表象置于范畴规则系统之下，使表象得到规定，从而产生出认识论意义上的（而不是存在论意义上的）、作为认识的过程与结果的"客体"概念。在这个意义上，对象是被建构的结果。

在康德那里，概念规则系统（也可以看作是当代分析哲学意义上的"概念空间"）的作用在于综合、规整感觉表象，而不在于作为理由的规范上。感觉表象之间的综合，如今看来，把它归于心理学或心灵哲学的问题，是更为恰当的，而不应当归于哲学知识论的问题。假如我们把视角超出个体的范围进入主体间际，则更是如此。例如，马航MH17客机在乌俄边境坠毁，究竟它是否被导弹击落，又是何方武装击落的，对于这一情况的认识，单凭感觉表象之间的联结理论，是解释不了的。对此事件的结论，需要通过国际组织的调查来得出。对于世界公众而言，他们只能依据该小组提供的报告来下判断。这时知识中的"相信"的因素，就突显出来了。该报告是否为真，一般公众是不可能去核实的，因此在他们那里只能表现为是否"相信"的问题。在这种情况下，知识中的"相信"（信念）

---

① 康德：《实践理性批判》，第39页。

这一要素的作用就显出其重要性。

然而在康德哲学中，"信念"这一因素恰恰是被忽略的。康德基本上不探讨信念在认识中的作用，虽然他也曾经对信念做出过界定，认为它是介于意见与知识之间的、属于主观上充分而客观上不充分的东西。他把知识看作高于信念的理由在于，知识乃是不仅主观上充分，而且客观上也充分的东西。

在知识论中忽视"信念"的因素毕竟是不对的，特别是当我们把知识看作是在主体之间传播、共享的东西时。这关涉到概念实在论能否成立的前提问题。这里我们用布兰顿的一个例子来说明。他认为，假如某甲做出"暗房里有亮着的蜡烛"的陈述，那么某乙之所以相信它，是因为当某甲做出这一陈述时，他实际上是给出了某种"承诺"。①至于某乙相信它与否，是基于他的某种"权利"（entitlement）。这样，认识的根据就被化归为某种理由空间，而认识者之处于理由空间，则表现为一种理由给出与理由索取的人与人之间的社会化活动。这样，当某甲做出某一陈述时，就意味着他给出了一个理由上的承诺，而某乙之所以相信这一陈述，是由于他认可了这一承诺以及承诺背后的理由。

不过问题似乎并不这么简单。布兰顿所举的例子不过是可能的结果之一。我们试列举其他几种可能的情况：

其一，虽然可以如布兰顿推论的那样，"如果在暗房里某甲非推论地获得了里头有亮着的蜡烛的信念，那么（可能）这里有一根亮着的蜡烛"。但可能出现的情况是，某甲由于某种原因（如视力缺陷、幻觉、假象等）自己看错了，所以从该前提推出的结论是虚假的。因此，即使某乙相信某甲的信念，也具有其相信的理由，但这理由却不是真的，从而某乙建立在某甲的理由之上的信念也不是真的。

---

① Brandom, R., "Knowledge and the Social Articulation of the Space of Reasons", in E. Sosa and J. Kim (eds.), *Epistemology: An Anthology*, Blackwell, 2000, pp.429–430.

其二，某乙虽然相信某甲的信念，但他以一种"耳听为虚、眼见为实"的精神，自己亲自去验证一下。在这种情况下，某乙并不是以某甲的承诺为自己信念（belief，相信）的根据。

其三，可能某甲所见是真的，反倒是某乙为了证实而得到的结果是假的，因此某乙并不相信某甲的真实的承诺。

或许还可以再列出一些，但上面的三个反例应当足以构成对布兰顿的"社会关联的推论"的反驳，也就是说，信念、确证与真，或者说知识本身，并不单纯是建立在对他者的信念与承诺之上的。由此衍生出的一个问题是：社会化知识（共识）的基础是什么？在当今社会，一个显见的例子是，假如有人在"淘宝"网上就某一商品发表评论，称赞该商品是如何的价廉物美，这时他人的反应往往是，该评论者是一个"托"。就此而言，笔者的这一分析似乎可以表明，社会共识的基础实际上是很脆弱的。因此，如何依据概念来建构对象，首先面临的是一个大前提上的问题，即所依据的概念如何能够成为一种被接受的"共识"。由此推论开去，那么作为主体间相信的基础乃是善的意志、德性的问题。只有依据主体之间所拥有的善的意志或德性，"共识"性的概念这一大前提才得以成立，从而概念实在论也才是可能的。

第四节 意识现象、所予性与本质直观
——对胡塞尔现象学的有关质疑[①]

胡塞尔先验现象学的基本思想是通过还原的方法，回到笛卡尔"我思"的预设，以直观的方式进入并揭示"纯粹意识"的结构，从而将意向对象的意义建构解释为认识活动的基本方式。在提出现象学的这套解释

---

① 本节原文发表于《中国社会科学》2012年第11期。国家社科基金项目"'元哲学'研究"（10BZX047）和教育部人文社会科学研究规划基金项目"先验与经验——知识论的基础问题研究"（09YJA720017）的阶段性成果。

框架时，胡塞尔面临着一个根本性问题：把"纯粹意识"这一自我难以观察的对象作为"现象"来对待，宣称我们对其本质的直观具有某种"明证性"。这一论断的依据何在？在西方哲学史上，按照休谟的经验主义原则，我们只能认识经验范围之内的东西，超出这一范围的事物是不可认识的。然而，在理性主义者笛卡尔看来，"我思"的存在是不可怀疑的，它是一个确定的认识的出发点。胡塞尔接受了笛卡尔的思想，但受时代思潮的影响，其思想又具有实证主义的某些特征。在确认"纯粹意识"作为现象学的研究领域时，他面临着一系列学理上的困难：内在的心理现象能否像外在的经验现象那样给予我们，它与物理现象是否具有差别？"内感知"的性质是什么，其有效性的标准何在？我们如何能够从个体的感知中得出普遍性的判断，并把握心理现象的一般性本质？

为了解决这些问题，胡塞尔从对象和主体两方面寻求依据。从对象方面，他扩展了已有的"现象"概念，把心理现象解释为同物理现象一样是可以显现的；从主体方面，他从"感知"概念入手，针对哲学史上的"内感知"与"外感知"的区分，提出"契合的"[①]感知这一新的划分标准，将其作为把握意识结构的直观来源的可靠性依据。然而，笔者认为这并不成功。

一、隐性的心理现象能否被"契合地"感知

在胡塞尔那里，"现象"是一个最为基础的概念。假如"纯粹意识"这一现象学的研究对象不是一个可以显现的"现象"，那么现象学就无"实证性"可言，而只能算作传统意义上的内省学说。因此，对心理意识的"现象"性质做出解释是胡塞尔现象学必须完成的任务。为此，胡塞尔对"现象"概念做出一种相应泛化的解释，将这一概念从"物理现象"扩

---

① 原文为"adäquat"，倪梁康译为"相即的"。原文见 Edmund Husserl, *Logische Untersuchungen*, Zweiter Band, II. Teil, Max Niemeyer Verlag, 1968, S.240。倪译见《逻辑研究》（第2卷）第2部分（上海译文出版社，1999年，第244页）。

展为"心理现象"。他写道:"现象的第一个的和最古老的概念与感性物体的被给予性的有限范围有关,自然随着这种被给予性在感知中显示出来。这个概念隐秘地扩展到各种感性的被想象物本身。然后,它还扩展到在关联和联结着的意识综合中被意识的综合对象,如同这些对象在其中被意识到那样;同时,它还延伸到意识的被给予方式上,并且最后它还包括一般意识的整个王国。"①

胡塞尔早期的现象学研究,就是要探讨意识的性质、结构和活动。具体说来,他关注心理"现象"的"意向性"特征,以及意向相关项与意向活动这两个结构要素。当胡塞尔以这种"纯粹意识"作为现象学的研究领域时,他从事的实际上是一种心理学的研究。但在其早期思想中,胡塞尔对此并没有明确的概念。在《逻辑研究》中,这方面的研究是在"逻辑"的名义下进行的。在《纯粹现象学通论》中,这方面的研究则被归为"纯粹现象学"的主要内容。只是到了1925年夏季学期举办的"现象学的心理学导论"讲座,以及发表于1927年的《现象学的心理学和先验现象学》和《不列颠百科全书》"现象学"词条里,我们才看到胡塞尔明确提出"现象学心理学"或"纯粹心理学"的概念,并将其与"哲学现象学"或"先验现象学"相区别。②

胡塞尔现象学把心理学与哲学放在一起加以探讨,产生了一系列问题。一方面,"现象学心理学"以"纯粹意识"为研究对象,尤其是其结构属于一种心理"体验",难以进行观察,更无法对他人的意识结构进行观察与重复的检验。另一方面,"哲学现象学"将先验自我确立为世界存在的意义源泉,属于一种哲学思考方式,并不需要实证性的研究。胡塞尔把上述两个不同的对象放在同一个哲学体系中,认为二者"相互蕴含",并"具有同一性"③,造成了诸多困难。虽然他一再澄清"自然科学的心理

---

① 倪梁康选编:《胡塞尔选集》(上册),上海三联书店,1997年,第155页。
② 倪梁康选编:《胡塞尔选集》(上册),第327、341页。
③ 倪梁康选编:《胡塞尔选集》(上册),第365页。

学"与"现象学的心理学"的关系,认为前者的感知是超越的、外在的和未经还原的,后者经过现象学还原之后,达到了一种"绝对的所予性",是内在现象学意义上的现象,如被"纯直观地观视"的感知。[1]然而,对心理意识和感知活动这类对象的论说,仅凭个人内心意识活动的体验,其可靠性难免会受到质疑。

在相当长的一个时期内,胡塞尔把现象学视为一种心理学。上述有关"现象"的界定,最终目的是把现象定位为"纯粹意识",关注的是作为"内在经验"的心理意识现象,这实际上是一种心理学的考量。这种心理现象的研究既然与可观察的外在物理现象不同,那么与之相关的"内经验"和"内感知"是否可靠?如果可靠,其依据又何在?

胡塞尔认为内经验与内感知是可靠的,因为"对我在反思目光中把握到的各个中意活动、意愿活动、表象活动、思维活动的存在进行怀疑是无意义的"[2]。与之相应,外部经验则是不可靠的,因为外部事物可能显现出假象,我们对它们的感知可能出现错误。内感知之所以可靠,在于它能够达到一种"契合的感知"状态。"契合的感知"是"被感觉的内容同时也是感知的对象",达到了感知与对象的统一。

胡塞尔现象学心理学的一些基本观点,建立在对布伦塔诺的批评基础上。在胡塞尔之前,布伦塔诺等人就曾探讨过"现象"概念。布伦塔诺将现象区分为"物理现象"与"心理现象"。他不赞成将"广延性"作为区分这两种现象特征的标准,而是把"意向性"视为心理现象的标志性特征。在布伦塔诺看来,心理现象的特征还包括只能被单个的个体所知觉,只能在内在的意识中被知觉到。

胡塞尔认为,布伦塔诺的这种划分存在缺陷,因为无论是物理现象还是心理现象都属于被感知的内容。对感知而言,恰当的划分是"契合的

---

[1] Edmund Husserl, *Die Idee der Phänomenologie*, 2. Auflage, Martinus Nijhoff, 1973, S.44.
[2] 《胡塞尔文集》(第七卷),倪梁康译,人民出版社,2009年,第90页。

感知"与"不契合的感知",而不是通常意义上对应于物理现象与心理现象的"外感知"与"内感知"。他批评布伦塔诺将"感觉内容"与"显现的外在对象或者说这些对象的现象性质"混淆起来,认为假如将物理现象理解为"被感知内容"的话,那么它与同样作为感知内容的心理现象就没有什么差别,都不仅具有"现象地和意向地存在着"的性质,而且还具有"现实的存在"的性质。①

胡塞尔把物理现象和心理现象都归结为"感知内容","感知"便成为现象学的关键性概念。正是通过对这一概念的改造,胡塞尔提供了一个统一物理现象与心理现象的依据。在他看来,布伦塔诺那种认为只有对心理现象的内感知才具有"明证性"的看法是错误的。不仅对心理现象,而且对物理现象,我们都能够有明证的感知。内感知与外感知在认识论上的差异,其本质并不在于"明证性",而在于感知内容和感知对象之间的同一性,在于这种感知的契合性。针对"外感知"与"内感知"区分的不足,胡塞尔提出"契合的感知"与"不契合的感知"的标准,使物理现象和心理现象具有相同的感知标准而成为统一的现象。胡塞尔举例说,这间房屋显现给我,我听手摇风琴,我感知心中的哀伤等,"它们都叫做现象"②。"契合性"成为胡塞尔论证感知有效性的依据,构成理解胡塞尔现象学心理学"感知"学说的关键。

何谓"契合的感知"?胡塞尔回答,"契合的感知"意味着"对象本身不仅仅是被意指,而且就像它被意指的那样,对象与意指是同一的,对象是在最严格的意义上被给予的"③。也就是说,"被感觉的内容同时也是感知的对象"。与之相反,"非契合地感知"意味着"内容与对象相分离"。④一旦"被意指的对象性在严格意义上的,并且完全是作为它被思

---

① Edmund Husserl, *Logische Untersuchungen*, Zweiter Band, Ⅱ. Teil, S.244.
② Edmund Husserl, *Logische Untersuchungen*, Zweiter Band, Ⅱ. Teil, S.233.
③ Edmund Husserl, *Logische Untersuchungen*, Zweiter Band, Ⅱ. Teil, S.122.
④ Edmund Husserl, *Logische Untersuchungen*, Zweiter Band, Ⅱ. Teil, S.239.

考和被指称的那样被给予，那么契合性也就实现了"①。胡塞尔还用"契合性"来解释"真理"。在他看来，"真理"同样是"被意指之物和所予之物本身之间的完整一致性"，亦即一种在认同的行为中建立起来的"相合的相关物"的"同一性"。②

对胡塞尔而言，感知的"契合性"达到了感知内容与对象之间的"同一性"。需要指出，引语中的"对象"不仅指"个体对象"，还指"普遍对象"。如果普遍对象是可契合地感知的，那么一般性的"所予"也是可以契合地感知的，一般性的"本质"也是可以被直观的。一旦证明了这一点，就为把握一般性的"纯粹意识"的本质在学理上铺平了道路。然而，以"契合性"作为感知的标准来论证把握心理现象的可靠性，本身却存在问题。

首先，心理现象不仅与物理现象不同，而且自身也存在差别。心理现象与物理现象的不同之处，除了布伦塔诺所指出的心理现象具有"意向性"特征外，还在于它没有广延，并不占有空间。在康德看来，感觉不仅不占有空间，甚至也不占有时间。③相反，物理现象则是在空间中延展的。由于心理现象在空间中不具有广延性，说它与物理现象一样都是可显现的，进而把"显现"作为这两类不同现象的共同特征，这在学理上是站不住脚的。笔者认为，心理现象属于一种"体验"的对象。胡塞尔本人也持有这种看法。假如对心理现象做此种认定，那么心理现象的显现是在什么意义上的"显现"，它与物理现象的显现之不同在何处，是否它仅只是一种心理体验，胡塞尔当做出区别。

在笔者看来，不仅心理现象与物理现象有区别，甚至心理现象本身也存在种类上的区别，它又可区分为"显性的"与"隐性的"两类。前

---

① Edmund Husserl, *Logische Untersuchungen*, Zweiter Band, II. Teil, S.118.
② Edmund Husserl, *Logische Untersuchungen*, Zweiter Band, II. Teil, S.122.
③ Kant, *Prolegomena zu einer jeden Künftigen Metaphysik, die als Wissenschaft wird auftreten Können*, Felix Meiner, 1920, S.68.

者如"记忆"。例如，我是否记住某个同学的名字，这是明显的。如果我总是记不住别人的名字，这一"现象"就显示出我记忆力的衰退。因此，"记忆"功能的存在与否，记忆能力的强弱，都是明显的，都可归入"显性的"心理现象。但是胡塞尔所要研究的"纯粹意识结构"，却是不明显的，需要通过深入地探讨才能给出合理的解释，因此可归入"隐性的"心理现象。隐性的心理现象并不像"记忆"和"感觉"等意识活动那样明显地提供给我们，它是否如胡塞尔所设想的为我们所"契合地"感知，且具有"绝对的所予性"与"明证性"就成了问题。我能感知到的只有具体的意识活动，包括对外部的"红"之类的对象的感知，以及对我感知到"红"的意识活动的感知，至于这一感知活动具有什么样的意识结构，却并不为我所感知，它并不直接显现给我，并不直接给予我，而是通过我的"反思"活动才能把握。此外，正是由于意识的结构是隐而不显的，即使我们明白无误地感知到这一现象的存在，但如何判定我们的感知达到了"契合性"，达到了与意识结构这一对象的"同一"，仍需要一个标准，这个标准须是可以验证的。那么，胡塞尔是如何来验证其意识结构解释的正确性呢？他本人并没有给出答案，我们亦无法进行这样的验证。这凸显出"内经验"与"外经验"关系的重要性。假如要把隐性的心理现象作为一种普遍性的学说提出，即使它是我个人体验到的内经验，但我的感知是否与之同一，并不能由我自己来决定。因为它不仅是一种单个人的体验，而且需要外在的经验，包括其他主体的经验以及言语行为等方面经验的支持。

以感知的"契合性"来论证感知的可靠性，仍无法克服感知的主观性问题，无法解释隐性的心理现象如何被可靠地把握。在当代心灵哲学研究中，意识仍然被视为"最令人困惑的问题"[1]可谓明证。内在的意识既然是"体验"的对象，其结构属于一种主观性的解读，求助于"明证性"

---

[1] 查默斯：《勇敢地面对意识难题》，转引自高新民《心灵哲学》，商务印书馆，2002年，第360页。

实际上并没有多少说服力。胡塞尔却乐观地认为，可以通过"本质直观"以"明证"的方式来把握这种结构，这种方法只不过是不同哲学解释方式中的一种，并没有达到某种"严格科学"的要求。

其次，这里还存在一个方法论根据问题。我们借用维特根斯坦《哲学研究》中"甲虫盒子"的例子来说明。"隐性的"意识结构状态，类似于维特根斯坦所比喻的"盒子"。虽然维特根斯坦的这一比喻主要针对"对象与指称"的关系，但道理在这里也同样适用，我们可以略做修改。大家各指着自己的盒子述说里面的甲虫。尽管每个盒子里装的都是甲虫，但每个人都无法看到其他人盒子里的甲虫。在这种情况下，每个人所说的"甲虫"，只能是自己意识里所理解的东西。正如维特根斯坦所质疑的那样："我只从自己的情况中知道。"①假如我还要从这个仅仅个人所知的情况中进行普遍概括的话，那么所得出的命题是否有效，甚至是否"负责任"都会成为问题。②胡塞尔认为，依靠经验论的归纳方法不能解决这个普遍化的问题，但他自己对普遍本质进行直观的方法，却是建立在本质直接性的基础上。值得注意的是，维特根斯坦也谈到"直观"。假如直观是一个内在的声音，我们是否能够诉诸直观？对此，维特根斯坦诘问道："我如何知道它没有误导我呢？"③他意味深长地指出，假如直观能够正确地引导我，那么它同样也能错误地引导我。因此，"直观是一个不必要的托词"④。

无论胡塞尔如何论证我们能够对心理现象具有"契合的"感知，人们对"纯粹意识结构"的感知，就像是每个人对自己藏在盒子里的东西的述说那样，如何从个别性达到普遍性却值得怀疑。尽管每个人都可以述说自己的体验，但主观的体验毕竟有所不同。虽然人们可以反驳，述说人脑

---

① Wittgenstein, *Philosophische Untersuchungen*, Basil Blackwell, 1958, §295.
② Wittgenstein, *Philosophische Untersuchungen*, §293.
③ Wittgenstein, *Philosophische Untersuchungen*, §213.
④ Wittgenstein, *Philosophische Untersuchungen*, §213. 引文中的"直观"，原文为"Intuition"。

中的意识与述说盒子里的甲虫不一样,所有的人都属于同一个"人类"。但问题在于,我们如何能够保证自己所述说的东西不是一种主观的猜测?

维特根斯坦在其哲学思想转型的过渡时期,曾对"现象学"发生过兴趣,提出过现象学的观念,但几个月后即放弃。笔者认为,这是有感于现象学的意识研究所遇到的难题,他自己又不赞同胡塞尔的研究思路之缘故。维特根斯坦转换视角,转而从语言使用及其"公共性"问题出发,揭示出心理意识研究的形而上学根源。

从实证科学的角度来看,上述问题可以做如下转换。科学应客观地描述,并以第三人称的形式来完成,而胡塞尔现象学的感知却都是第一人称的。这种以第一人称形式出现的论断,是否具有普遍的客观有效性?在当代心灵哲学家丹尼特看来,"大脑事件的麻烦在于……它们都有一个致命缺点:没人在那里看着它们。……在你大脑中发生的事件……在正常情况下是没人见证的"[1]。他批评道,"纯粹现象学"用"第一人称复数"来谈论意识的方法会导致某种"愚弄自己"的"信条",认为内省是高度可靠的,"我们"之间所内省的结果是"基本相同"的,我们对自己的意识、思想和情感等的描述是不会错的。但由于可"'观察'的东西如此之少……当我们共同进行内省时,我们其实是处于传说中的盲人摸象的境地"[2]。丹尼特认为,关于意识和心智的研究,"必须通过第三人称的角度建构,因为所有的科学都是通过这个角度来进行的"[3]。他把自己的这种研究称为不同于现象学的"异现象学方法"。

这种对于以第一人称形式出现的意识行为可靠性的忧虑,在康德和维特根斯坦那里都曾出现过,虽然他们考虑问题的角度和解决问题的方式存在着差异。

在康德看来,认识只能是概念与直观的结合。概念缺乏直观就是空

---

[1] Daniel C. Dennet, *Consciousness Explained*, Little, Brown and Company, 1991, pp.28–29.

[2] Daniel C. Dennet, *Consciousness Explained*, p.68.

[3] Daniel C. Dennet, *Consciousness Explained*, p.71.

洞的，认识不能超出现象的范围。一方面，康德以"我思"作为认识综合活动的最高点；另一方面，他却否认我们能够对"我思"有任何认识，因为它不是现象，无法向我们显现，无法使我们具有关于它的直观，我们只能将其视为某种"X"。同样也是基于对范畴等先验知识的非经验性质的考虑，康德提出这类证明必须以"可能的经验"为准绳[1]，以防止出现宇宙论方面的"二律背反"那类不可证实的谬误。

维特根斯坦提出内在意识与外在行为的关系问题，其思考带有行为主义的色彩。他通过对"我疼痛"这一例子的讨论，来说明内在意识有着外在行为表现。例如，无论是自己还是他人在疼痛的时候，都会在脸上或行为中表现出疼痛的样子。只要看他人的脸，我们就可以识别出他是否疼痛。可见，意识在他人的脸上和行为中与在自己身上一样清楚地表现出来。人们之所以会提出，"我的痛只有我知道，其他人只能推测"，是由于他们把内在意识和外在行为割裂开来。维特根斯坦得出结论，"内在和外在不仅是经验地联系在一起，而且是逻辑地联系在一起的"[2]。进而，"一种'内在的过程'需要一种外在的标准"[3]。

归根结底，上述问题乃是缘于心理现象的特殊性。物理现象可以通过经验来加以证实，心理现象则属于主观的体验。这也是从胡塞尔、维特根斯坦和行为主义到当代心灵哲学，在意识问题的研究上众说纷纭的症结之所在。20世纪中期以来，心灵哲学总体上朝着实证化的方向发展。20世纪50年代的"同一性理论"在重新肯定心灵状态的同时，保留了外部证实的方法和唯物主义的本体论；20世纪70年代的功能主义理论则把精神状态的类型与因果、计算类型等同起来；此后，功能主义的本体论则把心灵与大脑的关系，解释为软件与硬件的关系。

---

[1] Kant, *Kritik der reinen Vernunft*, A783/B811.

[2] Wittgenstein, *Last Writings on the Philosophy of Psychology: The Inner and the Outer*, vol. 2, trans. C. G. Luckhardt and M. A. E. Aue, Basil Blackwell, 1992, p.63.

[3] Wittgenstein, *Philosophische Untersuchungen*, §580.

二、所予的是否就是绝对的和明证的

如上所述，胡塞尔把感知的可靠性建立在"契合性"的基础上，"契合性"则是一种直接"所予性"。胡塞尔之所以需要"所予性"概念，还有着更为重要的考虑，需要借助它来获得笛卡尔式的"先验自我"，以作为其现象学的基本出发点，从而对一般性的本质进行直观。受到笛卡尔的启发，胡塞尔通过类似"普遍怀疑"的"现象学悬置"的方式，论证"纯粹的意识"领域是可以直接给予我们的，成为现象学心理学可能且可靠的研究对象。

为了避免维特根斯坦意义上的那种所予的"私人经验"，胡塞尔不仅需要论证个别的意识活动是给予的，还要论证一般性也是给予的。这样，就从感知的个别现象的"所予性"，扩展到一般性本质的"所予性"概念。同时，与他将现象概念从感性物体扩展到一般意识相同，"所予性"概念也从通常意义上的自然对象的"所予性"，扩展到意识的"所予性"。

第一，外在事物的非绝对的"所予性"和思维的"绝对的所予性"。与通常意义上的事物现象相对应的是外在事物的所予性，即"自然经验"。在胡塞尔看来，"所有自然的东西都是被给予的"①。这是通过知觉所给予的，并不涉及对意识等现象学对象的本质的把握，胡塞尔把它们归入"非绝对的所予性"。它们之所以是非绝对的，乃是因为是可怀疑的。被经验到的东西可能是不存在的，或因经验会不断更新而使旧的经验与新的经验产生不一致性。②胡塞尔虽然提到这种自然经验的"所予性"，但只是为了表示经验的所予性与意识的"绝对的所予性"的区别。对胡塞尔而言，"非绝对的所予性"并不是他所要关注的，他关注的恰恰是内在的意识和一般性的本质这类"绝对的所予性"。这类意识的所予之所以是绝对

---

① 《胡塞尔文集》（第七卷），第171页。
② 《胡塞尔文集》（第七卷），第171页。

的，乃是出于我对自己感知活动的感知，"我感知的同时纯直观地观视这一感知"①是绝对的、不可怀疑的。对每一个心理体验而言，通过现象学还原的方式，都有一个相应的纯粹现象，它的本质是一种"绝对的所予性"②。他把这种"纯粹意识"的所予区分为"处在对象一边的意向相关项的被给予性，处在主体一边的意向活动的被给予性"两个方面，这两种所予共同构成扩展了的"现象学意义上的现象概念"。③然而，肯定感知或意识的存在乃至其"明证性"，只具有极其有限的意义。且不说笛卡尔已经通过其论证肯定了"我思"的存在，对于胡塞尔本人的现象学心理学来说，意义也是有限的。因为对于"隐性的心理现象"而言，它并不能说明什么问题。"感知到感知的存在"的"明证性"，并不意味着能够感知到感知的结构是什么。这是由于"感知的结构"并不具有"明证性"。这就产生一个方法论问题：对感知和意识结构的研究如何才能有效？与实证主义和行为主义的思路不同，胡塞尔试图通过论证一般"所予性"的存在，以及一般性的本质可直观来加以解释。

第二，个别的"所予性"和一般的"所予性"。这涉及能否从个别的感知中进行普遍的概括，在方法论上与实证主义的方法是否有效相关。在胡塞尔看来，依靠归纳法的直接经验所能给予的，只是"个别的部分而不是普遍物"④，因此是不够的。它对于理解诸如"什么是三段论原则"和"均等于第三物的两物相等的原则"之类问题的根源，是无能为力的。为此，他指责实证主义者未能看出"一切推论形式的证明所诉诸的最终根源是什么"⑤，并以"a+1=1+a"和"一个判断不可能有颜色"等命题为例证，

---

① Edmund Husserl, *Die Idee der Phänomenologie*, S.44.
② Edmund Husserl, *Die Idee der Phänomenologie*, S.45.
③ 《胡塞尔文集》（第七卷），第97页。
④ Edmund Husserl, *Ideen zu einer reinen Phänomenologie und phänomenologischen Philosophie, Erstes Buch: Allgemeine Einführung in die reine Phänomenologie*, Max Niemeyer Verlag, 1913, S.37.
⑤ Edmund Husserl, *Ideen zu einer reinen Phänomenologie und phänomenologischen Philosophie, Erstes Buch: Allgemeine Einführung in die reine Phänomenologie*, S.37.

说明它们提供了对本质直观所予物的明确表达。胡塞尔甚至揶揄实证主义者说："如果'实证主义'意味着一切科学均绝对无偏见地建立在'实证的'东西之上，即建立在可被原初地加以把握的东西之上，那么我们就是真正的实证主义者。"①

之所以需要论证"一般之物"能够被给予，是由于胡塞尔将现象学视为一种"本质科学"，其目的是把握"纯粹意识"等对象的本质。而本质是一般性的东西，要论证本质是可以被直观把握的，就需要论证"一般性也并不缺少这种绝对的被给予性"②，也是可以通过直观把握的。胡塞尔高度评价一般的"所予性"概念的意义："不仅个别性，而且普遍性、普遍对象和普遍事态都能够达到绝对的自身被给予性。这个认识对于现象学的可能性来说具有决定性的意义。因为现象学的特征恰恰在于，它是一种在仅仅包括纯粹的看的反思架构内，一个绝对被给予性的架构内对本质的分析和研究。"③

在胡塞尔的所予理论中，"原初性"与"绝对性"是其核心。无论是上述哪种类型的"所予性"，它们都意味着某对象相对于自我而言的显现方式，即一种"原初呈现的经验"。这种"原初性"是通过"作为任何一种原初给予的意识的一般的看"得出的。正是由于这种"原初性"，所予便具有了"绝对性"，并因此成为一种"绝对的所予"。作为"最终的东西"④，它构成了胡塞尔现象学的基础，以解决上述逻辑经验主义所不能解决的问题，从而构成"一切合理论断的最终合法根源"⑤。

何以见得有这种所予的"绝对性"？对此，胡塞尔依靠"明证性"来提供论证。他甚至将"所予性"与"明证性"结合成一个概念——"明

---

① Edmund Husserl, *Ideen zu einer reinen Phänomenologie und phänomenologischen Philosophie, Erstes Buch: Allgemeine Einführung in die reine Phänomenologie*, S.38.
② Edmund Husserl, *Die Idee der Phänomenologie*, S.56.
③ Edmund Husserl, *Die Idee der Phänomenologie*, S.51.
④ Edmund Husserl, *Die Idee der Phänomenologie*, S.61.
⑤ Edmund Husserl, *Ideen zu einer reinen Phänomenologie und phänomenologischen Philosophie, Erstes Buch: Allgemeine Einführung in die reine Phänomenologie*, S.36.

证的所予性"。他认为,"论及明证性、明证的所予性,无非就是自身所予性,是一个对象在其所予性中如何能够在意识上被标示为'自身在那里''确实在那里'的那种方式和方法。……所以我们称为明证的就是指任何一个这样的意识,其特征在于它的对象是它自身所予的"[1]。在胡塞尔所处的时代,所予的是否就是明证的,成为哲学关注的焦点,直接关系到科学认识的基础及其可靠性。逻辑经验主义也曾对所予的可靠性寄予厚望,其基础主义主张赖以成立的"基础信念"就建立在经验所予的基础上。这种"基础信念"不需要其他信念提供证据的支持,本身却能够为其他信念提供支持。这种感觉所予与经验对象直接相关,被视为是可靠的、不可错的。

然而,这种可靠性遭到质疑。塞拉斯(Wilfred Sellars)提出一个著名的反驳,将基础主义的这种主张斥为"所予性神话"。经验所给予我们的感觉质料之所以不可能构成不可错的"基础信念",乃是因为它们经过了概念的中介。因此,不存在所谓"直接的"和"原初的"感知。实际上,"感知经验已经包含了概念的或命题的成分"[2]。例如,在某人"看到他面前有个红色的三角形"的感知中,实际上已经使用了诸如"红色的"和"三角形"这些语词,来对所感知到的对象进行描述。由于在感知中已有正确使用概念的问题,感知也就不是不可错的,因此不可能存在一种本身无须确证却能够为"上位信念"提供支持的"基础信念"。后来的斯特劳森、塞尔和麦克道威尔等概念主义者,也都持有类似的观点。麦克道威尔的说法颇具代表性。他认为,"感知经验的内容是已经概念化了的"[3]。塞拉斯还指出,"即使像有关颜色的那些'简单'概念,也是一个长期的在

---

[1] Edmund Husserl, *Experience and Judgment: Investigation in a Genealogy of Logic*, trans. J. Churchill and K. Ameriks, Routledge and Kegen Paul, 1973, pp.19–20.

[2] Wilfred Sellars, "Epistemic Principles", in E. Sosa and J. Kim (eds.), *Epistemology: An Anthology*, p.128.

[3] John McDowell, *Mind and World*, Cambridge, Harvard University Press, 1994, pp.48–49.

公共场景中对公共对象（包括言语行为）的被公共地强化的反应过程的结果"[1]。之所以使用了三个"公共"这个词以强调"公共性"，是由于塞拉斯看到了感知作为一种个人的"内在事件"的"私人性"问题，而将它与"主体间性"、一种公共性相结合的结果。在上句引语中，它表现为个人感知中渗透着的概念和语言的"公共性"。这些观点对于分析胡塞尔的"所予性"学说当有启发性，胡塞尔缺乏的正是公共性之维。

与基础主义的看法类似，胡塞尔正是求助于一种感知的直接所予，并把感知的可靠性建立在"契合性"的基础上，主张被感觉内容与感知对象之间存在直接的同一性。因此，塞拉斯"所予性神话"的反驳同样适用于胡塞尔。即使是对于胡塞尔所说的非实在的观念对象，概念的因素同样是不可或缺的。意识的结构要素究竟是感知和知觉，还是直观，意识活动是否具有意向性等，都属于我们理解和运用概念加以解释的结果。塞拉斯甚至认为，是否注意到某个对象的意向性活动都已经是概念渗入的结果。[2]正是概念因素的介入使得感知内容与感知对象之间的直接同一性成为不可能，也使得胡塞尔所谓感知的"契合性"标准难以成立，与之关联的"绝对性"和"明证性"亦复如是。

胡塞尔以笛卡尔的"我思"为前提，试图实现某种超越以进入"我思"的结构之中。但体验之流固然可以保证"我思"的存在，却无法推出体验者的内在意识结构。前者是必然的，因为有所思必有一个所思者，但后者却不是必然的。所思者是什么，并不能简单地由有个所思者得出，它属于哲学解释的产物。尤其是对一般性的事物而言，可以直接给予我们的只是有限的对象领域，诸如几何学和逻辑学等。由于在其思想的早期受到

---

[1] Wilfred Sellars, "Empiricism and the Philosophy of Mind", in *Science, Perception and Reality*, Ridgeview Publishing Company, 1963, p.176.
[2] 塞拉斯认为，"并不是由于注意到某个事物我们才具有这些事物的概念。相反，具备注意到某类事物的能力就已经具有该类事物的概念了"（参见 Wilfred Sellars, "Empiricism and the Philosophy of Mind", in *Science, Perception and Reality*, p.176）。

这些研究对象的影响，胡塞尔试图把"绝对的所予性"推广到外在对象世界与内在心理世界，这种做法未免理想化。

三、间接性的本质是否能够被直观

在通常意义上，直观是指不需借助推论，而能直接洞见和把握事物的认识能力或方法。胡塞尔现象学以"纯粹意识"作为研究对象，对于这样一个处于心灵中的对象应当如何加以把握，以使哲学达到"严格科学"的目标？除了将这一对象解释为"现象"，使其能够被内在地、绝对地给予之外，胡塞尔通过扩展原本意义上的"直观"概念，使其范围涵盖了一切对象（包括原本不被认为属于直观范围的"本质"和"范畴形式"等）[①]，在此基础上提出一种本质直观的方法。在胡塞尔那里，只有"原初给予的直观"才构成"认识的合法源泉"。[②]按照这一原则，对本质的把握若具有合法性，同样只能通过直观来进行。这就产生一个新的问题：本质究竟是否能够被直观，又是如何被直观的？

在胡塞尔看来，本质直观方法借由"想象力的自由变更"来实施。通过这一变更的操作，不同事物中同一不变的东西——"本质"——便呈现出来。然而，如此一来，本质直观方法并不是"直观"，想象力显然与直观能力是两回事。在对意识本质的把握中，复杂的分析过程与概念结构依靠的是反思和分析的方法而非直观的方法。即使按照胡塞尔本人的标准，意识的本质结构并不具有一眼就可看穿的"明证性"，也无法通过想象力的变更来确定其中不变的本质。他在本质直观的论述中所举出的例子，如各种不同介质中的"红"颜色等，都是一些过于简单的事例，当然能够运用直观来把握。但对于复杂的事情，却很难运用这种本质直观的方

[①] 正如马里翁所指出的那样，在胡塞尔那里，"没有任何东西对直观来说构成例外"，"本质也好，范畴形式本身也好，从此以后都将不会是不可见之物"（参见让-吕克·马里翁：《还原与给予——胡塞尔、海德格尔与现象学研究》，方向红译，上海译文出版社，2009年，第21—22页）。

[②] Edmund Husserl, *Ideen zu einer reinen Phänomenologie und phänomenologischen Philosophie, Erstes Buch: Allgemeine Einführung in die reine Phänomenologie*, S.43.

法。例如借助于某些仪器，我们可以清楚地看到大脑的图像，但无法直观到意识与大脑的关系。

在论证直观作为把握本质的方法时，胡塞尔时常与几何学进行类比，或把几何学作为一个支持的例证。在如何对待几何学的性质与方法上，胡塞尔显得有些矛盾。一方面，他把几何学界定为"观念化"的科学，其方法的观念化作用"本质上不可能在任何感性直观中找到"①，将它与"作为一门描述的本质科学"的现象学区别开来，认为现象学直接从直观中引出本质，"属于一种与数学科学完全不同的本质科学的基本类别"②。另一方面，他又在有关本质直观的论述中时常引几何学为例，甚至称在作为本质直观的核心——想象的变更以及对必然性的把握上，现象学家的"运作完全就像几何学直观的运作"③。在以"红"为例论述本质直观时，胡塞尔表达了同样的思想。他写道："红的种类或颜色的类就是一个纯粹的eidos，一个本质普遍性；但只有当它们被理解为纯粹的普遍性，从而摆脱了对任何一个事实存在、任何一个事实上的红，或者说，任何一个实在颜色的事实性的一切预设时，才是如此。这也是几何学陈述的意思。"④

国外学者的有关研究，有助于我们进一步理解胡塞尔的思想。Mirja Helena Hartimo曾提到胡塞尔上述思想的背景。他引用了Richard Tieszen的

---

① Edmund Husserl, *Ideen zu einer reinen Phänomenologie und phänomenologischen Philosophie, Erstes Buch: Allgemeine Einführung in die reine Phänomenologie*, S.138.

② Edmund Husserl, *Ideen zu einer reinen Phänomenologie und phänomenologischen Philosophie, Erstes Buch: Allgemeine Einführung in die reine Phänomenologie*, S.141.

③ 胡塞尔："除了对所有客观实存进行现象学还原外，它作为本质学家还始终进行着向艾多斯的还原。就后一点而言，他的运作完全就像几何学直观的运作，是一种在自由可变的想象的基础上进行的观念化，以及对观念的相容性和不相容性、对观念的必然性和联系法则等的把握。"（参见《胡塞尔文集》[第七卷]，第117页）

④ Edmund Husserl, *Experience and Judgment: Investigation in a Genealogy of Logic*, p.351. 这样的例子还可以再举出一些，如"清晰的虚构不仅为它们（指几何学和现象学）提供同样好的而且在很大程度上优于实际感知和经验的基础"（参见Edmund Husserl, *Ideen zu einer reinen Phänomenologie und phänomenologischen Philosophie, Erstes Buch: Allgemeine Einführung in die reine Phänomenologie*, S.153）。

一种解释，认为胡塞尔从事群论的现象学分析时，把群论的方法视为本质直观的实现，由此很快地发展出自己的本质直观思想。①照此看来，几何学的直观在胡塞尔本质直观思想的形成中起着重要作用。

如果胡塞尔所要建立的本质直观学说是以几何学之类为对象，那么他在理论上并不会遇到困难。几何学的对象是观念性的，而不是"现实""事实"和"个体此在"，其本质都是从可以展现为图形的直观中汲取的，都是可以通过自由想象来获得的诸如"三角形一般"之类的本质。然而，胡塞尔的目的却不在于此，而是使本质直观成为一种普遍性的方法，能够运用于"经验判断"和"纯粹意识"这两个与"观念性"的几何学不同的领域。众所周知，经验判断涉及感觉经验的领域，"纯粹意识"则属于内省和体验的领域②，二者在性质上都与几何学不同。如此一来，本质直观说遇到了一系列棘手的问题。

笔者认为，胡塞尔的本质直观以亚里士多德式的本质观为依据，将本质视为一种共相的"类"。胡塞尔曾谈道，"作为最高的类之最高的本质普遍性"③，"被作为纯粹eidos来把握的新的共同之处"④，"这种变更曾引向一个最高抽象的类，一个抽象的本质"⑤。这种本质理论的一个根本缺陷就在于把本质仅仅视为一种直接性，而没有认识到本质的间接性，无从认识本质的隐藏性。如果仅仅把本质视为一种"类"，那么本质论所要回答的"what it is"仍然没有解决，对于"类"的本质是什么还需进一步回答。例如，我们仅仅能够把"张三""李四"归结为"人"这个类，实际上并没有对他们的本质是什么做出回答。只有了解了事物的构造和性质，才能把握其本质。

---

① Mirja Helena Hartimo, "From Geometry to Phenomenology", *Synthese*, vol.162, no.2 (May 2008), p.232.
② 胡塞尔本人的用语，如"它为现象学家提供了对意识体验的目的论研究"。参见《胡塞尔文集》（第七卷），第121、122页。在笔者看来，它实际上恰当地刻画了对意识进行"现象学"研究的方式。
③ Edmund Husserl, *Experience and Judgment: Investigation in a Genealogy of Logic*, p.358.
④ Edmund Husserl, *Experience and Judgment: Investigation in a Genealogy of Logic*, p.357.
⑤ Edmund Husserl, *Experience and Judgment: Investigation in a Genealogy of Logic*, p.358.

从洛克开始，本质的间接性问题已受到关注。洛克认为，本质只是"抽象的观念"，实在的本质是不可见的，是事物内在的"不可感知部分的构成"。①物之所以为物，取决于这种实在的本质，这是使我们将某物与他物区别开来的感性性质由以产生的东西。黑格尔和海德格尔也阐述过类似的思想。黑格尔指出，"事物的直接存在仿佛可以被想象为在背后隐藏了本质的表皮或帷幕。——当我们进一步说一切事物都有本质时，这就说出了它们并非是它们直接表现的东西"②。在他看来，本质是间接性的存在，是处于现象背后的东西。海德格尔区分了"现象"与"显相"这两个概念。前者是"就其自身显示自身者"③；后者则是本身不显现的东西，"通过某种呈现的东西表露出某种不显现者"④。笔者赞同洛克、黑格尔和海德格尔的本质观，而不赞成胡塞尔的本质观。如果本质具有间接性，不能直接显露出来，那么胡塞尔的本质直观便失去其依据。

在胡塞尔之后，现象学的另一位代表人物梅洛–庞蒂也是以此来反对胡塞尔的本质直观的。在梅洛–庞蒂看来，并不存在那种能够"像实证对象那样被给予精神目光的本质"，认为不存在那种直接性的本质，而主张"在我们之下有一种本质……就像世界在我的身体后面一样，活动的本质也是在活动的言语的后面"。梅洛–庞蒂将本质比喻为"言语织物上的一根丝线"⑤，它处于能指和所指的交互依赖之中，处于我们内部心灵与外部世界的交织之中，处于可见者与不可见者的重叠之中。他认为，胡塞尔的错误在于将"本质变更"留给哲学家独自的视觉，实际上它却属于一种"共同意见"的载体和场所。因此，应当抛弃本质直观这样的神话。

---

① John Locke, *An Essay Concerning Human Understanding*, the Pennsylvania State University, Electronic Classics Series, 1999, P.403.
② 黑格尔:《小逻辑》，梁志学译，人民出版社，2002年，第216页。
③ Heidegger, *Sein und Zeit*, Max Niemeyer Verlag, 1967, S.31.
④ Heidegger, *Sein und Zeit*, S.29.
⑤ 梅洛–庞蒂:《可见的和不可见的》，罗国祥译，商务印书馆，2008年，第147页。

笔者认为，内在的意识结构属于一种"隐性心理现象"。之所以把内在的意识结构视为"隐性的"，正是由于其本质并不是直接表现出来的。我能够感知到我在思维，但我的思维具有哪些要素、结构和规则，却难以被直观，而更多的是通过语言的表达来把握。这一问题并不像胡塞尔从几种不同的红色物体中，直观出"红"颜色这个"类"那样简单，仅从逻辑学发展史就可说明这一点。

此外，当胡塞尔把本质直观运用于内在意识的领域时，如何划分直观与内省的界限？传统的心理学与意识哲学都属于一种内省方法，研究者通过对自己心理意识的反省来解释意识行为。这样的研究方法由于只是基于个体对自我心理意识活动的省察，不具有实证性，而屡受质疑。哲学家们力图避免这样的做法，如康德《纯粹理性批判》中的"范畴的先验演绎"之所以会有第二版的修改，就是为了祛除第一版中想象力的综合之类的心理学色彩。后来的心理学与心灵哲学努力的方向，也是试图改变这种内省方法。胡塞尔的本质直观也属于类似的一种努力。不过，由于胡塞尔的直观方法基于个体对自己意识行为的把握，虽然他竭力论证该方法的有效性，并辅之以一套新的概念系统，但其实质仍是一种个人的内心省察活动。胡塞尔归之于"直观"的活动，大体上也能够在内省的名义下进行，通过这类方式来探究意识的结构。如果直观真的是一种不同于传统内省的方法，那么直观与内省之间的界限是什么？如何能够在二者之间划出一条明确的界限？无论胡塞尔是否考虑过这一问题，这种划分都会很难。

胡塞尔早期的现象学研究实际上属于一种心理学范畴上的研究。然而，以一种非实证的方式来完成此研究，其根本问题在于：我如何能够从自己的情况得出普遍的概括，这样的做法是否可靠和有效？心理现象既然与可观察的外在物理现象不同，那么有关的"内经验"和"内感知"可靠性的依据何在？胡塞尔试图通过感知的"契合性""明证性"和"绝对性"概念来解决。然而，意识结构这样的"隐性心理现象"却不可能直接显现给我们。从我们的感知到意识现象的存在本身，是无法直接得出这一现象和结构如何的结论。由于感知所予中概念因素的介入，所予并不具有"绝对性"，而是我们理解和解释的结果。由于胡塞尔的本质直观方法建立在直接性本质的基础上，隐性的心理意识现象体现出一种间接性，这使得本质能否被直观地把握成为问题。假如胡塞尔归之为"直观"的活动，也可以内省的方式来进行，那么直观与内省的界限便值得怀疑。

第五节 哲学、"穷理"与合理性①

哲学往往被视为智慧之学，是时代的精华。英国哲学家培根曾经历数一些学科的特点，认为不同于读史使人明智、数学使人周密等，哲学的特点在于"使人深刻"。培根的这一说法可以说是很好地把握了哲学的特点。

那么，哲学是如何使人深刻的呢？在笔者看来，其中的一个表现就在于它使人能够深入地追究事物的道理，也就是"穷理"，从而能够深刻地说理、论理。钱穆在《中国思想通俗讲话》中讲的第一个题目是"道理"。他提出："中国思想之主要论题，即在探讨道理……中华民族，乃一极端重视道理之民族。"②本节的所谓"穷理"，是把它作为一种思想方式来对待的，亦即把哲学的基本特征看作是追问事物（包括认识）的根据；也就是说，哲学是一种对事物的根据，以及对这一根据的根据进行发问与理解的方式。这即是哲学作为智慧之学的根本所在。此外，在穷理与论理的时候，对于所论及的"理"及其信念，不可避免地涉及它们的"合理性"及其标准的判断问题，因此，本节最后也将对此进行论述。

---

① 本节原文发表于《天津社会科学》2016年第6期。国家社会科学基金重大项目"当代知识论的系列研究"的阶段性成果。
② 钱穆：《中国思想通俗讲话》，生活·读书·新知三联书店，2002年，第4页。

一、哲学的"穷理"

从哲学史看，中国的道德哲学所追究到的道德根据主要有：(1) 人性。其奠基者为孟子。他的"四端"说，即"恻隐之心，仁之端也；羞恶之心，义之端也；辞让之心，礼之端也；是非之心，智之端也"[1]，为儒家的心性哲学在"人性"上奠定了基础，使得"诚意正心"的自我道德修炼在理论上成为可能。这样的人性善的说法，实质上为道德与政治哲学设定了一个"君子国"的前提，进而也为讲究"礼治"而非法治，在人性的根本上提供了依据。既然人在本性上是善的，因此可以通过开发本心的善性，追求个人的道德上的自我完善，然后达成"齐家治国平天下"的目标。这种推导是符合其自身的逻辑的，只是它所设定的人性善的前提以及相应的"君子国"的预设，是不合理的。在人性的问题上，与其设定人性是善的，从而导致未能对人性恶的因素加以防范，不如设定人性是恶的，从而对其保持警惕，特别是对拥有权力者保持警惕，在制度上扎好篱笆，严加防范，这显然将会更有利于社会。(2) 天（理）。汉代董仲舒曾论证说，"为人者，天也。人之人本于天"[2]，"人副天数"[3]。这种哲学为中国古代的法律制度提供了理据。例如，之所以对死刑犯须等到秋后才能问斩，依据的是"人副天数"的道理。因为在四季中，秋天是万物落叶归根的季节。(3) 良知。王阳明的"良知"概念源于孟子，它是孟子的心性哲学的发扬光大。这表现在它把良知直接等同于"天理"："吾心之良知即所谓天理也。致吾心之良知于事事物物，则事事物物皆得其理矣。"[4] 良知既为天理，这就为行为提供了道德善方面的根据，为"知行合一"提供了学理上的根据。

---

[1] 《孟子·告子上》。
[2] 董仲舒：《春秋繁露·为人者天》，中华书局，1975年，第385页。
[3] 董仲舒：《春秋繁露·人副天数》，第439页。
[4] 王阳明：《传习录中·答顾东桥书》，载《王阳明全集》（第一册），线装书局，2012年，第123页。

同样，西方哲学也找到了它们的根据。这类根据中最有影响的是：

1. 柏拉图的"范型"（Ideas or Forms）论。柏拉图区分了现象世界与本体世界。现象世界在他看来是变动不居的，只有本体世界才是实在的、本质的、永恒的。就像作为现象呈现给我们的一朵朵美丽的花一样，它们之所以为"美"，就在于它们分有了某种永恒的"花"的范型。"由于美，一切美的东西美"[①]，这句话说明的正是范型的根据作用。

从哲学思维来看，柏拉图使哲学从现象（可见）世界跃升到本体（可知）世界，从"经验"进入到"先验"。所谓"先验"，简单说来就是先于事物并构成事物的可能性条件的东西。先验的哲学，就是论证这种可能性的条件所在。柏拉图的这种范型论在黑格尔哲学那里表现为一种"概念论"，也就是把概念视为事物的本质、根据。例如，"朋友"的概念构成"朋友"这一事物的本质与根据。甲与乙两人之所以称得上是朋友，就在于他们的关系符合了"朋友"概念的规定性，如彼此相知，互相关心与帮助，等等。因此，不论是柏拉图哲学还是黑格尔哲学，它们实质上都属于一种"先验论"，也就是以某种非经验的东西作为事物的根据。

2. 康德的先验哲学。不过，真正从理论上论证了"先验"概念及其作用的，是康德哲学。不论从认识活动上，还是道德行为方面，康德都论证了这种先验根据的必要性与有效性。对于认识活动而言，这种必要性在于，假如没有先天的（a priori，亦即独立于经验的意思）范畴作为根据，用以规整杂多的感性质料，那么我们所形成的经验判断将是没有普遍必然性的。对于道德行为而言，假如没有我们的理性本身所提出的道德律令作为行为的根据，那么道德行为将是他律的，而不是自律的。

哲学这种追求事物的最终根据的做法，使人们跳出"就事论事"的常识性思维的局限，使得对认识活动与道德行为的思考不再局限于表面现

[①] 柏拉图：《斐多篇》，载柏拉图《巴曼尼得斯篇》译者序，陈康译，商务印书馆，1997年，第6页。

象，而是深入到它们的深层的方面，即从个别上升到普遍，从内容抽离出形式，从而能够把握这些对象的根本。

二、哲学如何穷理

以上我们论述了哲学的深刻之处在于追求事物的根本道理。下面我们探讨另一个问题：哲学是如何穷理的？让我们从著名的"电车难题"[①]开始。

对此难题，人们可以有如下的选择：一是搬动轨道，或是推下胖子，以一个人的生命代价来换取五个人的生命。这样做在道德上的根据，可以是边沁的"最大多数人的最大幸福"的功利主义原则。依此类推，在第二次世界大战后期，为了促使日本尽快投降，减轻对大多数人的危害，美国在日本投下两颗原子弹，虽然造成了平民的伤亡，但却是可取的。二是不采取任何行动，听之任之。其理由是，即使是以一换五也是不可取的，因为每个人的生命都具有至上的价值，或者说，每个人都是目的，而不能被作为手段。这个依据可以是康德的道德义务论原则。三是依据圣托马斯·阿奎那的"双效原则"：同一个行为，通常兼有善恶两种效果，在特定情况下，一种善的行为虽然兼有恶的结果，也是可以允许的，即使恶的结果在通常情况下必须避免。按照这一原则，司机扳动转向器，做出舍一救五的选择就是正确的，这属于善的行为兼有恶的结果。

上述例子所涉及的边沁的功利主义是以多数人的利益作为衡量价值的标准，康德的道义论伦理学是以个体自身的存在作为至上的道德价值。

[①] 所谓的"电车难题"的具体内容是：当你站在跨越电车轨道的天桥上时，发现电车失控，但没有转向岔道。如果阻止电车撞死前面轨道上的5个人，必须把重物抛向轨道阻止电车；然而，周围无重物，只有一个足够重的胖子在你身边，你是否应该把胖子推下去挽救5个人的性命？这种做法与扳动转道器，有无本质区别？它的先前版本是：路人是听凭电车继续前行撞死前方轨道上的5个人，还是搬动轨道转向器让电车撞死岔道上的1个人，抑或听之任之、无动于衷呢？

它们分别为道德选择提供了各自的依据。这就告诉我们，哲学所把握的是事物的根本，是事物之所以可能的根据，或者说是"理"。具体说来，现实中人们的选择，实际上所考虑的都可以归结为以某种道德原则为依据。假如生命的价值是以多数人的利益为衡量标准，那么牺牲个体以换取多数人的利益就显得是可取的；反之，如果认定每个个体的生命都具有至上价值，都是不可随意剥夺的，那么由之而来的答案就是不能以牺牲个体来换取多数人的利益，即这样的行为是不应该的。以上论述，属于哲学上的第一层面的追问，亦即追问事物的根据。

如果对上述例子继续追问其根据，也就是"穷理"，做出第二层面的、更深层的追问，那么哲学的思想方式将进一步突显。这就是追问这些根据是如何可能的，或者说，追问"根据的根据"。通过这种追问，我们就能把握到更深层面的问题。这时我们将不仅是追问行为的道德根据，而且深入到这类道德根据的可能性问题，包括"善"是什么的问题。

就上述例子而言，我们可以继续追问，人们所依据的道德原理，其根据是什么，或者说它们是如何可能的？这一问题可被分解成如下几个方面：其一，它们是经验的或是先验的？其二，它们是情感的或是理性的？其三，它们是事实的或是规范的？

我们仍以边沁和康德的伦理学原则为例进行分析。边沁的功利主义原则是"最大多数人的最大幸福"。这一原则是以感性经验为根据。它把"善"看作是一种感觉上的快乐，反之，"恶"则是带来感觉上的痛苦的东西，且其中的量是可以计算的。康德的作为"绝对命令"的道德律是："你应当这样地行动，使你的行为的准则能够成为普遍立法的法则。"与功利主义的经验性命题不同，康德的道德原则是以纯粹的亦即非经验的理性为根据，它把"善"看作是符合道德律的东西，属于先验的规定。之所以否定道德原则以感觉为依据，这是因为在康德看来，感觉是因人而异的，因此并不具有普遍性；而道德原则是需要具有普遍性的，否则不成其为原则。

在笔者看来，以感觉论为道德的基础实际上是不可能的，特别是在涉及复杂的道德问题的时候，例如正义论的问题。对于诸如罗尔斯与诺齐克所争论的正义的原则究竟为何的问题，也就是说，究竟它是像罗尔斯所主张的那样，应当在分配上对弱势者给予某些补偿呢，还是像诺齐克所主张的那样，只要所得符合正义的程序，这样的所得就不得以任何名义予以夺取？对于这样的问题我们是无法简单地诉诸感觉的愉快与否来决定的，而是应当通过理性的分析来做出。

本来，如果从科学的立场上看，似乎经验基础才是可靠的。对于自然科学而言，一切认识来源于感觉经验，并且一切认识的结果（表现为普遍性的命题）最终还需要通过经验的验证。然而，对于我们的行为而言，如果其根据是建立在我们的感觉（经验）之上，而感觉（经验）带给我们的往往只是欲望，并且欲望往往因人而异，因此是个别性的；这意味着我们的道德法则将为欲望所左右，且无普遍性可言。这是否可行？康德对"结果论"的批评击中的正是这一要害。但是，康德让理性为道德立法所带来的问题是，离开了经验的基础，理性所颁布的命令是否太空洞，其力量又何在？理性凭什么要求人们具有纯粹的道德动机？其立法的权威性何在？

通过这样的追问，我们就抵达了道德学说的最深层的部分，或者说触及了它的最终的根据。对于学术的创新而言，最根本的创新就在于改变它存在的根据，这样一来所产生的结果就会是根本性的变化，也就是一种全新学说的出现。它不是对旧学说的修补，而是找到了一个新的生长点，是一种在新的基础上的、完全的颠覆与重建。

三、作为理论的判定与选择标准的"合理性"

以上我们论述了哲学的根本在于穷究事物之理，以及这些"理"本身的根据何在。这方面必定会遇到的问题是，在不同哲学所给出的不同"理"（原则、根据）之间，究竟哪个"理"应当被接受？这意味着我们需要有某种标准来对它们进行判定，以便在何者更优、更可接受之间做出选择。换言之，不同理论、学说之间的判定与选择的标准是什么？

显然，假如某个"理"的性质是经验性的，其最终根据在于感性经验，那就比较好办，因为它可以用事实来验证，就像"水在零度结冰"的命题，这一规律是能够得到事实的证实的。但如果某个"理"是以理性为根据的，没有任何可见的东西来支持，那就只能依靠说理来进行。例如"同性恋"的问题，显然并不存在某个可见的事实或经验，让我们能够据以验证这种行为是否是合理的、可接受的。

我们再以正义原则为例。众所周知，罗尔斯与诺齐克在这一问题上针锋相对，各自提出了自己的原则。罗尔斯所提出的正义的两个原则是：（1）每个人对与其他人所拥有的最广泛的基本自由体系相容的类似自由体系都应有一种平等的权利；（2）社会的与经济的不平等应这样安排，使它们被合理地期望适合于每一个人的利益，并且依系于地位和职务向每个人开放。[1]这里第一个原则的目的，是要保障一切人的平等自由和机会平等；第二个原则是要使任何不平等的利益分配都符合最少受惠者的最大利益，即"最好的最坏结果"。与此相对，诺齐克的正义原则是：如果一个人按照获取和转让的正义原则，或者按矫正的正义原则对其持有是有权利、有资格的，那么他的持有就是正义的。如果一个社会每个人的持有都是正义的，那么这个社会的持有的总体（分配）也就是正义的。

对于罗尔斯与诺齐克的这两种正义原则，麻烦同样在于，它们并非是事实性的命题，因此无法依据事实来验证。假如一定要使这两种原则诉诸社会实践，然后再依其结果来进行选择，可以想见，这样的实践将是极其复杂的，而且进一步说，也不可能以某些群体、个人为代价来进行这类实验，尤其是在涉及人的权利时。明确了这样的道理，那么理论选择的重要性就突出出来了。而要进行这种选择，显然需要依靠某种标准。这种标

---

[1] 罗尔斯：《正义论》，第56页。

准不可能是"真",因为是否为真的问题,涉及事实性如何。只有以是为是的理论(判断),才可以称得上是真的。但上述两种正义原则,却是某种有关正义的价值判断,是某种理想的"应然"状态,并没有相应的事实可以与之符合。

排除了以"真"为标准,相应地,"客观性"的标准也会被排除。因为既然无事实性可言,也就同样无"客观性"可言。而某种论断、理论或学说是否客观,在正常的语境下,也是以其是否符合事实为依据的。例如,当我们说某人的说法比较客观时,指的是他的说法比较符合事实。既然有些非经验性的理论或命题无法以"真"或"客观性"为标准,在这种情况下,我们显然只能另寻标准。相对而言,比较恰当的标准应当是"合理性"。也就是说,对于某个或某些理论而言,假如其中某个理论是合理的,那么我们就应认可它、选择它。

四、"合理性"的判定标准

"合理性"作为一个选择标准,既然处于如此重要的位置,那么随之而来的问题是,这一标准本身是什么?遗憾的是,尽管合理性问题在哲学领域受到很大的重视,产生了不少的学说或观点,但其大体上是围绕着信念、欲望或行为的合理性问题的。在普特南看来,我们关于合理性问题的讨论,持续了数十年而终无结论。而劳丹则干脆把合理性问题称为"二十世纪哲学最棘手的问题之一"[1]。

对于中国学人而言,哲学家中有关合理性的最著名的命题,当属黑格尔的"凡是合理的东西都是现实的,凡是现实的东西都是合理的"[2]。黑格尔的这一命题是把合理性作为评判现实性的标准。也就是说,对于事物

---

[1] 劳丹:《进步及其问题》,刘新民译,华夏出版社,1990年,第116页。

[2] Was vernünftig ist, das ist Wirklich, und was wirklich ist, das ist vernunftig,英译为:What is rational is actual, and what is actual is rational。参见黑格尔:《法哲学原理》序言,范扬、张企泰译,商务印书馆,1979年,第11页。

的存在而言，它们是否具有现实性，或者仅仅只是一种没有本质的现象或存在，其标准在于是否符合理性。可见，这是一种存在论意义上的合理性。在当代哲学家中，对合理性问题做过深入、系统的研究的，包括普特南、诺齐克与戴维森等。下面我们先简略地介绍一下他们各自的思想，然后提出自己的合理性界说。

1. 普特南的合理性作为事实的评定标准

普特南有关合理性的思想是把它与真理问题结合起来，他指出，"'真理'是某种（理想化的）可接受性"[1]，"粗略说来，用以判断什么是事实的唯一标准就是什么能合理地加以接受"[2]。这种可接受性是在我们的包括对象和记号（理论）在内的语言描述框架之中做出的。对象与事实只能在这一语言框架内得到确定，并且"对世界的真实的理论或描述不止一个"。普特南把合理性作为"事实"的评判标准，这主要是从知识论的角度来探讨问题的。也就是说，在认识活动中，对于某一对象是否构成事实，这是依据"合理性"标准来确定的。

普特南的上述合理性理论可能产生的麻烦在于：首先，由于真理与合理性是内在于我们的描述框架的，而这意味着对于不同的解释者而言就会有不同的描述框架。其次，由于什么是"合理性"的问题，其解决过去和现在并不存在，它只是我们去趋向于接近的东西，这等于说在当下我们不可能具有合理性的标准。这样一来，在无合理性标准的情况下，就可能存在无数的"可接受性"，从而也无所谓有真理。再次，真理既然是无数的，那么不同的解释人群就具有各自不同的真理，其结果是不同的理论就没有可比性、没有优劣可言。

2. 诺齐克的理由与过程构成的合理性

诺齐克高度评价合理性问题研究的意义，认为它无论是对于个人还

---

[1] 普特南：《理性、真理与历史》，第55—56页。
[2] 普特南：《理性、真理与历史》，第2页。

是社会都具有极其重要的评价意义和实践意义。在他看来，合理性理论所覆盖的是如下两大领域，即"决策（decision）的合理性"和"信念的合理性"。就与本节有关的信念的合理性而言，诺齐克把这种合理性看作是一个"目标导向的过程"[1]，它表现在能够有效地、有效率地实现各种目标、目的和欲望。信念的合理性只有一个目标，就是"相信真理"。这种合理性的构成要素主要有两个（即"理由"与"过程"）：首先，某信念之所以是合理的，就在于它得到了那些使之可靠的"理由"的支撑；其次，它是通过一种能够可靠地产生出真信念的"过程"而产生的。

此外，在诺齐克看来，当前有关合理性的研究，已经使它变成为一个"技术性的主题"。诺齐克还具体为如何能够合理地接受某个陈述或信念提出了6条规则。限于篇幅，我们仅列出前面3条：规则1，不要相信h，如果与h不相容的其他陈述比h的可信值更高的话[2]；规则2，仅在这种情况下才相信（可接受的）h，即相信h不比对h不具任何信念的期望效用低[3]；规则3，给定一个（可接受的）h陈述的类型，仅当其可信值足够高时才相信它[4]。

3. 戴维森的以"真"和"一致"为原则的合理性

戴维森把合理性看作是一个规范性的概念，涉及的是遵守规则的问题，因此它构成思想的一个条件。他既从信念与解释方面来理解合理性的概念，也从行动方面来解释合理性。就前者而言，我们之所以能够相信某个东西（如命题），之所以能够对某个事件做出解释，是因为这样的信念或解释是以某种本原的"真"为基础的，并且是与已有的信念或解释相一致的。因此，"真"与"一致"的标准或要求，就构成信念或解释上的合

---

[1] Robert Nozick, *The Nature of Rationality*, Princeton University Press, 1993, p.64. 参见该书中译本《合理性的本质》，葛四友等译，上海译文出版社，2012年，第103页。

[2] Robert Nozick, *The Nature of Rationality*, p.85. 参见《合理性的本质》，第135—136页。

[3] Robert Nozick, *The Nature of Rationality*, p.86. 参见《合理性的本质》，第137页。

[4] Robert Nozick, *The Nature of Rationality*, p.88. 参见《合理性的本质》，第141页。

理性的基本原则。就后者而言，某一个行动是否合理，其判定的标准就在于它是否是由一致的愿望与信念所导致的结果，此即行动的逻辑一致性要求。违反了这样的要求，行动即是非理性的。

下面再简要归纳笔者有关"合理性"的判定标准及其解决的构想。上文提到，哲学家们虽然对合理性问题很重视，但已有的相关理论大体上是围绕信念、欲望或行为的合理性问题展开讨论的。概括起来，这方面的探讨有目的合理性（目的本身是否合理）、目的—手段的合理性（即工具合理性，如果所采用的手段有助于目的的实现），等等。所采用的评价标准大致有"义务"（如果你有义务采取某个行动，那么你不做就是不合理的）、"善"与"可称道的"（praise, worthiness）三种。也就是如果某个行为是善的，或可称道的，那么它就是合理的。不过，它们却很少涉及理论评判与选择意义上的合理性问题。

理论是用以指导行动的。在面对多种理论的情况下，对理论进行评判，从而做出选择，是很必要的。我们不可能对理论都采取一种用实践来检验的标准。因为，要把所有的理论都付诸实践，这显然是不可能的，而且，如果把未经合理性评价的理论付诸实践，其后果可能是严重的。我们只能把认为是好的、合理的理论选择出来，或者说是加以接受，然后再付诸实践，用以改变既有的社会，使之在新的理论的指导下取得新的进步。但反过来，如果对理论的选择出现错误，可以想见，社会是要付出代价的，甚至是灾难性的代价。这样的例子在历史上并非少见。

因此，为了有助于对相关的理论进行评判与选择，需要我们具有某种对理论的合理性进行评判的标准。这里，本节尝试提出如下原则作为标准：（1）可信原则。如果理论 p 在系统上是自洽的、可信的，那么 p 就是合理的。这是形式方面的原则，这一原则可用以检验某一理论在逻辑上是否自相矛盾，是否自身一致。显然，一个自身矛盾的理论不可能是合理的理论。（2）比较原则。如果理论 p 比理论 q 在可推导出的结果上是更可接受的，那么 p 就是比 q 更为合理的。这是内容方面的原则，使用的方法是演绎的方法，尽可能地从有关内容中推导出所蕴含的结果。依此，这一原则可从内容方面检验某一理论可能产生的结果，并与其他理论可能产生的结果进行比较，借以做出对有关理论的合理与否的判断与选择。

第六节 外在主义与一致主义可否融合
——对戴维森有关思想的回应[①]

在当代的知识论学说中，外在主义与内在主义构成一对基本对立的主张，而内在主义所包含的有两个流派，其中之一就是"一致主义"（coherentism，又译为"融贯论"），另一个则是"基础主义"。从这里可以看出，外在主义与属于内在主义的一致主义是相对立的。而对于戴维森来说，他所要做的工作是把这两者调和起来，也就是建立一种既是外在主义，又是一致主义的知识论。本节的目标就是要考察一下戴维森这方面的主张与论证，探讨一下它们存在的问题，考察它们的可行性。

一、戴维森的外在主义思想

戴维森的外在主义的基本思想是，外在主义"依赖于我们现实的实践（actual practice）"。他这一思想的另一种表述是："概念或信念的内容是由情景所引发的。是否为真的条件是由情景所决定的。……正常地引起某个信念的情况（situations），决定了该信念为真的条件。"[②]这也就是说，在戴维森看来，决定概念或信念真假条件的，并不是信念之间的关系，而是外部的情景或情况。这具体表现为，过去所发生的情况过程，为我们的概念与思想提供了内容。假如过去的情况过程是另一回事的话，那么我们

[①] 本节原文发表于《文史哲》2013年第4期。国家社科基金项目"'元哲学'研究"和教育部人文社科研究规划基金项目"先验与经验——知识论的基础问题研究"的阶段性成果。

[②] Davidson, D., *Subjective, Intersubjective, Objective (Philosophical Essays Volume 3)*, Oxford University Press, 2002, pp.196–197.

的概念与思想的内容就会是不同的。

在戴维森那里，概念与思想内容的获得表现为知觉表象与外部环境的相互作用。我们大多数的知觉表象是通过与环境的相互作用而获得和形成的。这些表象通常表现着它们所源自的和所运用到的东西。因此，他声称，我们可以坚持认为一切语句都具有经验内容。而经验内容本身又是根据事实、世界、经验、感觉、感官刺激之全体等诸如此类的事物来解释的。与此相关，戴维森反对内在主义的主张，认为我们关于自己心灵的认识不能够作为我们其他知识的基础。记住他的上述界定和主张，有助于下面我们比较他的有关一致主义的界说。

戴维森并且提到他的外在主义与其他人（如普特南与布尔格[Tyler Burge]）的不同，即他又回到"第一人称权威"（first person authority），也就是认可一些心灵的状态，如每个人一般都知道他在想什么，而无须求助或诉诸证据[1]；然而一般来说，外在主义既然把人的命题态度的内容看作至少是部分地由外部的、人们可能并不知道的因素所决定，因此就不可能又把它看作是由"自我"，即"第一人称权威"所决定的。例如普特南就认为，外在主义既然是真的，那么"意义"就不会是存在于头脑之中的，并且这一道理能够一般地应用到对思想的解释上。由此戴维森指出，他的这种主张与有时被称为"外在主义"，或被布尔格称为"反个体主义"的思想有共同之处，但在一些重要的方面与通常所知的"外在主义"不同。因此在这一点上，他要把他的外在主义思想与其他形式的外在主义区分开来，特别是同普特南和布尔格的外在主义区分开来。

戴维森认为，普特南的外在主义主要运用于像"水""豹子"之类的自然种类的语词，其想法是，如果我在经验到 H_2O 时学会"水"这个词，这个词因此必定仅仅指涉到具有相同微结构（microstruc-ture）的实体。戴维森接着指出，他的外在主义的不同之处在于：虽然他同意说，我所使用这

---

[1] Davidson, D., *Subjective, Intersubjective, Objective (Philosophical Essays Volume 3)*, p.197.

个词的通常原因决定了它所意指的东西，但看不出为什么微结构上的相同是决定我的"水"这个词的指涉物的必然关联的相似性。在戴维森看来，其实是"我所想的东西支配（control）了当前关联的相似性"①。这一点也就是他所说的"第一人称权威"的表现。此外，我们并没有理由把外在主义限制在某个或某些范畴的语词内。他相信，语言、思想与世界的纽带来自它们与外部情景的因果联系，这一点构成语言和思想的相当普遍的特征。

从上面的介绍中，我们可以看出戴维森的外在主义的一些特点。一方面，他认同外在的"情景"因素是引起概念或思想的内容的原因，另一方面又主张"第一人称权威"，即所思想的东西支配了概念（语词）同它们的指涉物的关系。就第一方面而言，戴维森的外在主义思想是建立在主体与客体二分的基础上。不过戴维森的一个特点是，他的思想往往是分别通过一些论文来阐述的，因此在系统上会比较欠缺一些，有时显得不那么严密，不那么前后一致。例如，他在另一篇文章中，就提出一个语句的真或意义是由说话者、解释者以及共同的语境这一"三角关系"所决定的。这使得外在主义成为一种由说话者、解释者以及共同的语境所组成的三元关系，而不是像上面的讨论那样，属于一种主客体之间的二元关系。

除了上述的"回到'第一人称权威'"之外，戴维森的外在主义的特殊之处，还在于它要与一致主义结合起来，而正是这一点构成本文关注的一个焦点。因为外在主义将"真"归结为由外部的条件所决定，一致主义则主张"真"在于信念之间的一致性，属于"内在主义"的范畴。从理论上说，外在主义与内在主义是两种根本不同的主张。戴维森能够成功地将它们结合起来吗？

---

① Davidson, D., "Epistemology Externalized", in *Subjective, Intersubjective, Objective (Philosophical Essays Volume 3)*, p.198.

二、戴维森的一致主义思想

一般而言，一致主义既然主张经验信念的"真"在于信念之间的一致性，那么它们必然持一种"整体论"的观点，对此戴维森也不例外。为此他的一致主义的一个基本设定是，人们的大部分信念是真的。唯其如此，所以可以推论说，某个信念只要与其他的信念相一致，那么它就是真的。不过，戴维森的这一设定来得有点武断，因为不分时间、不分地点地做出这种设定，实在是有风险的，未必能够经得起检验。这样的设定作为科学的前提是不可靠的，本身是需要条件的。例如，这样的"人们"必须是现代的、受过良好科学教育的人。

概括起来，戴维森的一致主义的论证，主要建立在两个方面。

其一，是反对"概念图式"的存在，把它看作是经验主义的"第三个教条"[1]，以此来反对概念与真理的相对性，论证经验的整体性以及真理的客观性的主张。

在戴维森看来，虽然经过蒯因的批评，经验主义不再抱有分析与综合的二元论，但是，由于人们可能在摒弃意义和分析这两个概念的同时，又基于语言起着一种对经验的组织作用的看法，而保留语言体现一种概念图式的观念，因此，在取代分析与综合的二元论的同时，我们便得到概念图式与经验内容的二元论，它同样是经验主义的基础，因此被戴维森归结为属于经验主义的"第三个教条"。

在戴维森看来，概念图式论的一个主要表现，是把概念图式与语言关联起来。由于语言对经验具有组织、整理、适合等关系，因此导致存在某种概念图式的想法。这种概念图式论的一个主要依据是，语言（或概念）之间存在不可互译性；换句话说，之所以存在着彼此之间具有差别

---

[1] 戴维森：《真理、意义、行动与事件》，牟博编译，商务印书馆，1993年，第118页。

的概念图式，是以可互译性的失败为一个"必要条件"的。[①]此外，这种"可互译性"还具有其他的表现方式。例如，在库恩和费耶阿本德那里，它是以"不可通约性"的方式来表示的。他并且直接引述了费耶阿本德的说法"相继的理论之间是不可通约的"[②]，来表明这一点。

　　对于概念图式论的代表人物，戴维森提到的有如下这些。在萨丕尔（Sapir）那里，概念图式论表现在，他把语言的首要作用看作是"对一连串的感觉经验进行分类整理"，起着一种组织的作用，从而使感觉经验"形成某种世界秩序"。[③]而这正是概念图式的所为，萨丕尔的上述说法具有了概念图式论所需的要素：具有组织力的语言、被组织的事物，以及"可互译性（'校准'）的失败"[④]。这里，"可互译性（'校准'）的失败"，戴维森指的是萨丕尔所认为的，由于所有观察者的语言背景不可能是相似的，或者说不可能按照某种方式来校准，因此，相同的物质证据（也就是被组织事物）不会把这些观察者引入相同的宇宙图景。在费耶阿本德那里，概念图式的思想表现在，他曾提出我们可以在概念体系，亦即语言之外选择一个视点，来比较彼此有差别的概念图式。而在蒯因那里，概念图式论得到明确的表达。他"把科学的概念图式看作……是一个根据过去的经验来预测未来经验的工具"[⑤]，之所以能够如此，是因为我们的知识或信念的整体是一种人造的结构组织，它仅仅沿着其边缘与经验紧密接触。这种说法意味着，与经验处于某种关系中的是语言，以及与之相关联的概念图式。

　　对于这种概念图式论，戴维森持一种否定性的态度。他认为这种理论的危害是，只要有关于图式和实在的二元论这个教条存在，我们就得接

[①] 戴维森：《真理、意义、行动与事件》，第119页。
[②] 戴维森：《真理、意义、行动与事件》，第119页。
[③] 戴维森：《真理、意义、行动与事件》，第118页。
[④] 戴维森：《真理、意义、行动与事件》，第118页。
[⑤] 戴维森：《真理、意义、行动与事件》，第120页。

受概念相对性以及相对于一个图式的真理。反之，如果破除了这个教条，那么也就消除了这种相对性。

为此，戴维森提出一些理由来证明概念图式论的无效。他论证说，我们既没有证据来支持有不同的概念图式的存在，同样也不能有效地说明有同一的概念图式的存在。此外，从检验的角度说，我们无法获得对概念图式的检验，也无法利用已确定的"意义"或"中立于理论的实在"来对它们进行比较。①他并且论证说，把这种有关概念图式存在的证明建立在翻译部分失败的基础上，就如同建立在翻译全部失败的基础上一样是无法奏效的。只要有了潜在的关于解释的方法论，我们就无法判断他人是否有根本不同于我们自己的概念或观念。

在戴维森看来，放弃概念图式与世界的二元论，并不会使我们放弃世界，而只会带来积极的结果。它会使我们重建与人们所熟悉的对象的没有中介的联系，这些对象的出乎意外的行径使我们的语句和意见为真或为假。戴维森并且指出，表明这种"没有中介的联系"的有力的例证，是塔尔斯基的真理论。按照这一理论，"'我的皮肤是温暖的'这个语句为真当且仅当我的皮肤是温暖的"。他指出，"这里并没有提到事实、世界、经验或证据"②，它所给出的只是语句和对象之间的直接联系。

其二，是论证信念的确证在于与信念系统的一致性。

戴维森对概念图式与世界的二元论的批评，为他接受一致主义提供了一个主要的理由，这就是，由于关于概念图式和有待处理的"世界"的二元论是不可理解的，因此就得抛弃这种"结构状"的模式，从而接受"网状"的一致主义，即一种信念与信念之网的一致关系。

戴维森的一致主义的思想表述起来并不复杂，简单说来就是，"一个

---

① 戴维森：《真理、意义、行动与事件》，第125页。
② 戴维森：《真理、意义、行动与事件》，第124页。

人的任何信念只要与其余的大多数信念相一致便是真的"①。类似的说法还有：

  一切充当某一信念的证据或对该信念作出确证的东西，都必须来自该信念所从属的信念整体。②

  我们相信任何信念的唯一理由是其他信念；因此我们能够希望或寻求的至多是信念的融贯性。③

如果加以展开的话，那就是：

  有根据足以推定一个与极为大量的其他信念相一致的信念是真的。在一致的信念集合总体中的每一信念都依据这个根据得到确证，几乎就像由一个有理性的行为者（他的选择、信念和愿望在贝耶斯的决策论意义上是一致的）所采取的每一个有意向的行为得到确证一样。由此再重复一遍：如果知识是确证了的真信念，那么某个一致的信念者的所有真信念似乎便构成知识。④

不难看出，这种一致主义要能够成立，其前提在于这个信念系统中的"大部分信念"必须是真的，否则即使信念之间是一致的，其结果也不会是真的。就此，戴维森需要指明这一点，但是他的方式却显得是"独断论"，也就是未经证明地断定这一点。他只是不加限定地说："一致论所

---

① Davidson, D., "A Coherence Theory of Truth and Knowledge", in *Subjective, Intersubjective, Objective (Philosophical Essays Volume 3)*, p.146.
② Davidson, D., "A Coherence Theory of Truth and Knowledge", in *Subjective, Intersubjective, Objective (Philosophical Essays Volume 3)*, p.153.
③ 戴维森:《行动、理性和真理》，载欧阳康主编《当代英美著名哲学家学术自述》，第82页。
④ Davidson, D., "A Coherence Theory of Truth and Knowledge", in *Subjective, Intersubjective, Objective (Philosophical Essays Volume 3)*, p.139.

能够持守的不过是，一个一致的信念集合总体中的大多数信念是真的。"①类似的说法是："一个人的大多数信念必定是真的，因此，便可作出一个合理的推定，即一个人的任何信念只要与其余的大多数信念相一致便是真的。"②但这种说法是需要条件的，并且实际上是有风险的，而且有时可能未必如此。至少对于接受过良好教育的人与没有接受过什么教育的人来说，情况必定是不一样的。

这里有必要指出的是，对于"一致主义"概念，戴维森既是在"真理论"，同时也是在"确证论"的意义上使用的。当他说"一个人的任何信念只要与其余的大多数信念相一致便是真的"时，他是在真理论的意义上使用"一致主义"概念；而当他说"一切信念都在下述这种意义上得到确证：它们为众多的其他信念所支持（否则它们就不会是它们所是的信念），并且具有支持其真的假定"③时，则是在确证论的意义上使用"一致主义"概念。对于知识论而言，在"确证"的意义上使用"一致主义"概念，可能更有意义。因为对于知识论而言，恰恰是在所要加以认识的事件尚未发生（例如，后天是否发生地震）的时候，从理由（justification）上对事件的可能性进行论究，才是更为需要的。

三、戴维森对外在主义与一致主义的调和

按理说，戴维森主张外在主义，并且反对概念与世界的二元论，主张认识与世界的"没有中介"的联系，即直接的事实使得我们的语句为真，那么他是不应当又持有"一致主义"的确证论的，因为这种理论主

---

① Davidson, D., "A Coherence Theory of Truth and Knowledge", in *Subjective, Intersubjective, Objective (Philosophical Essays Volume 3)*, p.138.
② Davidson, D., "A Coherence Theory of Truth and Knowledge", in *Subjective, Intersubjective, Objective (Philosophical Essays Volume 3)*, p.146.
③ Davidson, D., "A Coherence Theory of Truth and Knowledge", in *Subjective, Intersubjective, Objective (Philosophical Essays Volume 3)*, p.153.

张某一信念的真,在于它与其他信念之间的"一致"关系。一致主义属于"内在主义"的范畴,而内在主义恰好是外在主义的对立面。因此,这很容易使人产生疑惑,为什么戴维森一方面持守外在主义的立场,同时另一方面又主张一致主义。

在笔者看来,之所以如此,在于虽然戴维森认为感觉是信念产生的依据,也就是两者具有因果关系,但由于感觉与信念之间并不具有逻辑关系,因此前者不能为后者提供确证。

戴维森这方面的思想是,一方面,感觉能够造成某些信念,在这种含义上,它们是这些信念的基础或根据;也就是说,通过感觉所提供的质料,我们形成某些信念,因此感觉构成了信念形成的"原因"。另一方面,由于感觉不是信念或其他命题态度,并且对一个信念的因果解释并没有表明这个信念被确证的方式和原因,因此感觉与一个信念之间的关系不可能是逻辑上的关系。

这里关键的是,感觉对于信念的"基础"或"根据"的作用究竟是在哪些方面?对此,戴维森将感觉对信念的"产生"所起的作用,与对信念的"确证"所起的作用区别开来。对于前者而言,他承认感觉经验对于知识、意义的基础作用,或者反过来说是,"意义和知识依赖于经验,而经验又最终依赖于感觉"①。不过,在他看来,这是"对因果性等的依赖,而不是对证据或确证的'依赖'"②,因为感觉并不是信念,所以无法构成对其他信念进行确证的逻辑关系。戴维森这种论断的合理性如何,我们且留在后面再做评论。

这里涉及信念的基础问题,因而也间接地涉及对"基础主义"的看

---

① Davidson, D., "A Coherence Theory of Truth and Knowledge", in *Subjective, Intersubjective, Objective (Philosophical Essays Volume 3)*, p.146.

② Davidson, D., "A Coherence Theory of Truth and Knowledge", in *Subjective, Intersubjective, Objective (Philosophical Essays Volume 3)*, p.146.

法。基础主义有关感觉在认识中的作用的理论，是"所予论"。

所谓"所予论"，乃是肯定感觉在认识中所起的基础作用，并且把这种作为认识基础的感觉看作是一种"基础信念"，它们能够为"上位的"，亦即需要依靠它们来进行确证的信念提供确证，而本身却无须进行确证。但是，对于感觉如何能够作为基础的"信念"这一问题本身，基础主义却并没有给出清楚的说明。

戴维森对于基础主义的主张持否定态度，理由与上面的道理直接相关。他质疑说，在感觉与信念之间究竟是什么样的关系，能够使得前者对后者做出确证？我们为什么应当相信我们的感觉是可靠的，也就是说，我们为什么应当相信我们的感官？他认为，实际上基础主义并没有根据感觉来确证信念，而是试图通过断言"这些信念具有与某个感觉恰恰相同的认识内容"来辨明这些信念本身。但这样一来，基础主义的这种观点便具有以下两个困难：首先，如果基础信念在内容上并没有超出相应的感觉，它们便无法支持任何对客观世界的推断；其次，并不存在这样的基础信念。他用以取代上述基础主义主张的是，知识或概念所依赖的基础，是一个理解共同体，是说话者之间就如何相互理解所形成的共识。这里的"理解共同体"的提法，等于是为"信念的整体"进一步提供了存在方面的根据。

从理论上说，外在主义既然主张认识确证的依据主要在于外部的因素，因此它在性质上与符合论有相同之处。戴维森既然一方面主张一致主义，同时又赞同外在主义，因此如何使这两者统一起来，就成为一个需要解决的问题。就此，戴维森一度的做法是试图调和真理一致论与真理符合论。他提出，"如果真理一致论是可接受的，它就必须与真理符合论相容"[1]。为此，他起先所做的工作，是把塔尔斯基有关"真"的理论解释为是一种符合论，并为真理符合论辩护。他声称"真理是同事物的存在方式

---

[1] 戴维森：《真理、意义、行动与事件》，第168页。

相符合"①，并试图通过"满足"概念来对这一界定做出"正确的""不引人误解的"表述。其具体论证是，"真"是基于"满足"定义的，也就是说，对象语言的一个句子是真的，当且仅当它被对象语言的量词变元所涵盖的每一个对象序列所满足。这样，在把"符合"看作是"满足"的情况下，真就被定义为符合。②

不过，戴维森这一思想后来有了变化。他表示，过去自己把塔尔斯基式的真之理论说成是一种符合论，这是不恰当的，并为此感到遗憾。甚至对于自己原来对"真"概念做出的从上述"满足"概念来加以表述的说法，也加以否定。他写道："把'符合'看作'满足'，你就把真定义为符合。从句子所'符合'的实体的反直觉和人为的性质，以及从所有真句子都会符合相同的实体这一事实来看，这个想法的古怪性是明显的。"③认为不可能提供观念或语句所需符合的"实体"，这一点成为后来戴维森反对符合论的理由。他这方面的思想主要来自刘易斯（David Lewis）。在刘易斯看来，所谓的"符合"论是没有什么意思的东西，并不能使人获得什么教益。因为，当人们要寻找所谓与真语句相符合的事实或实在、世界的部分的时候，即使能够找到的话，也不过是能够"形成与一种所指框架相关的意义"，因此很可能这个所指框架一定包含在一个真句子与之相符合的任何东西之中了。由此刘易斯的结论是，"如果真句子确实与任何东西相符合，那么这一定是整个宇宙，这样，所有真句子都符合相同的东西"④。戴维森接受了刘易斯的这一思想，同样写道："对符合论的正确反驳并不是说，符合论使真成为人绝不能合法追求的东西。真正的反驳其实是说，这样的理论没能提供真之载体（无论我们把这些载体说成是陈述、句子，

---

① 戴维森：《真理、意义、行动与事件》，第168页。
② 戴维森：《真与谓述》，王路译，上海译文出版社，2007年，第40页页下注。
③ 戴维森：《真与谓述》，第40页。
④ 戴维森：《真与谓述》，第41页。

还是表达）能够被说成是与之相符合的实体。"①他甚至认为，即使塔尔斯基确实建议说，他的真之定义体现了真句子符合事实的思想，这种说法也是令人误解的，因为塔尔斯基关于真的著作中，没有什么东西是句子要符合的。

戴维森并且反思说，当时自己之所以不恰当地把塔尔斯基的真之理论说成是符合论，原因在于受到实在论的影响，即把真与实在看作是独立于任何认识者之外的东西。

在后来的《真与谓述》一书中，戴维森的认识是，"采取'实在论'或'符合'这些术语是有毛病的"②。相应地，他所采取的立场是，"我们应该拒绝赞同实在论，也应该拒绝赞同反实在论"③，并提出"我们必须找到另一种看待这个问题的途径"④。至于这一途径是什么，至少在该书中他本人并没有给出明确的回答。

四、对戴维森思想的回应

由于戴维森后来转而批评符合论，因此可以说，外在主义的色彩在他的真之理论中有所淡化，而这也意味着他的真之理论主要是一种"一致主义"。

对于戴维森曾经试图将真理的符合论与一致论两者加以融合的做法，笔者认为是有可行性的。不过理由却与戴维森不一样。

在笔者看来，"符合"可以作为"真"之充分条件，"一致"则作为真之必要条件。这也就是说，如果某个信念、语句与相关事实符合了，它就满足了真之充分条件。这个道理在亚里士多德有关"真"之界定中已经

---

① 戴维森：《真与谓述》，第43页。
② 戴维森：《真与谓述》，第43页。
③ 戴维森：《真与谓述》，第50页。
④ 戴维森：《真与谓述》，第50页。

说得很清楚,即"说是者是,或者说不是者不是,这就是真的"①。或者用戴维森的话来说,是在此条件下"真"已经得到满足。例如,在观察到地球是围绕着太阳转的事实情况下,该信念或语句就是真的。但另一方面,如果某个信念、语句与已经存在的信念或语句系统相一致了,那么满足的是真之必要条件。这也就是说,仅在满足信念系统一致性的情况下,我们还不能断言某信念或语句为真,因为该信念或语句系统本身是否为真,是有条件的,需要进行确证的。例如,在一个"地心说"的系统中,即使某信念与之相一致,也不能说它是真的。

不过,在戴维森的"真"之理论中存在一个比较突出的问题,即到底"真"是知识论的概念,还是语义学的概念?在此问题上,戴维森的思想显得有些矛盾。

一方面,戴维森明确说,"真乃是首要的语义概念,没有它,我们就不能在容纳或传达命题内容的意义上思考或说话"②;但另一方面,他又说,"我已经把真之融贯论划分为认识论一类"③,这就产生了矛盾。如果"真"属于语义的概念,那么有关"真"的问题的探讨,自然也就不会属于知识论问题,而是属于语义学的问题。

把"真"归属于语义学范畴会产生的一个问题是,"真"变成了一个语句表达的问题、表达的真假的问题。但是,一个显然的事实是,认识先于表达,只有对对象有所认识,我们才能进行表达。例如,只有当认识到雪是白的,我们才能表达这一事实。当我们不知道每秒光速是多少的时候,我们就无法对此进行表达,或者只能进行错误的表达。因此,"真"之概念在根本上属于知识论范畴,至少首先属于知识论范畴,而不应当仅

---

① 戴维森:《真与谓述》,第40页。
② 戴维森:《真与谓述》,第159页。其他类似的说法是:"真则是我们最为理解的语义概念。"(第38页)"一个真之理论所必然探讨的东西最终正是语言使用者的言语表述和行文。"(第51页)"一个关于说话者的真之理论在某种意义上是一个意义理论。"(第55页)
③ 戴维森:《真与谓述》,第45页。

仅把它归入语义学范畴，或者首先归入语义学范畴，虽然它像许多概念一样，不可避免地涉及语义澄清的问题。

此外，在知识确证的问题上，对于戴维森的这一思想，即感觉与信念之间只具有因果关系，而不具有逻辑关系，笔者也不能赞同。如果感觉确实只能产生信念，而无法确证信念，这就意味着信念（知识）没有办法通过感觉来检验，也就是无法通过经验来检验，因为感觉构成经验的初始要素。这样一来，信念或知识就成为无法通过经验来检验的东西，但这显然是与科学知识的性质相背离的。进一步说，认为感觉与信念之间并不具有逻辑关系的观点，实际上也难以成立。认为感觉与信念之间不具有逻辑关系的观点，大体上是把感觉看作是非概念性的，因此与命题性的信念不具有逻辑关系。不过，把感觉视为没有概念介入的观点，属于被塞拉斯称之为"神话"的"所予论"。按照塞拉斯的研究，感觉实际上已经渗透着概念。如果是这样的话，那么感觉所予就是具有概念内容的，它们在表现形式上与信念一样，都可以表现为某种命题的形式，尤其是对于事实的判断。例如，我们对"这杯水是透明无色的"这一事实的感觉，是包含着概念，并可展现为命题的。实际上，感觉只能是对事实的感觉。即使是对物体的感觉，也总是对物体的具体性质的感觉，如"水冷""地面烫"等。没有单纯对物体的感觉，如对抽象的"水"本身的、脱离性质的感觉。而对事实的感觉总是会展现为命题的。这样，从证据论的角度看，就个别性的信念而言，具有命题形式的感觉证据（感性经验）与信念是一体的。感觉经验既能引起信念，信念也由此逻辑地蕴含作为证据的这一感性经验，以之作为自己的内容。这也就意味着，感觉经验的证据与它所要支持的信念之间具有逻辑的关系，从而能够为信念（普遍信念）提供确证。当感觉经验证据起着这种提供确证的作用时，它使自己表现为命题的形式，从而表现为一种信念。

这里借用塔尔斯基的T语句形式为例："我相信'雪是白的'，当且仅当雪是白的。"

在这一信念中，感觉经验（雪是白的）对信念（我相信"雪是白的"）构成确证关系，也就是说，正是由于"雪是白的"这一感觉经验，使得"我"有理由持有"雪是白的"这一信念。可见，在感觉经验与信念两者之间具有逻辑关系。

上述分析可引出两个结论：

（1）这种逻辑关系实际上就是证据关系。

（2）感觉经验能够表现为命题，因此当它以此作为基础信念时，它已超出了单纯的感觉，而不是像戴维森所认为的那样并不超出感觉。

反之，在"我相信'我会登上珠穆朗玛峰'，当且仅当我会登上珠穆朗玛峰"这一例子中，恰恰由于"我"不具有"我会登上珠穆朗玛峰"的感觉经验，所以它不构成对信念的确证关系。这两个相反的例子表明，仅当存在感觉经验，它才对信念构成确证关系（逻辑关系）。

感觉经验提供对信念的确证这一问题还可换个角度进行论证。既然承认知觉与信念之间具有因果关系，这实际上就意味着知觉能够为信念提供一种归纳意义上的支持，即它们之间具有一种归纳的逻辑关系。例如，"所有的水都是透明无色的"这一普遍命题，是以所看到的每一个别知觉（表现为单称命题）为理由的，否则的话，该命题如何能够得到证据的支持？因此，同样可见知觉与信念之间是具有逻辑关系的。[①]由此而论，基础主义的主张是可以成立的。反之，戴维森的调和外在主义与一致主义的做法，由于其前提是建立在否认感觉经验对信念的确证关系上的，所以一旦这个前提不成立，其立论也就失去依据。

不过，在笔者看来，如果转换一种论证方式，也就是从融合符合论与一致论的角度来进行，则戴维森的设想还是可行的。上面提到，"符合"可以作为"真"之充分条件，"一致"则可以作为必要条件。因此，

---

① 这一问题，拙文《经验基础与知识确证》（《中国社会科学》2007年第1期）中有比较详细的论证。

如果把外在主义解释为一种"符合论",那么它就可与一致主义分别作为"真"之充分条件与必要条件而并行不悖。

第七节 事实与价值可分吗?
——以生态伦理学为视角①

生态伦理学涉及的一个问题,是事实与价值的问题。在李奥帕德(Aldo Leopold)的生态伦理学中,生态伦理的价值观念被看作是与自然相关并由后者所引起的。自然的整体、稳定、美丽和健康,被人们作为描述与评价环境状态的标准。这样的评价标准是来自自然本身的,而不是出自人们任意的目的。因此,自然不仅影响了人们有关手段的判断,而且还限制,并在一定程度上决定了人们应当寻求的目的。李奥帕德的上述理论被批评为犯了"自然主义的错误",从自然的存在状态中推出生态环境的价值观念。

不难看出,这样的批评是基于自休谟以来西方哲学通行的"事实"与"价值"的二元论:事实(表现为"是")与价值(表现为"应当")分属于不同的领域,从事实的状况本身是推不出它的"应当"如何的。这样的批评是否正确?事实与价值是否如休谟等哲学家所认为的那样是二分的?假如它们是有关联的,这种关联性何在?本节将对这一问题进行一番探讨。

一、事实可以被赋予价值的属性

把"事实"与"价值"这两个范畴从概念上加以区分是必要的,并且如果要考虑事实与价值之间的关系,不可不辨明如下几方面的问题:

---

① 本节原文发表于《学术月刊》2011年第8期。国家社科基金项目"'元哲学'研究"和"中央高校基本科研业务费专项资金资助"的阶段性成果。

首先，有没有纯粹的事实？笔者的回答是：有。例如，"北京是中国的首都""一年有365天""中国足球队与日本队0比0踢成平局"，这些陈述都属于纯粹的事实陈述。纯粹的事实具有自然的、描述性的意义，它是科学追求的初级目标。

其次，有没有与价值相关联的事实？也有。例如，"志愿者救助搁浅的海豚"这一行为本身就是由价值观念（野生动物需要保护）导致的，是价值观念与行为相结合产生的事实。因此，它本身是事实与价值相关的。再如，"纳粹屠杀犹太人"这样的事实，也是事实与价值相关的，它出于纳粹的种族屠杀的反人类价值观念。因此，这样的事实本身的产生，就是在一定的价值观念指引下做出的，从而本身就是与价值观念相结合的。

之所以如此，是因为不论是自然或是社会事件，如果它们攸关人的利益、情感等因素，就会有"好坏""善恶""合理不合理"等价值评价发生，从而具有价值的因素。例如，地震本是自然现象，无所谓善恶，但由于它们危及了人的财产与生命安全，因此就成为"不好"的东西。尤其是社会方面的事件，由于它们更多地与广义上的道德（包括法律、政治等）相关，更多地涉及人们的情感因素，因此更普遍地具有道德价值的色彩。例如，同样是一个人死了，但人们用的语词却可大有不同，好的如"逝世""牺牲""献身"，坏的如"丧命""毙命""暴毙"等。在这种情况下，本可以用"死亡"这样的中性词来表述的事件，就表现为带有价值的色彩，从而使事实与价值缠结在一起。同样，"张三偷了李四的东西"，其中的"偷"既可以说是事实，也可以说是价值。

一些主张事实与价值相关联的哲学家不仅认为"经验"和"习惯"预设了价值，而且甚至认为，通常被看作属于纯粹的事实研究的科学，也预设了价值。杜威、普特南等实用主义者就持这样的看法。杜威甚至认为，事实与价值的关联并非是个别的现象，而是人的全部经验中的普遍现象，也就是说，"价值绝不只是经验的一个特殊角落，而是与全部经验有关的"①。

再次，事实与价值相关联的一个重要因素，除了上述事件本身所包含的内在关联外，还在于事实本身是需要通过语言的中介来表达的；而语言的使用者——主体，本身是主观的，具有意志、情感，怀有目的、价值偏好的存在，因此他们在形成有关事实陈述的时候，往往会带上自己对事实的主观判断，做出倾向性的陈述，使之附上价值的色彩。

对语言在认识世界过程中的中介作用的认识，有助于我们重新理解事实与价值之间的关系，填平在事实与价值之间被人为划定的鸿沟。这就是，事实通过人们的陈述，可能会改变原来的自然属性，而被赋予主观的价值属性。例如，下面这些对于同一事实做出的不同陈述：

（1）中国队与日本队0比0踢成平局；

（2）中国队一球未失；

（3）中国队一球未进。

显然，（1）是一个事实陈述，它客观地描述了一场球赛的结局；而（2）与（3）则是带有主观评价的陈述。其中，陈述（2）肯定了中国队该场球赛没有丢失一球的积极意义，而陈述（3）则相反，它是一个带有否定意义的陈述，突出的是中国队一个球也没能踢进的消极结果。

汉语修辞学上一个为人们所熟悉的例子表现的也正是这一点。"屡战屡败"这一语句表达的结果是"失败"，因此表现的是否定性的价值；而"屡败屡战"陈述的事实虽然相同，但表达的结果正好相反，是一种顽强的、不怕失败的勇气和信心，因此表现的是积极的价值和意义。

就生态伦理问题而言，地球、自然与环境的存在，本来也属于纯粹的事实，并无所谓的"内在价值"。"价值"这一概念只是对人而言的，是在与人相关联的情况下才发生的。没有人，事物也就无所谓"意义"，从而也没有价值的问题发生。生态伦理学说中的一种观点是主张自然具

---

① 转引自普特南：《事实与价值二分法的崩溃》，应奇译，东方出版社，2006年，第172页。

有"内在的价值",笔者对此持否定的看法。之所以说"自然"本身不具有"内在价值",是因为自然的价值性如何,乃是属于人的认识、评价的结果。人们根据自己的生存利益的需要,认识到保持一个良好的自然环境对于人类生存的意义,从而赋予自然某种价值的属性。

所谓价值具有"属人"的属性,这是因为只有人才会产生价值判断,由此事物也才有所谓的"价值"。离开了人,黄金与黄土就都是一回事,没有人的开采与享用,它们的价值是一样的。同理,离开了人,气候变暖与否,也都是无所谓的,乃至地球的毁灭也是如此。

这样的意思通过对自然作用的双重性的理解可以看得更清楚。对于自然,人类一方面是受益者,他由于自然所提供的阳光、空气、水等条件而能够生存,但同时也是受害者,如地震、海啸等自然灾害不断给人类造成巨大的灾难。不过相比起来,我们还要感谢自然的恩典,它为我们提供了生存的环境。但如果因此说自然具有内在价值,这种论断并无根据,难以成立。因为,假如从自然灾害对人类造成的危害的角度看,就得不出自然具有内在价值的判断。所谓的自然世界的"利"与"弊",本身也是人的判断的产物。

可以看出,由于语言的中介关系,人与世界的认识关系就不再是直接的,而是经过了语言表达的中介。对于这一点的认识构成了哲学思考的方向性转变,实现了"语言的转向"。在此之前,思想被看作是"表象性的意识",而在此转向之后,哲学家们认识到,思想和事实不再能够被定位于可表象的对象世界之中;作为被表述的东西,它们因而仅仅作为在句子中表达的事态才能够被把握。[1]而当所谓的外部事实与道德语言相结合时,就出现了普特南所说的"混杂的伦理概念"这样的现象。他举例,"这个老师是冷酷的",其中"冷酷"就既是一个事实,同时也是价值用语。用他的话说,"冷酷"这个词"显然具有规范的而且实际上是伦理的

---

[1] 哈贝马斯:《在事实与规范之间》,童世骏译,生活·读书·新知三联书店,2003年,第14页。

用法"①，它与所谓的某个人为人如何的"事实"混杂在一起。

对语言在认识世界中的中介作用的这一认识，有助于我们重新理解事实与价值之间的关系，填平在事实与价值之间被人为划定的鸿沟。我们已经看到，对待同样的事实可以有不同的陈述或评价。一种是价值中立的，对事实进行纯粹的描述，另一种则是赋予事实以价值的属性，甚至做出价值性的判断。因而，即使是纯粹客观的事实，也可以被赋予价值的属性。再以上面的例子为例，"2008年中国成功地举办了奥运会"，在该陈述中加上了"成功"二字之后，原来属于客观的事实性陈述就改变为主观的评价性陈述。

语言在认识中的中介作用，实际上反映的是认识主体对事实的主观性解读。人们受自己主观的情感、意志的影响，甚至可以无视事实，依照自己的意愿来做出与事实相反的判断。例如，某位妻子发现自己丈夫的衣兜里有女人的发丝，这表明丈夫有外遇。但她在痛苦的事实面前却宁愿相信这样的事情不是真的。所以，对于相同的事实，却可以有不同乃至反事实的解读结果。由此可见，事实与价值是否相关联，实际上是因人因情景而异的。对于不同的人与不同的情景而言，他们既可以追求尽量客观的判断，也可以做出带有自己好恶倾向的主观价值判断。

因此，就像世界本来就是色彩斑斓的多样化世界一样，事实与价值的关系也是多样性的。也就是说，既有单纯的事实存在，也有关联着价值的事实存在。至于对某个事实的判断是否涉及价值，这从根本上说取决于判断者的主观取向，就像上面所举的中国队进球或失球的陈述一样。对于自然科学的研究而言，科学家们的取向是客观性，因为这有助于取得有效的科学说明；而对于规范学科的研究而言，如何针对存在的事实做出价值论的解释与形成合理的规范，则构成相关研究者的目的取向。这样，撇开客观与主观两方面的语境而单纯地谈论事实与价值问题，只会陷入一种简

---

① 普特南：《事实与价值二分法的崩溃》，第43页。

单的"是或不是"的二值逻辑，而产生要么一元论、要么二元论的片面性结论。即使是对于简单的语词而言，也是如此。我们既可以像普特南那样找出像"冷酷"这样的语词来说明事实与价值不可分，同样我们也可以找出像"距离""面积"这样的语词来表明事实与价值无涉。

二、事实与价值二分的观点是不恰当的

事实判断与价值判断的关系问题，在笔者看来，是人们采取什么样的"言说态度"，包括"命题态度""意向态度"或"价值态度"，即对事实做出什么样的言说，包括对事实加以肯定或否定、对它们表达某种心愿或加以评价的问题。这里，应当区分开三类动词，以及相应的三类判断：

1.认知动词，如"知道""认识"等。它们形成的是对"事实判断"的肯定与否定，如"我知道／不知道张三现在在教室里""我们认识到地球的气候正在变暖"。认知动词述及的是某种"事实性"。

2.意向动词，如相信、怀疑、希望等。它们形成的是"意向判断"，如"我相信中国队明天会赢球"。意向动词与认知动词不同，它们所相信、希望的东西，在现实中未必有相应的存在或未必是真的。此外，意向判断时常还会涉及价值因素，如"我希望我们的社会是公正的"，因此它意指的内容与下面将说到的"价值判断"有交叉。意向动词述及的是某种"意向性"。

3.评价动词，如评价、评判、认为、应当等。我把与这类动词相关的态度称为"价值态度"。它们形成的是价值判断，如"我们认为气候变暖是不好的""应当保护生态环境"等。评价动词虽然涉及的也是事实，但却不是对它们进行陈述，而是做出评价。因此，它们是使事实与价值发生关联的词项。评价动词述及的是某种"价值性"。

"价值态度"以事实为基础，形成的是某种价值判断。"事实"在价值判断的形成中所起的作用，是作为某种"根据"的作用，而不是断定真或假的作用。有关"气候变暖"及其不良后果的事实，构成认可"环境保

护"的价值的一个理由。一般来说，这种评价是以既定的社会道德、价值规范为前提的。这也意味着主观性的东西构成价值判断的标准、依据。然而，一旦这样的规范被发现存在问题，人们就开始怀疑、否定它们，从而提出新的价值观念，如从"人是自然的主人、目的"（康德）到现在的"人与自然和谐共处"的观念变化。

生态伦理学的价值观念的得出，从学理上的分析是如此，从历史过程的分析来看也是如此。在有关自然的观念问题上，为什么我们的哲学与伦理观念会发生根本性的转变，从近代培根的"知识就是力量"、康德的"人是自然的目的"，经由海德格尔对他称为"座架"的技术的本质的批判[1]，到现在的"可持续发展"观念的深入人心，在这段观念发展的历史期间，自然还是原来的自然，只不过由于自然生态遭到破坏的事实，引发了人们对这种后果的负价值判断，从而导致了人类自然观的转变。这表明，通过对有关事实的思考，人们可以从中引出价值判断。那种认为事实与价值二分的观点是不恰当的。

三、事实与价值的内在关联性

自休谟提出事实与价值二分的命题以来，有关这两者之间关系的争论就始终存在着。康德赞同休谟的主张，认为从现实的状况如何是不可能引出将来应当如何的。这种事实与价值二元论，在西方哲学中曾经是一种主流性的观点。我们还可以再举出一些例子。

罗素声称，关于"价值"的问题是完全处于知识的范围以外的。在他看来，当我们断言某个事物具有"价值"时，我们是在表达自己的感情，而不是在表达一个独立于个人感情的可靠事实。[2]

---

[1] 海德格尔使用"座架"（Gestell）一词来表示科学技术对自然的"促逼"，即开采矿山、砍伐森林等逼迫性的行为。参见陈嘉明：《现代性与后现代性十五讲》，北京大学出版社，2006年，第166页。

[2] 罗素：《宗教与科学》，徐奕春、林国夫译，商务印书馆，1982年，第12页。

波普在道德决定与各种事实之间划出了一条界限。他认为，尽管所有的道德决定都涉及某种事实，特别是涉及社会生活的事实，但各种道德决定从来都不可能从这些事实或是从对这些事实的某种描述中推导出来。①因此，他明确宣称自己所持的是一种事实与规范（决定）的二元论观点。摩尔的观点更是为人所知。他的著名观点是，以往伦理学在解决"是与应当"的关系时大都犯了自然主义的谬误，即试图从行为事实中直接推导出"应当如何"的伦理规范。这种自然主义在本质上要么是把善混同于某种自然物或某些具有善的性质的东西，要么是把善混同于某种超自然的实在。

这些属于事实与价值关系上的二元论观点。不过，在当代哲学中，潮流似乎发生了逆转。一些有影响的哲学家，如普特南、哈贝马斯等，都主张事实与价值的内在关联性，反对这一问题上的二元论。

普特南明确宣称，经典的事实与价值二分法的整个论证都已经瓦解了，"科学如同预设了经验和惯例一样预设了价值"②。他援引经典实用主义者皮尔士、詹姆斯、杜威和米德的主张——价值和规范渗透在所有经验中——来支持自己的观点。他论证说，事实与价值两者是"缠结"在一起的，尤其是在诸如"冷酷""罪恶"这样的词汇上，完全不存在事实与价值的二分。当我们说某个人是"冷酷"的时候，这既指有关此人为人的事实，同时也是一种指责性的评价。

哈贝马斯则批评罗尔斯的价值与真理相分离的观点（正义是合理选择的结果，它与合理性不可分开，正义不包含真理），认为一个社会成员必须首先被一个关于正义的理论所说服，认为它是可取的、正确的，然后才会同意它。因此，对于相互竞争的正义理论而言，它们需要辨明真伪，证明自己的观念与内容的正确性，证明自己拥有真理。这样，正义理论离

---

① 波普：《开放社会及其敌人》，陆衡等译，中国社会科学出版社，1999年，第126页。
② 普特南：《事实与价值二分法的崩溃》，第39页。

不开认识论，无论如何不能把正义与真理分离开来。哈贝马斯认为"合理的"（reasonable）一词具有两个含义，一是指对于实践理性来说是合理的，在此情景下"合理的"实际上指"道德上的真"，它与"真理"一词是对等的。二是从所属的范畴看，"合理的"本来属于价值论，"真"属于知识论。哈贝马斯在此将"合理的"等同于"真"，实际上表达的是关于价值与事实（真）相统一的思想。

四、价值观念得出的两种途径

我们已经看到了事实与价值的关联，余下的一个问题是：从事实的"是"中可否引出价值的"应当"？康德说不可能，现在的事实状况如何，并不能告诉我们将来应当如何。康德的这一论断是正确的。一个社会存在穷人与富人的事实，并不会自动产生关于"社会公正"的概念。不过，康德这句话并不完整，还应当补充上这么一句："但人们通过对现在的事实状况如何的反思与评价，是可以产生将来应当如何的思想、观念的。"人们得出将来应当如何的思想，一般而言是依据对事实的评判得出的。比如说，从气候变暖危及物种生存的事实中，人们了解到它的危害性，在对它们做出负价值判断的基础上，得出必须保护生态环境的思想，形成有关生态环境的价值观念。休谟所断言的"使我们确立正义法则的乃是对于自己利益和公共利益的关切"①，其道理同样适用于解释环境哲学、生态伦理学的价值观念的产生。

事实与价值二元论的主张，其错误的根源在于没有分清三种不同类型的动词以及相关的不同类型的判断的区别，没有从概念上区分事实性陈述、意向性陈述与价值性陈述的不同。主张事实与价值二分的（如休谟、摩尔等），实际上是就事实本身与价值观念在性质上的不同来说的。主张事实与价值两者内在相关的（如普特南、哈贝马斯等），是就事实的评

---

① 休谟：《人性论》，关文运译，商务印书馆，1991年，第536页。

价，亦即从"合理性"的角度对事实做出判断而言的。

从对事实的思考中产生"应当"如何的价值判断，这两者之间的关系并不是一种"推出"的关系，而是反思的关系，即通过思考的过程，达到对相关事实的意义、价值（包括负面的意义、价值）的把握。这里存在两种相反的思想可能性。一种是通过对事实、经验的反思，思想家们能够得出正确的价值判断，形成正确的价值观念，包括根本性的人类行为的"目的"概念；另一种则相反，虽然经过反思，但是却不能得出合理的价值判断，形成不了正当的价值观念。在后一种情况下，人类的历史发展就会缺乏某些正确的目的观念与价值观念的引导，从而陷入某种彷徨，乃至走入歧路的状态。

这里存在的另一个问题是，思想家们是否可以不经过对事实的反思而直接形成某些价值观念？对哲学史的回顾表明，一些基本的、重要的价值观念，虽然最终说来是与社会的道德与政治现实有关的，但这些观念本身的提出与论证，却主要来自理性的思考与逻辑的推演，如罗尔斯的"正义论"。虽然间接地说，西方的民主社会与"契约论"思想传统，构成了这一理论建构的现实与理论背景，但其有关正义原则的设计，却是在某些理论假设的前提下做出的。这就是，设定一种"原初状态"[①]，其中人们处于一种不知道具体事实（包括个人的能力、政治地位与经济状况等）的"无知之幕"情景之中，然后在这种假设的前提下从事对有关正义原则的严格的"演绎推理"，这一推理"从头到尾都是高度直觉的"[②]。罗尔斯甚至设想一种"道德几何学"的目标，亦即通过类似几何学的严密推理方式来建立道德哲学。他还认为，在康德的伦理学中"无疑包含有无知之幕的概念"，而他本人的"原初状态"的设定，"可以被看成是对康德的自律和绝对命令观念的一个程序性解释"[③]。似乎可以认为，"原初状态""无

[①] 罗尔斯：《正义论》，第115页。
[②] 罗尔斯：《正义论》，第116页。
[③] 罗尔斯：《正义论》，第247页。

知之幕"这类假设属于康德意义上的知性的对象，是被"理知的"，而不是感知的东西，或者说，它们属于本体（"思维存在体"）的，而不是"现象"的领域，所以并无感性直观可提供。这些先天的价值观念属于康德意义上的理性为道德立法、为社会立法。也就是说，它们来自于理性，并且以"合理性"本身作为它们的正当性的标准。

由此可见，价值观念的得出可以有两种途径：一种是经由对事实的反思而得出，如李奥帕德的生态伦理学的观念；另一种是通过纯粹理性的思考与观念的演绎而得出，如罗尔斯的正义理念。从历史的角度看，我们可以说人类有关环境的观念与伦理，是随着经济生活的需要与环境状态的变化而改变的。在启蒙时期，哲学提出了"知识就是力量"以及"人是自然的目的"等观念，以便取得科学与技术的进步。在当时，人类的目的是为了征服自然，以满足自己各种生活上的需要。仅在经济发展导致环境严重破坏的结果之后，人类才开始认识到这一问题的严重性，开始转变观念，提出了可持续发展与环境保护的观念，并伴生了生态伦理的意识。这一历史过程表明的是事实与价值关联的经验的一面。至于罗尔斯式的正义论的价值理念的演绎得出，则属于事实与价值关联的先验的一面。这种先验的方式，虽然表面上其价值观念似乎显得与事实无关，但实际上在进行演绎的时候，仍然是以可能的事实为依据的，并且这种价值观念的有效性，假如得到运用的话，最终是依靠现实的经验来验证的。

第二章 现代性与人文思潮

第一节 "现代性"与"现代化"[①]

"现代性"是自20世纪末叶以来，不仅西方学术界所关注的一个核心问题，而且也是中国学术界所关注的一个热点。对于我国学者来说，研究这一问题具有特别重要的意义，因为中国正处于现代化的进程之中，因此探讨现代化过程的本质及其结果，即"现代性"，是尤其有意义的。特别是在西方的后现代主义出现之后，它对现代性的批判更加引起我们对现代性问题的关注，因为这一批判促使我们进一步思考现代性问题，思考中国的现代化应当产生什么样的现代性。在进行这一思考时，什么是"现代性"，它正确的内涵是什么，与"现代化"概念有什么区别，无疑是首先应当辨明的。

一、现代性的诸种界说

对"现代性"的研究涵盖了哲学、政治、社会与文化等不同领域，因此这一概念的运用也就相应有了学科上的差别，从而有了哲学、政治学、社会学意义上的，以及文化和审美等意义上的现代性。

吉登斯对现代性的研究是从社会学角度进行的，因此他将现代性看作是"后传统的秩序"。它首先指的是在后封建的欧洲所建立，而在20世纪日益成为具有世界历史性影响的行为制度与模式，或者说社会生活或组织模式。在这个意义上，现代性大致等同于"工业化的世界"。其次是指资本主义，包括其竞争性的产品市场和劳动力商品化过程中的商品生产体系。[②]

西方结构功能学派所概括的现代性的特征，同样是从社会学角度进行的。它从社会的变动方式着眼，立足于"现代性"与"传统"的区别，由此对现代化进程及其产生的现代性属性做出界说。在这一理论中，"传

[①] 本节原文发表于《厦门大学学报》2003年第5期。
[②] 吉登斯：《现代性与自我认同》，赵旭东、方文译，生活·读书·新知三联书店，1998年，第3、16页。

统"与"现代性"分别是前现代社会与现代社会的特征。现代性是社会在工业化推动下发生全面变革而形成的一种属性,这种属性是各发达国家在技术、政治、经济、社会发展等方面所具有的共同特征。这些特征是:(1)民主化;(2)法制化;(3)工业化;(4)都市化;(5)均富化;(6)福利化;(7)社会阶层流动化;(8)宗教世俗化;(9)教育普及化;(10)知识科学化;(11)信息传播化;(12)人口控制化,等等。[①]结构功能学派的上述现代性界说的一个优点是较好地辨析了"现代化"与"现代性"的关系,把后者看作是前者的"属性"。不过这一界说主要是从社会学方面进行的,因此具有经验概括的特征,列举了现代性在政治、经济、社会、宗教、教育等领域的标志,但没有深入到哲学反思的层次,从本质特征上把握现代性。

　　哲学意义上的现代性探讨,比较著名的有两个。其一是哈贝马斯,他把现代性看作是一种新的社会知识和时代,它用新的模式和标准来取代中世纪已经分崩离析的模式和标准。作为一个时代的现代性的特征与贡献,是个人自我选择,实现主体价值的自由。其次是福柯,他把现代性理解为"一种态度",而不是一个历史时期,不是一个时间概念。"所谓态度,我指的是与当代现实相联系的模式;一种由特定人民所作的志愿的选择;最后,一种思想和感觉的方式,也就是一种行为和举止的方式,在一个和相同的时刻,这种方式标志着一种归属的关系并把它表述为一种任务。无疑,它有点像希腊人所称的社会的精神气(ethos)。"[②]按照福柯的这种解释,现代性主要指的是一种与现实相联系的思想态度与行为方式,一种时代的意识与精神,因此它关涉到的是某个社会的道德与价值观念、思想方式与行为方式,或者说,关涉到的是某一社会的主流性的哲学理念

[①] 罗荣渠:《现代化新论:世界与中国的现代化进程》,北京大学出版社,1993年,第14页。
[②] 福柯:《何为启蒙》,汪晖、陈燕谷主编《文化与公共性》,生活·读书·新知三联书店,1998年,第430页。

以及相应的政治、经济与文化方面的制度安排与运作方式。

本节关注的是哲学意义上的现代性。在探讨这种意义上的现代性概念之前，拟先对"现代化"概念做一分析，以指出它与"现代性"概念的区别。这是因为在笔者看来，在有关论述现代性的文章中，常见的一个问题是人们有时将它与"现代化"混淆起来，导致对这两个概念使用上的混乱，因此有必要予以辨析和澄清。

二、"现代性"与"现代化"概念的区别

国外学者布莱克曾经这样说明这两个概念的区别："从上一代人开始，'现代性'逐渐被广泛地运用于表述那些在技术、政治、经济和社会发展诸方面处于最先进水平的国家所共有的特征。'现代化'则是指社会获得上述特征的过程。"[1]这是从因果关系的角度来说明现代化与现代性两概念之间的区别。现代化是动态性的"因"，现代性则呈现为静态性的"果"；由现代化的过程，产生了现代性的特征。不过，虽然这一说明点明了两者之间的因果关系，但他的有关说明则是主要从"技术、政治、经济和社会发展"的角度进行的，而"现代性"概念的最深的层面，却是属于哲学的，属于哲学反思所把握的时代本质与精神。就这一意义来说，"现代化"主要是一个在经济学与社会学层面上谈论的范畴，表明社会从农业文明进入工业文明，表明社会在这一文明变化过程中在生产力、生产方式、经济增长、社会发展上与传统农业社会相比的根本变化，以及社会在城市化、信息化、教育普及、知识程度提高等方面的巨大进步。"现代性"则主要是一个哲学范畴，从哲学的高度审视文明变迁的现代结果，着眼于从传统与现代的对比上，抽象出现代化过程的本质特征，着眼于从思想观念与行为方式上把握现代化社会的属性，把握"现代"应有的时代意识与精神。

---

[1] C. E. 布莱克：《现代化的动力：一个比较史的研究》，景跃进、张静译，浙江人民出版社，1989年，第5页。

为了有助于这一对比，下面我们来看看有关"现代化"概念的界定。1960年欧美和日本学者在日本的箱根举行了"现代日本"国际研讨会。这是"国际上第一次认真而又系统地讨论现代化问题"的会议，它为现代化首次确定了如下的八项标准：

1. 人口相对高度集中于城市之中，城市日益成为社会生活的中心；

2. 较高程度地使用非生物能源，商品流通和服务设施的增长；

3. 社会成员大幅度地互相交流，以及这些成员对经济和政治事务的广泛参与；

4. 公社性和世袭性集团的普遍瓦解，通过这种瓦解在社会中造成更大的个人社会流动性和更加多样化的个人活动领域；

5. 通过个人对其环境的世俗性和日益科学化的选择，广泛普及文化知识；

6. 一个不断扩展并充满渗透性的大众传播系统；

7. 大规模的制度的存在，如政府、商业和工业等，在这些制度中科层管理组织不断成长；

8. 在一个单元（如国家）控制之下的大量人口不断趋向统一，在一些单元（如国际关系）控制之下的日益增长的互相影响。①

上述标准集中于从人口、商业服务、环境、教育、管理等社会领域来考虑问题，因此是从社会学的角度提出的现代化标准。它作为第一个制定的标准，相对于后来的标准而言，显得比较粗糙，考虑的问题不够广泛、具体。我们可以再列出几个标准用以对比。

著名的美国社会学家阿历克斯·英格尔斯（Alex Inkeles）给出了一个量化的社会现代化指标，其具体参数如下：

---

① 孙立平：《传统与变迁——国外现代化及中国现代化问题研究》，黑龙江人民出版社，1992年，第2页。

1. 人均国民生产总值（GNP）3000美元以上；
2. 农业产值占国民生产总值的比重在12%—15%以下；
3. 服务业产业占国民生产总值的比重为45%以上；
4. 非农劳动力占总劳动力的比重为70%以上；
5. 识字人口的比重在80%以上；
6. 适龄年龄组中大学生的比重为10%—15%以上；
7. 每名医生服务的人数在1000人以下；
8. 平均预期寿命70岁以上；
9. 城市人口占总人口的比重为50%以上；
10. 人口自然增长率在1%以下。①

这一现代化的量化指标尤为具体，其特点是主要围绕生活质量来设置指标，并且具有可操作性的优点，便于使用者进行衡量、对照与评判。

帕森斯的学生利维也曾为现代社会提出了六项标准，它们构成现代社会的基本条件；现代化的过程则是向这些标准靠拢。这六项标准是：认识方面的理性主义，人际关系方面的普遍性原则，社会机制方面的特定功能，情感方面的克制与回避，目标取向上的责任感，社会结构方面的非等级制。这六项标准的特点是着重于从人的意识与精神的角度考虑现代化问题，包括认识的、情感的、意志的（道德责任），以及人际间的关系。与此相应也就撇开了现代社会的物质的标准方面。

我国学者罗荣渠曾经对有关的现代化理论进行整理，归纳出有关现代化含义的四类界说，它们分别是：

第一，现代化指在近代资本主义兴起后的特定国际关系格局下，经济上落后国家通过大搞技术革命，在经济和技术上赶上世界先进水平的历史过程。中国共产党及其政府领导人在阐述中国的社会主义现代化方针与政策时所一贯明确表述的，正是这一思想。

---

① 罗荣渠：《现代化新论：世界与中国的现代化进程》，第15页。

第二，把现代化视为工业化，是经济落后国家实现工业化的进程。在罗荣渠看来，这种观点与第一种的实质内容并无区别，只是前者的特殊之点在于它的政治立论。

第三，现代化是自科学革命以来人类急剧变动的过程的统称。按照这种观点，人类社会在现阶段发生的史无前例的变化，不仅限于工业领域或经济领域，同时也发生在知识增长、政治发展、社会动员、心理适应等各个方面。罗荣渠指出，这种现代化观点与上一种观点的不同之处，在于它不是着眼于工业化的纯粹经济属性，而是注意到社会制度即结构与工业化和经济发展的关系；认为科学革命具有改变人类环境的巨大力量，造成特殊的社会变迁方式，而社会各单元对于这一新环境和变化的适应和调整的过程就是现代化。

第四，现代化主要是一种心理态度、价值观和生活方式的改变过程，换句话说，现代化可以看作是代表我们这个历史时代的一种"文明的形式"，这主要是从社会学、文化人类学、心理学的角度考察现代化的。这方面的观点以德国著名社会学家马克斯·韦伯（Max Weber）为代表。从韦伯学派的观点看来，现代化就是"合理化"，是一种全面的理性的发展过程。按照韦伯的说法，"归根到底，产生资本主义的因素乃是合理的常设企业、合理的核算、合理的工艺和合理的法律，但也并非仅此而已。合理的精神，一般生活的合理化以及合理的经济道德都是必要的辅助因素"[①]。

罗荣渠的概括展现了现代化概念的诸种含义，使我们对现代化概念有比较全面的了解。从他上面的概括以及联系到前面有关的现代性含义，我们可看出现代化含义有政治学、社会学、经济学等方面的侧重或不同，但不管怎样，它们都不是哲学意义上的，这一点构成现代化与现代性概念的一个基本区别；也就是说，只有现代性概念才提供了哲学上的思考，深

[①] 马克斯·维贝尔：《世界经济通史》，姚曾廙译，上海译文出版社，1981年，第301页。

入到了哲学的层次；虽然现代性概念也有从类似的政治学、社会学与经济学等层面上进行界说的，但它的根本规定却是在哲学层次上的。此外，现代性与现代化概念的另一个基本区别在于，现代性乃是现代化的结晶，是现代化过程与结果所形成的属性，有如下面我们所要论述的。

三、"现代性"之我见

首先，从特征上说，现代性标志着从传统到现代的转变，表现为与某些传统的断裂。

文化中本来有其亘古不衰的东西，这是文化中得以延续的传统。这除了一些可直观的人文艺术形式、风俗习惯之外，还包括一些基本的社会道德伦理准则，如孝悌仁爱、不偷盗、不淫乱等。但文化中也存在一些与社会进步不相符的传统，它们是现代性需要与之割断的。中国文化由于具有悠久的历史传统，因此如何对待传统与现代性的关系问题显得尤其突出，并就此有着长期的论争。特别是中国的现代化诉求属于外源性的，是一种被西方列强的侵略激发起来的图强愿望，因此传统与现代性的关系就与是否等于"西方化"，以及与此相关的民族自尊情结联系在一起，从而无形中使民族主义成为抗拒现代性的强大因素。在新中国成立之后，加上"左"的意识形态作用的"新传统"因素，如姓"资"还是姓"社"的思想禁锢，更是对现代化的推动构成严重的阻碍。可幸的是，当今社会的信息传播已远非古代可比，信息使广大民众至少直观地懂得什么是"现代化"，现代化国家对人民意味着什么样的"生活世界"。因此，"现代化"对于广大民众来说不仅不是洪水猛兽，而是成为民心之所向。再顽固的传统，也经不起现代化信息对民众的现实启蒙。这为执政党与政府的现代化运动提供了坚实的社会基础，使得现代化的发动与推行能够冲破旧传统与新传统的双重阻力而进行。中国的现代性所与之断绝的，正是这旧、新两种与社会进步相背离的传统。

其次，自由构成现代性的核心，人的各种权利的保障构成现代性的前提。

哈贝马斯曾经这样刻画了现代性的"自由"特征："现代性首先是一种挑战。从实证的观点看，这一时代深深地打上了个人自由的烙印，这表现在三个方面：作为科学的自由，作为自我决定的自由，还有作为自我实现的自由。"①正是由于启蒙思想家们对"自由"的价值的高扬并使之得到社会的认同，现代社会才打上自由的印记。

从一般意义上说，农业的、封建的社会与工业的、现代的社会之区别，在于在后一社会里，人，主体，有了自由的权利，即有了思想、言论、教育、择业、投资等方面的自由。如果没有劳动力的自由，也就没有人力资源市场的存在；没有投资的自由，也就没有经济的增长。一言以蔽之，没有自由，就没有生产力的高度发展。这些从哲学上说，根本在于个体的人有了"自由意志"，有了"主体性"，可以决定自己的价值选择与行为选择，也就是哈贝马斯所说的自我决定、自我实现的自由，而不必依附于他人的意志与权力。回想20世纪80年代，当我国在"改革开放"旗帜下重行开始现代化运动时，"主体性"这一概念的出现是如何地引起反响。它一下子吸引了人们的目光，凝聚了人们对社会变革的渴望与诉求，以简约的语词，表达了有关人的尊严、价值与目的性的意愿，说出了人们长久郁积于心中，而又难以用千言万语来表达的理想与情感。

在东西方历史上，这种自由有着宗教与世俗的双重意义。对于西方社会而言，在宗教方面，主体不再依附于神权，人不必是禁欲的动物，有如加尔文教义所宣称的，为官执政、经商盈利、放债取息也同担任教士一样，都是受命于上帝，符合教义的。这就是宗教的世俗化，人走出了神灵的阴影。对于中西社会，尤其是对于中国而言，在世俗方面，主体不必依附于皇权、族权乃至父权、夫权等，这使人有了财产、迁徙、择业、婚嫁

---

① 包亚明主编：《现代性的地平线——哈贝马斯访谈录》，李安东、段怀清译，上海人民出版社，1997年，第122页。

等自由。当今中国的改革与现代化，同样体现着人的自由的获得，它尤其表现为摆脱"单位所有制"的束缚。这种束缚以工资关系、档案、住房等各种特定形式限制着人身的自由，人成了单位的"奴仆"。这种"单位所有制"阻碍着人才的流动，妨碍着作为生产力根本要素的人力资源的开发，从而严重阻碍着社会的发展。

以自由为核心，现代性形成的关键在于建立起公平合理的权利关系。现代化在促进社会生产力大发展、实现社会富裕的同时，实质上是一个不同社会阶层、不同利益集团的利益调整与重新分配过程。马克思的深刻之处，在于他对社会问题的分析，是从经济利益与权利关系入手的。中国的改革之所以能够比较顺利地进行，关键也正在于它从一开始便为社会的各阶层普遍带来收入上以及其他方面的利益，为改革的推进营造了民心基础，所以能够在保持社会基本稳定的状态下推进改革。假如改革一开始便是大量工人的下岗，便是贫富的两极分化，那不可能设想它还能够进行下去。

除了自由以外，权利关系中最重要的是财产关系。中国的改革碰上的一个症结问题就是所有权问题。所有权的权属关系不清，不仅妨碍了经营者的积极性，而且对于私有企业主来说，对私有财产没有安全感，导致的是对扩大再生产的疑虑、经营上的短期行为乃至资产的外逃。

这些自由、财产等权利关系，从哲学上说，便属于人的主体性、自由意志、自我决定、自我实现的范畴，便是自由、平等与正义等价值与权利关系的确立。它们构成现代性的核心。一切经济的、政治的、社会的改革，从骨子里说，无非就是为了达到这样的理想价值目标。这也就是现在常说的"以人为本"之意。

再次，现代性表现为建立起竞争机制与合理的规范，即竞争的理性化过程。

这里，"理性化"指的是人与社会行为的契约化、规范化、程序化、专门化、制度化。"理性化"来自于"理性"，它是依据理性原则而行事以及由此产生的结果。如众所周知，理性是西方启蒙哲学的一个最基本的概念，用以同宗教的神性相对，作为世俗社会为道德与社会立法、建立新的社会规范的根据。因此对西方基督教社会而言，理性化是与社会的世俗化相联系的，中国则不然。中国本来就不是宗教社会，因此不存在世俗化问题。中国的理性化是与传统（特别是封建的）与现实的非理性化行为相对的。梁漱溟曾经把中国传统文化的精神概括为"伦理本位"，这是很精辟的。诸如"正其谊不谋其利，谋其道不计其功"这样的"泛道德主义"思想，就是其中突出的表现。非功利的观念固然在某些方面对社会有好处，如培养人的情操，淡泊名利，从事社会的公益建设，等等，但它对于经济系统本身的生产与经营来说却是极为有害的，导致的是不讲经济效益的结果。经济运作的关键在于精打细算，做到低投入高产出，因此韦伯把会计的核算原则称为"形式的合理性"，它代表着资本主义的精神。这种合理性是与泛道德主义的权利、义务、财产等的非理性的平均主义分配原则直接相对立的。

现代性的理性化，乃是竞争中的理性化。现代化的过程是一个建立起竞争机制的过程。没有竞争，就没有现代化，没有现代社会的活力。竞争是社会的效率与效益的内在要求，是加快社会发展的需要。前现代社会与现代社会的一个重要区别，在于有否建立起竞争的机制。社会没有竞争，其结果只会是低效率与低效益的。人才既无法脱颖而出，资源也无法得到较好的配置与利用，其结果只会是高投入低产出。但竞争是一把双刃剑，它也会产生负面的效应，即无序的竞争。因此，如何使竞争成为理性的，就构成现代性的一个重要课题。这就需要以理性化为目标，建立起相关的各种规范，以保障竞争的有序化，而不至使竞争成为破坏社会和谐与秩序的东西。

对处于现代化过程中的中国社会而言，理性化尤其重要。一个原本属于计划经济与中央集权政治体制的社会，一旦在诸多领域中实行开放式的竞争，而新的规范又未建立或完善起来，则必定会出现一些社会转型过程中的无序乃至混乱的状态。因此建立起合理的政治、经济等运作的规范与秩序，对中国的现代化来说尤其重要。对于政治运作而言，迄今被视为最为合理有序的运作程序，是民主化的运作（包括公开与公平的选举程序、公众对政治的广泛参与、决策的科学化、权力的制约与监督机制，等等），以及科层化、专门化的管理。集权的社会虽然有社会动员与整体运作的便利与好处，但这种好处却是建立在一种危险的基础之上的。一旦决策失误，它缺乏任何纠错的机制，就会使社会陷入危机乃至分裂、内乱中。这样的社会要摆脱"传统"式的与"卡里斯马"式的（即凭借领袖的个人权威与魅力进行统治的）、非法理型的统治方式，关键正在于以程序化、规范化的理性方式来治理社会。

在经济运作方面，市场经济乃是信用经济。市场经济的要义是公平竞争，而公平的前提是诚信。诚信虽然本质上属伦理的范畴，但也与理性化有关。商品交易中失信乃至进行欺诈，虽能得利于一时，但长久而言，却会失去经营伙伴、顾客与市场，终归受害的是欺诈者自己，因此是一种非理性的行为。当前中国泛滥成灾的商业欺诈、非诚信经营现象，表明中国的市场经济运作尚未达到成熟的状态，尚未进入一种理性竞争的格局，从而也在经济运作方面表明中国尚未达到现代性的要求。

以上我们对现代性概念进行了辨析，分析了它与现代化概念的不同，并论述了它的一些基本特征。最后本节想强调的是，由于历史与文化背景的不同，中国的现代性应当具有与西方现代性不同的特征，尤其是西方的现代性在相当程度上产生于同宗教的分离，来自世俗化的过程。而当今处于形成过程中的中国的现代性，则不可避免地发生与自己的某些古老传统和新的"左"的传统的断裂之中。现代性问题关系到我们民族的发展未来，或者说是它的命运所系，因此是一个无可回避的课题，也是为什么它引起众多学者关注的原因。本节只是就其中的一些问题提出自己的拙见，并希望对此做出进一步的探讨。

第二节　个体理性与公共理性[①]

理性是西方启蒙哲学的核心概念之一。不过，这种理性主要是以康德为代表的个体理性（集中表现为"道德自律"）。随着对启蒙哲学及其理性概念的批判，一些不同的理性概念产生出来。笔者认为，其中特别值得重视的是"公共理性"。这一概念的产生有其历史的必然，其意义在于提出并论证了在由具有不同思想观念、不同利益的个人与群体所组成的多元、互动的社会中，为保证社会的正义与稳定，理性概念所具有的特性和作用及其与社会公共规范领域之间的关系等问题。因此，对公共理性概念进行认真的研究是很有必要的。

一、康德的个体理性

现代性哲学中的核心概念是理性。理性概念不仅集中反映了现代哲学对人的本质的定位，同时也反映了它的"普遍主义"的思维方式与价值追求。这些在康德与黑格尔哲学中得到了集中的反映。

在现代西方哲学中，对理性概念做过详细考察与规定的，莫过于康德哲学。在《纯粹理性批判》与《实践理性批判》中，康德分别从科学认知与道德行为这两个领域，对理性进行了区分与批判。他把理性划分为理论理性与实践理性。通过对后者的批判，康德试图证明理性在道德上是自律的，这意味着它不仅服从道德的法则，而且服从的是自己所颁定的道德法则。

康德的实践理性及其道德自律概念的具体规定是这样的：

1. 他在序言中提出，这个批判要阐明纯粹实践理性是存在的。而这一存在的实在性的证明，取决于证明它是现实地实践的。[②]

2. 理性的道德立法需要理性以自身为先决条件。理性通过在自身中产生实践的道德法则，从而在自身中包含一个足以决定意志的根据。这也就

[①] 本节原文发表于《哲学研究》2008年第6期。
[②] 康德：《实践理性批判》，韩水法译，商务印书馆，1999年，第1页。

是说，理性通过道德法则的命令形式来决定意志。①

3.这种直接由理性决定的意志是一种自决的意志。也就是说，它是不受物质现象间的因果关系所决定的，因此它是自由的、自决的。正是由于意识到人们能够独立地由理性决定自己应当做的事情，因此人们才发现自己在道德上是自由的，或者说具有道德上的自由意志。

4.一方面，由于普遍的道德法则直接决定意志，另一方面，又由于意志出自"责任"的概念而服从这一法则，因此道德意志是自律的。康德把意志自律作为道德的最高法则。这一"自律原则就是，总是这么选择，同一个意志能理解我们选择的准则是普遍规律"②。

在上述道德哲学中，康德一再强调的是它的"普遍主义"的特征，不管是对于作为立法的意志，还是对于作为绝对命令的道德法则。对于前者，他论证"每个理性存在物的意志的观念是普遍的立法意志"③。也就是说，"每个人类意志都是在其全部准则中给出了普遍规律的意志"④。对于后者，即道德的绝对命令，它的要求是："只依从你同时认为可能成为普遍规律的准则去行动。"⑤

概括起来，康德的上述理性概念及其导出的道德自律概念的核心思想是：每个个别性的理性意志产生并服从普遍性的道德法则。分析起来，这包含如下要素：

首先，理性只是个体的理性。其次，普遍性的道德法则只是个人自由意志认定与选择的结果；然而，它们却是绝对的、一致的。再者，每个人认定的道德法则只是形式性的，如同上述"道德命令"所表达的那样，没有任何实质性的规定。

---

① 康德:《实践理性批判》，第17页。
② 康德:《道德形而上学的基本原则》，载郑保华主编《康德文集》，改革出版社，1997年，第103页。
③ 康德:《道德形而上学的基本原则》，载郑保华主编《康德文集》，第94页。
④ 康德:《道德形而上学的基本原则》，载郑保华主编《康德文集》，第95页。
⑤ 康德:《道德形而上学的基本原则》，载郑保华主编《康德文集》，第84页。

例如，康德指出，假如有某个不幸的人，由于命运的折磨而对生活感到绝望，试图以自杀了却此生，这时他的行为的准则是：如果生命的延长只能带来更多的痛苦和不幸，那么从自爱的考虑出发，我就把缩短生命作为原则。然而，这是与弘扬生命为天职的自然体系相矛盾的，因此这不能够成为普遍的行为法则，从而不能采取自杀的做法。

深究起来，康德这种理性概念及其道德哲学暗含着如下的前提条件。第一，每一个个体须有极为明智的理性能力，他们都能够为自己的行为做出合理的思考，都能够为自己的行为立法。这意味着每个人的理性能力是无限的。第二，社会须得是一个一元的社会。因为假如说每一个道德法则都能普遍地得到认同，而不论人们的种族、党派或宗教信仰是否不同，也不论他们究竟属于历史上的哪一时期，都没有人会存在异议，这意味着社会是一个绝对一元化的社会。

然而可以看出，这只是一些很理想化的设定。首先，是否每一个个体都有能力对所有道德与伦理的问题做出合理的思考，并且这种思考能够撇开个人的利益与主观偏好来进行，这是值得怀疑的。其次，就一个社会而言，由于多民族的存在及多种社会思潮、宗教信仰与文化的并存等因素，决定了它不可能是一元的社会。虽然有些政府致力于从观念上整合社会，但这毕竟只是一种努力而已，并不是现实。

因此，康德个人理性概念的不足，主要在于它只是一种理想的设定状态，而背离了社会伦理生活的现实。因为人自从一降生到世上起，就已经生活在既定的社群与道德伦理规范之中，他的意志作为普遍立法的意志这一功能实际上是很有限的。社会的基本道德习俗，诸如各种宗教教规中的戒律，如不奸淫、不偷盗等，是自古至今不论在何种宗教与文化中都基本得到认同的。道德自律的意义更多的是在服从既有的道德规范上。此外，个人与社会在道德伦理的进步方面所能做的，不过是要么在既有的道德基础上进行反思，以改变不合理的道德伦理规范；要么对新出现的或新注意到的经济、社会与文化现象进行道德判断，以形成相应的、新的道德伦理规范。因此，谈论道德伦理，应当把它放在既定的社会环境状态下；并且不论是产生或改变这样的道德环境，都不是以个人的理性命令或道德自律所能解释的。这方面所需要的正是本节所探讨的"公共理性"。

二、罗尔斯的"公共理性"

在康德之后，德国理性主义更加走向极端，尤其是黑格尔哲学把理性提升为"绝对精神"、"大全"（the Whole），使理性成为"自在自为地存在的普遍物"[①]；它构成宇宙万物的本质与规律，从而不论自然、伦理世界还是国家，都是理性自我实现的产物。但是，这却也意味着黑格尔使理性从康德意义上的个体理性，转变为非个体的、整体性的理性。黑格尔并且以这种意义上的理性作为事物的现实性的标准，此即我们所熟悉的命题："凡是合乎理性的东西都是现实的；凡是现实的东西都是合乎理性的。"[②] 此外，与康德单纯论究个体的道德不同，黑格尔将抽象的道德与实体性的伦理区分开来，于是在他那里出现了主观的个人与客观的伦理之区别。他把这种区别看作是偶性与实体的关系，实体性的伦理（家庭、市民社会与国家）被视为调节个人生活的力量。[③] 这里，撇开黑格尔理性说的荒谬之处不讲，仅就与我们的论题有关的方面而言，其可以挖掘之处在于，黑格尔触及了"公共理性"问题的某些方面，尽管他是用绝对唯心主义的框架与语言来论述这个问题的。这就是，他感觉到了社会必须由某些公共伦理来调节的必要，以及社会必须用一些理性的伦理来作为个人生活的标准。在这方面，黑格尔比康德要现实得多：他批评了康德理性绝对命令的空洞性，认为伦理生活只有在具体的社会组织形式（家庭、社会与国家）中才能得到实现。这样，他实际上提出了一种与个体理性相区别的"普遍理性"，它是与家庭、市民社会、国家这三重社会组织形式相结合

[①] 黑格尔：《法哲学原理》，第33页。
[②] 黑格尔：《法哲学原理》，第11页。
[③] 黑格尔：《法哲学原理》，第165页。

的伦理规范。个体只有生活在这些社会组织中才有伦理关系的发生,他们原本抽象的意志自由也才得以体现出来。

虽然黑格尔论及这种伦理意义上的"普遍理性",但他毕竟没有直接提出这一概念。明确地提出这一概念并做出详细研究的,就笔者目前所知,是当代美国哲学家罗尔斯。

罗尔斯提出"公共理性"以及与此相关的"重叠共识"等概念,是为了解决他所认为的政治自由主义的主要问题,即:"一个由自由而平等的公民——他们因各种合乎理性的宗教学说、哲学学说和道德学说而产生了深刻的分化——所组成的稳定而公正的社会之长治久安如何可能?"①

在罗尔斯的政治自由主义学说中,"重叠共识"概念是解决上述问题的途径,"公共理性"则是解决这一问题的根据。因此在他论证的逻辑顺序上,重叠共识概念在先,公共理性概念在后。

罗尔斯说,"重叠共识"概念的目标(即政治正义观念)和动机都是道德的,也就是说,它属于一种道德的理念。这一理念包含如下两个要点。首先,在民主社会中存在着宗教学说、哲学学说和道德学说上的"理性多元论"的事实;人们应当服从这样的事实,并寻求在多种合乎理性的完备性的学说中取得共识。其次,存在着一种超越于各种宗教、哲学、道德学说的独立的公共正义观念,它在不同的方面都适合于各种各样在由它所规导的社会里长期存在的理性学说,并能够得到这些理性学说的支持;也就是说,在此公共正义观念的基础上可以建立起社会统一的共识理念。

罗尔斯提出的"重叠共识"这个概念,把握了社会中多种政治、哲学、宗教的观念与思潮并存与相争的事实,并因此提供出一种在多元文化背景中使社会在宽容的原则下保证和谐共存的可能性,以及公共理性在这方面所能起到的作用,即形成有关基本政治正义理念的社会共识的解释。因此,他把重叠共识看作是现代民主社会确保其统一性和稳定性的基本前

---

① 罗尔斯:《政治自由主义》导论,万俊人译,译林出版社,2000年,第13页。

提及其立宪政体的可靠基础。

在此解释之后，进一步需要论证的问题是：这种重叠共识的依据是什么？罗尔斯对此的回答是：在于它是合乎理性的，得到了公民的理性支持；或者说，得出重叠共识的根据乃是一种"公共理性"。

罗尔斯对"公共理性"的界定是从"理性"概念入手的。他对"个人理性""公共理性""非公共理性""家庭理性"与"社会理性"等一系列概念进行了区分。他认为，理性是一种理智能力、道德能力以及行为方式。不过，与以往对理性的认识不同，罗尔斯把这种理性的能力与行为方式并不单单看作是个人的，而且看作是"政治社会"的，包括"一家庭或联合体，甚或是多政治社会的联邦"。这里，"行为方式"特指的是"将其计划公式化的方式，和将其目的置于优先地位并作出相应决定的方式"。[1]

罗尔斯由"理性"进而提到"私人理性"与"公共理性"的区分，但他对此并没有给出明确的说明，只是提到康德在《何为启蒙》中曾对这两者做出区别，以及康德的区分与他所做出的区分并不相同。[2]

公共理性属于公民的理性，是共享平等公民身份的人的理性。罗尔斯强调它是民主国家的一个基本特征。因为在贵族政体和独裁政体中，"公共善"的问题是由统治者来考虑决定的，因此一般说来是不可能通过公共理性的方式进行的。而在民主社会里，公民作为一个"集体性的实体"，在制定以及修正法律时相互发挥着最终的和强制性的权力。

公共理性之所以是公共的，是因为它由如下三方面的因素所决定：第一，作为自身的理性，它是公共的理性；第二，它的目标是公共的善和根本性的正义；第三，它的本性和内容是公共的，这一内容是由社会政治正义观念表达的理想和原则所给定的。

---

[1] 罗尔斯：《政治自由主义》，第225页。
[2] 罗尔斯：《政治自由主义》，第226页。

罗尔斯具体给出的"具有自由主义品格"的公共理性的内容，包括如下三个方面：第一，它具体规定着某些基本的权利、自由和机会（即立宪民主政体所熟悉的那些权利、自由和机会）；第二，它赋予这些权利、自由和机会以一种特殊优先性，尤其是相对于普遍善和完善论价值的优先性；第三，它认可各种确保着所有公民能有效利用其基本自由和机会的充分并适用于所有目的的手段。

可见，公共理性具有如下特征：首先，公共理性所施加的限制并不适用于所有政治问题，而只适用于那些可称之为"宪法根本"和基本正义问题的政治问题。例如，谁有权利选举、什么样的宗教应当宽容、应当保障什么人享有机会均等的权利、应该保障谁的财产，等等。罗尔斯认为，类似这样的问题属于公共理性的特殊主题。其次，公共理性的限制并不适用于公民对政治问题的个人性沉思和反思；或者说，不适用于诸如教会和大学这类联合体的成员对政治问题的推理，而是适用于公民在公共论坛上对他们的政治倾向发表看法并做出选择。因此，公共理性的理想不仅支配着选举中有关根本性问题的公共辩谈（discourse），而且也支配着公民怎样对这些问题投出他们的选票。

罗尔斯还对"公共理性"与"非公共理性"做出区分。他认为，这些区分可使公共理性的本性变得一目了然。非公共理性虽然也属于社会理性而非私人理性，但与公共理性不同，它有许多种，包括各种联合体的理性，如教会和大学、科学社团和职业群体的理性。这也就是说，非公共理性由许多市民社会的理性所构成，它属于一种"背景文化"，而公共理性则属于公共政治文化。

此外，罗尔斯还使用了"家庭理性"与"社会理性"的概念。前者指的是作为社会中小型群体的家庭的理性，后者则指社会中许多联合体的理性，如上面说到的教会和大学等的理性；它们构成了政治社会的背景文化。

在《政治自由主义》一书中，罗尔斯把公共理性同"重叠共识""权利的优先性与善"一起列为自由主义的三个主要理念。此外，他还把公共理性视为自由主义的两种政治价值之一，另一种为政治正义的价值。公共理性的价值属于对政治观念进行探究时的一些指导原则（guidelines）。这些指导原则具体规定着各种与政治问题相关的推理方式，以及检验各种与政治问题相关的信息的标准。罗尔斯认为，假如没有这些指导原则的话，人们就无法运用各种实质性的原则，而且也会使政治观念陷于不完善和零碎的地步。

因此，公共理性的一个重要作用在于建立起有关政治原则与各种探究的指导原则的标准，罗尔斯称之为"公共理性的理想"；认为它的关键是，公民将在每个人都视之为政治正义观念的框架内展开他们的基本讨论，并且可以合乎理性地期待其他公民与自己一道认可这些标准。

换一种说法，公共理性的这种作用是创造出一种"公共社会界的框架"。罗尔斯认为，理性之所以是公共的，就在于通过它，我们才能够作为平等的人进入他人的"公共世界"，并准备对他们提出或接受各种公平的合作项目。这些项目作为原则确立下来，它们具体规定着我们将要共享，并在我们相互间公共认作是奠定我们社会关系之基础的理性。只要我们是理性的，我们就会创造出这样的框架，并且可以期望每一个人都将认可和履行这一框架。"没有一个确定的公共世界，理性的（理念）就会成为空中楼阁。"[1]可以说，公共理性的根本作用就在于形成这样一个公共世界，并由此产生一个作为社会成员间公平合作的项目之框架。这样的框架能够得到人们的普遍认可，社会关系的基础也由此得以奠定，从而在一个理性多元论事实的社会里，重叠共识也能够产生。

罗尔斯的这一"公共世界"概念，比较确切地刻画了政治社会中各种互动关系的性质。我认为，诸如政治观念与学说的论争、公共舆论、伦理关系、契约关系等等，都属于这样的公共世界。正是在这样的公共世界

---

[1] 罗尔斯：《政治自由主义》，第56页。

中，存在着理性多元论的事实，而"重叠共识"的结果能否形成，也同样发生在这一公共世界中。同理，也正是在这样的公共世界中，公共理性的运用有了一个对应的存在域。

三、公共理性的内涵、目标与特性

罗尔斯的"公共理性"主要是一个政治哲学的概念，其目标是产生公共正义观念。而对本人来说，想要探讨的则是在元哲学意义上的"公共理性"，也就是要赋予公共理性概念以更广泛的意义，使之不仅涵盖政治哲学领域，而且包括道德伦理领域。因此，这种哲学普遍意义上的公共理性的目标，是产生公共的伦理规范。这里要说明的是，本节将"道德"与"伦理"区分为两个有差别的概念，虽然它们有着密切的关联。这一区分与黑格尔对它们的用法大致相近，前者主要指个体的道德良心与善恶感，后者则指社会公众关系的伦理行为规范。

1.公共理性的存在及其必要性

前文分析了康德道德自律说的一些缺陷。虽然道德自律不论对于个人的道德行为还是社会的道德风尚来说，都是一个根本性的基础，但是，一旦涉及公共的伦理问题，个体理性的局限性就明显地暴露了出来。除了个人的理性能力有所差异、道德心也不相同、并非人人先天就会为自己的道德行为立法之外，在公共伦理领域中，诸如人的权利、社会正义等问题也不是个人的自律所能解决的。康德似乎把道德哲学的领域看得太窄了：他按照当时的理解，把道德哲学（伦理学）看作是"义务论"，因此只关注个人的道德意志与行为的善恶问题，而不涉及公共伦理的方面。此外，他的理性概念是以完全抽象的、脱离了任何时代与教育及文化背景、脱离了社会利益群体关系，乃至完全不存在自身的兴趣与偏好的个体为分析的出发点的。当今西方政治哲学中的"社群主义"者对"个体自我"概念的批评，可以有助于我们这方面的思考。他们认为，义务论自由主义对正义、善等问题的回答隐含着"自我"这么一个形而上学的假定，把自我看作是完全自律的，有着自主选择善的能力。他们批评罗尔斯学说中这一来自康德的道德自律的传统，认为实际上在个体进行选择之前，便已处于现实社会的关系网络中，被塑造成社群自我。社群自我已经是由各种道德伦理与社会关系所构成的。笔者认为，的确，作为这些方面具有不同背景、利益与偏好等差别的人，他们对公共伦理规范的看法与意见，例如在关于权利的性质、内容及其平等，关于社会正义的原则与内容等问题上，自然也同样显示出差别，甚至是根本上的不同。

个体理性的不足之处还表现在，就社会伦理规范的形成而言，它是一个通过个别意见的提出、交换（包括争论）而最终达至公共意见的过程。因此从理性的角度看，这是一个从个体理性达至公共理性的过程。也就是说，公共意见不论是经由何种方式（如媒体、公决等）所产生，它终究必定是许多个别理性之间取得共识的结果。在这种意义上，我们肯定"公共理性"的存在。

公共理性的存在及其必要性的证明，还可以从伦理学本身的性质上得出。伦理学研究的是"应当"。它是以所设定的理想状态为参照系来看待现存的风俗与习惯，看待当前的伦理状况的，从而达到臧否当前伦理现实的目的。无论何种现有的伦理状态，都是有所不足，需要改善与提升的。但是，究竟什么样的伦理规范是更为合理、更为完善的，这就需要公共理性的思考、判断与抉择。

2.公共理性的内涵与运作方式

由上面的分析可见，公共理性是公众对公共伦理领域问题的理智思考方式。不难想见，对此同一个问题领域，会有不同的思考与反应方式：理性的与非理性的。理性的方式是一种相互探讨、相互沟通，以求得共识的理智的方式。这里可以借用罗尔斯的"重叠共识"的某些分析。也就是说，具有不同宗教信念、哲学思想、文化背景的人，都采取一种理性的态度与沟通方式，共同进入一个公共的世界。在这里，理性的人们能够就公共关心的问题形成一个可接受的框架，进行讨论与论辩，并最终取得共识。公共理性既然以理性的沟通为手段，以求得共识为目的，那么它的原则就是开放、公开。"开放"即作为公共世界，公民皆可进入这一问题领域，对其进行思考与探讨，乃至进行激烈的论争；"公开"即这样的思考可以并且应当见诸舆论，由公共舆论来展示公民的共识。一旦公共理性取得共识，即可称取得一致的"公共意见"。

公共理性的运作方式首先表现为有关公共问题域（它包括从家庭、市民社会到国家的不同组织范围）的某种伦理观念或思想的产生。它一般由学者所提出，并见诸传播手段，包括书籍、报刊、电视、广播等，然后在媒体上讨论乃至争论，形成一种公共舆论，最后形成公民的共识，为社会所接受。社会接受的方式亦有不同的层面：道德层面上的，由舆论转化为行为的约束，成为人们的行为方式，久而久之就积淀为习俗与习惯；法律层面上的，通过立法机构的立法程序而成为法律。

3. 公共理性的特性及其目标

公共理性的上述运作方式表明它并不具有先验性，从其本性、运作到产生的结果都是如此。从其本性来说，它是公众的理性能力的总体表现；从其运作来说，它是一个沟通与论辩的过程；从其产生的结果来说，它是社会的公共伦理规范。就这些规范作为公共理性的产物而言，我们也可以把它们称为"公共理性"。

我们说公共理性不是先验的，意味着它并非一种与经验无涉的思想推演与逻辑设定。相反，公共理性具有的属性，属于解释学意义上的性质。解释学讲的"视野融合"主要指的是现今的理解与历史上的解释之间的融合，它主要关涉的是历时性的时间维度；而对于我们所说的公共理性来说，这种"视野融合"则主要是共时性意义上的融合，是一种同时代人的共识。

公共理性运作的结果是产生一些公共的伦理行为规范，这是公共理性活动的目标。这些公共的伦理行为规范可以称为"公共善"。它们是一些维系人们社会关系的基本道德观念与价值，如权利、自由、平等、正义等等。其中尤为核心的是权利的平等与保障、自由的限度及其与平等的矛盾、分配的公正及其与效率的关系。可以说，一个社会对这些基本伦理规范所达到的公共理性的程度，标志着该社会的民主的成熟程度、文明的发展程度。人类社会及其文明从古发展至今的过程，从伦理的意义上说，就是对这些基本价值的认识并将之付诸实现的过程。有鉴于此，对公共理性问题加以关注，使我们社会的公共理性运作得更加自觉与合理化，乃是有益并十分重要的事情。

第三节 从普遍必然性到意义多样性
——从近现代到后现代知识观念的变化[①]

与哲学的观念从近现代向后现代的转变相伴随，西方的知识观也经历着一场变化，这就是从近现代（modern times）追求知识的客观性、普遍必然性与确定性，追求知识的整体性、绝对性，转变为后现代张扬知识的"游戏"性、意义的可解释性与多样性。在一定的意义上说，近现代的这种知识观，属于科学主义思潮的产物，而后现代的知识观，则大体上属于人文主义思潮的产物。

一、追求普遍必然性的近现代知识观

现代意义上的知识观，可以笛卡尔、康德、黑格尔等为代表。笛卡尔从怀疑知识的可能性开始，但却以"确定性"作为知识的标准告终。这似乎是一种矛盾，然而它表现的却是西方知识论的一种传统。这就是，怀疑是认识的强有力的推进器，怀疑推进着对知识问题的深层思考；并且，恰恰是由于怀疑的结果，使得对知识的标准与要求变得更高、更严格。这样，笛卡尔将具有"确定性"的知识视为真正的知识，并找到了一个不

[①] 本节原文发表于《江苏行政学院学报》2007年第4期。

可怀疑的"我思"的认识基础。只有它是不可怀疑的，哲学知识的系统，"自我""灵魂"与"上帝"等概念与命题，才能由之推演出来。那么，知识的这种确定性又是由什么标准来判明呢？笛卡尔给出的是一种"清晰明白"的标准：凡是在我的心灵中是清晰明白的观念，它就是确定的，从而是真正的知识。这是由于"除了我指出的清晰与明白的知觉之外没有任何事实可以保证它的真理"。因此，是否"清晰明白"就成了笛卡尔的知识标准。

不过，虽然笛卡尔以确定性作为知识的基本属性，但他的"确定性"却是主观性质的，属于个人的一种意识状态。从理论上说，以主观的意识状态作为知识的标准，这显得与"符合论"真理观有所冲突。因为，真理既是主观认识与客观实在的符合，而认识的目的是要把握真理，那么知识的标准就不能够仅仅置于主观之上。

康德曾经明白表示过，是休谟的怀疑论惊醒了他的独断论迷梦，促使他对知识论进行批判。不过，形成他与休谟哲学分水岭的，是有关因果论概念是否具有必然性的问题。休谟否认这样的必然性，将因果性归结为想象力的习惯联想，而康德则相反，认定这一来自纯粹知性的概念对于经验知觉的综合具有不容置疑的必然性。问题在于对于康德来说，既要以符合论真理观为前提，又要确认客观性、普遍必然性为知识的本有属性，在这样的框架内实现认识的"哥白尼式革命"，即把认识的客观性与普遍必然性的根据，建立在主体的认识能力（知性的统觉）及其所拥有的一套由范畴而来的、基本的经验综合原理之上。这种对知识的先验本质的解释思路，使得康德哲学为自己提出了一个实际上不可能解决的难题——主观的因素使知识具有客观的属性。

康德对此难题的论证构成了他的《纯粹理性批判》一书中最为艰涩难懂的部分，即范畴的"先验演绎"。他为了成就这一演绎，可谓是费尽心思。在该书的第一版中，虽然他的本意是以范畴为经验的客观性与必然性的根据，认为任何一个经验的对象"只有借助于范畴才能被思维"[1]，以此为思路展开对范畴的演绎，但在实际的进行中，他却以知识中所必然出现的"三重综合"，即"直观中领会的综合""想象中的再生的综合"和"概念中的认定的综合"为基本的演绎线索，从这三重综合中寻找知识的"本源的先验条件"，并最终将这一条件归结为"先验的统觉"[2]，以及它所带来的作为所认识对象统一性基础的"意识的统一性"。这就使演绎蒙上了一层厚重的心理学色彩，原本演绎所倚仗的"范畴"，其作用反倒被边缘化了。这样的结果显然与康德在该部分所要建立的"先验逻辑"这一宗旨不符。

康德对这一问题论述的修改，是在他两年后出版的《未来形而上学导论》（以下简称《导论》）一书中做出的。在这一新论证中，现代知识观的追求得到更为充分的体现。康德论证的关键是，提出"客观有效性"和"普遍必然性"这两个概念是"可以互相换用"的概念。[3] 其理由是，一方面，当一个判断符合一个对象时关于这同一对象的一切判断也必定彼此相互符合，这使得经验判断的客观性也意味着它的普遍必然性；另一方面，如果我们找出理由把一个判断当作必然的、普遍有效的，那么我们也必须把它当作是客观的，因为没有理由要求别人的判断一定符合我的判断，除非他的判断同我的判断所涉及的对象是一致的。

不过有意思的是，在继此而来的《纯粹理性批判》第二版中，康德并没有采用他在《导论》中做出的上述论证。这其中的原因如何，我们自然无从知晓。在此，康德的论证虽然也是以统觉的先验统一作为知识的最高原理，不过在论证这种统一性的时候，他突出了范畴在其中所起的根本作用，这就是强调一切感性直观都从属于范畴，范畴构成这些直观能够被综合到意识中来的根本条件。但范畴为什么能够具有这样的作用呢？康德

---

[1] 康德：《纯粹理性批判》，第113页。
[2] 康德：《纯粹理性批判》，第119页。
[3] 康德：《未来形而上学导论》，庞景仁译，商务印书馆，1978年，第64页。

给出的解释是，把范畴视为规定直观杂多的判断的逻辑功能，以此在直观的综合、范畴的综合与知性的统一判断之间建立起一种同一性，进而将范畴解释为一种"知性的规则"①，并最终将知识的客观性与普遍必然性归结为来自范畴联结直观杂多的"规则"作用。

从上面的论述中我们可以看到，尽管康德数次变换着范畴演绎的思路，但其宗旨却是始终如一的，这就是为知识如何能够具有客观普遍性与必然有效性做出先验的证明，也就是说对他而言，复杂的范畴演绎证明服膺于知识本质属性的需要。此外，本节还涉及的另一问题是，与这种知识属性观相联系的，是知识的"整体论"观点，这在康德那里同样得到体现。在他提出要解决"我能够认识什么"这一知识论问题时，他把"纯粹数学如何可能""纯粹自然科学如何可能""形而上学如何可能"这三个不同学科的认识问题，整合为一个统一的问题："先天综合判断如何可能？"

这种整体论的知识观，黑格尔哲学是最为典型的代表。从表面上看，黑格尔哲学主要讲的是"矛盾"的问题，讲事物的对立、矛盾与分化，这似乎是在讲事物的多样性，而不是在讲它们的整体性。但实际上，在黑格尔哲学正、反、合的辩证法三段论中，他强调的是"合题"，因为它是矛盾的"扬弃"，是认识在更高级阶段上达到的综合统一。

在现代的知识观中，黑格尔把追求必然性的观念更加提升到一种"绝对"的层面。他不仅追求知识的必然性（如"综合认识的一般目标就是必然性"），而且甚至还追求其"绝对性"，包括声称辩证思维"绝对的"否定性、认识理念作为真理之大全的"绝对"性等等。②黑格尔特别好谈"绝对"，诸如绝对的概念、绝对的知、绝对的本质、绝对的真理等等。他的《逻辑学》本身就是以"绝对理念"一章为终结的。

---

① 康德:《纯粹理性批判》，第97页。
② 黑格尔:《逻辑学》（下卷），杨一之译，商务印书馆，1966年，第495、528页。

上述这些知识观之所以追求知识的普遍必然性、整体性，其中一个重要的原因是，这类观念是以数学、自然科学的知识为楷模的，对于笛卡尔与康德来说尤其如此。当时的数学主要是欧几里得几何学与算术，物理学是牛顿物理学。就当时的思想背景而言，已有的科学知识基本上也就是这么一些。所以，当时的哲学试图从对这两种科学知识的反思中探讨知识的性质与特点，形成有关知识的解释理论与思想方法，自然使它具有一种科学主义的色彩。

二、寻求意义多样性的后现代知识观

从现代知识观到后现代知识观的转变，一个主要的原因，应当说在于知识的反思对象有了根本的变化。与现代知识观所反思的对象不同，后现代知识观是以"语言"为反思对象的。一般而言，后期维特根斯坦哲学被看作是后现代哲学的思想基础之一，这一哲学本身就是一种"语言游戏"哲学。顾名思义，它来自对语言"游戏"性质的反思，由此升华出一种哲学理论，包括产生出一种新的知识观。这种知识观用"家族相似性"来代替抽象的"同一性"概念，用意义的语境性来代替知识的客观性，用规则性来代替知识的必然性，用来自生活形式（习俗、传统）的约定性来代替笛卡尔式的确定性，这就形成了一个不同的知识论框架。由于"游戏""规则"等概念具有相当普遍的解释力，因此后期维特根斯坦的这一哲学不仅对传统哲学形成了强烈的冲击，而且还提供了一个足以作为替代物的概念系统，在促使哲学思维向后现代的转变中，起了有力的推动作用。

在后现代哲学家中，正是维特根斯坦的语言哲学直接影响了利奥塔追求差异性的哲学，后者以前者的"语言游戏"概念为根据，论证了多元知识的合法性问题。各种叙事，包括科学叙事与人文叙事，都不过是一种"游戏"，它们具有各自的合法性，不能够以其中某一种叙事作为判定其他叙事的合法性的标准。不同叙事的合法性来自各自的游戏本身，来自于它们各自的游戏规则。这样，科学叙事并不比人文叙事优越。人文叙事也同样不比科学叙事优越。按照这样一种知识观，各种话语被视为有着平等的地位和权利。

利奥塔的这一说法，实际上是论证了不同叙事（知识）之间"差异"的合法性，也就是说，知识的目的并不是求"同"，而是求"异"。利奥塔鲜明地亮出后现代的旗帜，就是要"激活差异，拯救它的声名"，并且为达此目的，他疾呼要"向总体性开战"。①

"总体性"的知识观与思维方式之所以遭到利奥塔的否弃，这是由于在他看来，一方面，在观念形态上，总体性的思维造成了某种话语独霸天下的局面，也就是说，它成了其他话语是否具有合法性的唯一尺度。这样的话语他称之为"元叙事"。元叙事造成一种统一、专断的话语，来压制其他的不同话语。现代性在他看来，就是以这类"元叙事"为标志的，而后现代与此针锋相对，其实质正是在于反对"元叙事"。

与宣扬"差异性"的知识观相应，利奥塔倡导一种"悖谬逻辑"（paralogy）。他认为这种思维方式的根据在于科学知识本身发生的巨大变化。尤其是在各门科学里，曾被认为是自然的、不可违背的逻辑正在受到修改，悖论大量存在于数学、物理学、天体物理学和生理学的理论里面。这一悖论现象的大量存在及其对于逻辑和推理方式的影响，使得我们必须改变自己的思维方式。这里值得特别指出的是，与我们的论题直接相关，利奥塔声称现代思维方式是以"普遍性"为准绳的。他举哈贝马斯的"普遍性代表知识的客观性和通行的规范的合法性"的说法为例，说明在这种现代思维方式中，合法化问题被定位在"普遍性"之中来解决。利奥塔反其道而行之，断言各种语言游戏（包括科学探索的游戏）的目的不是要达到"专家的一致性，而是要寻求这种悖谬"。合法化是由这种悖谬逻辑

---

① Jean-François Lyotard, *The Postmodern Condition: A Report on Knowledge*, University of Minnesota Press, 1984, pp.65–66.

所达成的。它构成"后现代的知识法则"。不过,有关这种逻辑的具体内容,他只讲道:"有关开放体系的研究,局部决定论,反方法论——总之,一切我归之于悖谬逻辑名称之下的东西。"①

另一方面,就历史实践而言,他把奥斯维辛集中营看作是宏大叙事的一个例证,认为它是一种把"民族主义"理念(德意志民族是优等的民族,而犹太人则是劣等的民族)强加于人的恐怖主义行为。这种理念建立起一种"总体性"的专制行为,并导致灾难性的结果。在这方面,理念、权威和极权主义构成一种内在的联系。纳粹主义通过给民族提供了有关雅利安人的名字和日耳曼英雄的传奇叙事,使民众能够对此产生认同。由此,叙事成为一种合法化的工具。

在维特根斯坦之外,以语言为反思对象的后现代哲学家中,另一个突出的代表人物当属德里达。他的语言哲学将索绪尔语言的差异原则加以彻底化,断言语言的意义正是由于其语词之间的差异才形成的。诸如英语中的the、they、then、them;汉语中的猫、毛、卯、帽,人、大、天、夫……在这些例子中,仅仅由于字母、发音或笔画上的些许差异,就形成了不同的语词及其意义。德里达并且用一个生造的法语单词différance(汉译为"延异""差延"等)来表示他所理解的语言意义的差异性质,即在一般的"差异"意义上,还引入"时间"的维度,把差异解释为是在时间延续中的差异。

以"延异"这一概念为核心,德里达所提出的语言哲学的概念框架,从意义理论这一基点上改变着知识的观念。语词和符号的意义,不再被视为某种脱离时间的过程、孤立地自身存在的东西,而是符号(能指)与符号之间既关联又有差异的产物。"任何符号都不是一个孤岛","所指"(概念与意义)决不会在自身中孤立地存在,它们在自身中保留着他者的"痕迹"。例如,"植物"这一概念不同于阳光、水和空气,但它与这

---

① Jean-François Lyotard, *The Postmodern Condition: A Report on Knowledge*, notes 211.

些概念的差异关系，会在自身的规定上留下"痕迹"。我们正是通过一个符号的"不是什么"而规定出它是"什么"的，因此"所指"要直接出现在"能指"中是不可能的；并且，这样的关系是在时间化的过程中得到产生、变化与保留的。概念、符号由此在时间化的过程中、在意义的链条中得到了刻画。

在"意义"论方面，德里达还提出了一种"语义波动"说来论述意义的不确定性。他举尼采关于"真理像个女人"的说法为例说明语义的波动性质。在尼采的这一语句中，"真理"一词有着不同的语义点：独断的、批判的、怀疑的以及基督教的；"女人"也有不同的语义点：欺骗的、冒充的、肯定的、否定的。德里达认为尼采这一语句的波动的语义，可以表达三种根本不同的命题：其一，女人被描绘成谬误的象征；其二，被作为真理的象征；其三，作为对前两种的双重否定，把女人看作是肯定的力量，是艺术家、酒神。在德里达看来，尽管这三个命题是可以确定与说明的，但尼采的语句在这三个命题间的语义波动，却是不可确定的，因为它的确定需要无限的说明，而这对于有限的人类理智来说，是无法进行的。

诠释学以其对文本之意义的诠释理论，加入了后现代知识观的行列。"意义"不再是某种一成不变的东西，不再是某种文本自身所潜藏的、等待人们去发现的单义的东西，而是可以为人们所诠释、可不断生成的、多样性的东西。有如伽达默尔所言："当我们有所理解的时候，我们总是以不同的方式在理解。"[①]

与这种意义观相伴随的，是有关"理解"与"诠释"的理论。本来，"理解"这一概念在哲学发展史上是作为一种方法论的代名词而出现的，它代表的是人文科学（在德国哲学中叫作"精神科学"）方法论的

[①] 伽达默尔：《在现象学和辩证法之间》，载洪汉鼎主编《理解与解释——诠释学经典文选》，东方出版社，2001年，第603页。

主张，宣称人文科学，尤其是历史学的方法是一种与自然科学的"解释"（explanation）方法不同的"理解"（understanding）方法。因为人文科学不论在对象上还是在性质上，都与自然科学不同，也就是说，自然科学的对象是可重复的、没有目的与意志的，而人文科学的对象则相反，它是唯一的，以有目的、有激情、有价值观念的人们所产生的行为为对象，因此这一对象在性质上是具有意义性的。这种意义恰恰不是像自然科学那样通过发现规律得到解释，而是通过心灵的会通、通过穿越时间间距所造成的语境差异而达到的对文本意义的理解。

我们大体上可以把后现代的知识观归结为"诠释学"的意识，也就是说，它以"意义"概念为轴心，发展出一种对文本（包括文化作品和社会事件等）的理解、解读理论。在这种知识观看来，"理解就是对意义的重新认识和重新构造"[①]，客观性、必然性问题已不再居于这种知识观关注的焦点，因为它甚至被看作是子虚乌有的东西。[②]

对语言、传统、语境等所构成的制约理解的因素——理解的"前见""视野"——的考量，成为新的知识观的主要论题。这使历史因素（用伽达默尔的话来说即"历史实在"）、语境在认识中的制约作用得到强调，认识与传统的关系问题得到重新审视。这样的思考产生了一种新的对待传统的态度，这就是通过对传统的重新解释，来达到对传统的重建。传统不再是某种与现在相对立的之物，而是可以通过解释产生新的意义，与现在相交融的东西。

因此，诠释学意识上的"意义"观构成了新的知识观的核心。由于意义是可以不断诠释的、多样性的，这就扩展了诠释的空间。它与一元的

---

① 贝蒂：《作为精神科学一般方法论的诠释学》，载洪汉鼎主编《理解与解释——诠释学经典文选》，第129页。
② 例如，布尔特曼认为："客观性在历史知识里从未可能被达到过，即使在可以认作为'自在'的现象的意义上也是如此。"转引自贝蒂：《作为精神科学一般方法论的诠释学》，载洪汉鼎主编《理解与解释——诠释学经典文选》，第13页。

真理观形成直接的对立。假如真理是一元的，那么事物的意义势必也只能有一种，因为从逻辑上说，意义也有真假的问题，而真假基本上属于古典的二值逻辑，它服从于排中律，即任一命题要么是真的，要么是假的，二者必居其一。

诠释学在意义观上对古典逻辑的这种挑战，并不是一种孤立的现象。量子力学领域也同样出现了类似的挑战。微观粒子的波粒二象性和测不准性，质疑着古典二值逻辑的普遍有效性。这一挑战的结果是产生了三值逻辑乃至多值逻辑，即命题除了有真、假两个值之外，还可以有第三个"不确定"、中间状态的逻辑值，还可以有四值、五值……直至无穷多值的存在。此外，在科学解释的领域，也经历着类似的变化。在20世纪上半叶，逻辑经验主义者同样借助于传统的知识观与逻辑，执守于对科学知识的客观性的解释。不过，在20世纪的下半叶之后，随着以库恩为代表的历史主义学派的出现，科学解释理论开始了一个新的转向，由对解释过程中的普遍的逻辑特征和条件的追求转向对知识语境、认知信念与范式转换等因素的关注，"客观性"问题已不再是科学解释的焦点。

在以往的论著中，笔者把后现代的知识观的出现，主要解释为一种人文思维的逻辑，即一种与科学主义的思想方式相反对、从主客体的对立出发、以实证科学为楷模的认识模式，转向以语言游戏为类比的知识范式。与之相伴随，知识的属性问题也由"客观性"与"普遍性"转向了"合理性"或"合法性"，亦即意义解释的多样性的合理性根据何在，语言游戏的多样性的合法性何在。这里，笔者想进一步补充的是，这种人文思维的逻辑，与自然科学中的量子力学的测不准原理、逻辑学中的"多值逻辑"的出现，以及科学解释理论中的上述转向有其一致性。这显示出人类认识发展的一种趋向，即从对事物的同一性、整体性的认识，深入到对其差异性、多样性的认识，或者简略地说，从对"一"的认识，进入到对"多"的认识。

当然，笔者之所以称这种诠释学的思维方式为"人文思维的逻辑"，是因为它毕竟是一种人文社会科学范围内的理解与诠释活动，从事于对文学、史学、艺术、宗教等人类活动及其产物的价值、意义的解读。它向人们论证了意义是一个不断生成的过程，论证了对意义的不断诠释的合理性。由此，认识的目的就不再是趋"同"，不再是求"一"，而是寻求对文本做出不同的理解，论证这些不同理解的合理性。有幸的是，这样的认识也有它的多值逻辑的根据，使它不致陷于某种"相对主义"责难的困扰。因为，一种质朴的认识对于意义的多样性的质疑自然是：假如意义是多样的，那么是否还有客观真理的存在，是否这种多样性会导致相对主义？而多值逻辑能够对此做出的回答是，介于真与假之间，仍然存在着无限多的逻辑值，它们既非完全真，也不完全假，而是具有不同程度上的真。这同样意味着即使不同的意义解释，也可以有着不同程度的真实性与合理性。

不过，虽然我们指出了知识观念从现代到后现代的变化，但这并不意味着后出的东西一定具有优越性。尽管后现代的知识观为我们提供了认识的新视野，有助于我们开拓思维的新空间，但从思维方法的角度说，不同的知识观念与逻辑，就像不同的工具一样，各有其适用的领域与用途，就像锤子与锯子各有其适用对象一样，它们构成一种互补的关系。我们既无法说锤子是比锯子更好的工具，同样也无法说锯子一定比锤子好。人类的智慧提出了不同的知识论与逻辑，善用之者才可谓高明者。

第四节 理性与现代性
——兼论当代中国现代性的建构[①]

从哲学的意义上看，现代性主要是一套思想观念与行为方式，它们既促成现代化的形成，同时又在现代化的过程中表现为它的结果，并相应

---

① 本节原文发表于《厦门大学学报》（哲学社会科学版）2004年第5期。

形成现代人的特有人格，以及社会在经济、政治与文化等方面的特定属性。这其中，理性与自由是现代性的两个基本要素。理性作为启蒙哲学所认定的人的本质，它是现代的精神与灵魂，不仅构成现代价值观念的来源，同时还以"理性化"构成现代历史进程的方向与准绳。自由则是人的基本权利，它是现代人与社会得以生存与发展的第一前提，构成现代人与社会同以往社会的根本分水岭。本节拟就"理性"这一概念的内涵，理性化的实质、表现与错谬，对理性与理性化的批评等问题进行学理上的分析，并由此论及当代中国现代性的建构问题。

一、"理性"与"合理性"概念

"理性"是一个大家所熟悉的概念，本节拟先从近代西方哲学发展的角度，以一些经典哲学家的著作为依据，对理性概念的内涵及其在现代性中的地位与作用进行一番分析。

在古希腊哲学那里，理性概念已经产生并得到运用，例如柏拉图的感性认识只能把握变动不居的现象世界，并只能产生没有必然性的意见，而理性认识则把握的是本质性的理念世界，它所获得的是普遍性的知识与真理。在近代哲学中，一提到理性，人们总是将它追溯到近代哲学的始祖笛卡尔那里。笛卡尔把理性看作是一种我们天赋的思想能力，称之为"理性之光"或"自然之光"，它能使我们认识到最深刻的科学奥秘。由于理性与感觉在认识层次上的这一差别，因此对于哲学来说，首要的任务在于能够"引导心灵离开感觉"，使之上升到理性思维的层面。在斯宾诺莎看来，理性作为一种高级的认识能力，表现在它能够"如事物所是的那样真实地"感知事物。莱布尼茨也把理性看作是一种天赋的能力，他同笛卡尔一样也拥有"自然之光"的观念，认为理性高于感觉之处在于它能够使我们认识普遍必然的真理，反之，虽然感觉能够勉强让我们知道是什么，但它们无法让我们知道必定是什么或不能够是其他的什么。在这里我们看到，近代早期的理性概念首先是一种与感觉相比较的能力，它是高于感觉的、能够把握事物本质与普遍必然真理的认识能力。此外，当时的理性概念还有另一方面的含义，它在把自然界看作是一种有秩序、有规律的体系的基础上，相信人的认识能够建立起完备、统一的知识体系。

随着18世纪启蒙运动的推进，哲学家们对理性的实质与作用也有了更深刻的认识，这一认识集中体现在康德与黑格尔那里。我们先来看康德。如所周知，康德写下了著名的三大批判以及其他论著，系统地对理性的能力与作用进行了思考，使理性与现代性有了明确的关联，成为现代性的基本构成要素。这集中表现在如下两个方面。

首先，理性的运用是启蒙发生的前提，而启蒙则是现代性产生的先决条件。在康德看来，启蒙的目的是使人摆脱其思想的不成熟状态，而所谓的"不成熟状态"则是指如果不经别人的引导，就无法运用自己的理智，也就是处于一种蒙昧的状态。而要进行启蒙，就"必须永远有公开运用自己理性的自由，并且惟有它才能带来人类的启蒙"[①]。

其次，理性是认识之源、价值之源。从认识上说，这一方面表现在统觉的"我思"是一切认识的最高条件，它是对感性质料进行综合的最高根据，另一方面表现在经验认识的规则先天地在于理性自身中，也就是说，理性自身能够提供有关经验判断的系统规则或原理，正是依据这些原理，有关现象世界的科学认识才得以可能。此即康德的人为自然立法，或曰他的认识论上的"哥白尼式革命"。从道德伦理上说，一方面实践理性的本源根据作用表现在它能够提供一种绝对的道德律令，并以此作为人的道德责任，使之在道德判断与行为上实现自律，另一方面这一道德律令提供了一种善恶的价值标准，符合这一道德法则的动机及其行为就是善的，否则是恶的。

继康德之后，黑格尔把理性概念推向最高峰。首先，他以展示一种从意识、自我意识再到理性的"精神现象学"的方式，来证明理性是所有

[①] 康德:《历史理性批判文集》，何兆武译，商务印书馆，1991年，第24页。

人类精神意识的最高表现与成就。其次，他进而把这种理性的精神发展史，以先后相继的方式展现为一个严格的概念体系，并证明这本身就是一种历史与逻辑相统一的思维逻辑。最后，也最为重要的是，他为事物建立了一个理性标准："凡是合乎理性的东西都是现实的；凡是现实的东西都是合乎理性的。"[①]这一标准的重要性，突出表现在韦伯那里，"合理性"成为衡量现代资本主义以及现代社会的经济、政治、法律等各方面的进步性的标准，"理性化"并因此成为现代社会及其现代性的标志性符号。

在德国理性主义的思想背景下，韦伯对现代社会的分析突出了两个概念——"理性"与"理性化"，前者在他那里演化为"价值理性"与"工具理性"这一对立、冲突的概念，后者则成为他用来描述、刻画与评判现代资本主义的经济、政治和法律等行为规范的特定概念。资本主义现代化的过程，在韦伯的这种分析中表现为一个全面理性化的过程，而理性化也因此成为"资本主义精神"，亦即资本主义的现代性。在经济行为方面，这种理性化表现为精确计算投资与收益之比的"簿记方法"；在政治行为方面，表现为行政管理上的科层化、制度化；在法律行为方面，表现为司法过程的程序化；在文化行为方面，表现为世界的"祛魅"过程，即世俗化过程。

然而，这种"形式"方面的行为合理性，造成的结果只是一种"工具合理性"，即运用某种手段来达到某种特定的目的，而不顾及行为在"内容"的合理性，即它所应有的道德价值考虑。然而社会本应以"公正""善"等价值为指归的，因此现代社会在"形式合理性"与"实质合理性"方面发生了分裂，这不仅意味着形式合理性所蕴含的"工具理性"成为纯粹功利主义的东西，而且意味着形式合理性已走向理性的反面，成为一种非理性的东西。西方的现代性由此蕴含着一个内在的冲突。

韦伯这方面的分析，特别是他所运用的"工具理性"与"理性化"

---

① 黑格尔：《法哲学原理》，第11页。

这两个概念，比较深刻地把握了西方现代性的特征与问题，因此，它成为有关现代社会分析的经典学说，构成后现代主义产生之前的有关现代性解释的基本概念系统与分析框架。西方的现代化过程与现代性的形成，基本上循此被解释为一个理性化的过程。他的"工具理性"的论说，则被西方马克思主义，特别是法兰克福学派用来作为资本主义社会与现代性的弊病的一个主要符号，从而成为他们进行"技术理性"批判的一个主要概念根据与话语源泉；从霍克海默、阿多诺的社会批判理论，到马尔库塞的发达工业社会的研究，再到哈贝马斯的"交往行动理论"，莫不如此。

二、对理性的批判与重建

对人的本质是理性这一观念的最猛烈的冲击，应当说来自弗洛伊德的精神分析学说，它把人的本质认定为一种性本能的冲动，即所谓的"力比多"这种性力，而在心理意识方面，最深层的结构最表现为一种非理性的"无意识"。按照弗洛伊德自己的说法，这一学说属于继哥白尼的日心说、达尔文的进化论以来的对人类自尊心的第三次最严重的打击，因为它从根本上改变了对人的本质的看法。在哲学方面，对理性本质论发起的较有力的冲击，来自于叔本华与尼采的非理性的唯意志论，他们把"意志"认定为人的本质。在叔本华那里，理性是服从于意志，作为满足意志、求生存的手段，而在尼采那里，生命意志不仅仅是求生存的东西，而是一种要发挥、创造、增强生命力的意志，即"权力意志"。而理性主义的主张，在他看来，由于设定了一个超感性的价值世界作为真实的世界，以之否认现实世界，将它作为一个不真的世界，这就导致了一种"虚无主义"，其结果是生命的萎靡与意志的颓废。

20世纪西方哲学后来虽遍布对理性的批判，但并没有再提出用以替代理性作为人的本质的东西，因此对理性的反对就没有像弗洛伊德学说与唯意志论那样根本。海德格尔曾提出人的本质在于"生存"的观点，但生存并不是人心灵方面的一种属性，因此与理性并不属于同一层面的问题，而只能说海德格尔提供了一种关于人与世界的关系的新解释，从人是处于"在世之中"的角度来认识人，反对理性主义将主体与客体相分离、相对立的观点。它为思考"人是什么"提供了一个新视角，但并无法提供一种有关人的理性本质的替代学说。至于后现代主义，也只是从不同方面提供了对理性的批判，如福柯批判的是法国历史上出现的理性对非理性（疯癫的病人）的压迫，以及否定存在一种先天的、孤立的理性，指出理性在根本上是历史的，它是历史地与权力联系在一起的。这类批判总之反对的是对理性的错误界定，而未能从人的本质、社会规范的源泉与标准等根本方面，来颠覆理性在现代性形成中的基本作用，否认现代性形成的理性化性质。

不过，虽然对理性与理性化的批判林林总总，但持续年代最长，影响最大，在现代性问题上也最值得我们关注的，则是对"技术理性"（"工具理性"的另一种相近表达）的批判。上面我们已经提及韦伯对只求物质利益的后果，而不顾人类需要珍视的一些价值理念的工具理性的批判，这方面类似的批判，我们还可以追溯到更早的尼采那里。虽然尼采并没有使用"工具理性"这样的概念，但他从生命作为被科学文化所压抑的他者的角度，批判机械论的科学真理观把我们的世界变为一个无意义的世界。他认为，做出绝对真理承诺的科学文化不仅使科学自身丧失了自我批判的能力，而且压制了意志的自我创造，造成了生命的萎靡。尼采与韦伯这方面的批判，后来成为范围广泛的"技术理性"批判的思想源泉。

投入这一批判洪流的，几乎囊括了20世纪西方哲学的所有主要流派，包括胡塞尔的先验现象学，舍勒的价值现象学，雅斯贝尔斯、海德格尔、马塞尔、马丁·布伯的存在主义，伽达默尔的解释学，马尔库塞、哈贝马斯等的法兰克福学派，直至当今的利奥塔、德里达等的后现代主义。

这些哲学派别虽然不同，但它们对技术理性批判的共同点，在于认为随着现代科学技术的迅速发展，科学技术在促进社会生产与提高物质生活水平的同时发生了异化，它取得了决定一切的主宰地位，成为一种新形式的"意识形态"，技术理性成了具有合法性的社会统治力量；这导致科技至上的非人性化的控制形式，结果一方面人的生存的意义被遗忘了，人成了失去超越维度与批判维度的"单向度的人"，另一方面，在人与自然的关系中，人对自然的统治导致对自然的掠夺，其结果是自然反过来对人的报复。

上面这些对工具理性的批判，一般而言，都是纯粹否定性的，也就是说，它们只是停留于批判的立场上，而没有提出建设性的解决方案。与此不同，哈贝马斯则尝试提出一种"交往理性"，不仅用以对工具理性进行批判，而且还用它来取代传统理性，亦即他所谓的被作为现代性原则的"主体中心理性"。这一做法是以他对待现代性的态度为前提的，哈贝马斯认为现代性是一个尚未全面完成的构想，需要通过克服其缺陷来继续加以推进。因此他反对全盘否定理性的做法，而是要在指明主体中心理性的错误实质，即一方面被局限于对自我意识的反思分析，另一方面局限于某种自足的理性主体对客体的征服关系的"意识哲学"范式之后，来实现一种"范式的转换"，也就是用他的"交往理性"，一种程序性的理性或日常生活中的规则意识，来作为现代性重构的理性基础。这种交往理性以主体间的相互交往、通过协商对话达成理解，并形成非强迫性的共识为目的。哈贝马斯将社会区分为两个层次的结构，一是维持社会物质再生产的社会功能系统，它是由工具理性所调节的，另一是由文化、社会与个人所组成的"生活世界"，它是由交往理性所调节的。现代性的问题在他看就是由这两个"系统"与"生活世界"的起源与关系问题所构成的，只有生活世界（它与社会正义、自由等理念相关联）实现了合理化，系统的合理化才具有前提与可能；而生活世界的合理化本身则是以交往理性的相互沟通与理解为前提的，因此交往理性能够构成现代性重建的基础。

此外，这里还值得一提的是，在重构现代社会的理性基础方面，罗尔斯则从政治哲学的角度提出了一种"公共理性"的概念，来补充传统的个人理性概念。这一概念提出的考虑，乃是基于现代社会是一种由具有不同思想观念、不同利益的个人与群体所组成的多元、互动的社会，这一社会中的公民由于他们所信奉的各自不同的宗教学说、哲学学说和道德学说而产生了深刻的分化，因此应当以一种什么样的解决方式，才能使这样的多元社会达到长治久安的目的？[①]对此，罗尔斯提出首先要在公民中实现一种"重叠共识"，即对基本的社会正义理念达到某种共识。其次，这种共识的取得是以公民的"公共理性"为基础的。所谓的公共理性，是与"个体理性"相对的，它之所以是公共的，首先在于它的目标是公共的善和根本性的正义，其次在于它在本性上和内容上是公共的，即是说，它关涉的是包括"宪法"与基本正义等根本性的内容，这些规定着公民的自由等基本权利。

罗尔斯这一公共理性概念之所以有意义，首先在于它是基于现代社会的观念与利益的多元对立乃至冲突的现实之上的，其次在于它准确刻画了建立合理的社会秩序所需要的理性的种类与性质。为保证社会的正义与稳定，仅仅个人的理性是不够的，特别是对于社会公共规范领域，需要的恰恰是公共的理性。这一点，是我们在谈论当代中国的现代性建构时可资借鉴的。

三、理性与当代中国现代性的建构

这是一个很大的课题，需要学者们付出艰苦的努力进行探讨，这里本节拟从"理性"概念的角度提出一些自己的思考。

其一，关于中国现代性的概念解释框架问题。由于现代性是一个来自西方的概念，因此使用西方哲学这方面的概念框架（集中表现为理性与理性化等概念）来分析中国的现代性问题，就有一个这样的框架是否适用的问题。有的学者对此提出了否定意见，认为"理性"与"理性化"概念是西方的语言规则的抽象物，"它们在欧洲的语境中与所涉及的对象至少有历史的约定关系，而在中国的语境中，甚至这种约定关系也不存在，存

[①] 罗尔斯:《政治自由主义》，第13页。

在的是一种强势文化对弱势文化的语言支配"[①]。这样的说法我认为是不成立的。无疑，任何概念都是某种语境的产物，而这同时也意味着，只要类似的语境出现，相关的概念也会应运而生。此外，进一步说，某一概念的语义的变化，是随着一定的语境的变化而发生的。以"理性"概念为例，西方哲学赋予它的作为认识能力和认识之源、价值之源的含义，在中国古代哲学也能找到类似的说法，比较典型的有如王阳明的"致良知"说："良知只是个是非之心，是非只是个好恶"，将"良知"界定为是非与善恶所从出的本原及其辨识的标准。只不过随着西方社会的发展，这一概念演进出与现代性相关联的含义，而这样的社会语境在当时的中国并没有出现，因此自然也就不会产生相应的语义。但是，如今随着现代性这样的对象与现实摆在我们的面前时，假如我们找不到更准确、更合适的概念来刻画、解释它们，那么运用理性与理性化概念来解释有关的对象与事实，就成为自然的、不可避免的了。这也意味着相同的语言游戏必定产生相同的语词与语义，以前不存在的游戏并不意味着它永远不会发生；而一旦相同的游戏得以产生，寻找最佳游戏规则的驱动，会使它寻求借用已有的有效规则，包括使用相关的语词。弱势文化假如自己找不到更好的规则，而又不借用强势文化证明是有效的规则，历史证明它们玩不好这样的游戏；再者，从另一方面说，借用了强势文化的规则，并不意味着弱势文化永远会处于弱势，相反，这里也同样通行"青出于蓝而胜于蓝"的道理，历史事实一样能够证明这一点。

其二，讲中国的现代性建构问题，首先涉及的是对现代性的认识。对现代性的核心是什么，国人经历了一个认识的过程。五四运动喊出的口号是"德先生"与"赛先生"，这已经是在启蒙上迈出了巨大的一步，比起清朝末年的中体、西体的体用的争论已不可同日而语，但今天反思起来，应当说仍未能深入到事情的根本。科学与民主都是手段，其背后需要

[①] 汪晖：《韦伯与中国的现代性问题》，《汪晖自选集》，广西师范大学出版社，1997年，第32页。

有"人"这么一个运作者,假如此类人是愚昧的,就无法运作起来;此外,假如此类运作者没有权利的保障,也无法运作起来。因此,理性与自由是比科学与民主更为根本的东西,它们构成现代性的本质要素。有理性的思维,才可能有科学;有自由的权利,才可能有民主。

中国对现代化与现代性的认识,由洋务运动时期的器物技能不如人,欲求"师夷长技以制夷",到"中体西用"的制度层面的争论,再到五四运动时期的进入对"科学"与"民主"的认识,再到"文革"之后新启蒙时期对"主体性"亦即人的价值的认识,直到如今全面对现代性进行反思,将理性与自由认定为现代性的根本,这是一个逐步把握现代性本质的过程。因为现代性首先是人的现代性,是人的思想认识到社会变革的目的所在,据之确定了行为所追寻的价值,从而按照这样的目的与价值来变革社会,并做出从经济、政治到法律等一系列的制度安排。

其三,反对思想愚昧,培育人的理性精神,早已被一些思想家视为改造中国旧文化的一个根本途径。五四时期思想家鲁迅的通过对民众的启蒙,达到"国人之自觉",以改造国民性的想法,其实质可以看作是要培育民族的理性精神。鲁迅毕生的一个努力目标,就在于此。他为此塑造了阿Q等愚昧、麻木的形象加以鞭笞,写出了匕首投枪式的杂文进行呐喊,欲唤起昏睡的国民。他欲以国民人格的转变,带来社会的变革,即由"立人"而"立国"。愚昧的反面就是启蒙,就是理性精神。虽然鲁迅深入到人格的层次来认识社会的变迁问题,在有关现代化的技术与经济、思想与文化、人格与心理这几个层面中,属于深层的认识,不过遗憾的是他在对哲学的认识上存在一个误区,认为它是一种"大而无当"的东西,这使他的思想未能上升到哲学反思的层面。

现在我们面对的一个问题是,在当今中国以及世界已经变化了的语境下,还需不需要培植理性精神?由于"理性"在当代西方哲学中饱受批判,以及后现代主义传入中国,这使得理性成了一个被质疑的符号,似乎要成为前卫的思想,就必须反理性。不过笔者认为,中国现在还不是侈谈

"后现代"的时候，因为社会的发展有一个循序渐进的过程，一些阶段是无法跳跃的。在现代性的进程上，无疑我们与西方社会之间存在一个时间差。现代性的许多规范，我们还未建立或完善起来。而规范是需要理性来建立与完善的，这里的理性，既包括个人行为的理性化，也包括在建立社会基本规范上所需要的公共理性。因此我们的民族在构建现代性的阶段上仍然需要大力培育理性精神。当然，后现代主义哲学对主体中心理性、技术理性的局限性（如对非理性的压制、对自然的掠夺等）的一些揭露和批判，我们应当加以吸取，避免重蹈这样的覆辙。

无论从历史或现实的状态看，培育理性精神的必要性都是显然的。我们国家脱离封建社会以及半封建半殖民地社会的时间不长，加上传统文化中，尤其是儒家哲学中缺乏一些现代的价值观念与思想方法，如自由、个人权利等观念，以及归纳演绎、分析综合等逻辑方法，这些制度、观念与方法上的缺陷对我们建设现代文明造成了严重的障碍，使得公民的生命、财产、思想等权利遭到漠视乃至侵犯，社会的道德伦理水准现在仍然不高，法治文明也尚在艰难建立中，这一切最终反映为我们的"生活世界"与现代性的文明规范还有相当距离，文明的习惯还未积淀为日常的习俗。理性精神的标志是行为（包括个人行为与社会行为）的理性化。仅从前几年发生的一些事情看，如股市投机性的爆炒暴跌、福建福安的民间"标会"、湖南岳阳的地下"六合彩"，等等，这些突出地表明我们社会中一些行为相当的非理性，一些明明是风险极高，而又得不到法律保障的事情，市民也会因利益的驱动不惜铤而走险，呈现为典型的"社会无意识"状态。

培育理性，除了个人理性之外，更重要的是还要培育公共理性。本节所理解的"公共理性"，范围要比罗尔斯的来得广，它关涉的不仅是最高意义上的国家立法，而且凡是有关公共权力的立法与决策，也都属于公共理性运用的范围。公共理性所对应的是公共领域，它通过思想的表达、意见的交换来形成某种公共意见。公共理性所关涉的核心，是公共权力领域的立法与决策的合理性、科学性。这意味着在公共权力领域的立法与决策的问题上，都应当实行民主与公开的原则，允许人们理性地思想和公开地表达意见，而不是出于一己私利的考虑，去迎合潮流、举顺风旗。此外，它还意味着对行事者的素质的要求，如果行事者缺乏应有的知识与能力，那就根本谈不上什么理性的思想。由此关联到的一个重要问题是，各级人民代表大会中的人民代表，尤其是全国人民代表大会的代表，身系商决国是、为国立法的重任，因此一个国家是否存在公共理性，以及公共理性的程度如何，在这一方面集中体现在他们身上。这就要求他们除了必须要有德性及责任感外，还必须熟悉有关的事务和法律法规，而不是简单地举举手，做个表决机器而已。要使全国人民代表大会真正发挥它的最高公共理性的功能，对人民代表的资格就应有知识化、专门化的要求，而且为了使他们能够胜任如此重要的工作，人民代表或至少常务委员，应当专职化，以使他们能有时间与职业上的保障，能够对所要立法的问题、所要表决的政府工作报告，进行必要的研究、听证等，使国家最高的立法与决策，能够达到完善的理性水平。

其四，虽然我们要建设的是社会主义的现代性，它不同于资本主义的现代性，但现实的经验表明，我们在现代性建构的过程中，同样也遇到"实质理性"与"形式理性"的对立与冲突。比起资本主义的精于获利计算的形式理性（工具理性）来说，社会主义既然是要超越资本主义，在社会制度上比它更有优越性，这种优越性就应当要体现在它所追求的价值上。也就是说，社会主义的一个宗旨是要改变贫富不均的不平等状况，这种价值追求实质上是一种"实质理性（价值理性）"，一种追求社会公正、社会正义的理性精神。然而，在这种价值追求的引导下所做出的制度安排，曾经极大地排斥了形式理性。这表现在与韦伯所列举的形式理性的表现相反，我们曾有的计划经济制度缺乏追求经济效益的"簿记"精神与方法，我们社会的民主与法制不完善，司法的非程序化现象严重，以权代法，导致严重的司法腐败，祸及的不仅是无辜的普通百姓，而且由于法纪松弛，包括高层领导干部也贪赃枉法，结果也祸及了执政党本身。我们的行政管理制度未能实现理想的专业化、技术化、科层化，这导致它既染上"官僚制"的痼疾，同时又是极其的低效率。

以上，本节从"理性"的角度兼论了有关中国现代性的一些问题。尽管东西方现代性的语境有所不同，但事物毕竟有其共同的规律性，本节所论及的，就是从其不得不同之处做出的一些思考，未能兼及其余。

第五节　尊严与权利：基于中国社会视角的一种探究[①]

一、传统儒家的尊严观

传统儒家的价值论是一种义务论的价值论，而不是权利论的价值论。也就是说，儒家所提出的核心价值，如"忠、孝、仁、义"等，都是属于人的义务，而不是人的权利。与此相应，儒家的"尊严"观念也不以权利为本位。此外，虽然儒家对人的尊严很重视，但这主要局限在人格的尊严上，而不关涉权利的范畴，这构成了它的缺陷所在。

在儒家的创始人那里，已有一些人们耳熟能详的经典论述，现摘其要者如下：

> 士可杀，不可辱。(《论语》)
>
> 三军可夺帅也，匹夫不可夺志也。(《论语》)
>
> 不降其志，不辱其身，伯夷、叔齐与！(《论语》)
>
> 富贵不能淫，贫贱不能移，威武不能屈，此之谓大丈夫。(《孟子·滕文公下》)
>
> 一箪食，一豆羹，得之则生，弗得则死。呼尔而与之，行道之人弗受；蹴尔而与之，乞人不屑也。(《孟子·告子上》)

[①] 本节原文发表于《马克思主义与现实》2011年第2期。

> 儒有可亲而不可劫也，可近而不可迫也，可杀而不可辱也。……其刚毅有如此者。身可危也，而志不可夺也。(《礼记·儒行》)

从以上论述可以看出，儒家的"尊严"观念主要与人格有关，强调的是人格的不可侵犯、不可侮辱。这种不可侵犯性、不可侮辱性关乎人的全部身心（"身"与"志"）。宁愿被饿死、被杀死也不可受辱，不可屈服，这种意义上的尊严，属于"人格尊严"。儒家哲学一般被认为是一种"人文主义"。在其创始人孔子与孟子那里，这种人文主义关注的核心是人的自我道德修养，亦即如何使人通过自己内心的道德修炼而成为一个人格完善的仁人、君子。他们以历史上的尧、舜、周公等作为理想的道德人格的典范。传统儒家所追求的目标，就是通过人们的道德完善，来达到家庭的和睦与天下的安宁。因此，有关人格及其尊严的思想，构成儒家学说中的一个核心部分。

这种人格尊严的伦理，在历史上曾铸就了中国一大批杰出的仁人志士的信念，培养了他们高尚的人格，使之在中国文化中谱写了一页页可歌可泣的篇章。例如，文天祥的《正气歌》所歌颂的"天地正气"，实际上就是这样一种表现为"气节"的人格尊严。

不过比较遗憾的是，儒家的尊严观并没有提出"人的尊严"的观念，也就是说，并没有从权利论（包括生命权、自由权等基本生存权利）上论述尊严的观念。这造成儒家尊严观的一个根本缺陷，即，它是与人的权利相分离的，或者说，它不是以权利为本位的。这种尊严观与儒家只讲"义务"的价值论相适应，并且，它所主张的义务并不基于权利与义务的对等原则，而是一种权利缺位状态下的义务。在儒家以忠孝仁义为核心的价值论中，"忠"是臣民对君主的义务，"孝"是子女对父母的义务，"仁"同样是一种义务，一种去"爱"人的义务。"义"也是如此，是一种行为必须符合道德规范的义务。义务论既造就儒家的价值论，同时也造就它的尊严观。

就我们的论题而言，儒家的义务论基础上的尊严观，一方面帮助培育了中国人的理想人格，但另一方面，这种尊严观并不基于权利意识，与人的权利相脱离。因此，作为义务论的价值论的一个组成部分，它们一起构成了传统中国社会的价值观，并由此形成了以义务而不是权利为本位的制度安排，从而维护了中国古代宗法制的封建制度，并一直影响到今天的中国社会。

二、儒家尊严观在中国社会的影响

与西方求真、爱智的哲学追求不同，传统的中国哲学是以道德哲学为基本形态的。儒家的创始人孔子所考虑的主要问题是如何使动荡的社会恢复稳定的秩序。这样，等级制成为这一考虑的解决方式。为此，他从几个方面提出构想。一是要"正名"。假如每个人的名分、地位确定了，并且安于自己的名分与地位，即"君君、臣臣"，就不会产生犯上作乱的事情。二是每种名分与地位要有相应的伦理责任，作为臣民要"忠"，忠于自己的君王；作为子女要"孝"，孝顺自己的父母；作为弟妹要"悌"，尊敬自己的兄长，等等。到了汉代董仲舒那里，更是从宇宙论的角度为这种等级制提供了依据，即"阳尊阴卑"。

在中国文化中，这种伦理责任成为法律的规定。古代法律中的"十恶不赦"之罪，基本上都直接与不忠、不孝有关，如"谋反"（试图推翻朝廷）、"谋大逆"（毁坏皇帝的宗庙、陵寝、宫殿的行为）、"恶逆"（打杀祖父母、父母以及姑、舅、叔等长辈和尊亲）、"大不敬"（对君主的人身及尊严有所侵犯的行为）、"不孝"（咒骂、控告以及不赡养自己的祖父母、父母，祖、父辈死后亡匿不举哀，丧期嫁娶作乐）、"不睦"（亲族之间互相侵犯的行为）、"不义"（殴打、杀死地方长官，丈夫死后不举哀并作乐改嫁等）等。

义务论伦理直接导致了权利论伦理的缺失。儒家虽然宣扬"仁者爱人"，但遗憾的是，它没能考虑如何用权利来保障需要被关爱的人，保障人被关爱。在传统儒家那里，缺乏"生命"权利的观念，也没有"自由"观念，更谈不上如何对它们进行保护的观念。如果说由于孔子、孟子所处的时代太早，难以产生权利的观念，但后来的儒家，直到近代，也始终延续着古代儒家的思想，同样未能产生这方面的观念。中国哲学在这方面的观念是在清末民初从西方引入的。因此，在主要由儒家的义务论伦理所规范的等级制、人治的社会里，一般人的权利是被漠视的，而所谓的"尊严"也只能表现在人格上，而不能体现在人的生命与自由等权利上。由于只讲义务，不讲权利，因而虽然尊崇人格尊严，但现实中人的权利与尊严却是被漠视的。在这个意义上，中国古代社会的整个伦理基础是错位的，它适应的是封建的宗法制度。

义务论的伦理观奠定了中国古代社会的政治与法律制度的道德基础。在这一礼教社会里，"礼"作为中国古代的社会生活规范与行为道德规范，其基本精神和政治功用在于"明分、别异、序等级"，亦即维护封建的等级制度。而义务论的伦理观所扮演的正是使这种等级制获得合法性的角色。即使是对于主张法治的"法家"来说，其"为国以法"的本质也在于用法律来维护封建等级制，而不是维护百姓的权利。因此，就像近代中国启蒙思想家严复曾指出的那样，"自由"之类的权利从来没有为古代的圣贤所提出："夫自由一言，真中国历古圣贤之所深畏，而从未尝立以为教者也。"[①] 而与之相伴的结果则如梁启超所言："专制政治之进化，其精巧完满，举天下万国，未有若吾中国者也。万事不进，而惟有专制政治进焉。"[②]

与义务论的尊严观相比，建立在权利论基础上的尊严观则是以承认每个人享有人的尊严权利为前提的。这样的前提演绎出的结果是每个人的尊严权利是平等的。此外，既然人的权利需要保护，那么理论上就可推出

---

① 王栻主编：《严复集》（第1册），中华书局，1986年，第2页。
② 梁启超：《中国专制政治进化史论》，载《饮冰室合集》（第1册）第9卷，中华书局，1989年，第60页。

国家和法律是为了保护人的权利而存在的，就像《德国基本法》第1条第1款所明确规定的那样，人的尊严神圣不可侵犯，尊重和保护人的尊严是全部国家权力的义务。因此，权利本位的伦理观与封建的、等级制的社会不相容，而与现代社会相适应。

在封建社会里，不自由、不平等是一般民众最大的无尊严状态。与古代的西方社会相比，中国社会在统治方式上似乎显得更为专制。黄仁宇在他的《中国大历史》一书中提到，早在公元153年至184年，成千上万的学生已有上街游行示威的属于现代方式的举动，向洛阳的政府请愿。而结果是，政府编造黑名单，进行大规模的拘捕，数以千计的政治犯死于监狱。[1]

古代中国的这种无自由、权利缺失的价值哲学与封建专制制度一道，对现代中国造成了直接的影响，使得中国人民争取自由、人权与尊严的斗争之路显得更为艰巨、更为曲折、更为漫长。由于历史上长期缺乏人权意识与制度保障，所以造成个人及社会对人的权利与尊严的漠视。在满清初期，百姓甚至没有选择自己是否剃发的权利，甚至达到"留发不留头，留头不留发"的地步。骇人听闻的"嘉定三屠"，更是将全城20万人几乎屠杀殆尽。一直到几百年后的"文化大革命"期间，头发依然是一个政治的话题，"烫发"被视为资产阶级的生活方式而遭到禁止。

五四时期的新文化运动作为中国的一场现代思想启蒙运动，它所提出的代表性的口号是"科学"与"民主"。这意味着直至20世纪初期，自由与人权之类的问题还未成为作为一场揭开中国现代史序幕的思想启蒙运动的主题。虽然当时的历史时代有其迫切需要解决的问题，但有关人权的启蒙毕竟被迟滞了，人的权利与自我尊严意识的觉醒，也相应地被迟滞了。而后中国陷入长期的战争，包括内战与抗日战争。1949年，中华人民共和国成立之后一直激烈批判西方思想，强化阶级斗争的历史形态，这为

---

[1] 黄仁宇:《中国大历史》，生活·读书·新知三联书店，1997年，第75页。

"文化大革命"的发生准备了思想条件。此后中国进入了一段长达十年的内乱时期，自然谈不上人权与尊严的思想启蒙及其制度保障。

三、中国现代性过程中的尊严与权利

随着改革开放的推进，中国社会取得了进步，尤其是在经济方面，其发展令世人瞩目。对于中国经济改革的成功，人们试图做出一些解释。就笔者从哲学方面的理解而言，这一成功可主要解释为是对人的权利的逐步认可与保障的结果。从农村允许农民承包土地（家庭联产承包责任制），到给国有企业放权让利，允许个人承包企业的经营，直至允许私人兴办企业，以及对国营企业进行拍卖和股份制改造，并且逐步放宽私人投资的领域——这些做法从政治哲学的视角看，都属于对个人权利的认可，即认可个人具有投资创业、自主经营的权利，进而从根本上说，是肯定人的经济活动方面的自由与自主的权利。这种权利认可与保障调动了人们经济活动的积极性和创造力，为经济的发展注入了活力。

笔者的上述解释，与西方流行的韦伯式的对现代性所给出的"理性化"（如使产出大于投入的簿记原则、官僚层级制等）的解释不同。在笔者看来，中国的现代性进程与西方的基本不同点，在于它乃是人的权利在经济领域逐步得到肯定的过程，这是由它的历史背景所决定的。由于人们获得了经济自由的权利，能够比以往较为自由地从事追逐自身利益的经济活动，从而释放出极大的能量，就像"经济人"的假设所设想的那样，私利带来公益，带来经济迅速发展的结果。

因而，这里的关键在于"权利化"与人性的契合。人性莫不追逐自身的利益，追求利益的最大化。在权利缺失的社会状况下，个人被束缚手脚，动弹不得。他们的利益追求只能畸形化为在吃大锅饭的情况下出工不出力，在收益无法增加的情况下，通过减少体力与精神方面的代价来获取自己的利益。这样造成的结果是社会财富的"蛋糕"越做越小，国家越来越贫困，个人也越来越贫穷。反之，一旦权利得到确认，逐利的人性就会

转化为社会经济发展的强大动力。它在经济体制由计划经济向市场经济的转型所形成的竞争机制下，加上其他国内外条件的配合（如国家的政策、廉价的劳动力、利用外资、鼓励出口等），推动了经济发展驶上快车道。

上述解释有助于我们理解权利本位在现代社会的意义，也有助于我们理解权利与尊严的关系。尊严若不建立在权利本位上，则不可能是真正意义上的尊严。没有权利的保障，不可能有现实的人的尊严，最多只剩下依靠自己的抗争来维护的人格自尊。在个人的生命、自由或财产的权利被非法侵害乃至剥夺的情况下，人们只能以某种个人举动乃至极端举动来抗争，维护个人的权利与尊严，而难以从制度方面获得正当的保障。这些反面的例子并不鲜见，如前几年，各地屡屡发生对野蛮拆迁的抗争。

但从积极的方面看，与上述经济领域的权利化过程相伴随，当代中国社会毕竟处于进步中。尊严观念上的进步即属于其中的一个部分。人的尊严逐渐被视为一种人权，得到观念上的认同。例如，强拆行为受到舆论的普遍谴责。2010年9月20日中央电视台的《新闻1+1》节目主持人就评论说："要以生命为本，以人性为本。也许被拆迁的一方有他存在的问题，但是你不能让生命遭受如此的摧残……这已经不是阻挠（拆迁）的问题，而是捍卫权利的问题。"

在观念的进步上，时任国务院总理的温家宝2010年初的提法是一个明显的标志。他提出，"要让人民生活得更加幸福、更有尊严"，并具体解释说，这里的"尊严"主要包含三个方面的含义："第一，就是每个公民在宪法和法律规定的范围内，都享有宪法和法律赋予的自由和权利，国家要保护每个人的自由和人权。无论是什么人在法律面前，都享有平等权利。第二，国家的发展最终目的是为了满足人民群众日益增长的物质文化需求，除此之外，没有其他。第三，整个社会的全面发展必须以每个人的发展为前提，因此，我们要给人的自由和全面发展创造有利的条件，让他们的聪明才智竞相迸发。"在这段话里，温家宝将尊严与人权相关联，让"尊严"概念包含"自由"和"权利"的内容，它们构成尊严的基本要素。对尊严做出这样的解释，对于中国政府的领导人来说可能还是第一次，这是官方观念上的一个重大进步。

民间方面的进步表现在，公民的尊严权利意识普遍觉醒，有些还运用法律的武器进行抗争。比较著名的案例有山东齐玉苓"为受教育权而斗争"的公民援用宪法案、"中国乙肝歧视第一案"、北京公民黄振沄依宪抵制拆迁案，等等。以齐玉苓案为例，1999年，山东省滕州市的齐玉苓状告陈晓琪冒领自己的入学通知书，并以她的名义到济宁市商业学校报到就读并日后就业。在枣庄市法院只判决陈晓琪侵害齐玉苓的姓名权，而驳回其他诉讼请求之后，齐玉苓向山东省高院提起上诉，认为原审判否认被告侵害了自己的受教育权的判决是错误的。后经山东省高院向最高人民法院请示，后者于2001年做出有关司法解释的批复，认为陈晓琪等以侵犯姓名权的手段，侵犯了齐玉苓依据宪法规定所享有的受教育的基本权利，并造成了具体的损害后果，应承担相应的民事责任。山东省高院据此做出相应判决。这一案件的审理结果之所以引起广泛关注，是因为它被看作中国公民援引宪法进行诉讼并获得支持的第一个案例，体现了公民的权利意识的觉醒与增强。公民以宪法为依据，起身捍卫自己的权利与尊严，从而客观促进了中国司法的变化，尽管是缓慢、艰难的变化。

四、应当提升对"尊严"的认识

在本节开始的部分我们说到，儒家的尊严仅仅是一种人格意义上的尊严。就世界范围来说，西方自启蒙运动以来，有关尊严的哲学认识不断深化并日益产生世界性的影响。如果说近代西方自然法观念的"天赋人权"理论追求的基本价值是自由与平等，那么现当代西方的价值哲学则是大大提升人的尊严的地位，把它作为自由、正义与和平的基础。这样的认识接连出现在有关人权问题的联合国文献中。1948年发布的《世界人权宣言》开篇即明确宣称："对人类家庭所有成员的固有尊严及其平等的和不移的权利的承认，乃是世界自由、正义与和平的基础。"此后，1966年的

《经济、社会及文化权利国际公约》和《公民权利和政治权利国际公约》都援引上述这段话作为自己的思想前提。这两个公约进一步宣称，世界自由、正义和平等"这些权利源于人身的固有尊严"。这样，尊严与人权的关系就被看作是本源与从属的关系；也就是说，人的与生俱来的尊严被提升到人权之本源的地位。

与上述联合国文献的理念相一致，一些国家在自己的法律中也把人的尊严作为立法的基础和法律的最高规范。在欧洲，德国宪法的表述最具代表性。在那里，"人的尊严"被定位为"最高的宪法原则"（oberstes Konstitutionsprinzip），被看作是"宪法的基本要求""客观宪法的最高规范"，它构成宪法的立法思想的一个基本价值原理。德国宪法之所以将"人的尊严"提到最高位置，可以说是该国对自己在第二次世界大战中的战争行为的深刻反省的反映。此外，意大利宪法在第41条第2款中也沿用"人的尊严"（alla dignità umana）这一用语。而在亚洲，日本宪法有所不同，其中有关"尊严"的条款出现在第24条，其内容是："关于选择配偶权、财产权、继承、选择居所、离婚以及婚姻和家庭等有关事项的法律，必须以个人尊严和两性平等为基础制定之。"这就是说，日本宪法有关个人尊严的认识局限在家庭生活方面。

就中国而言，有关尊严的概念也在宪法中得到表述。《中华人民共和国宪法》第三十八条规定："中华人民共和国公民的人格尊严不受侵犯。禁止用任何方法对公民进行侮辱、诽谤和诬告陷害。"这里我们可以看到，宪法中所使用的是"人格尊严"的概念，并且它涉及的也是不能对公民进行人格上的伤害。这一条款是与住宅不受侵犯、批评与建议权、劳动权等具体权益放在一起的，也就是说，把人格尊严看作某项具体的权利。对"尊严"的人格意义的理解和规定，应当说与中国传统的文化有关，也就是与上文提到的儒家哲学的理解有关。

不过在笔者看来，把尊严仅限于人格的层面且作为一种具体的权利来对待是不够的，这类似于古代儒家的认识水平。前面提到，儒家已有人格尊严不受侮辱的思想，但缺乏把它作为一种普遍权利，乃至作为其他权利的源泉的观念。在现代社会，重要的是应当把对尊严的认识提升到人本身的层面上，基于"人是目的"的认识，把人视为在本身具有内在绝对价值的意义上是享有尊严的。这种内在价值体现为一种与生俱有的权利，从而构成人的外在尊严（如人格权、名誉权）的根源和基础。反之，假如是以人为手段，那就是在践踏人的尊严。这样的做法并不单单是对人的人格羞辱，而是在根本上对人的整体权利的否定。

从价值论上把人视为享有尊严，这里的"尊严"可以看作是一个目的性的概念，即以人为目的，以人的尊严为目的。国家及其制度都应服务于这一目的。虽然"目的"属于一种哲学设定，但是这种主观性的目的却能够构成社会的价值理念与制度的根据。社会存在与自然存在不同，后者是一种自在的存在，其事物自身无所谓价值，也没有什么目的性；而人则不同，他们作为自为的存在，本身具有内在的价值。这种价值的最高表现就是它能够成为一种"目的"——其他事物（如国家及其制度）必须为之服务的目的，并且能够充当行为的根据。这样的道理很容易用反证法来证明。因为一旦相反地把人作为手段，那么人就成了（以国家、政府等面貌出现的）统治者所奴役的对象。

上述分析表明，我国宪法在对人的价值、对人的尊严的认识上有待提高，从"人格的尊严"上升到"人的尊严"。之所以需要上升到这一层面，是由于宪法需要某些原则，这类原则应当基于保护人的权利的考虑。进一步说，宪法的原则也需要某种根据，这种根据要么直接以"人"为根据，要么以人作为"目的"为根据，要么以人的尊严为根据。不论以何种提法为根据，宪法的原则都需要建立在人本身的根据上。所以，问题不过是：是以"人是目的"作为宪法原则的根据？还是以"人的尊严"为根据？

如果直接以"人"为根据，未免显得太抽象、太笼统。因为"人"是什么本身就是一个需要界定的命题。但如果以"人是目的"为根据，那么问题在于，它属于一个哲学命题。虽然它从根本上认定了人的本质之所在，认定人是整个国家、社会都必须为之服务的"目的"，由此摆正了人与国家、社会的关系，但是由于"目的"不适合作为一种权利，因此也就不太适合作为法学的概念。而"尊严"概念则不同，它可以作为一项权利，甚至是根本的权利，就像一些国家的宪法和民法中所规定的那样。因此，采用"人的尊严"作为宪法的原则，是一种比较恰当的做法。

此外，如何保障宪法的实施也是一个重要的问题。立宪而不遵行，或不严格遵行，宪法就无异于一纸空文。保障宪法实施的一个手段是建立宪法法院，由它来监督宪法的执行，审理有关违宪的行为，包括立法机关所制定的法律是否符合宪法，政府的行为是否符合宪法规定的权限，以及对公民的刑事判决是否违背宪法的规定，等等。对于我国而言，建立宪法法院是一项必需的工作，它将极大地有助于完善我国的法律制度，使之更好地保护公民的权利。

第六节　中国现代性研究的解释框架问题[①]

研究中国的现代性问题，首先不可避免地遇到解释框架的问题。要建立起这种解释框架，我认为应注意如下几个问题。

其一是现代性与现代化的不同。现代性是一种价值观念与文化精神、思维方式与行为方式。它属于"质"的范畴，其状态如何只可描述而不可测度；现代化则是社会从传统农业社会向工业社会乃至信息社会的转变，是现代性观念在经济、政治、科学与文化方面的运作。它与"现代性"概念相对而言，属于"量"的范畴，其状态是可以量化的，如人均GDP多少，农业、工业与服务业三个产业各自的产值与所占比例是多少，平均每万人有多少医生和病床，每百人里大学生有多少，等等。不过，现代化与

[①] 本节原文发表于《华东师范大学学报》(哲学社会科学版) 第38卷第3期，2006年5月。

现代性虽然是不同的范畴，但两者却是相辅相成的，就像是一个钱币的两面。现代性观念为现代化提供着目的论、价值论与方法论，现代化则使这样的观念成为现实。此时现代性体现为现代化的结果，即一种广义上的文化心理与形态。

现代化可以有不同的道路，而且世界上一些国家的现代化过程也确实表现了这一点。即使同在西方，同属资本主义国家，英、法、德、美等国的现代化道路也不同。但这些国家尽管现代化的道路不同，它们的文化对现代性的认同则是一致的，都受相同的启蒙观念的引导，把现代性看作是以理性和自由为根本，表现为理性化、世俗化的过程。这一情况向我们显示，不同的现代化途径可以表现为相同的现代性，它展现为一种"理一分殊"的状况，亦即不同的现代化表现中有其共同的"理"。这自然引申出一个问题：中国的现代化道路与西方国家的不同，但是否中国的现代性也会同西方的相一致？

这一问题的答案，首先应当到启蒙的观念中去寻找。有如上面提到的，西方国家的现代性的相同性，在于它们享有相同的启蒙观念，而不在于它们是否有共同的现代化方式。因此，分析中国的现代性与西方的异同，看来也应当从中国的启蒙观念分析起。这就使我们转向了下面的第二个问题。

其二，中国的五四新文化启蒙（这里且不提此前的启蒙）所批判的对象与提供的思想观念与西方不同，所产生的结果也不同。中国与西方的现代性观念都是由各自的启蒙运动所提供的，并且在共同的意义上，启蒙都是要使民众的思想摆脱愚昧的状态。五四新文化的启蒙用当时的话来说，叫作"开民智"，启发民众的觉悟，以达到"新民"的目的；西方的启蒙用康德的话来说，是要使民众"有勇气运用你自己的理智"达到思想自由、敢于运用理性的目的。但不同的是，西方的启蒙针对的是宗教迷信所造成的蒙昧，而"五四"的启蒙针对的则是世俗的儒家封建文化，特别地，"五四"的启蒙面对的是一个处于危亡中的中国，它首先是一个爱国救亡的群众运动，负有救亡的使命。

另一个重要的不同是，西方的启蒙不仅是现实的、政治的，而且也是学术与学理的，是一个持续的学术文化建设过程。它以"理性"与"自由"为口号，着眼于"理性"精神与"自上"等人权的确立，以之作为人的根本、社会与文化的根本。"五四"启蒙的口号则是"科学"与"民主"，它主要是救亡的、经世致用的，从根本上说并非是学术的、学理的。这么说的根据是，中国的启蒙并没有产生像孟德斯鸠的《论法的精神》、康德的《纯粹理性批判》等三大批判著作和黑格尔的《法哲学原理》等既是启蒙的，同时又是学术原创的传世经典。这一事实也可促使我们更深刻地反省、认识学术研究对于社会进步的意义与作用。

与科学与民主属于实证的、"现象世界"的范畴相比，理性与自由属于"形上"的"本体世界"的范畴。科学是理性认识的一个工具，民主是实现自由的一个手段。因此，理性与自由是"体"，科学与民主是"用"，只讲"用"而不讲"体"，是认知上的不到位。只讲科学与民主，就还没有进入根本的层面，即现代意义上的"人是什么"的层面、人的"主体性"的层面。现象世界的价值是由学理性的哲学文化来给定、确立的；现实的思维方式与行为方式，也是由学理性的哲学文化来哺育与培植的。仅仅单纯的思想启蒙而未能进行学术的建设，启蒙的观念就还不能成为民族的文化，还不能内化为民族的精神与"国民性"。现代性在根本上是人的现代性，即人在观念与行为上的现代性。只有通过具有现代观念的、理性的人的支撑，社会才能真正发展起科学与民主。

由此来看，中国的启蒙与西方的启蒙相比，显现出它在现代文化底蕴上的欠缺，这种欠缺是在文化底层上的，亦即有关理性与自由的价值。理性是思想自由、科学认知的心灵基础。具体说来，理性意味着自由地思想，科学地思想，合理地思想，批判地思想；它尤其意味着不盲从、不迷信；它在本质上是质疑的、批判的。这样的理性精神不从根本上建立起来，社会就还有造"神"的蒙昧基础，尤其是在封建传统文化依然以风俗习惯等方式产生着影响的中国，就会容易陷入韦伯所说的"卡里斯马"式的统治，亦即一种依靠个人权威的、非法理规范的统治方式。

当然，中西启蒙的这种差别是由其所处的历史背景决定的。中国的启蒙为什么没有进入理性与自由的深层，乃是由于国家危亡、局势紧急所迫。对此孙中山有着透辟的说明："如果是拿自由平等去提倡民气，便是离事实太远，和大家没有切肤之痛。他们便没有感觉，没有感觉，一定不来附和。"[①]启蒙后来的发展是转为革命，革命接续了启蒙，从此中国开始了一连串的革命。从民国的"国民革命"到推翻国民党政权的"新民主主义革命"直到建立新中国后的"社会主义革命"，历史行进在一个特定的革命时期中。革命特有的意识形态作用及其话语掌控，产生的通常是"革命"的文化，例如革命的文艺，其主旨是要为工农兵服务的，而不是为全社会、全体公民服务的，它具有强烈的价值取向。这与学术所需要的氛围正好相反。学术必须是客观的、价值中立的。

不同的启蒙观念产生不同的结果。五四新文化运动的启蒙观念所造就的积极结果，一个明显的表现是形成重视科学与教育的意识与习惯。自改革开放以来国家把科学技术视为第一生产力，采取了一系列的举措来振兴科学与教育，制定了"科教兴国""人才强国"的战略，并不断寻求用科学的发展观来指引自己的现代化道路。

从消极的方面看，启蒙上的"理性"观念的缺失，在经济建设上的表现是主观冒进，缺乏理性的思考，由此产生了一系列非理性的行为与后果，其中最为典型的是诸如人民公社的"一大二公"、极端无效率的组织管理方式，"大跃进"的无视客观经济规律，最终导致国民经济遭受严重破坏的冒进方式。这些非理性的表现固然主要出于政治上的原因，但从行为的角度上看，则无疑属于非理性行为的范畴。这些与韦伯归结为现代资本主义生产组织特征的"理性化"行为，正好形成强烈的反差。不能合乎

[①] 转引自李泽厚：《中国现代思想史论》，东方出版社，1987年，第33页。

理性地组织生产，只能是属于"前现代"的东西。

在政治方面，从理性化的角度看，一系列激进主义的政治行为也可以被归结为非理性化。中国社会主义的民主制度建设，一方面曾受苏联政治模式的影响且有过之无不及，大搞"无产阶级专政"与阶级斗争；另一方面又搞乌托邦式的"大民主"的群众运动，铸成了"文化大革命"。本来，民主的一个特征就是程序化，而程序化意味着理性化。不建立起规范程序的民主，就是无规范、无理性的民主，从而也不可能是真正的、可依赖的民主制度。

其三，由于启蒙观念的不同以及所产生的结果的不同，中国正在形成过程中的现代性自然与西方的不同，有着自己的特殊形态。如何对中国的这一现代性进行解释，尤其是构建出有关的解释框架，这是研究者们首先面临的问题。这一框架的构建无疑有其相当的难度，这是因为，如何界定"中国的现代性"，认定它包含哪些基本的观念，并不是一件容易的事情。西方的现代性观念基本上是由启蒙运动所提供，虽然启蒙也有思想的分歧，但理性主义、自由主义构成其主流。而中国的启蒙从清末开始、经历五四运动后，随着革命的相继发生、社会制度的接连更迭，现代化过程也表现为一种革命型的震荡式推进，其间模式多次变换。这使得中国当今有效推进现代化的社会主义社会与以往的诸种话语之间发生着某种"断裂"。如果我们在现代性研究中把在近现代曾经发生的、有所影响的观念都作为中国的"现代性"观念加以陈述，虽然这有助于了解现代性观念的纷争，但却使我们难以把握中国现代性的主要发展线索及其核心的价值观念。

对革命所产生的同先前的制度与文化之间的断裂的估计不足，使得我们在以往的文化研究、现代性研究中，过多地局限于现代—传统这一对解释框架，过于突出了传统的影响。传统的影响固然存在，但已退居其次。"文革"之后，中国现代化进程的最终成功启动与推进，是在"建设有中国特色的社会主义道路"的思想指导下取得的。它的现代化目标所要改革的，并非是什么传统的东西，而恰恰是教条式的苏联社会主义制度模式。本来，经典的马克思主义就是一种现代性的态度，其主旨是寻求超越与建立一种不同于以"自由"为主导价值的资本主义现代性，建立一种以"平等"为核心价值的现代性。改革开放的现代化努力，与其说它的主要阻力来自于传统，不如说是来自于执政党内部的教条保守势力。

基于上述的分析，可见解释中国现代性的困难还在于，在现有的西方现代性与经典马克思主义现代性的两个理论话语系统中，都不存在能够现成移植来解释中国现代性的框架。这样，在中国这一因革命的巨变而出现断裂的现代化过程中，如何能够既注意到中国现代性的现实性（中国式的马克思主义及其社会主义制度），同时又注意到它的历史连续性（从清末以来的观念启蒙与理想追求），从中把捉前后相续的、实际构成中国现代性的基本理念，笔者认为应当有一个基本的判断标准，这就是：基于现代性与现代化概念二者之间的不可分割的联系，这样的理念必须是驱动中国现代化的认知理念，是形塑中国现代社会的思想意识与行为方式的价值理念，它们在现代化的进程中起着范导性的作用。

按照这样的思路来进行反思，本人的初步想法是，如果将自清末起中国开始现代化的追求以来所先后出现的认知理念与价值理念开列出来，似乎可以说，"图强"、"维新"、"革命"、"科学"、"民主"（反封建专制）、"发展"、"和谐"等，相继构成中国现代化追求过程的系列主题词，从而有关中国现代性的解释框架，可以从对它们的反思中进一步求得，从中挖掘出中国现代性的基本精神与特征，刻画出中国现代性的基本性质。在上述理念中，"图强"（追求民富国强）与"发展"尤其构成中国现代化的基本目标取向与价值定位。如果说从清末以来追求国家的"富强"是中华民族所认可的基本价值，那么从改革开放以来，"发展"的价值已取而代之，成为当今中国现代化的核心价值，它并将决定着中国现代性的基本品格。

在上述理念中，"富强"的观念起着特别重要的作用。对于从贫穷中开始现代化起步的中国人来说，它是民心所向，构成巨大的创业动力，是现代化的强劲无比的"引擎"。在改革开放初期，对"贫穷不是社会主义"的认识，以及"使一部分人先富起来"，最终达到共同富裕，建成"小康社会"被设定为改革开放的目标，这样的利益驱动在有效的政策支持下，通过竞争释放出了社会巨大的生产力。

不过我们也应当看到，以追求富强为目标的取向，其负面的影响是容易激发人性中的"贪欲"。与西方现代性的走向世俗化特征相反，中国本来就是一个很世俗的国家，几乎不存在平衡欲望的宗教神圣性，亦即韦伯所称的新教禁欲主义的生活态度。现代化的发动以追求富强为目标，并且市场经济的转向开启了许多致富的机会，这难免勾起人们的物欲与贪欲，"一切朝钱看"成为一种社会趋向，"暴富"成为最狂热的梦想。在这样的趋向中，企业的改制成为大肆侵吞国有资产的机会，甚至连原本在人们心目中有着文明与清高之光环的医院与学校，有些也沦为舆论所指斥的敛财工具，成为当前最受抨击的社会问题。此外，敛财的欲望同样也筑成官员腐败堕落的渊薮。因此，以富强为价值取向的中国现代性，其存在的一个突出的社会威胁是感性物欲的侵扰，这使社会依然处于马克思曾经痛斥的那种"金钱拜物教"状态。"和谐社会"概念的提出，可以视为是对追求"富强"导向的一种匡正，它是中国现代性理念的一个提升。

第三章 知识与理解

第一节　经验基础与知识确证[①]

有关经验基础在认识中所起的作用问题，是知识论的一个基本问题，它构成一个长期争论的领域。可以说，各种知识论流派无不在这一问题上有所交锋。从最早的经验论与唯理论的对立，到后来的逻辑经验论的证实论与批评理性主义的证伪论、基础主义与一致主义的对立，都直接与这一问题有关；也不论是持实在论主张的罗素，还是创立语言游戏哲学的维特根斯坦，或是宣称后哲学文化的罗蒂，也都在这一问题上做出了自己的论辩。特别是在基础主义将这一问题以"所予论"（the theory of the given，亦有译为"给予论"）的方式表达出来后，使得其中隐含的问题更加凸现，从而也更展露了这方面的研究意义。

为了能够有效地进入问题，这里有必要从基础主义及其所予论入手，因为基础主义以"基础信念"的方式突出了经验基础的作用问题，而所予论更是构成基础主义的"基础"。它们在为经验基础对知识的确证作用带来一种新的解释的同时，也产生了新的、复杂的理论难题。

基础主义的基本主张是，其一，知识的确证（justification）在形式上最终表现为一个二元的结构。它由两个要素组成：有待确证的信念和用以确证的信念；前者是推论的，由后者所导出，因此可称为"上位信念（superstructure belief）"，后者是非推论的，可称为"基础信念"。其二，断定基础信念的存在。这类基础信念之所以是"基础"，因为它们本身不需要其他信念的支持，但却能够为非基础信念提供支持。在笛卡尔的先验论的基础主义那里，基础信念表现为某些不证自明的、确定的先天信念，如"我思"之类的信念，而在当代经验论的基础主义那里，基础信念则表现为经验的"所予"，即感性的知觉。它被冠以诸种不同的概念，如"直接经验"（石里克）、"直接领悟"（刘易斯）、"直观信念"（昆坦［A.

[①] 本节原文发表于《中国社会科学》2007年第1期。

Quiton〕）等。基础主义者声称，只有肯定基础信念的存在，才能避免知识的确证陷入一种"无限回溯"的过程中，也就是说，陷入一种信念A求助于信念B，信念B又求助于信念C的无限回溯的过程。这样，假如不存在一个本身无须其他信念来确证自身的信念，确证的过程就无法终结。可见，基础主义是否能够成立，其焦点在于"基础信念"是否存在。对于基础主义的批评与否定，针对的也正是这一点。

一、所予论与经验基础

经验基础与信念、知识的关系的一种典型的理论形式，是所予论。经验论哲学，尤其是它在知识论上的集中表现形态——基础主义，以所予论的方式论述了感觉经验在认识中的根本作用，由此肯定知觉能够为基础信念提供有效的确证。当代知识论一位有影响的人物邦久（Laurence BonJour）曾把"所予"看作是基础主义者对基础信念问题的"标准的解决"，认为自笛卡尔的时代以来，这一所予论在知识论中"扮演着一个核心的作用"，并且在这一时期的大部分时间里，它是基础主义有关基础信念的确证的"唯一的说明"。[1]正是由于所予论对于基础主义有着如此的重要性，无怪乎近来它表现出某种复兴的趋势。[2]

有这么一种说法，最早提出所予论主张的是逻辑经验主义者石里克。[3]在石里克看来，构成任何真正科学的是由定义和认识性判断组成的系统，"在这个判断系统中那些使该系统得以直接建立在实在事实之上的命题可称之为基本的判断"[4]。这类基本判断包括较狭义的定义和历史性判

---

[1] Laurence BonJour, *The Structure of Empirical Knowledge*, Harvard University Press, 1985, p.59.
[2] James Pryor, "There Is Immediate Justification", in M. Steup and Ernest Sosa (eds.), *Contemporary Debates in Epistemology*, Blackwell Publishing, 2005, p.198.
[3] 也有学者将给予论思想的提出追踪到笛卡尔那里，认为笛卡尔在《第二沉思》中已经论述到，他似乎看到光亮、听到声响等，这些都是超出了可以怀疑与错误的范围。见 J. Dancy and E. Sosa (eds.), *A Companion to Epistemology*, p.159。
[4] 石里克：《普通认识论》，李步楼译，商务印书馆，2005年，第104页。

断。石里克认为，整个科学系统正是以这些判断为基础，并通过逻辑的演绎方法获得个别的部件，由此一步一步地建造起来的，其形态如同埃菲尔铁塔那样。虽然石里克在这里并没有使用"基础主义"的概念，但他所强调的如下思想确是典型的基础主义的。一是基本判断在科学的大厦中起着基础的作用，它们虽然数量不多，而且还应当尽量的少，但却能支持着所有非基本的判断；二是基本判断与"实在的事实"相对应、相配列，科学最终是经验性的、可通过经验事实来检验的。石里克举出下述的例子来说明精确科学中的"基本判断"。他写道，天文学家只要观测到彗星在三个时间点上的位置就可以预测该彗星在任何时刻的位置。物理学家借助于少数的几个方程就能够以合适的判断与电磁现象的整个领域相配列。

被誉为"本世纪（按：指20世纪——引者）最著名的古典基础主义者"[①]的刘易斯，在发表于1929年的《心灵与世界秩序》一书中，首先使用了"所予"的概念。他把"所予"看作是一种"事实因素"[②]，它既不是自在的客体，也不是主观的感觉，而是某种直接的事实，某种即使对于婴儿或愚昧的原始人来说也能够同样意识到的、未经解释的事实。作为这样的事实，它是被人们所"发觉"的，即通过意识在现象中"直接发现"的。它构成"经验"中的直接因素，如所看到的"红色"、接触到的"硬度"等直接的东西，具有直接性与稳固性，不为任何思想活动所创造或改变。此外，由于这些东西是可以在不同的经验里重复出现的，因此它们是一种普遍物，由可感受的特性或本质的表象构成。由于"所予"具有这类直接性与稳固性，因此刘易斯断言它们构成知识的确定的基础。他明确宣称："除非最终通过感觉的呈现，否则经验的真是无法认识的。……我们的经验知识作为一个巨大的复杂结构而产生，其大部分是经由它们之间的相互支持而得到稳固，但从根本上说，它们全都依赖于感觉的直接发现。

---

① 丹西：《当代认识论导论》，周文彰、何包钢译，中国人民大学出版社，1990年，第60页。
② C. I. Lewis, *Mind and the World Order*, Dover, 1929, p.57.

除非有着某些可以理解的和稳固的陈述,或宁可说某些东西,它们的真是由给定的经验所决定,而不是由任何其他的方式所决定,否则将不会有非分析的、它们的真无论如何能够被确定的断言,不会有经验知识这样的东西。"①

刘易斯有关"所予"概念的规定,典型地表现了基础主义的基础信念观,这就是,基础信念是借助于直接的、经验的所予来保证其确定性、可靠性的。这种确定性、可靠性是建立在所予的独立性(独立于我们的观念之外)、现实性与不可改变性(所予属于某种事实及其实在关系,不管我们是否遇到它们,它们都将继续存在)之上的。

然而,经验"所予"是否具有基础主义者所期待的这种可靠性,却受到一些哲学家的强烈质疑。来自基础主义的直接对立面——一致主义的批评,目标是要消解基础信念的存在,从而否定基础主义的可能性。邦久认为,所予论之所以站不住脚,在于任何一种认识状态都有两个不可分离的方面,即通过它自身的"肯定的与至少是表象的内容",能够为其他认识状态提供确证的方面,和自己需要被确证的方面。而所予论的基本观念是,所予的知觉经验具有前一方面的能力,但却不存在后一方面的需要,这是做不到的。因此对于一致主义者来说结论是,基础信念是不存在的,从而基础主义是不能成立的。

不过,对所予论做出的最有影响的否定性论证,当属美国哲学家塞拉斯。塞拉斯的名言是将所予论斥为一种"神话",这一神话集中表现在声称认识者和认识对象之间存在着一种直接的认识论联系,并且这种直接的知识为一切认识活动提供了一个不需要通过推理就能断定的基础。他指出这种所予论的根本错谬之处在于混淆了两类不同的东西,即对特殊事物的感觉与具有非推论的命题知识,前者乃是一种感性的印象,虽然它对于获得知觉认识来说是必要的,但它本身并不属于认识的范畴,不是本来意

---

① C. I. Lewis, *An Analysis of Knowledge and Valuation*, Open Court, 1946, pp.171–172.

义上的知识。由于它是非认识的,这使得它能够免除错误,但也因此无法成为认识的基础;而后者,即非推论的知觉知识,则是可错的,需要借助某种概念来加以理解。在塞拉斯看来,并不存在所谓直接的、独立的知觉经验,相反,任何"知觉经验已经包含了概念的或命题的因素"。即使是对于所谓的"事实",也"需要某种标准来区分'知道'或'似乎知道'"的不同[①];也就是说,需要一种能够界定出有关认识是"一种关于某物所是的正确的、有事实根据的思想"的标准。例如,在"约翰看到在他面前有一个红苹果"这一知觉经验中,实际上已经包含了一个"推论",即"想"到有一个"好的理由"来相信我面前有一个红苹果。这里的"想"乃是一种与"知觉"不同的东西,两者在意识中处于不同的层面。约翰在这里是由他的经验的特征和语境中,推出他有真实的、好的理由来相信在他面前有一个红苹果的结论,而不仅仅是一种所予论意义上的单纯的知觉。他否定这种单纯的知觉经验的存在,认为所予论的所谓"自我把握的""自我确证的"说法,实际上包含了一种上面所说的从知觉到确定理由的"越层推论"(trans-level inference)的过程,因此并不存在基础主义所断言的非推论的、能够自我确证的基础信念。在塞拉斯看来,知觉论的"本质之处"在于将某一事件或状态置于确证的"理性的逻辑空间"之中,也就是把它们置于"确证"以及能够确证我们所说的话的逻辑空间之中,而不在于对这些事件或状态进行"经验的描述"。塞拉斯的这一思想在后来知识论的发展中得到高度的重视与发挥。罗蒂将它看作是解决信念的确证问题的根本途径,亦即解决"被设想为内部空间内事件的'诸观念间的时序的或构成的关系'",如何"可以告诉我们不同命题之间的逻辑关系"这一问题的症结所在。麦克道威尔(John McDowell)在他有影响的著作《心灵与世界》中,则以此"理性的逻辑空间"概念作为基本的观念

---

① Wilfred Sellars, "Epistemic Principles", in E. Sosa and J. Kim (eds.), *Epistemology: An Anthology*, pp.128–129.

大加发挥，不仅用以解决他认为知识论长期以来处于基础主义与一致主义之间的摇摆不定的困惑状况，而且用以解决现代哲学的根本"忧虑"，即心灵与世界的关系问题。对此我们后面还会论及。

二、经验基础与信念的关系

所予论问题的论争，关系到的是经验知觉如何能够作为知识确证的基础的问题。在当前西方学者进行的争论中，主要涉及两个问题，一是感性经验的状态是否具有概念的内容？二是感觉与信念之间是否具有逻辑的关系？这里我们先来论述第一个问题，它与确证论的本质息息相关。在一些哲学家看来，如果知觉经验的状态不具有概念的内容，就无法与相关信念具有一种逻辑的关系，从而也无法为相关信念提供确证。

哲学家们在此问题上采取的是两种绝然相反的主张。一种主张认为知觉状态具有概念的内容，如塞拉斯、布鲁尔（Bill Brewer）等；而另一种则认为知觉状态并不具有概念的内容，如罗素、石里克等。

从上面有关塞拉斯反对所予论的理由中，我们不难看出他主张知觉状态具有概念内容的依据，这就是，单纯的知觉是不存在的，实际上它和思维不可分。知觉中包含有借助概念对其本身进行解释的成分。从本质上说，知觉中也包含有思维的因素。例如，当我们"看见"某个所谓"红色的"和"三角形的"东西时，这也意味着我们"想到"这个东西是红色的和三角形的。这里，"红色的""三角形的"，乃是属于概念的东西。所以，知觉经验中包含着概念的内容。

波普所持的观点大抵相仿，虽然考虑问题的背景与使用的术语不同。他反对经验论者将经验科学还原为感觉、知觉的学说，将它和归纳逻辑一起抛弃。他认为，作为经验科学的基础的知觉，其作用并不在于提供有待归纳的质料，而是用来检验（证伪）理论假设。波普用"观察经验"来表达"知觉经验"的意思，指出"我们的观察经验……浸透着理论"。他认为，不仅"基础陈述"，而且包括"所有语言"，都浸透着理论。他举例说，即使像"现在这里红"这样的陈述的"现象"语言，也浸透着关于时间、空间和颜色的理论。①

在美国哲学界新近有关所予论的论辩中，布鲁尔对知觉信念如何具有概念内容做出了比较详细的论述。除了仍采用塞拉斯式的观点，即认为知觉并非单纯的接受，而是经过概念的把握与理解，因此它有着概念的内容，表象中即有概念之外，他进而对知觉中如何有概念的内容进行了论证。这一论证的核心思想表现为这么一个三段式：(1)感性的经验状态为经验信念提供理由；(2)感性的经验状态之所以能够为经验信念提供理由，仅当它们具有概念的内容；(3)因此，感性的经验状态具有概念的内容。② 这里，布鲁尔是从感性经验能够为经验信念提供有关外部世界事物状况如何的理由这一角度来进行论证的。由于提供理由的方式必定表现为判断及推理，而判断与推理的构成要素是概念，只有在概念的基础上，判断与推理才能进行，这也意味着感性经验必得表现为概念的形式才能构成推论的前提或结论，这样感性经验与概念就是不可分的。概念表现为感性经验的形式载体，反之，感性经验表现为概念的内容载体。由此，布鲁尔的结论是，仅当感性经验状态具有概念的内容，它们才能为经验信念提供理由。

由上可见，布鲁尔是从感性经验要作为判断与推论的理由的角度，来论证其具有概念的内容的。这一论证说来很简单，就是理由不能不表现为概念的形式，因而感性经验必定是概念的，否则判断与推理都无从进行。简言之，他是从感性经验不能不具有概念的形式，来反推它由此具有概念内容的。

相反对的观点，即否认感性知觉具有概念内容，可以罗素为代表。在《哲学问题》一书里，罗素以直接感知的"现象"与可通过语词、概

---

① 波普：《科学发现的逻辑》，查汝强、邱仁宗译，沈阳出版社，1999年，第83页。
② Bill Brewer, "Does Perceptual Experience Have Conceptual Content?", in M. Steup and Ernest Sosa (eds.), *Contemporary Debates in Epistemology*, p.218.

念来描述的"客体"的区别为基础，区分了两类不同性质的知识，即"亲知的知识"（knowledge by acquaintance）与"描述的知识"（knowledge by description）。"描述的知识"是有关客体的，它是非直接的认识，人们可以凭借描述而对从未经验过的事物具有知识。这种知识不仅可以通过对殊相的描述来获得，如通过"德意志帝国第一任首相"这一描述来认识俾斯麦其人，而且甚至可以脱离殊相，仅通过对共相的描述，如"最长寿的人"来认识某人，虽然由于对这个人我们没有亲知而不能做出判断。亲知的知识则相反，它所面对的乃是构成事物的现象的"感性材料"，如我所看到的桌子的现象——它的颜色、形状、硬度等等。这种对事物现象的感知是直接的、不经过任何推论过程或有关真理的知识的中介。这种亲知的知识的一个特点，在罗素看来是它的不可怀疑性。他写道，怀疑是否这里有一张桌子存在，这是可能的；但若要怀疑有关这一桌子的感性材料，却是不可能的。不难看出，罗素是主张感性知觉具有一种自我确证性的，因为在对它的感知中包含了它的不可怀疑性。由于亲知的这种性质，因此罗素认为它构成我们一切知识，包括有关事物的知识与真理的知识的"基础"。

这里，对于我们的论题来说重要的是，罗素的这一"亲知的知识"乃是前概念的，没有概念内容的，属于非命题的知识。按照威廉斯（Michael Williams）的说法，这样的观念是很难解释的。既然是知识，又如何能够是"非命题的"？假如这种知识的内容不是概念的内容，那它又是什么？塞拉斯把这一问题表述为一个两难问题：如果我们对感性材料的亲知是非概念的，那么这种觉知（awareness）就无法作为基本信念的理由，亦即非概念的东西无法为基本信念提供逻辑上的确证；反之，如果它是某种形式的命题知识，那我们就只不过是在老调重弹，又回到那种本来需要回答的什么是认识的基础的问题。

与上述感性经验状态是否具有概念内容问题有关的另一问题是，感觉与信念之间是否具有逻辑的关系？哲学家们一般肯定它们之间存在因果的关系,但却否认有着逻辑的关系。这涉及知识确证论的一个根本问题。假如感觉经验与信念之间并不存在逻辑的关系,那么前者如何作为证据或理由来确证后者?显然,不能认定这种逻辑关系的存在将导致与经验科学认识的矛盾,因为经验科学认识乃是建立在感觉经验基础上的,是以感觉经验为依据的。因此,这使得我们有必要重新思考这方面的知识确证理论,寻求一种合适的解释。

较早提出这一感觉与信念之间的关系问题的,是戴维森。他对此持的是一种否定性的观点,认为这一关系不能是逻辑的,因为感觉既不是信念,也不是其他的命题态度;它只能是一种因果的关系,也就是说,感觉乃是引起某种信念产生的原因。另一方面,由于确证被认定是属于逻辑的关系,那么它就只能是信念系统之间的事情。例如,我看见桌子上有一杯水,这可能引我相信桌子上有一杯水,但是它却不能蕴含或确证"桌子上有一杯水"这个命题。这意味着经验在知识确证中不起作用,因为感觉经验与某人的信念之间虽然能够具有因果关系,但却不能有逻辑的关系。假如认为某种信念能够被其他信念之外的东西所确证,这种想法只不过是缘于对确证与因果关系的混淆。这样,任何试图通过感觉经验来确证某一信念的做法,都变成不可行的。

假如感觉经验果真无法确证信念,其结果是在经验与信念之间产生出一条无法逾越的鸿沟,知识的源泉与知识的确证两者就会被隔绝开来。这就产生了这么一种吊诡的情况,感觉经验能够为信念提供来源,但却无法为之提供确证;而要论证它能够提供这种确证,却又得在理论上消除这一关系的性质(因果的或逻辑的)问题的障碍。

波普在此问题上另辟蹊径,他抛弃了传统的经验证实理论,转而从科学理论或假设的"检验"(即"证伪")方面来解决问题。波普在这一问题上的立论的前提,同样是上述的感觉经验与基础信念(他称之为"基础陈述",即"断言在空间和时间的一定的个别区域里一个可观察事件正在发生的陈述"①，如"在k地，有一只猎狗"）之间的关系问题，并且他同样采取戴维森式的立场，将感觉与信念之间的关系看作是因果的，而不是逻辑的。同理，由于这一关系不能是逻辑的，所以感觉经验无法确证我们的命题，即使对于他所谓的仅仅表现为"单称存在陈述"的基础陈述也是如此。在波普看来，感觉经验只能在我们是否接受或拒绝某一信念的"决定"过程中起作用。感觉经验之所以能够起这种作用，是由于它与我们做出这样的决定之间具有因果联系，这即是波普所说的"经验能够推动一个决定，因而推动对一个陈述的接受和拒绝，但是基础陈述不能被经验证明"的意思。这一对于经验的接受或拒绝所做出的"决定"，在波普看来，乃是科学发现的逻辑的"根本要素"。他的为人们耳熟能详的基本主张是，科学理论或假设并非通过经验来证实，而是通过经验来检验（证伪）的。在这一过程中，根本的因素是人们对是否接受描述着时空经验事件的基础陈述做出"决定"。就此，他写道："从逻辑的观点看来，理论的检验依靠基础陈述，而基础陈述的接受或拒绝则依靠我们的决定。因此，解决理论的命运的是决定。"②

这里，就我们的论题来说，重要的是为什么波普认为基础陈述不能为经验所确证？他给出的理由是，虽然只有观察能给我们"关于事实的知识"，但归纳逻辑却不能够作为一种科学发现的逻辑，因为从单称命题中推出全称命题的正确性是无法证明的。就后者而言，波普指出，科学理论或假设命题中"出现的普遍概念不能和任何特殊的知觉经验发生相互关系"，甚至像"这里有一玻璃杯水"这样的基本陈述也不能为任何观察经验所证实，因为该命题也使用了诸如"玻璃杯"与"水"这样的普遍概念，而普遍的概念是"不能还原为经验类"的，因为它们本身就不能由经验所组成；对于经验者来说，任何个别的直接经验的发生、"直接所予"

---

① 波普：《科学发现的逻辑》，第75页。
② 波普：《科学发现的逻辑》，第80页。

只能有独一无二的一次①，这与普遍的概念在性质上是不同的。就像从个别中推不出普遍一样，反过来从普遍中也无法还原为个别。可以看出，波普有关观察经验与基础陈述之间关系的立论的根据，不仅是建立在因果的与逻辑的关系之不同的基础上，而且还建立在感觉经验的个别性与理论或假说的普遍性的区别之上。这一区别使得波普一再断言"基础陈述是不可证成的"，而这一点正是事关基础主义的命脉所在。

上面我们看到，不论是戴维森还是波普，他们的一致主张都是将经验与信念（命题、陈述）两者区分开来，否认它们之间的逻辑联系，从而排除了用感觉经验来确证基础信念的可能性。与此相反，另一些哲学家采取了一种与此不同的解释方式，试图在知识论上解释这种确证的可能性。这里我们先来看看苏珊·哈克的有关思想。

哈克这方面的基本思想是将经验的因果因素与逻辑因素结合起来，认为唯有这样才能允许经验与确证相关。她提出一种"感觉—内省论"（即把确证看作是依赖于感觉证据或内省证据）的"基础一致论"（foundherentism）②，将经验确证解释为既是因果的，同时也是逻辑的，并论证这两个方面是如何相互交织在一起的。为此，哈克通过区分出"信念状态"与"信念内容"的不同，来寻得问题的解决。所谓"信念状态"，指的是"某人相信某种东西"③。

哈克同样认为，信念状态与该认识者的经验之间，能够有因果关系；正是感觉经验使得认识者相信某种情况，由此形成他的相关信念状态。所谓"信念内容"，指"某人所相信的东西"，即某种"经验内容"，它表现

---

① 波普：《科学发现的逻辑》，第65—66页。
② foundherentism一词，是苏珊·哈克自己造出的。她将foundation（基础）与coherentism（一致主义）这两个词各取一部分组合而成，用以表示自己结合"基础主义"与"一致主义"而形成的"中间型"的"基础一致论"。
③ 苏珊·哈克：《证据与探究——走向认识论的重构》，陈波等译，中国人民大学出版社，2004年，第29页。

为某个"命题"。这里,哈克与戴维森、波普等人的不同之处在于,她认为由于这种信念内容表现为命题,因此它与其他的信念内容之间能够有逻辑的关系。哈克以这样的解释来回应逻辑关系必须存在于命题之间的要求。通过做出"信念状态"与"信念内容"的区分,她给出的结论是:"惟有把逻辑的因素与因果的因素结合起来说明,才能够允许经验与确证相干。"[①]不过虽然如此,她在处理上采用的却是绕道而行的方法。她质疑用"逻辑的"这一用语来刻画经验与信念之间的关系的恰当性,诘问这是否是一个"适当的词"。因为确证在她看来除了因果性的因素之外,另一个因素实际上是"评价性的"因素,而非"逻辑的"因素。因而她最终以"评价性的"因素来取代"逻辑的"因素,作为对感觉经验与信念之间关系的新解释。

因果性与评价性这两个因素的结合,哈克把它表述为三个步骤。第一个步骤是因果性的,由此建立起知觉状态与信念之间的联系;第二个是把这种知觉状态(经验状态)刻画为由特定的语句和命题组成的"证据";第三个,也即最后一个是评价性的步骤,它通过对该证据"有多好"做出评价(刻画),来完成对认识主体的某一信念是在多大程度上被确证做出辨明。也就是说,哈克把确证看作是"程度性的",它意味着信念的相关证据有多好,它就在多大程度上得到确证。

这里我们看到,哈克通过将确证的逻辑因素转换为评价因素,来解决知觉经验对信念的确证问题。这一转换提出了确证的另一个方面,即知觉经验作为证据本身所具有的证据性如何的问题,但却不能说是对原有问题的解决,因为它毕竟不是正面地来对待问题。与此不同,麦克道威尔基于塞拉斯的"理性的逻辑空间"的概念,不仅试图在知识论的意义上,而且将他所认为的现代哲学所忧虑的"心灵与世界"关系问题,也归结到

[①] 苏珊·哈克:《证据与探究——走向认识论的重构》,第29页。引文中的"确证",原译为"证成"。

"理性的逻辑空间"与"自然关联的逻辑空间"这两种力量的对立关系上来解决,前者强调的是由概念网络组成的"经验法庭"对经验世界做出决定,而后者则强调依靠一种本然的印象来对经验进行描述,它是自然科学在其中发挥作用的逻辑空间。

麦克道威尔这方面的基本思路是采纳康德有关认识乃是具有自发性、主动性的知性,与具有被动感知性的感性相结合的思想,并且引进塞拉斯的"理性的逻辑空间"的概念,把它诠释为一种通过其他事物的"根据"或"理由"来获得理解的正确性或合理性的结构,以之来替换康德的"自我"色彩浓厚的知性概念,突出理性主体所具有的"概念性能力网络"的"动态系统"的性质。[①]经验被看作是一种把感受性和自发性不可分割地联系在一起的状态或者事件。由于概念性能力在这样的事件中发挥作用,因此麦克道威尔认定它们已经具备了概念性内容。这样,经验内容如何可能的问题,也就通过经验与概念性能力的关系,进而得出"必定与判断具有理性的关系"这一似乎是不言而喻的回答。麦克道威尔就此做出的简单论证是:"我们所理解的事物是如此这般的。事物是如此这般的就是经验的内容,而它也可以作为判断的内容。因此它是概念性内容。"[②] 不过这样的解答显然是非分析的、过于简单的,因为它给出的仅仅是在经验的内容、判断的内容与概念性内容三者之间画了等号,但原有的问题依然存在。

对于所予论的神话,麦克道威尔基本上站在塞拉斯的立场上,把所予论的实质归结为对存在着某种超出概念领域的"终极基础"的肯定,以"单纯的呈现"而告终。[③] 麦克道威尔将塞拉斯的"理性的逻辑空间"作为一个思想对感性知觉进行决定的"中介物",力图从理由、根据、思想的作用等角度,来说明被动的感受性离不开主动性的知性,经验乃是我们

---

① 麦克道威尔:《心灵与世界》,刘叶涛译,中国人民大学出版社,2006年,第32、36页。
② 麦克道威尔:《心灵与世界》,第28页。
③ 麦克道威尔:《心灵与世界》,第41页。

通过概念性的能力所实现的"感觉的自然的现实化"①。为了论证不存在孤立的知觉所予，他甚至把维特根斯坦的"私人语言"论证，也解释为是对所予的拒斥。并且如上面所说的，他把摆脱所予论与融贯论两者的对立问题，上升到"心灵与世界"的关系这一"元哲学"的层面，加重了所予论问题本身的分量。

三、"证据"意义上的经验基础

上面我们看到，经验"所予"之所以被看作能够为确证提供基础，在于它们被认为具有作为经验基础的直接性、独立性与可靠性。而对所予论的批评，则集中在揭示所予的非直接性、非独立性，从而也不具有可靠性上。这里的"直接性"与否，涉及的是知觉经验是否具有概念的内容的问题。塞拉斯通过否定知觉经验的直接性，来否定存在着"单纯呈现"的经验基础，否定独立的知觉所予能够为信念提供确证，从而否定基础信念的存在。不过，与此观点不同，笔者认为，即使所予是非直接的、经过概念与判断中介的、具有概念的内容，但它仍然能够为个别信念提供直接确证；并且这种知觉作为证据是与个别信念相同一的，这就使经验论意义上的基础信念成为可能。

所予的知觉经验是非直接的、具有概念的内容，这是容易见证的。塞拉斯在这一问题上的见解是正确的。的确，任何知觉只要使用了语言，就不存在这样的直接性。例如，"桌上有一朵玫瑰花"这样一个知觉经验，由于使用了"桌上""玫瑰花"之类的语词，它就不可能是直接的知觉经验，因为这里已经加进了知觉者的解释。试想，假如桌上是一朵该知觉者不认识的花，他就无法说出那是一朵什么花，而只能含糊地说那是一朵"花"。但即使如此，对"花"这一语词的使用，也已经使该知觉成为非直接的了，这样的知觉已经包含了教育、文化的因素，有别于原始人的

---

① 麦克道威尔：《心灵与世界》，第97页。

知觉。罗素认为"亲知的知识"具有直接性,无须概念或有关知识的中介,这实际上是不可能的。否则的话,初生婴儿对事物的感知,就会与成人的感知一样了。对此,一般人都会明白事实并非如此。因此,从发生认识论的角度看,也能够证明知觉中所积淀的教育与文化的含量。

皮亚杰曾经对7岁以前的儿童做过这样的实验。他把一个正方形的剪纸放在各种不同的位置,然后问儿童们,它是同一个正方形吗?它仍然是一个正方形吗?它是同一块纸板吗?这些边仍然有同样的长度吗,等等。而儿童们的回答总是否定的:它不再是一个正方形了;它不再是同一个正方形了;它的边已不再有同样的长度了;它现在在这个方向已经变长些了;这些角已不再是直角了;等等。皮亚杰得出的结论是,在7岁以前,儿童一直都在否认同一性。[①] 而我们知道,对于成人来说,这样的回答是不会出现的。这一例子向我们表明,儿童们之所以会做出如此的回答,是因为他们的知觉发生了错误;而产生错误的原因,在于他们缺乏有关形体、同一性、变化等概念和知识。

康德曾经有过这样的论断:感官是不会犯错误的,甚至在感官表象中也不会有错误,因为感官根本不做判断,错误只是出现在判断中。[②] 虽然在康德那里,他也认识到在感官进行表象时总是有某些东西介入的。在这方面,他除了分离出作为直观形式的空间和时间（它们分别表现为广延和形状）之外,还分离出属于感觉的"不可入性""硬度""颜色"等。[③] 可见在康德那里,也不存在单纯的感觉,感觉也是有某些东西介入、渗透的。上述皮亚杰的实验,表明儿童出错的地方恰恰在于他们的空间感。可见,说感官及其表象不会出错,这样的说法仅在有限的意义上有效。在日常生活中,实际上"错觉"的情况时有发生。假如坐在一列静止的火车

---

① 皮亚杰:《皮亚杰发生认识论文选》,左任侠、李其维主编,华东师范大学出版社,1991年,第86页。
② 康德:《纯粹理性批判》,第258页。
③ 康德:《纯粹理性批判》,第26页。

上，面对火车呼啸着交会而过，一般的感觉必定是自己的火车在动。而具有"参照系"概念的人，他的理智会告诉自己是什么产生了这一错觉。这时，反倒是感觉出了错，理智给出正确的判断。日常语言中存在的"错觉"概念，本身就向我们表明了感觉可错性的存在。而产生这种错误的原因，往往是人们缺乏相关的概念和知识。这也向我们表明，感觉中渗透着概念，并不存在单纯的感觉。

我们还可以再举一个例子来说明。2005年诺贝尔医学奖授予巴里·马歇尔和罗宾·沃伦对导致胃溃疡的祸首的幽门螺旋杆菌的发现。然而在发现这种细菌时，马歇尔和沃伦的绝大多数同事都不相信这是一种"细菌"的解释，因为当时一般认为在胃酸的环境里不可能有细菌存在。可见，假如有着纯粹的知觉的话，那么大家不仅所见是一样的，得出的知觉经验也应一样。这也意味着没有单纯的"事实"，事实总已经是感知与解释的结果。如今的知识论越来越趋向于这样的意识，我们可以简单地把它概称为一种"解释学的"意识。假如我们从特定的角度把知识论划分为"经验论"与"先验论"两大范畴，那么解释学意识在某种意义上属于先验论的范畴。这里的"先验论"大致指的是强调认识上的概念背景，宣称概念在先，以概念来把握、解释经验所予的认识主张。科学解释的范式理论、格式塔心理学、哲学解释学等，都可归入这样的先验论范畴，康德哲学自不必说。

一旦否定了知觉经验的直接性，肯定了知觉经验中的语词与概念因素，实际上也就肯定了知觉经验与经验信念之间的逻辑联系。这种联系是通过知觉经验作为证据而与信念发生的。上面哈克的思想也曾涉及这一点，虽然她是从评价性的角度来谈论证据与信念的联系，而实际上回避了经验知觉（作为证据）与信念之间的逻辑联系。以往否定这种逻辑联系的理由，在于认为感觉不是信念或命题态度，因而无法与有待确证的信念具有逻辑关系。不过这种观点没有看到，信念的确证需要的是证据、理由，而知觉提供的正是这种证据或理由。例如，支持我关于"桌子上有一杯水"这一信念的证据，正是在于"桌子上有一杯水"的知觉，否则证据从何而来？并且，由于知觉里已经包含有语词、概念的因素，所以知觉在表现形式上与信念一样，都表现为某种命题的形式，因而知觉实际上表现为命题。齐硕姆就是这样认为的。在《知识论》一书中，他经常有"知觉某物为F这个命题"的提法[1]，并且他的这一提法经常与"知觉到某物是F这个事实"相并用，实际上是视两者为同一，亦即知觉到某物是F的事实，表现为知觉到某物是F的命题。[2]这样，从证据论的角度看，就个别性的信念而言，证据（感性经验）与信念是一体的，感性经验既引起信念，信念也由此逻辑地蕴含作为证据的这一感性经验，以之作为自己的内容。由此，该信念也就是非推论的、自我确证的，从而属于能够为其他信念（普遍信念）提供确证，而自身无须确证的"基础信念"。

此外，既然已经承认知觉与信念之间具有因果关系，这也就意味着知觉能够为信念提供一种归纳意义上的支持，即它们之间具有一种归纳的逻辑关系。若以一普遍的信念为例，这一点可看得更为清楚。例如，"所有的花都是有颜色的"这一普遍命题，是以所看到的每一个别知觉（表现为单称命题）为理由的。否则的话，该命题如何能够得到证据的支持？这里需要指出的不过是，具有逻辑关系与这一关系是否必然乃是两个不同的东西。

因此，笔者认为，知觉与信念之间具有逻辑的关系，这一点并无问题。真正的问题倒是在于应该区分开个别信念与普遍信念同知觉联系的不

---

[1] 齐硕姆:《知识论》，邹惟远等译，生活·读书·新知三联书店，1988年，第88页。
[2] 齐硕姆将这类命题称为"直接明证"的，并认为它们之所以是明证的，在于作为其"根据"的事实（《知识论》[下同]，第51页），或者说是"由其自身的证据构成的"（第57页）。这种事实通过"知觉"向我们展现其明证性（第58页）。他肯定"相信某人知觉到了"是一个合理的信念的来源（第90页）。有意思的是，齐硕姆还提到有所谓的"普遍的知觉"（"所有在院子里的天鹅都是白色的"）和"否定的知觉"（"那里没有别的动物"）（第91页）。

同情况。①基础主义的"基础信念",原本是一个含义广泛的概念,既包括柏拉图、亚里士多德和笛卡尔所追求的普遍性的形而上学、数学和逻辑的"第一原理",也包含近代经验主义与现代逻辑经验主义所讲的个别性的感觉经验。假如是个别性的信念,那么它们是可以达到自我确证的,因为以个别的知觉来确证相关的个别信念,例如以"桌子上有一杯水"的知觉,来确证有关"桌子上有一杯水"的信念,这在正常的情况下(正常的光线、视觉、不存在恶意的欺骗行为等)是可以做到的。至于怀疑主义所设想的"恶魔"的欺骗、认识者的幻觉、"缸中之脑"等等,这些属于特例,或者用语境主义的解释来说,属于与正常认识不同的另一种特殊语境。一般认识只需满足正常语境的条件就可以了,不必刻意还要满足特殊的语境。

不过,如果问题关涉到的是普遍的信念,则情况就完全不同。个别的知觉或信念对普遍信念的支持程度有多大,只要我们一提出这样的问题,休谟的归纳问题(因果性问题)就马上出现;也就是说,个别的信念虽然能够为普遍的信念提供归纳的逻辑支持,但这种支持却缺乏必然性,而只有概然性。也正是由于这一点,所以波普的"科学发现的逻辑"才否定科学发现是从个别到普遍的归纳与证实的过程,而提出一种证伪的理论,将科学发现解释为是从提出普遍的理论假设到以个别的感性经验来检验(证伪)的过程。其次,由于知觉涉及亚里士多德所区分的"合适的对象"(proper objects)与"公共可感物"(common sensibles)这两种不同的

---

① 罗蒂也曾经指出"普遍"与"个别"的关系问题在认识论中的重要意义。他甚至做出如下的论断,把知识论的核心问题看作是以这一关系为"统一的主题",并由此形成一个从古至今的"连续的问题系统",乃至一种影响至今的"哲学"概念。他写道:"按照标准的新康德哲学史编撰学,从《斐多篇》和《形而上学》,中经阿贝拉尔和安瑟伦,洛克和莱布尼茨,直到奎因和斯特劳森,专门哲学的思考所关心的都是普遍项和特殊项之间的关系。如果没有这样一个统一的主题,我们大概就不能看到一个连续的问题系统,它由希腊人所发现,并不断使人们困扰,一直到我们的时代;因此大概也绝不会有一种绵延二千五百年之久的'哲学'概念。"参见罗蒂:《哲学和自然之镜》,李幼蒸译,生活·读书·新知三联书店,1987年,第127页。

类型（前者是有关个人的主观感受性的，如视觉、听觉、味觉与嗅觉等，例如物体的色、香、味等；后者是属于"所有感觉所共有的"，如事物的动、静、数、形和量等）。这样，有关"合适对象"的个人信念与普遍信念之间，就会发生一个如何由前者来确证后者的问题。因为既然个人的感受是各异的，那么这种信念如何能够作为"基本信念"，又如何能够由它来确证普遍的信念？

　　基于上述的理由，笔者认为知觉与信念之间所具有逻辑的关系，在实际的认识过程中是通过其可操作性而体现它的存在的，并且这一点在知识论上是可以辨明的。否则的话，如前所述，它将导致知觉经验在知识确证中不起作用的结果，这样，任何试图通过感觉经验来确证某一信念的做法，都变成不可行的。这一问题的辨析有其知识论上的意义。它表明作为经验认识的最终源泉的感觉所予，通过语词、概念的中介，能够为正常语境中的个别性的基础信念提供确证；真正的麻烦却是在于个别性的信念如何为普遍性的信念提供确证。这一麻烦不仅在于确证论本身，而且涉及真理的符合论，就像康德曾经指出并寻求从先验论来解决那样。[①]出现这一理论上的困扰的根源，实际上在于近现代的知识观念，即把知识的属性视为绝对地普遍必然的、确定的，其结果是甚至不能接受概率与归纳逻辑。当然，这就属于另一个需要研究的论题了。

第二节　信念、知识与行为[②]

　　哲学家休谟曾经发出过这样的感叹：信念"似乎从来是哲学中最大

[①] 按照康德的看法，对象总是具体的，而真理的标准却是普遍的，因此从认识的质料方面而言，不可能有真理的普遍标准；真理的标准只能是形式方面的，这类形式上的标准即为康德所提出的知性与理性的普遍法则。

[②] 本节原文发表于《哲学动态》2007年第10期。

的神秘之一"①。休谟的哲学思考,以眼光敏锐、善于发现问题为其特征。在他26岁即已出版的天才著作《人性论》中,因果关系的必然性问题(归纳问题)的提出,事实与价值问题的发现,引发了后来包括康德、罗素等哲学宗师的思考,它们构成了哲学史上影响深远的问题。笔者相信,对这一休谟感到困惑的信念问题进行探讨,当也是一件很有学术价值与意义的事情。由于信念论在国内的知识论研究中尚未得到应有的关注,因此本节拟首先进行一番理论上的梳理,尤其着重于对休谟与罗素的相关学说的开掘,并论究一些当代的理论发展状态,最后提出自己的相关见解。

一、从柏拉图到休谟的信念论

柏拉图在西方知识论中,有着非同一般的地位。在当今英语世界的知识论教科书中,有关知识的三元定义,即知识是得到确证的真信念,被视为"柏拉图的定义",虽然柏拉图本人并没有明确地给出这样的定义。不过,在他有关知识定义的专门探讨中,信念作为一个与知识相关的基本概念被提出并得到讨论,这一点是没有疑义的。在《泰阿泰德篇》中,柏拉图论证的主要是信念与知识的差别。他明确说道,"真实的信念和知识一定是不同的",即使"正确的信念加上解释还不能称作知识","感觉、真实的信念、真实的信仰加上解释,都不会是知识"。②为什么如此,理由在于这样的说法无疑于说了一些多余的话。在柏拉图看来,"解释"意味着说出一事物与其他事物的同与异,尤其是后者(差异)。但是,一个正确的"观念"(信念)③本来就应当包含着关于一事物与其他事物的共同性与差异性所在的认识,所以,即使对这种共同性与差异性做出解释,也仍然使思想停留在"观念"(信念)的层面上,而还未能达到"知识"的

---

① 休谟:《人性论》,第115页。
② 柏拉图:《柏拉图全集》,王晓朝译,人民出版社,2001年,第737、748、752页。
③ 柏拉图也有"你认为真实的观念加上解释就是知识……"的说法,所以这可视为在柏拉图的上述讨论中,"信念"与"观念"被作为同一的概念来使用。

层面，即使它是一种"正确的"观念。不过，直至《泰阿泰德篇》讨论的终止，柏拉图也没有给出一个最终的知识定义，留下的只是一些在他看来是有缺陷的知识定义。此外，按照一些论著的说法，在柏拉图那里，信念之所以与知识不同，在于知识包含一种不可错的思想状态，具有某种绝对的确定性，而信念则是一种不确定性，属于"意见"的范畴，仅仅包含高度的可能性。

休谟与柏拉图及先前的其他哲学家，如阿奎那、笛卡尔和洛克不同，他并不把信念看作是比知识低等的状态，而是要用信念来替代知识作为有关人类经验认识的核心概念。这不仅使休谟成为第一个认真考虑信念问题的哲学家，而且他思考的结果还使信念论具有了一种特殊的意义。在他的经典著作《人性论》中，知识的问题表现为"观念"之间的关系，只不过有些观念之间的关系可以是纯粹的，仅仅由观念自身来决定，如几何学、代数学等，而有些观念之间的关系则必须借助于事实来决定，如自然科学、历史学等。至于"观念"与信念的关系，在休谟看来则是，观念"是对于这个对象的信念的一个必需的部分，但并不是它的全部"[①]。也就是说，"观念"是隶属于"信念"之下的一个概念。这样的界定，就使得"信念"成为知识论中能够替代"知识"的一个基本概念。《人性论》并专门辟有一节"论观念或信念的本性"，来讨论观念或信念的本性问题。

休谟信念论的论述主要有如下三个方面的问题：信念的本性，信念的根源，信念的作用。

这三者中，后面两个在论述上显得清晰些。在根源上，休谟将信念看作是源于"印象"而来的东西。印象，特别是重复的印象构成了信念的基础，或者换个角度说，印象构成了信念产生的原因。在心理能力方面，是"想象"的能力使信念得以形成。不过对于休谟来说，这种"想象"属

---

① 休谟：《人性论》，第112页。

于习惯性的联想，因此休谟特别把"习惯"称为信念的"根源"。[①]此外，对于信念的作用，休谟的基本看法是，信念强化了我们的有关观念，使之变得更加强烈、生动，这有助于在因果的推论中，使我们能够从原因的"印象"中，通过"相信"这一因果联系的存在，借此推移到结果的"观念"。

这里，对于休谟的信念论来说，核心之处在于从原因到结果的这一"推移"，这也是休谟整个知识论的关键所在。一般知道，休谟是用"习惯性的联想"来解释这一推移的。而信念所起的作用，正是在这一联想中使有关的观念变得强烈起来，生动起来，从而强化了这种联想，在心理上促成了这一推移的完成。用他的话来说，此时信念的作用是"改变了我们想象它（观念）的方式，使观念变得比较强烈而生动"，亦即强化了我们有关因果的观念。在这一环节上，休谟强调的是认识中心理的作用，不过他使用的是自己特殊的叙事方式，这就是，使原本作为印象的微弱的观念生动活泼起来。

这一问题进一步说下去就是，构成休谟因果论的症结在于，当某一印象A（作为原因）产生后，我们凭借什么根据使自己做出向观念B（作为结果）的推移呢？假如这种因果推理仅仅只是由于习惯性的联想而使我们从原因的印象推移到结果的观念，那么或许我们会由于观念的"微弱"性而犹豫、而摇摆，但加上了信念的作用，我们就可能坚定地进行这种思想的推移，这是休谟在认识的过程中加入"信念"环节的基本用意。他关于信念虽然对观念确实并没有增加什么东西，但是它改变了我们对观念的想象方式，使观念变得更加强烈而生动的说法，用另一种比较通行的叙事方式来说，就是信念（belief）使我们对有关事物的判断与推理变得更加坚定、更加稳固起来，使我们对有关事物的看法更加坚定起来，因为我们不仅仅是对该事物有了认识，而且还进一步"相信"（believe）这种认

---

① 休谟：《人性论》，第122页。

识。这样，有关从原因向结果的推论就在心理上有了更强的支撑，其理由在于这一推论是得到双重层面的支持的：一方面，作为推论它无疑是在思想、理性层面的（抽象的观念之间的关系，亦即概念的推论）；同时另一方面，它也是感性方面的，这除了印象本身属于感性层面之外，还在于信念在休谟看来，也属于感性方面的活动。

前面我们说过，休谟曾把信念问题看成是哲学中最大的神秘之一。他这方面的困惑直接表现在界定信念的本性时所表现出的摇摆不定乃至矛盾上。在《人性论》中，有关信念是什么的问题上，他给出了一些彼此不同，乃至相互抵牾的说法，这里兹列举如下：

（1）可以给意见（opinion）或信念下一个部分的定义说：它是与现前一个印象关联着的或联结着的观念。一个对象的观念是对于这个对象的信念的一个必需的部分，但并不是它的全部。

（2）信念是"一个强烈而生动的观念"，并称这是"信念的本性"。

（3）信念是"所呈现的那些知觉的活泼性"。

（4）信念乃是我们因为一个观念与现前印象发生关系而对那个观念所做的一种较为活泼而强烈的想象。

（5）信念是来自习惯的一种心理作用。

（6）信念是"感到感官的直接印象，或是感到那个印象在记忆中的复现"。

（7）信念只是不同于单纯概念的一个特殊感觉。

在（1）中，休谟将"信念"与"意见"并论，这等于说它们两者是相同的东西，这显然不妥。"意见"自古希腊哲学起，在知识论上就已被看作是缺乏任何根据性的认识，是认识系列中与信念、知识等相比，处于最低层面的东西。信念与意见不同，这是没有疑义的。但休谟却将它们相等同，这无论如何是不妥的。

此外，把信念看作是"观念"，或是"印象的复现"（这也是观念），会导致一种荒谬的结果，即我们可以任意地相信自己所愿意相信的东西。

因为,"观念"本来意味着我们所形成的某个看法、思想,如果它同时又表示"相信",这就等于说有了任一观念的同时也相信了该观念本身。而实际情况并非如此。我可能对某一事情在思考中形成若干不同的观念,但并不都相信它们,通常是抛弃大多数观念,而只保留(这意味着相信)其中一个选择出来的观念。

也正是由于考虑到观念与信念的不同,所以休谟在《人性论》一书后面,专门加写了"附录"部分,一开始就承认自己在信念论上有过错误,现在要加以改正过来。他所提到的所谓错误,就是指将信念混同于观念。他所谓的"改正",就是将信念重新界定为"只是不同于单纯概念的一种特殊感觉"。理由是,当我们相信任何事实时,我们只不过在想象它的时候带着某种感觉,反之,当我们不相信某种事实时,我们就产生不了那种感觉。正是由于这种感觉,使得我们所相信的对象的概念具有更大的稳定性和坚实性。休谟所看待的信念的本性与作用,最终是以这一简洁明晰、强调其心理作用的结论而告结束。应当说,休谟最后就与知识的关系方面为信念的本性与作用所给出的结论性论断,是贴近于"信念"在认识中的实际状态与作用的。认识除了感觉、判断与推理等环节之外,还需要有信念,因为它确实需要通过信念来强化认识的稳固性,特别是在对多种认识的结果进行选择时,对这些结果的信与不信,产生了不同的认识结果,尤其是在尚未有事实能对相关命题进行检验之前。不过,休谟的信念论始终限定在与知识的关系上,而没有涉及与行为的关系问题;这一问题域的开发,属于后来的哲学家们的发现。

二、信念之谜的续解:从康德到当代

休谟之后,在对信念论做出思考的哲学家当中,康德具有一种特殊的地位。他虽然不像休谟那样将信念作为自己哲学的一个主要概念,但却也在《纯粹理性批判》中专门辟有一节"意见、知识和信念"来论述这一问题,并且为我们留下了虽然有限,但却是独到的论断。

康德这方面的论述是从这一问题切入的：当我们把某个事情视为真的（Das Fürwahrhalten）时，它在知识论上的根据如何呢？或者换句话说，我们有什么样的根据来确认我们"视其为真"的充分性呢？在康德看来，这是有三个层次的差别的，即"意见、信念和知识"。意见属于最低的层次，它是一种不仅在主观上，而且在客观上都不充分的"视其为真"。信念高于意见，它虽然在客观上不充分，但在主观上却是充分的。知识属于最高的层次，它是既在主观上充分，同时也在客观上充分的"视其为真"。康德并且把主观上根据的充分性叫作"确信"（Zulänglichkeit），客观上根据的充分性叫作"确定性"（Gewißheit）。

在意见、信念与知识这三者中，"意见"是康德首先要加以排除的，不论是在科学或道德的领域。因为一方面，不管是数学的判断或是自然科学的判断，"必然性"是一个基本的要求，另一方面，在道德行为方面，我们也不能仅仅依据"某件事是可以允许的"这样的"意见"来行事，而是要遵照某种必然的道德法则而行动。此外，在科学的领域，"信念"也是同样没有其位置的。因为，信念仅仅具有主观的根据，达不到认识的"客观性"要求；而且康德还有这样的说法，"相信"不过意味着接受某种我在逻辑上还未确定的东西。甚至对于理性的"思辨"来说，康德认为也不应当处于一种"信念"的状态，因为它脱离了经验的支持，是站不住脚的。

在进行了这一排除之后，究竟在什么地方我们能够拥有"信念"呢？康德认为有三处："实践""学理"与"道德"。

首先，在实践领域，只有"通过实践的关系"，理论上不充分的"视其为真"才真正能够称得上是"信念"。[①] 在这一领域中，信念起着为行动提供根据的作用。我们可以自己试举这么一个例子，如一个医生，他从X光片上看到病人的肺部有个小黑点，根据经验他判断是早期的恶性肿

---

① 康德：《纯粹理性批判》，第62页。

瘤，但又无法通过切片来检查，这意味着客观的根据还不足。在这种情况下，手术还是不手术，医生只能凭借自己所相信的情况（信念）进行处置。康德把这类的信念称为"实用的信念"。据笔者看到的资料介绍，皮尔士有关实用主义的观念的萌发，即是受了康德这一说法的启发。

其次，在学理方面，康德指出诸如"上帝存在"这样的理论"设定"就属于学理上的信念。对康德而言，这一信念的产生，是出于对世界的"合目的性的统一"之解释的需要。由于这一设定在学理上是必要的，而且有其用处，因而即便它不能得到经验的支持，不具备什么客观的充分性，但仍可把它看作是有着主观上的充分根据的。

最后，在道德方面，康德认为与学理上的信念毕竟是会摇摆的不同，道德的信念是最坚定的。因为道德规范就是理性存在者的行为准则，他们会在一切方面听从道德命令，因此是不会动摇的。即使对于"上帝存在"与"来世生活"这样的信念，在作为道德方面的信念时也是如此，否则那将意味着颠覆自己的道德原则。

这里我们看到，康德主要是将信念归结为非科学认识方面的，并且与知识无涉。信念归信念，它属于实践、学理与道德的领域。在康德的论述中，我们看不到它与知识有什么联系，倒是看到它与"目的"概念密切关联。不论是实践的、学理的还是道德的信念，都是以某种目的为指向。医生以治病救人为目的，"上帝存在"的设定以学理上和道德上的需要为目的。"目的性"构成康德信念论的基本特征。

罗素的信念论则是另一番景象，我们姑且把它称为"机体论"。在那里，信念被称作是"有机体的一种状态"[①]，具体说来，它是由"肌肉、感官和情绪，也许还有某些视觉意象所构成的某种状态"，包括有身体上与心理上的两方面表现。简单的信念，特别是要求做出行动的信念，甚至可以完全不用文字来表达。罗素举例说，在与伙伴同行时，你可能会说，

---

① 罗素：《人类的知识》，张金言译，商务印书馆，1989年，第179页。

"快跑，火车就要开了"；但如果你只有一个人时，你可能有着同样的信念，并且同样快速地跑去，但在你的头脑中却没有什么文字出现。

罗素信念论的"机体论"特征尤其体现在，他认为有一种"完全属于身体方面的状态也可以称得上是'信念'"。例如，假如你摸黑走进屋内，那里有人把一把椅子放在一个平常不放椅子的地方，那么你可能就撞到这把椅子，因为你的身体相信那里没有椅子。不过，罗素的这一解释却是成问题的，因为即使在那样的情况下，你的行为还是受某种意识，哪怕是潜意识所引导的。所以，要把信念与心理（意识）分开，显然是不合适的。既然是"信念"，必定是某人的心灵在相信。

在信念论的其他问题上，罗素显得并无什么建树。在信念与知识的关系上，他所持的观点属于传统的。他把知识看作是属于正确的信念的一个子类，认为每一个知识都是一个正确的信念，但是反过来说就不能成立。这类似于柏拉图的看法，因为一般认为，柏拉图的传统知识定义，是把知识看作是确证了的真信念，也就是说，信念是一个比知识更高的类，知识归属于正确信念的范畴。此外，他还提到"真"是信念的一个性质，是某一信念与该信念以外的一件或更多件事实之间的某种关系。这大体上属于"符合论"的范畴，不过在罗素那里则体现为比较极端的"逻辑原子论"形式——每一原子命题对应于一个原子事实。这样，真的信念有着与它有一定关系的一件事实，但是伪的信念就没有这样的事实。

罗素的信念论中的一个有趣之处，在于他像休谟一样对"信念"问题有着些许的感慨。"信念"概念在他看来，"带有一种本身固有的和不可避免的意义上的模糊不清，从而使得"'信念'的最完备的形式是哲学家们考虑最多的问题"[1]。或许正是源于信念本身固有的这种模糊性，因而使得它在当代知识论中仍然是一个争论的领域。

虽然信念在罗素哲学中仍占有一席之地，不过在20世纪上半叶这一

---

[1] 罗素：《人类的知识》，第178页。

逻辑经验主义哲学占主导地位的时期，信念论在总体状态上被当作与形而上学相关的问题而遭到冷落，知识论的关注点集中在知识的逻辑关系及其可证实的问题。这方面的一个典型表现，是维特根斯坦在其《逻辑哲学》中把信念视为心理学的，而非哲学的问题加以排除。

而后，随着逻辑经验论的衰落，信念问题的研究又活跃了起来。此时信念论的一个明显趋向，是反对对信念做出休谟式（即把信念看作是与当前的印象相联的"生动的观念"）的"发生"（occurrence）的解释，而将信念看作是与行为相关的"倾向"（disposition）的。在这方面，"倾向论"的一位代表人物普莱斯（H. H. Price）在其1969年出版的专著《信念》中，曾经这样评说了"发生论"当时的处境。他写到，如今在英语国家的哲学界，信念的"发生"的分析，包括休谟、洛克等的不同解释，"几乎都遭到普遍的拒绝"。当代的观点认为那些看法都是错误的，因为它们的出发点是要去回答一个本来就不应当提出的问题。普莱斯认为，询问"相信"是一种什么样的精神发生，或者是一种什么样的精神行为，这是荒唐的，因为信念并不是什么精神的发生或行为。[①]

促使信念论从"发生论"转向"倾向论"，即把信念解释为一种行为的"倾向"的，是拜恩（Alexsander Bain）、拉姆齐（Frank P. Ramsey）和普莱斯等人。这一转变有一个持续的过程。早在1859年的《情感和意志》（The Emotion and Will）中，拜恩就已提出，"信念只有在与行为相关时才具有意义"。他和波雷斯维特（Braithwaite）、赖尔一样，都属于极端的倾向论者（dispositionalist），反对对信念进行内省的解释，主张用"行为"来分析信念。因此，拜恩可说是这一时期知识论方面的行为主义者。

波雷斯维特则提出了一种较为折衷的行为主义的观点，被称为"准行为主义"（quasibehaviorism）。他把信念看作是由两个部分构成的：一是主观的、认识的态度，它是思想中所拥有的东西；另一是去行动的行为倾

[①] H. H. Price, *Belief*, Humanities Press, 1969, p.243.

向，其前提是 p 是真的。之所以说波雷斯维特的理论是折衷主义的，这是由于他对传统的"发生"分析做出两个重要的让步。其一，他认为对于"我们现在相信 p"的命题，我们能够给予它一个意义，假如我现在确实拥有命题 p，并且对于我来说如下的陈述是真的：如果 p 是真的，那么我具有一种去行动的倾向。其二，他承认当我们拥有一个命题时，我们有时确实有"相信的感觉发生"，尽管他也认为在我们的信念是完全确信的情况下，这样的感觉不会出现。

在这些信念的行为论者中，英国哲学家拉姆齐（1903—1930年）是比较有影响的。出于所接受的皮尔士的影响，他的信念论兼有实用主义与行为主义的色彩。首先，他把信念看作决定我们行动的力量；我们是否做出某种行动，取决于我们信念的力度。例如，在"火车要开动"这一信念与"到火车站赶火车"的行为之间，存在着一种可测度的联系。信念的力度越大，行动的欲求也相应越大；并且他还用"概率"来测度信念的力度。其次，最有影响的，是他的"信念是我们藉以驾驶的邻近空间的路线图"（a map of neighbouring space by which we steer）的说法，它被看作是提供了对信念论问题的解决。阿姆斯特朗（Armstrong）明确赞同这一观点，并提出了类似的说法："与所持有的命题不同，信念是行为的指南。所持有的命题就像随意画出的幻想的（fanciful）图画，而信念则是世界的路线图，我们借助它去准备行动。"[①]再者，由上述的"路线图"说，拉姆齐引申出对"普遍信念"的否定。他声称不存在普遍的信念，所谓的普遍信念只不过是我们的一些习惯。它们是我们在个别信念的基础上形成的，反过来又引导我们形成新的个别信念。这样的习惯是倾向性的，它使我们倾向于从一个有关某一特殊事实的信念，进一步推移到有关另一特殊事实的信念。因此可以说，普遍的信念是按照某些规则来扩展本来的信念—路线图的一些倾向。

[①] D. M. Armstrong, *Belief, Truth and Knowledge*, Cambridge University Press, 1973, p.4.

较温和的倾向论者是普莱斯，他是从"发生论"（occurrentism）转变为倾向论（dispositionalism）的。之所以说是"温和"，在于他仍然保持了发生论的核心部分，即保留了信念论的"感觉"要素。普莱斯赞同这样的说法："A相信命题p"乃是形成一个有关A的倾向性陈述，它等值于描述那些A可能去说或去做的事情的一系列条件陈述，假如这样的事情应当发生的话。不过与此同时，他强调信念仍然是与"情绪"（emotion）密切关联的，这体现在当判断者发现该命题是错误时，他会感到吃惊；或者该命题被否定，或遭到其他命题的挑战时，他会感受到信念的力量。

在对倾向论加以修正，使之包含有发生论的"感觉"（feeling）概念时，普莱斯赋予这一"感觉"概念以更广泛的含义，使它成为一种"多形式"的倾向，即不仅显现或实现在行动或非行动里，而且还显现或实现在不同的感觉状态中，如希望或担忧、怀疑、惊讶或自信的状态，等等。普莱斯甚至还认为，感觉这一要素还显现或实现在"推论"里，这表现在两种方式中。一是信念自己从某一命题"延伸"到它的某些（确定或可能的）结果。因为，假如从p推论到q是一个有效的推论，那么对我们由此获得的q的信念，就是一个合理的信念；另一是信念包含在自身清醒且严谨的"理智的"运作里。不过，由于在前提p为不合理的情况下，所获得的结论q也是不合理的，因此，获得合理信念的主要方式，还在于对"证据"的考虑，由此获得正确的前提。

按照有的作者的说法，普莱斯的温和倾向论是当今信念论中的主导性理论。[1]假如这一说法是确实的，那么它表明信念论的发展过程经历了一个类似于黑格尔式的"正、反、合"的过程，即从发生论出发，而后走向倾向论，如今则是对两者进行综合，产生了温和的倾向论。

---

[1] Louis. P. Pojman, *What can we know?: An Introduction to the Theory of Knowledge*, Thomson Learning Inc., 2001, p.271.

在本节开头的时候，我们提到休谟对信念的"神秘"所发出的感叹。信念的"神秘"之处，在笔者看来，其实是在它与知识的关系上。因为，"信念"本身是怎样的一种状态，在用它与"不相信""怀疑""希望"等心理状态相比较时，是不难加以刻画的；然而，在联系到知识的问题时，是否知识需要有信念这一因素，甚至都还构成一个争论的问题。[1] 在前面所探讨的信念论中，康德的见解是深刻的。他认为信念的用处主要还在于"实践"方面，尤其是在难以提供进一步确实的证据，而又需要做出决定的状况下。前面提到的医生对疑难病症的诊治是一类例证，至于像所预测到的可能地震、海啸之类情况的处理（如大规模的疏散居民等），也涉及信念的问题。因为这些属于在客观证据尚不十分确定或不足的情况下，需要主观上的决断的问题。信念既是实践的，它就与行为有关，因此，把信念解释为一种行为的"倾向"有其合理性。

探讨信念论问题，在笔者看来，对于中国哲学来说尤其有必要，因为中国传统哲学本来是很重视知行观的，不过遗憾的是它在论究知与行的关系时，却大体不谈信念问题，这不能不说是一个缺憾。而信念作为"知"与"行"之间的桥梁，是一个不可或缺的要素。从知到行之间的转换，实际上是通过"信念"这一中介进行的。知而不信，没有一种希望、欲求的倾向，是谈不上去行动的，在这种状态下它缺乏行动的动力。在这一意义上，普莱斯扩大"倾向"概念的范围，使它包含了希望、担忧与自信等因素，这是有道理的。

信念论从发生论的"情感"说，到倾向论的倾向说，有其必然。这一必然在于，信念在本质上不仅与知识相联系，而且更重要的是与行为相联系。它通过信念中所含有的确信、希望、担忧等因素，使信念与欲求因素结合，从而将知识转化为行动。知道天气预报说等下会下雨，但如果我不相信它，则我不会带上雨伞出门；反之，如果我相信了，那么我就会有

---

[1] 参见陈嘉明：《知识与确证——当代知识论引论》，上海人民出版社，2003年，第47页。

带伞的行动。对于社会科学的理论来说,情况尤其如此。有关市场经济的理论(知识)早已有之,但如果我们不相信它,则它一样被束之高阁。可见,知而不信,至少难以有行动,这一点也凸显了信念论的意义。

第三节 专名、摹状词与"葛梯尔问题"①

一、葛梯尔的第一个反例源于专名与摹状词的混用

"葛梯尔问题"称得上是当代西方知识论研究中的一个最热门话题。自20世纪60年代葛梯尔(Edmund Gettier)发表《确证的真信念是知识吗?》一文,构造出与传统的知识三元定义(即作为知识需要满足"真""确证"与"相信"这三个要素)相悖的反例以来,学者们发表了许多文章,针对这些反例提出了各自的分析与解决方式。其中比较有代表性的回应主要有两类,一类是认为"葛梯尔问题"对传统的知识三元定义并不构成真正的挑战,因为它来自于某种偶然性,即从某种碰巧为真的前提中得出真实的结论。另一类则认为"葛梯尔问题"对传统知识定义的挑战是重要的,需要认真对待,以完善知识的定义。他们试图在原有的知识定义的基础上,通过增加知识的第四个条件等方法,来达到"修补篱笆"的目的。其中比较著名的有"因果论"和"可信赖理论"等。

不过,与上述的分析与解决方式都不相同,本节拟从专名与摹状词这类"名称"理论的角度,来分析葛梯尔反例中第一个反例的实质所在②,也就是说在这一反例中"葛梯尔问题"之所以发生,在于其中所涉及的命题的主词("史密斯""办公室里的某个人"等),利用了"专名"与"摹状词"在含义(内涵)上的相近性,在它们之间进行切换,由此造成了指称对象的变换,从而造成了所谓的"葛梯尔问题"。因此,这一反

---

① 本节原文发表于《世界哲学》2008年第6期。
② 葛梯尔本人给出的反例共有两个,本文所论究的只是其中的第一个。

例中的问题所在,并非是所谓的知识定义的不严密,而是一个语言的问题,具体说是名称使用的问题,即在专名与摹状词之间的混用。

为了使问题能够明了起见,我们需要先介绍一下葛梯尔本人构造的这第一个反例。

假定有史密斯与琼斯两人一道申请某一工作,并假定史密斯对下述的合取命题有着强的证据:

(a)琼斯将得到一份工作,并且他有十个硬币在口袋里。史密斯的这一证据可能来自公司老板曾对他说过琼斯将被录用,以及十分钟前他数过琼斯口袋里的硬币。

命题(a)蕴含着如下的命题(b):

(b)那位将得到工作的人,口袋里有十个硬币。

假定史密斯了解从(a)到(b)的推论,并且在他具有强的理由的命题(a)的基础上接受(b),在此情况下,史密斯显然有理由相信(b)是真的。

然而,让我们进一步设想,是史密斯,而不是琼斯将得到那份工作(对此史密斯并不知道);并且,他同样不知道他有十个硬币在口袋里。由此,命题(b)是真的,尽管史密斯由之推论(b)的命题(a)是错误的。这样,在这一例子中如下的陈述都是真的。

(1)(b)是真的,

(2)史密斯相信(b)是真的,

(3)史密斯确证地[1]相信(b)是真的。

但是,同样清楚的是,史密斯并没有认识到(know)(b)是真的,因为(b)之真是由于史密斯口袋里硬币的数目,而史密斯实际上并不知道自己口袋里硬币的数目,他对(a)的相信,是基于对琼斯口袋里有多

---

[1] justified,亦可译为"有理由地"。之所以译为"确证地",是为了与上文提到的知识的三个要素,即"真""相信"与"确证",在中文的表达上相一致,以便有助于前后一致地理解有关问题。

少硬币的计算，同时他错误地相信琼斯将得到那份工作。

葛梯尔通过这一反例所要证明的是，尽管满足了传统的知识三元定义，但仍然可能得出的是非知识，也就是反例中的这一结论"史密斯并没有认识到（b）是真的"；因为史密斯实际上并不知道他自己口袋里硬币的数目，而是通过计算琼斯口袋里硬币的数目来碰巧得出"那位将得到工作的人，口袋里有十个硬币"的结果。

从上面这段陈述中，我们可以看到，这一反例的问题出在从命题（a）向命题（b）的推论，而这一推论之所以貌似可行，在于它利用了所涉及的"专名"与"摹状词"两者在含义与指称上的部分同一，也就是利用"那位将得到工作的人"这一摹状词既可指"琼斯"又可指"史密斯"，因而在推论中从"琼斯"转向"那位将得到工作的人"，进而从后者又转为"史密斯"。而之所以能够进行这种转换，根源在于"摹状词"在含义与指称上的模糊性，以及由此可能导致的"专名"与"摹状词"之间的混用。在上述反例中，摹状词的这一模糊性表现在，虽然从其含义来说，"那位将得到工作的人"所蕴含的语义内容是明确的，但在指称的对象上却具有含糊性，因为它所指的对象不是唯一的，而是至少包含两个对象——"琼斯"与"史密斯"，这就蕴含了反例中那种含混转换的可能。虽然第一个反例中命题（b）的真是来自某种偶然性（史密斯口袋里也有十个硬币），但假如没有上述的专名与摹状词之间的这一转换，那么从命题（a）到命题（b）的推理就不可能进行，更不可能将命题（b）的主词的指称对象转换为"史密斯"，从而该反例也不可能产生。所以说，葛梯尔的第一个反例是建立在专名与摹状词之间的混用之上的。

在论述摹状词理论时，罗素这位在摹状词理论上做出过经典分析与重要贡献的哲学家，曾经在理论上指出了将包含专名的命题与包含摹状词的命题加以区分的必要性，并明确指出这是两类不同的命题。他写道："包含一个摹状词的命题和以名字替换命题中的摹状词而得到的命题不是相同的，即使名字所指的和摹状词所描述的是同一个对象，这两个命题也不一样。"虽然这里罗素强调的是后半句"即使名字所指的和摹状词所描述的是同一个对象,这两个命题也不一样",他所举的例子是"司各特是那个写《威弗利》的人"和"司各特是司各特"。① 而在葛梯尔反例中,其情况属于罗素所说的前半句,即"包含一个摹状词的命题和以名字替换命题中的摹状词而得到的命题不是相同的"。在葛梯尔反例中,正是用摹状词"那位将得到工作的人"替换了专名"琼斯",才产生了所谓的"葛梯尔问题"。因此,按照罗素的理论,葛梯尔反例中将这两类不同的命题加以混用,在名称的使用上是有问题的。

二、有关"名称"理论的三个问题

葛梯尔反例中由专名与摹状词的换用所产生的问题,使得我们可以,也有必要从知识论的角度,对有关的"名称"理论进行一番探讨。下面本节将论述如下三个问题:1.名称的确定性问题;2.专名与摹状词的关系;3.专名(名称)作为约定符号的问题。

1. 名称的确定性问题

名称的根本作用是指称对象,并且重要的是这种指称应当具有确定性,否则会产生混乱。

罗素下述的说法在大部分情况下是正确的:"只有逻辑专名才直接而不含混地相应于(即指谓)世界中的某物"②,虽然并不是所有的专名都能够有这样相应的、现实的对象。但与摹状词相比,专名确实具有这样的优点。因为专名的作用就是直接命名、指称某一特定对象,如"鲁迅""司各特""厦门"等。反之,摹状词并没有命名的作用,而只有描述的作用,因此它们所指称的对象就不那么确定了。这种不确定性主要表现在它的对象可以在"零"与"多"之间变化。例如:

---

① 罗素:《摹状词》,引自 A. P. 马蒂尼奇编《语言哲学》,牟博等译,商务印书馆,1998年,第407页。
② A. C. 格雷林:《哲学逻辑引论》,牟博译,中国社会科学出版社,1990年,第162页。

（1）无对象："当今的法国国王"。

（2）单一对象："《威弗利》的作者是司各特"。

（3）多数对象："办公室里的某个人"。假如该办公室有20个人，则它可指称这20个人中的任何一个。

不过，在专名与意义的关系问题上，罗素的看法并不完全。在罗素看来，一个专名的意义就是它的个体。[①]索姆斯也有这样的观点：直接指称理论是正确的，即一个专名n的语义内容就是作为n的指称的那个对象本身。本人认为，这一看法并不全面。一个专名的意义应当是在它与有关个体的关联（关系）的基础上产生。个体提供了意义规定的基础，名称的意义离不开相关的个体，但个体并不等于意义本身。假如将专名的语义内容与其指称的对象等同起来，那么就会出现如下的情况：其一，没有相应对象存在的名称，就会变成没有意义，亦即没有语义内容，而这是不对的。"美人鱼"并没有相应的对象存在，但却有语义内容；其二，对象消失了，语义内容就相应地消失。但实际上却不是这样。"鲁迅"去世了，但这一名称的语义内容依然还在。

因此，对象并不能直接等同于名称的意义。这一点还可从下面的论述中看出。虽然对于一个名称而言，它的对象是恒定的，但这一名称的语义内容随着时间的推移与认识的变化，却是可变的。例如，"厦门"这一专名的部分含义，在20世纪50、60年代是"海防前线"，而到了80年代则是"经济特区"，等等。此外，对于不同的使用者而言，专名也可能意味着不一样的含义。例如对于"鲁迅"这一名称，有的人只知道他是个作家，有的人则知道得很多，包括他的家庭、身世、作品的名称、内容以及它们的评价，知道他还是个思想家、革命家，等等。因此，如果把名称的语义内容等同于这一名称的对象，那等于说只要知道这一名称的人，对它的语

[①] 罗素："一个名字乃是一个简单的符号，直接指一个个体，这个个体就是它的意义。"见A. P. 马蒂尼奇编：《语言哲学》，第407页。

义内容的了解都是一样的。然而，显然事实上并不是这样。

由此自然引出的一个重要问题是：名称的确定性何在？在笔者看来，从本原上说，在于它与所指称的对象的关联性。一个名称如果与它的对象有明确的关联（这通过名称对其对象的指称关系而表现出来），那么它就建立了某种规则性，使得人们如果正确地使用它的话，就有了确定性。再以上面的"鲁迅"这一名称为例。不管人们对它的含义知道多少，但这一名称具有确定性则是无疑的，因为人们总能将它与作为文学家的鲁迅联系起来，除非人们不知道这个名称。此外，从使用上说，尽管有着上述意义上的关联，语词的含义不论是在规定上还是理解上都会有所变化，但语词仍然会有其基本的确定性。这种基本的确定性来自某一语词本身所具有的基本规范。一般而言，这种基本规范源于语词在辞书里的字面规定，并且它通过教育、大众传媒等手段而得到实行。

与之相比，摹状词在一般情况下则具有某种程度的不确定性。这除了上面所说的它们在对象指称上的数量的不确定性之外，还有其他的不确定因素。例如，"中国的首都"这一摹状词，虽然在对象的指称上显得是确定的，亦即只有一个对象，但是，由于没有时间方面的限定词，它就变得不确定。因为在历史上，中国曾经有过不同的首都所在地。

当然，专名也不可能有绝对的确定性。例如同名同姓的人，虽然其名称同样是专名，所指却不只有一个对象，有时甚至很多。在这种情况下，专名中原本潜藏着的含义（下面会详细说到），在需要辨别同名同姓者时，就需要显露出来，以摹状词的形式出现。例如，假设在某一单位有两个叫"蔡国庆"的人。这样，虽然"蔡国庆"是个专名，但由于存在有同名的人，因此为了辨别的需要，人们就得在这名字前面加上诸如"老蔡国庆""小蔡国庆"之类的限制词，使得专名变成了限定性的摹状词。由此可见，专名与摹状词之间是可以转化的。假如专名与摹状词的关系不可转化，也就不可能出现葛梯尔反例中的由"史密斯"变为"办公室中的某个人"的用语上的变化。

2. 专名与摹状词的关系

这一关系表现在它们既有联系，又有区别。一方面，专名的含义是潜在的、隐而未显的，其含义是通过摹状词来展现的。因此，将专名与摹状词割裂开来的观点是不可取的。但另一方面，专名又与摹状词不同，后者的含义可能会更广些，指称的对象可能会更多些，如葛梯尔反例中的"那个将得到工作的人"。

罗素所持的就是这样的观点。他认为，"一般而言，只有当我们用摹状词替换专名时，处于能正确地使用专名的人的心中的思想，才能被明确无遗地表达出来"①。因此在这个意义上，一个专名实际上乃是一个缩略了的摹状词，使用者对于这一摹状词至少是在脑子里蕴含地具有它。不过有如J.塞尔（J. Searle）所指出的，与专名相关联的摹状词可能不止一个，而是模糊的一组，因此不能说它只是某个特定摹状词的缩写。如"厦门"这个名称，它可与"美丽的海岛"这一摹状词相联系，也可与"中国的经济特区""福建省第二大城市"等摹状词相联系。

诚如克里普克所言，专名是有含义的，不过就像我们所认为的，在一般情况下专名的含义是隐而未显的。例如，对于不同的"蔡国庆"，人们实际上在心中有着关于他的不同含义，如上面提到的"老的""小的"，乃至有"男的""女的"等。特别是，当我们说"鲁迅是周树人"时，这两个专名的原本隐含的含义就彰显出来了。假如它们没有含义，我们怎么能知道这两个专名是指的同一对象呢？因此，专名的主要功能虽然是作为事物的标记，但却是有内涵的标记。罗素曾认为日常语言所使用的普通专名都不是真正的专名，而是缩略的或伪装的摹状词，所说的也正是这样的意思。

从"葛梯尔问题"看，当命题从"史密斯拥有一部福特车"改变为"琼斯拥有一部福特车"时，我们为什么会知道这一命题的主词（专名）

---

① Bertrand Russell, *The Problems of Philosophy*, Holt, 1912, p.29.

被改变了，而不认为这两个主词（专名）是同一的（史密斯＝琼斯）呢？虽然他们都属于"办公室里的某一个人"。显然，这是因为史密斯与琼斯这两个专名有着明确不同的含义（内涵）与单一指称（外延），据此我们得以知道上述两个命题的含义得到改变。

进一步说，专名的含义是通过展现为摹状词的方式来实现的。在葛梯尔的反例中，之所以我们能够从"史密斯"切换到"办公室里的某个人"，乃由于在此特定语境中，"史密斯"这一专名的其中一个含义就是"办公室里的某个人"。因此，克里普克认为专名和摹状词是两种性质截然不同的指示词的说法，并不能站得住脚。实际上，在弗雷格那里，不论是名称、词组还是表达式，他都看作是某种"指号"；也就是说，不论是名称、词组还是表达式，都是同属于"指号"，作为其中的一个种类在起作用的。①

因此，克里普克所提出的这种解释——专名的实际所指不满足摹状词的含义，所以专名和摹状词在指称上是有区别的，专名不可能等同于一个或一组摹状词——重在强调专名与摹状词之间的区别，而没有指出它们的联系。上面提到的弗雷格的说法，指出的正是它们之间的联系。

3.专名作为约定的符号

专名（名称）在获得命名之后，即成为一个约定的符号。使用符号的人并不必了解这一符号是如何被命名的，也不必知道有关它的使用是如何形成一个因果的链条。他只需按照有关的约定（实质上表现为某一使用规则）来使用该专名（名称）就行。违反规则的使用是不允许的。葛梯尔反例中的使用，就属于违反规则的使用，所以产生了错误。

斯特劳森曾对专名与摹状词的"意义"问题给出一种新的解释，认为它们乃是对语词或语句的使用提供"一些一般的指导"②，即指导使用者

---

① 见 A. P. 马蒂尼奇编：《语言哲学》，第376、380、381页。
② 斯特劳森：《论指称》，见 A. P. 马蒂尼奇编《语言哲学》，第423页。

将某一语词使用于指称或某一特定的对象，或指导使用者将某一语句使用于构成某些真的或假的论断。斯特劳森的这种解释，论及的实质上也是语词（及语句）的使用规则问题。

遵守规则使得我们能够正确地使用名称，即使不同的使用者对名称的含义所知的程度有较大的不同。例如对于"鲁迅"这一名称，小学生仅知道他是一个有名的作家，甚至不需要知道他是绍兴人，以及他在哪个年代写了哪些作品。但对于一个鲁迅研究者而言，他则有丰富的有关鲁迅的知识，甚至有着自己对鲁迅的理解和解释。但这些了解程度上的不同，并不妨碍人们同一地使用"鲁迅"这一专名。在这一意义上，我们也可以说使用者"承继地"使用相同的名称，不过所承继的只需是该名称的基本规范，亦即基本的含义以及相应的指称。这种"承继"的关键同样在于遵守相同的规则。掌握了该名称的使用规则，就可让使用者不必"亲知"，而只需通过间接的描述，就可正确地使用相同的名称。

三、意义指称论是认识的语义学基础

对于任何名称来说，它的根本作用是指称对象，并且重要的是这种指称应当具有确定性，否则就会发生混乱，产生错误。葛梯尔的上述反例对于名称理论的启示，首先应当是在这里。就这种作用而言，专名比摹状词具有确定性，因此在使用上具有优越性。在一些特定的场合，需要像罗素所提出的那样消除摹状词。

认识的确定性首先源自名称与所指对象相关联而来的确定性。语词的所指越是确定，则相关的认识结果也就越确定。葛梯尔反例中由摹状词的引入而产生的问题表明，要保证名称的确定性，意义论的基础应当是"指称论"，而不是维特根斯坦的语言游戏说的意义"使用论"；也就是说，在名称的基本层面上，首先应当通过指称的作用来获得有关语词的语义规定，在此基础上才能进一步从语词的"使用"的层面来解释其"意义"。后者之所以可能，是建立在前者的基础上的。因此，可以引出如下的结

论：意义指称论是认识的语义学基础，从而也是知识论的一个前提条件。

这一语词意义的"指称"与"使用"层面的区分，即使以维特根斯坦本人的"板石"的例子来说明，也是如此。之所以当A喊一声"板石"，而不用喊出完整的句子"拿板石给我"，B就懂得将板石给A拿过去，首先也是在于这一名称"板石"有其确定的所指，因此才有可能产生在这一特定语境下语词使用者所意指的"拿板石给我"的含义。这一例子同时也表明，意义指称论与意义使用论两者是可以相容的，而并非是相互排斥的。它们在解释上的不同，只是在"指称"与"使用"层面上的不同。

第四节 理解与合理性[①]

本节要论究的是作为知识论意义上的"理解"与"合理性"的关系问题，之所以要论究这一问题，与"理解"活动的特征有关。理解与一般意义上的"认识"不同，后者作为经验性的认识，往往是可以为事实所验证的。例如，对于光速每秒是多少的问题，我们可以通过经验来证实它大约每秒是30万公里。但是，由于理解活动往往处于某种"理由空间"中，也就是说，对于某件事情（如某个人的行为动机之类的主观原因等）的理解，由于其"不可见"的缘故，因而往往是通过诉诸理由来进行论辩、获得认识的结果。

但对于理解所依据的这些理由，假如无法被还原为事实，我们如何判定其有效呢？这时应当说我们需要依据的是它们的"合理性"，即这些理由是否合理。由此，作为理解活动的一个判定标准，合理性概念就凸显出它的重要性，其作用在于作为一个预设的规范性概念，在现实中起着某种约束信念的形成或行动的进行之作用。

[①] 本节原文发表于《哲学研究》2017年第9期。国家社会科学基金重大项目"当代知识论的系列研究"（14ZDB012）的阶段性成果。

一、"合理性"的研究背景

在进入论题之前,我们有必要先介绍与合理性相关的问题的理论研究背景,这将有助于我们进一步展开对这一问题的认识。

普特南曾指出,"我们关于合理性问题的讨论,持续了数十年而终无结论"[1],这向我们言明"合理性"问题的重要性与复杂性。从哲学史来看,这一问题由来已久。自古希腊哲学以来,合理性概念就被区分为两方面:一方面是理论的合理性,另一方面是实践合理性。理论的合理性是针对信念的形成而言的,其目的是要达到真信念以及避免假信念;实践的合理性则由亚里士多德最先提出,它是针对行动而言的,要求"按照某人关于他想得到什么以及如何得到它的信念,而得到他最想要的东西"[2]。可见,理论的合理性对行动的合理性提供了重要的指导和帮助,它引导人们在行动之前首先形成一个合理的信念。

按照塞尔的解释,自古希腊以来就存在着一条探讨合理性、实践理性以及行为中的合理性的传统路径。它源自亚里士多德的主张:慎思(deliberation)总是有关手段的,而绝不是关于目的的;休谟继而为这一主张提供了清晰的描述,即"理性是、并且也应当是激情(passions)的奴隶"[3]。康德则用如下表述延续了上述传统:"凡是希求目的的人,莫不希求手段。"[4]

塞尔进而为这一经典模型概括出六项基本设定。在他看来,尽管在每位哲学家那里并非都包含所有这些设定,但它们一起则构成了合理性概念的经典模型的内在融贯的整体。这些合理性概念在我们的理智文化中起着支配性作用,并在当今仍然或隐或显地产生着影响。

1. 理性的行动由信念和欲望所引发。信念和欲望既是行动的原因,

---

[1] 普特南:《理性、真理与历史》,第186页。
[2] Mele, A. and Rawling, P. (eds.), *The Oxford Handbook of Rationality*, Oxford University Press, 2004, p. 345.
[3] 休谟:《人性论》,第453页。
[4] Searle, J., *Rationality in Action*, MIT Press, 2001, p.5.

同时也是其理由。合理性在很大程度上是一种信念与欲望的合成，它们共同在"正确的方式上"引发了行动。

2. 合理性是一种遵守规则的问题，那些特别的规则使理性的思想、行为与非理性的思想、行为得以区分。

3. 合理性是人所特有的诸种认知能力（如对于视觉的、语言的等等）中的独特的能力之一，或者可以说是最为突出的能力。

4. 只有在行动的心理前件中发生错误时，才会出现希腊人称为"akrasia"的意志薄弱的明显情形。

5. 实践理性从一个行动者的主要目标的清单开始，它包括这个行动者的目的和根本愿望、目标和意图；这些目的、欲望等本身不受合理性的约束，原因在于理性总是关于手段，而绝非关于目的。

6. 仅当一组主要的愿望处于一致状态时，合理性的整体系统才能起作用。用乔恩·埃尔斯特（Jon Elster）的话来表达，即"除非信念和欲望是一致的，否则它们很难成为行动的理由"。[1]

可以看出，塞尔这里所论述的"合理性"概念，主要与行为有关，这从他的《行为的合理性》一书的题目本身就可以看出。此外，塞尔认为，这一有关行为合理性的"经典模型"的核心，就体现在休谟的"理性是、并且也应当是激情的奴隶"这一论断中。这里需要说明的是，由于英文的"rationality"一词兼有"能力"（ability），也即"理性"（reason）的意思，所以这也反映在塞尔所引用的这句休谟的论断以及有关合理性的六项基本设定的归纳中。也就是说，塞尔在此所谈的"合理性"概念，既包括中文意义上的"合理性"，同时也包括中文意义上的"理性"。

具体说来，塞尔概括的这一经典模型所主张的是：理性总是工具性的，而不是关于目的的；即理性给我们提供的是如何更好地达到某种目的的手段，而不是关于什么是目的本身。他还援引赫伯特·西蒙（Herbert

---

[1] Searle, J., *Rationality in Action*, pp.8–11.

Simon）的话说，理性的这种工具性表现在，它不能告诉我们去往何方，至多只能告诉我们如何达到某个地方。这就好比它是一件武器，我们可以用它来服务于我们所希望达到的任何目的，不论这一目的是好是坏。[1]总之，在塞尔看来，传统的行为合理性概念是以手段如何服务于目的为轴心的。在这种意义上，我们也可以把它看作是一种"工具的合理性"。至于理论认识的合理性应当是一种怎样的规定，这并不是塞尔所关心的问题，从而也未能给我们提供相关的线索。

从现有的文献看，相比实践合理性而言，理论合理性是一个后起的概念。关于"理论合理性"问题的较为系统的研究，是由诺齐克做出的。他很推崇"合理性"观念的意义与作用，把它看作是人类的自我形象的一个关键性要素，而并不仅仅是一个获得知识或改进我们的生活或社会的工具。特别是对于哲学家，尽管通常的说法是哲学家爱智慧，但实际上他们所热衷的是推理，即提出理论，并且收集各种理由来支持这一理论，驳斥相反的主张等。而对于推理本身的关注，自然就引出了"规则"的问题以及相应的规则的合理性问题。因此，诺齐克把"合理性"视为人之所以为人的特性；用古希腊的话来表达："人是理性的动物。"[2]

对于当时的合理性理论的研究现状，诺齐克的看法是，它仍处于一种不完善的状态。特别是由于它的偏向性，恰恰成为一种受到特别批评的对象。此外，它应当并正在被转变为一种技术性主题，也就凸显了一些用以刻画有效推理的原则，以及把握一些由理由所支持的信念与行动的类型。诺齐克表示，他的著作《理性的本质》(*The Nature of Rationality*)也将采用这样一种技术性的手段，并集中研究决策的合理性与信念的合理性问题。

对于我们所感兴趣的信念的合理性，诺齐克认为它包含两方面内容：

---

[1] Searle, J., *Rationality in Action*, p.11.
[2] Nozick, R., *The Nature of Rationality*, p. xi.

一方面是借助理由的支持，使信念成为可信赖的；另一方面是通过某个过程，使真信念被可靠地产生出来。按照这一说法，诺齐克实际上关注的是信念的合理性的两个方面：一是它的内容方面，即内容应当是得到理由支持的；二是形式方面，即信念的获得在形式上是得到可靠保证的。诺齐克认为可以通过一些规则的引导来达到这两方面的要求，换言之，在获得合理信念的过程中，有关的规则起着积极的、有效的作用。

并且，诺齐克从在什么状况下我们可以合理地接受某个命题的角度出发，具体给出了如下六条合理性的规则。

规则1：假如某些可供选择的、与h不相容的命题，比起h来具有更高的可信值，那么就不要相信h。[①]

规则2：仅当在相信h时可预期的效用不少于不相信h时的可预期的效用时，才相信（一个可接受的）h。

对于规则2，诺齐克自己还做了修正，使之更为严格，以作为相信某个命题的充分条件。

规则2′：如果相信h的可期望的效用，比起不相信h的可期望的效用更大时，则相信（一个可接受的）h。

规则3：仅当作为一个给定的命题，h的可信值是足够高的情况下，才相信（可接受的）h。

规则4：假如不存在一个可供选择的、与h不相容的且比h具有更高的可信值的命题，并且作为一个给定的命题，h的可信值足够高，以及相信它的可期望的效用至少与不相信它的可期望的效用一样大时，那么相信命题h。

规则5：仅当相信h的决定值（decision-value）是至少与不相信h的决定值一样大时，才相信（可接受的）h。

规则6：如果q是通过一个清楚的演绎推论、来自于一个前提系列

---

① Nozick, R., *The Nature of Rationality*, p. 85.

p1……pn，并且仅当每一个这样的前提pi是得到相信的，以及仅当它们的合取p1 & p2 & …… & pn也是得到相信的，那么相信q。[1]

综上可见，我们可将第1条到第5条规则归属于有关信念内容方面的规则，也就是接受某个信念的"理由"方面的充分性；将第6条规则归属于有关形式方面的规则，即接受这一信念在推理"形式"方面的可靠性。

可以看出，诺齐克的上述合理性规则，是从某个主体是否应当相信某个命题的角度来谈论的，换言之，是从在什么情况下相信某个命题是合理的角度来进行谈论。按照诺齐克的上述规则，我们在某个命题的可信值比其他命题高、可带来的预期效用比其他命题高等情况下，就可以相信该命题是合理的。

二、理解的合理性问题

上述对以往的合理性研究的背景所做的介绍，目的是引出笔者所关心的"理解"这一活动的合理性问题。不论是行为的合理性还是信念的合理性，毕竟它们与理解在性质上是不同的，或者至少是有较大差别的。为了使读者进一步了解这种理解的活动与一般意义上的认识活动的区别，我们在此举一例子加以说明。

法庭辩论的情景可以说是比较典型地体现了笔者所说的这种理解活动。在法庭辩论中，控辩双方都需要举出理由来为自己做辩护。例如，对于某件杀人案而言，嫌犯是故意杀人还是过失杀人，对此控方与辩方都需举证，而法官所扮演的角色以及所起的作用，就是对双方给出的理由进行判断，从而最终做出采信与判决。在这一场景中，法官的理解活动展现出如下几个特征：

第一，法官的理解活动是间接的，他并不直接与事实相接触，并没有自己的亲知，而只是通过对控辩双方提供的证据（理由）来做出自己的

---

[1] Nozick, R., *The Nature of Rationality*, p. 92.

选择和判断。按照柏拉图的看法，在这种情况下法官是没有"知识"的，因为他并没有亲知，而只有听来的"证言"（testimony）。在某种意义上，柏拉图的这一说法可以帮助我们对理解与认识进行区别。

第二，在缺乏亲知的情况下，法官的理解是处于某种"理由空间"中的，也就是他需要依靠控辩双方提供的理由来进行认识（理解）。不论是对于控方或辩方的追问或质疑，其目的都是要求给出理由，或进一步为已给出的理由进行确证（justify，也可译为"辩护"）。

第三，遵照法律"以事实为依据"的原则，法官需要使自己的采信尽可能地接近事实、符合事实。但在事实依然模糊的情况下，法官所能依据的，只能是"合理性"的标准，即究竟是控方还是辩方所给出的理由比较合理，或者说哪一方给出的理由更可能接近事实。"疑罪从无"的原则，从某种意义上说，实际上规定的是在缺乏合理性采信的情况下，应当做出的一种理性的选择与决定。

上述例子凸显了"理由空间"在理解中的特殊地位。从根本上说，理由空间的性质在于它是一种主要由证言构成的论辩空间。近年来，有关证言的研究在知识论上越发得到重视，而且这方面的论著显著增多，这是有一定道理的，因为它是一种我们在日常的认识活动中经常遇到的现象。可以说，我们的大部分"知识"并不是直接来自于"亲知"，而是来自于间接性的"证言"，比如来自书本、课堂、传媒、网络或平时的听闻等。对于这种非直接性的，且往往无法由听者自己加以验证的证言，除了以其权威性、公信力来使人接受之外，还有另一个使听者相信的重要原因，即它们的合理性。

在有关研究中，听者如何才能够合理地接受说者的证言这一问题，是证言知识论的核心论题。就此主要有三种观点：还原论主张听者要确证地接受说者的证言，需要给出正面的理由，包括把它还原为个体的知觉经验。与此相反，非还原论则认为我们应当相信别人的诚实，因此他人给出的证言是普遍可靠的，听者可以合理地加以接受，而无须给出任何理由。

至于融贯论则是将上述两种观点加以综合的产物，它把证言的确证看成是说者与听者双方共同完成的结果，亦即说者的可靠性听者为信念提供的合理理由是这两者的结合。

在这一问题上，孟峰在其《testimony确证的困境及其出路》一文中所考虑的"利害原则"（即证言与人的利害关系的影响），是有一定道理的。①究竟是否需要将证言加以还原并确证，这取决于不同的语境，尤其取决于其中是否存在利害关系。在这方面，知识论中已有相关的理论提出，如在"知识归属"（knowledge attribution，即判断某人是否知道某事）的学说中，"风险"成为影响判断知识归属的重要因素。这也就是说，假如你在某一与自己利害无关的事件中，你容易接受他者的证言。例如，当别人告诉你，某银行在周六上午仍然开门，假如你只不过是为了存上几百块钱，那么你可以相信这一说法，而无须加以证实。但假如你在周六之前必须要到柜台上还贷，否则将承担违约的风险，你就得考虑这一说法是否可靠，并对此加以证实，也就是进行"还原"。与此类似，这种利害关系也会对理解的活动产生一定影响。不过，由于论题的关系，这里我们就不探讨理解中的这一问题。

正由于理解的活动是在"理由空间"中做出的，而这一空间是一个证言的、论辩的空间，理由的索取与给出的空间。论辩双方各自提出了不同的证据、理由，那么凭什么来对之进行取舍，相信其中的某些陈述？按照非还原论的主张，人们有权接受看起来是真的和他们将要理解的东西，而不需要将证言还原到事实。然而，什么是"将要理解的东西"，它的标准是什么？这是需要根据某些原则来判定的。因此，理解的"合理性"原则就凸显出它的重要性。这类原则乃是一种规范，它们规范着听者在何种情况下才应当去相信、去接受某些证言。

---

① 孟峰：《testimony确证的困境及其出路》，见《中国知识论学会第三届学术会议论文集》（打印本），2016年，第286页。

三、一些关于合理性的现有原则

迄今为止，一些哲学家已经提出了不同的合理性原则。在本节的开头，我们提到了塞尔所概述的合理性概念的"经典模型"，并指出这主要是从行为方面做出的合理性界定。而本小节所关注的主要是认识的合理性，目的是为了提出有关"理解"的合理性原则。

理论认识意义上的合理性，概括起来可以分为形式与内容两方面的合理性。这里，"形式方面的"主要是指逻辑意义上的，如信念之间的一致性、不矛盾性，理论推导上的合逻辑性，论证上的有效性等。布兰顿曾经把这种"合理的就是逻辑的"合理性范型，列为"合理性"性质的五种范型之一，并认为它在哲学的传统上是"极有影响和富有成效的"[1]。"内容方面的"合理性所包含的合理性界定比较多，我们可以将其归纳为如下几方面：

其一，与目的性相关联的合理性。这意味着，以不同的认识目的为导向，所产生的对合理性性质的界定也相应不同。这里所说的"目的"，可以有"真""好"或"效用"等。假如认识以"真"为目的，那么"合理的"就意味着是受"真"这一目的所制约的，也就是说，越是真实的就越是合理的。但如果认识是以"好"或"效用"为目的，那么某种认识是否合理，就取决于其效果是否"好"，或者是否能够产生较大的"效用"。我们可以设想，假如战场上有位伤员的伤势比较严重，但我们并不告知他实情，反而安慰他伤得不重，很快就会治愈，这显然有助于他在心理上克服恐惧，以便取得更好的疗效。

其二，与真或事实相关联的合理性。这里的"真"，不是作为目的意义上的"真"，而是作为一种认识的标准。这意味着假如认识达到了"真"的标准，那么它就是合理的。这也可以用"事实"来表达，即假如认识达

---

[1] Brandom, R., *Tales of the Mighty Dead: Historical Essays in the Metaphysics of Intentionality*, Harvard University Press, 2002, p.2.

到了与"事实"相一致的程度,那么这样的认识就是合理的。这种方式的界定,开启了以还原论的方式(即还原到事实)来界定合理性的可能。

在诺齐克看来,与事实的这种联系,也就是与"理由"的联系。他认为,理由r与假设h之间的联系,实际上是处于一种事实上的联系,它表现为理由r的内容与假设h之间的结构上的联系。对于诺齐克而言,理由之所以成其为理由,在于它与真的联系,或者说,基于理由的相信,是一条相信真理之路。①

其三,与模态概念相关联的合理性。所谓的"模态",即"可能性"与"必然性"。将合理性与可能性联系起来,意味着相信越是可能的命题就越合理。从这一角度加以界定,合理性就是"可信度"高低的问题,这种可信度是与可能性概念联系在一起的,即可能性越高的信念就是可信度越高的信念,从而也是合理性越高的信念。

此外,还有学者提出用"必然性"概念来界定合理性。比如,E.罗林(Rollin)认为,在康德那里只有一个直言命令,它与三个子公式的统一的性质,可以用"合理性"来表达。这里,"合理性"的概念可以用"必然性"和"普遍性"来定义。

四、"理解的知识论"的合理性原则

这里所提出的"理解的知识论"②,旨在对处于理解过程中的信念,尤其是处于"理由空间"中的论辩的信念提出一些规范性的原则,使理解者能够有认识上的依据来合理地选择可信的信念。因为通常而言,我们并非

---

① Nozick, R., *The Nature of Rationality*, p. 119.
② 其基本的主张是,理解是一种特殊的认识,它以"自然因"与"自由因(心理因)"的区别为依据,重在对"行为"及其原因,而不是自然事实的理解。由于自由因(或心理因)的主观性与复杂性,因此理解经常处于论辩的"理由空间"中(陈嘉明:《"理解"的知识论》,《哲学动态》2016年第11期,第69—75页;《理解与认识——"理解的知识论"研究》,《甘肃社会科学》2017年第2期,第1—6页)。

盲目地接受某些信念，而接受这些信念的原因往往是出于某种考虑，有其认识上的依据：

1. 可信原则。能够使理解者加以接受的主张或陈述，首先必定在形式上是自洽的、一致的，否则就会出现逻辑矛盾，那就不可信了。因此，"对于理论上的合理性而言，一致是核心的（概念）"[1]。只有逻辑上一致的才是可信的，这属于形式上的合理性，它是衡量某个主张或命题（陈述）是否合理的一个基本尺度。就像所有的认识都必定需要是自洽的一样，对于理解的活动而言，也不例外。这里，所谓的"自洽"包括两方面的含义：一是理由与理由之间的一致性，即用以辩护某一信念的多个理由之间的融贯性；二是理由与信念（或行为）之间的一致性，也就是从所辩护的理由能否推出与信念或论题相关的结果。

以国内曾发生过的一起投毒致死案为例。该案的关键在于嫌犯的动机问题。嫌犯声称他只是准备在愚人节"作弄"对方，但法院认为，嫌犯是一位从事医学专业的人士，他应该懂得自己所投的毒物剂量将会导致致命的后果，因此"作弄"不可能是他的作案动机。这也就是说，嫌犯给出的理由与他所要辩护的行为之间是不自洽的。

从自洽与否方面进行推导，我们可以得出如下的推理：

"如果仅仅是为了作弄对方，那么由于嫌犯是一位专业人士，所以他会控制使用剂量而不致使对方死亡。

但是他没有控制使用的剂量而导致对方死亡，

所以，他不是仅仅为了作弄对方。"

2. 比较原则。这是关于内容方面的原则。之所以需要比较，是因为合理性本身有一个可能性的"程度"以及可信性的问题。前面我们提到这样的判定原则，即越是可能的命题就越合理，而越是合理的就越可信、越可接受，这意味着某些命题或信念的可信度有高低之分。为此，在接受有

---

[1] Mele, A. and Rawling, P. (eds.), *The Oxford Handbook of Rationality*, p. 259.

关命题或信念时，特别是在论辩的理由空间中，理解者能够合理地接受的命题或信念，必定是比起与之相竞争的命题或信念更可信的命题或信念。

那么，如何来判定某个命题或信念是更可能、更可信的呢？笔者认为有两条途径：

第一是在理由与命题或信念的自洽性方面进行比较。在上述投毒的案例中，比起自洽的辩护来说，不自洽的辩护是不可信的，因而采纳更可信的辩护就是合理的。这是通过推理在理由与信念（或行为）的结构联系方面对某些命题或信念所进行的比较。

第二是通过事实"还原"的途径来进行比较。在这方面又可区分为两种情况：一种是能够顺利还原到有关的事实或证据。这时的合理性问题，实际上就被"真（实性）"所取代，或者说合理性问题就转化为"真（实性）"的问题。很显然，这是一种最为理想化的状态。在此状态下的比较，就等于是按照排中律来选择出真命题或真信念，而排除假命题或假信念。另一种是不可还原或不可完全还原的情况。在这种情况下，合理性原则正好发挥其作用。例如，前些年国内史学界发生的一场争论，在河南安阳发现的古墓究竟是不是曹操墓。其争论的焦点在于：一是，墓中发现的刻有"魏武王"字样的石牌与石枕，到底是墓中原有的，还是从盗墓分子那里缴获的？二是，由于曹操从不称"魏武王"，所以刻有"魏武王"字样的石牌与石枕是否可信？如此等等。在这种情况下，由于证据的真实性难以得到完全的断定，因此只能诉诸它们的合理性，也就是只能在有关证据的合理性方面进行比较。这属于证据或理由的内容方面的比较，具体的比较标准是证据的可信性程度。前面所介绍的诺齐克所提出的一些合理性规则，所刻画的正是类似的比较原则与方法。

不过在进行比较的情况下，"合理性"问题即显现出其主观性的色彩，而这其实是普特南所言的那种"持续了数十年而终无结果"[①]的争论

---

① 普特南：《理性、真理与历史》，第186页。

之症结所在。这时的理解活动就进入了一个"理由空间"的论辩状态。争论者依据自己的理由来说服对方,试图使之能够被接受。在此情况下容易出现双方甚至多方争持不下的局面,特别是在事关将来的、由多种因素所影响的、不确定性的情况下,比如说,是否新增某种税收之类。假如需要使此类问题有所结果,一种可能的解决方式是诉诸"投票表决"。这实际上体现的是在"说理"无果之后的另一种合理的、同样是比较性的选择,即少数服从多数。从理解的知识论的角度而言,这意味着少数人的理解服从于多数人的理解。

第五节 理解、理由与解释[①]

近二三十年来在分析哲学中,"理解"的问题得到较多的关注。不仅在知识论的层面上,而且还在哲学本身的层面上。就前者而言,知识论学者们提出,理解比一般意义上的认识更深入,更有价值,更能把握整体,能够避免"葛梯尔问题"、避免凭运气而来的认识,等等。因此,甚至有学者提出,知识论的研究重心,应当从"知识"转向有更高价值的"理解"。[②]就后者而言,麦克道威尔也意识到建立一种不同于自然科学意义上的"理解"论的重要性,提出"我们必须明确地将自然科学的理解与这样的理解区别开来,后者是通过将被理解的东西置于理由的逻辑空间中而获得的"[③]。

分析哲学,尤其是知识论发展的这一动向,值得引起我们的关注。本节将主要针对如下几个问题来展开。首先,为什么在认识之外还需要理

[①] 本节原文发表于《自然辩证法通讯》2019年第5期(第41卷),第10—17页。国家社会科学基金重大项目"当代知识论的系列研究"的阶段性成果。
[②] 普里查德(Duncan Pritchard)可作为其中的一个代表。他的理由是知识缺乏最终的价值,而理解显然具有这种最终价值。详见 Duncan Pritchard, *Epistemology*, Palgrave Macmillan, 2016, p.135.
[③] John McDowell, *Mind and World*, p.22.

解，它们之间的差别何在？其次，理解的基础是什么，或者说，它依据的是事实还是理由？最后，是理解与解释的关系问题。

一、理解与认识的差别

在展开有关说明之前，我们先来看看下面的例子。

大家都知道[①]《红楼梦》是一本小说，但有人将它理解为言情小说，有人却理解为封建社会没落的写照。

大家都知道"因果性"指的是事物之间原因与结果的联系，但休谟将它理解为是我们的想象力的习惯性联想，而康德则将它理解为一种先天必然的法则。

大家都知道"环境"是我们生活于其中的家园，但对于人与环境的关系，在不同时代却有着不同的理解。在近代，人类以征服环境为荣，在现代，则以保护环境为己任。

这些例子表明，理解与知识是有区别的。知识可以仅仅是对事物的某种性质或关系的了解，但理解则不仅要知其然，而且要知其所以然。知识是确定的，但对于同一事物则可能有不同的理解。知识是价值中立的，但理解则不免有价值因素的介入乃至预设，等等。

另外，从教育实践的角度说，我们强调学习者应当获得对知识的理解，而不单单是懂得某些知识。这同样提出了类似值得探讨的问题：什么是理解？为什么在知识之外还需要理解？它与知识的差别何在？

正是由于"理解"概念在认识上的重要性，因此它不仅在欧洲大陆哲学中，尤其是在诠释学里得到长久的关注，以至于后来构成伽达默尔的经典著作《真理与方法》的核心问题，即"理解是如何可能的"；而且在近期的分析哲学中，它也成为一个关注的焦点。理解之所以有别于知识，或者说高于认识，近期知识论学者们给出的一个较多的解释是，理解把握

[①] 这里使用的"知道"一词，对应于英文的know。因此，文中有时根据中文表达的需要，将know换写成"认识"或"知识"。

第三章　知识与理解

的是信息体中的整体性的关系，而不像认识那样仅仅是个别的、片段性的关系。就此，卡万维格（Jonathan L. Kvanvig）写道："理解的特征在于它把个别的片段性的信息结合为一个统一的整体。"[1]因此，把握信息体中的一致性的整体关系，对于理解是关键的。

在这方面，厄尔金（Catherine Elgin）所持的也是相同的看法。她认为，"理解者必须把握各种不同要素的'真'在解释中是如何相互关联的"[2]，这指的也是理解必须把握事物的有关要素之间的内在联系的意思。就此她给出的一个例子是，假如只是孤立地理解"在马拉松战役中雅典打败了波斯"，也就是只局限于这个命题，那么理解与知识的区别就显得是很轻微的了。但假如对此事件的理解是处于一个对希腊历史的、广泛全面的、一致的信息体的把握，对该战役情况（如两军的战略战术）的完整的把握，那么它与"认识"的不同就是明显的了。

不过在笔者看来，这样的解释虽然有一定的道理，但并没有真正把握理解与认识的根本差别，没能说清理解之所以高出认识的地方。因为对于"系统论""控制论"之类的认识，它们的目标也是把握对象的整体性联系，而不是仅仅停留于个别性认识的层面。因此从是否把握了整体性的信息的角度，并不能说清理解为什么高于认识。

对此问题的另一种有代表性的回答是，因为知识仅仅在于认识了p，而理解则把握了p的原因。换言之，与认识相比，理解获得了更进一步的认识，这体现在它把握了事物之间的因果联系。这种观点属于知识论上的一个主导性的观点，其源头可以追溯到亚里士多德。在现代哲学家中，刘易斯也持有这样的看法。他认为，理解一个事件就是"具有"关于这一事件的原因的信息，即把握了有关的命题。格里姆（Stephen R. Grimm）并把这类观点表示为如下的一个"命题模型"：

---

[1] Jonathan L. Kvanvig, *The Value of Knowledge and the Pursuit of Understanding*, Cambridge University Press, 2003, p.197.

[2] Catherine Elgin, "Understanding and the Facts", *Philosophical Studies*, 2007, vol.132, p.34.

（a）S具有p的原因的知识，

正是基于

（b）由于q，S认识到p。[1]

格里姆对此给出的例示是，咖啡溢出，是由于桌子被碰到了；我的儿子出现了过敏反应，是由于吃了一些花生。

不过，把认识与理解的区别归结为是否把握了事物的原因，这种解释存在一定的困难，并且也已受到了质疑。有的反对意见认为，对于理解而言，有关原因的认识并非是必要的。这或是由于对于理解来说，缺乏某种知识也是可以的；或是由于理解也可以产生自非因果关系的来源。另有一种反对意见认为，对于理解来说，因果关系的知识并非是充分的条件。

普里查德就此曾以下述的例子来进行论证。家里的房子失火了，孩子问消防员失火的原因，得到的回答是由于电路短路。于是，孩子知道了失火的原因。但是，"由于他并不具有短路如何能够引起火灾的概念，因此我们很难想象这就足以使他理解为什么他的房子会发生火灾"[2]。这表明，即使抽象地知道了某件事情的原因，但这并不等于真正理解了有关事情的道理或理据。用上面提到的那种反对意见来说就是，获得原因的知识并不是理解的充分条件。

普里查德的这一质疑是有效的。它实际上涉及了理解的"标准"问题，也就是说，在什么意义上可以说某个人对某件事物具有了理解？

这一标准似应包含两个方面。一是，理解者是否把握了所关涉到的事物的"理"，亦即理据或理由。仅仅知道一个事物或事件的原因还不足以构成理解。只有在把握了这一原因的"如何"（how）能够产生有关结果的道理之后，才能够称得上是理解。二是，理解者对于所理解了的道理是否能

---

[1] Stephen R. Grimm, "Understanding as Knowledge of Causes", in A. Fairweather (ed.), *Virtue Epistemology Naturalized: Bridges Between Virtue Epistemology and Philosophy of Science*, Springer International Publishing Switzerland, 2014, p.330.

[2] Pritchard, D., Millar, A., Haddock, A., *The Nature and Value of Knowledge: Three Investigations*, Oxford University Press, 2010, p.81.

够加以运用。假如一位医生只懂得某些疾病的理论，但却不能运用于临床，对病人的疾病无法正确加以判断与诊治，这能说他对这些疾病有理解吗？

由上述标准还可得出理解是一个具有程度性的概念。对于不同的人而言，他们对相同事物的理解是有程度上的差别的。对于非专业性的人士而言，只要他们了解了有关事物的关系，不仅知其然，而且还知其所以然，就可以说是达到理解了。但对于专业人士而言，仅仅停留在理论的层面上还是不够的，还需要能够对有关的理论加以运用，才可称得上是理解。学校教育的根本指向，实质上是使用一些不同的手段，来帮助学生达到理解的目标。例如，通过做习题练习、到企业单位进行实习等方式、途径，都是旨在使学生能够对所学的知识达到真正的理解。

归结起来，笔者认为理解与认识的差别表现在如下几个方面。首先，虽然理解与认识具有相同之处，即它们都获得了某种信息，知道了对象的某些规定性，即"知其然"。但是，假如我们不满足于此，还要进一步"知其所以然"，把握事物之所以如此的原因与理据，那么仅仅停留在一般意义上的"知道"的层面上是不够的，还需深入到它们的"理据或理由"的层面。其次，从根本上说，理解是有别于认识的一种特殊的认知活动。这种区别就像我们虽然能够知道某首诗，但却未能理解它一样。这里，理解与认识的不同在于，理解并非是仅仅具有一般知识的属性，而是还需要把握对象的意义与价值之类的东西。在一些领域（如道德与社会等），所谓的"事实"乃是理解与解释的结果。什么是"善"与"恶"，什么是"公正"，这一类的观念从根本上说不过是人们理解的产物。为什么有的人能够接受同性恋，有的人就不能接受，其中蕴含的价值观念，显然就是出于人们的不同理解。最后，理解是一种对对象的重新解释的活动。人类通过自己对客体，包括对自然、社会与文化所得出的不同理解，形成不同的信念，并将它们付诸实践，从而改变着世界，产生着多元的文化。文化的实质，正是出于不同族类、不同人群对自然、社会与生活的不同理解，而构建出来的多元化的产物。

二、理解的基础并非在于事实性

以上论及的是理解与认识的不同。比起一般的认识来，理解还需深入到事物的理据。与此相关的一个问题是，理解的基础是什么？我们是基于事实性来进行理解呢，或是基于某些理由来做出理解？假如是后者，那么事实与理由的区别又是什么？这里，我们拟用哲学史上对有关"因果性"概念的不同理解为例，来切入并分析这一问题。

不论是科学家或常人都在使用因果性概念。看到天下雨了，人们出门就会带伞，因为知道否则就会被雨淋湿。但什么是"因果性"，在认识上原因与结果之间的联系来自何处，并且这种联系是否为必然的，这就未必是人们所能理解的了。要理解原因与结果之间的联系的性质，需要找出有关的理由或根据。

哲学史上最为典型的有关解释，如同大家所知的，是由休谟与康德分别给出的。休谟依据的是事件之间联系的可重复性，因此断言因果性只不过是我们的想象力的习惯性联想。而康德依据的是先天的经验判断规则在其中所起的综合与规定作用，因此给出的结论是因果联系的必然性来自知性运用规则的建构。这两类理解上的不同，依据的是不同的解释理由。这一例子同时也表明理解与解释是不可分的（对于这两者之间的关系，我们在后面会专门进行论述）。

上述例子表明，对因果关系性质的解释的关键，在于给出相应的理由，论说各自的道理。对于这类哲学意义上的理解，是难以诉诸事实或真来判断、来解决的，而是需要依据理由来进行。

对此，人们或许会反驳说，难道理解可以不依事实来进行吗？这就涉及当今理解论所争论的另一个问题：理解是否是事实性的？

对此持肯定意见的学者，如卡万维格，宣称知识与理解都是事实性的，与理解有关的对象（例如人、理论、实在的部分等）都必须是真的。他认为，除非构成我们有关论题的一致性的大部分命题以及所有核心的命题是真的，否则我们无法理解该论题。知识与理解的差别在于前者是片段性的、个别的，而后者是整体性的信息体。在他所区分的"命题的理解"与"对象的理解"这两种类型中，在后者那里，事实性是处于背景之中的。一旦我们越过事实性，"理解的核心本质就在于把握信息项之间的关系"①。

否定性的意见方面也可区分为两种。厄尔金并不否认理解与事实的关系。在她那里，所谓的知识是事实的，指的是除非p是真的，否则某人并不认识p。不过她认为不应当把理解局限为事实性的，否则这样的规定会是过于严格的，会对理解给出不恰当的限制。在她看来，做出这种限制既不能反映我们归之于理解的实践，同时对于当代的科学也是不恰当的。因为科学使用了并不映现事实的理想化与模型的方法。

进一步说来，厄尔金认为假如把理解也看作是事实性的，那就意味着理解是一种知识，但如此一来理解必须是一长串相关命题的合取。这使得理解面临着如下几个问题。首先，它无法迎合理解把握了原子命题之间的联系的要求，也就是把握了它们之间如何相互影响的关系，而不仅仅只是一种一致性的关系。其次，它无法迎合这样的命题，即把握了几何命题的学生，比仅仅知道该命题的学生能够有更多的应用。再次，它也无法迎合这样的事实，即并非所有包含了对于一个主题的真正理解的命题都需要是真的。此外，厄尔金不赞同理解是事实性的另一个理由是，理解有着程度上的差别。她论证说，即使某位教授和学生都相信某个给定的事件是"真"的，但他们对这一"真"的重要性或意义的理解却是有差别的。例如对于古代雅典打败波斯的战役，教授能够认识到它的意义，而学生仅仅知道它是真的而已。

有位学者里格斯（Wayne Riggs）甚至主张可以有基于错误理由的理解。他反对卡瓦维格关于理解以事实为基础的看法，认为存在一些这样的情况：即使在人们相信某种并非"边缘的"，而是相当"核心"的错误事

---

① Jonathan L. Kvanvig, *The Value of Knowledge and the Pursuit of Understanding*, p.197.

情的情况下，他们仍然可以有理解。他给出的例子是：假定我理解自己的妻子，能够在一个较广的范围内可靠地预见她的行为，等等。因为我具有关于她的过去与现在的性格的事实，这包括相信在她3岁曾经历过一次造成精神创伤的轮船失事，这使得她总是不愿意在海上旅行。然而实际上她并没有过海难的经历，而是由于父母的不小心，使得她在2岁（而不是3岁）时从码头上跌入海中。所谓的海难是她的父母为了不让自己的心灵受折磨而故意这么编造的。基于上述的理由，里格斯主张必须"放宽"对于理解的事实性的限制。①

不过在笔者看来，里格斯的这个例子并不具有典型性，缺乏说服力。因为，尽管"妻子"害怕海上旅行的原因并非是"我"从她的父母那里得知的那一个，但相同的情况是，它们都是某种原因，并且这两个原因在性质上是很相似的，都属于意外落水而造成的惊吓，只是情况有所不同而已，因此不能以此为依据来论证理解并不以事实或真为基础。恰恰相反，它反倒表明理解是需要找出导致既有结果的原因。

这里需要指出的是，虽然笔者也不赞成理解的基础是事实性的，但所依据的道理与厄尔金和里格斯的并不一样。基于上面所论述的理解与认识的差别，我认为尽管理解是对于事实（包括行为及其目的等）的理解，但所做出的理解的依据却在于理由，而不是事实。事实只是构成理解的对象，就像因果性的存在是一个事实，但对什么是因果性的理解却是借助理由来对它进行解读而得出的。理解需要给出理据或理由，而理据或理由虽然与事实有关，但并不等于事实。事实是客观的，是理解的对象，但理由是经过主观解读的、诠释的，是理解的依据。本节开始时所提到的那几个例子，即对于《红楼梦》等可有不同的理解，表明的正是这一点。

假如说理解的基础是事实性的，那么一旦理解符合了事实，这意味

---

① Wayne Riggs, "Understanding, Knowledge, and the Meno Requirement", in A. Haddock (ed.), *Epistemic Value*, Oxford University Press, 2009, p.336.

着该理解是真的,这样一来由于真理只能有一个,理解也就只能有一个,相应地这一理解也就完结了,不存在新的理解的可能。那么进而说可以有不同的、不断的理解,就是矛盾的。然而情况并不是这样,就像对于"同性恋"这样的相同事实,人们却总是基于不同的理由而做出不同的理解。

以上的论述表明,理解是一种有如麦克道威尔所说的处于"理由的逻辑空间"之中的活动。在本节开头的部分提到,麦克道威尔区分了"自然科学的理解"与"一般而言的理解",前者是受自然规律所制约的,因此属于"自然的逻辑空间";后者则是由理由的确证所决定的,亦即通过给出确证性的理由来决定有关理解的可接受性,因此属于"理由的逻辑空间"。在这方面,麦克道威尔的思想的一个目标,就是要反驳他称之为"露骨的自然主义"的经验论,也就是反对那种将"经验"视为一个决定认识的正确与否的"法庭"的看法。他赞同塞拉斯的如下观点,即认识论易于陷入一种自然主义的谬误,也就是把知识归于某种"经验的描述",而忽视了它的规范性语境,包括确证性的理由在其中所起的作用,亦即通过某一事物来证明另一事物的正当性或正确性。

把理解的基础认作是事实性的,实质上是类似于麦克道威尔所说的以"经验"作为理解的正确性与否的"法庭",把理解交由经验事实来判定其真实性。然而,由于理解是通过对事物的道理的领会,以及通过理由的论辩来获得的,因此与其说理解的基础是事实性的,莫若说是理由性、论辩性的,这更能有助于说明理解的性质与活动。

三、事实、理由与理解

下面我们将延伸这一问题的探讨。麦克道威尔的上述思想中,与本文的问题有关因而受到笔者关注的主要有两点。一是,它反对能够具有某种单纯的经验的描述,而认为对于一般的理解而言,其正当性或正确性取决于给出的理由,而不像自然科学那样诉诸规律。二是,它断言"一种单纯因果的关系不能充作一种确证的关系（justificatory relation）"①。这一观点与戴维森的下述主张极为相似。戴维森曾宣称，外部事实虽然能够引起我们的知觉的产生，也就是对信念的形成具有因果作用，但却不具有确证的作用，因为感觉与信念之间并不具有逻辑的关系，因而信念的确证取决于其系统内部的观念之间的一致性。②

就第一点而言，我们可以借用它来支持我们反对理解的事实性基础的主张，因为如果宣称知识与理解都是事实性的，这等于是将经验作为理解的"法庭"，由它来判定理解的合理性。③假如这样的话，那就意味着可以依靠单纯的经验的描述，也就是可以有某种与理解者的心灵状况，尤其是与它所具有的理由无关的"真"。在这一意义上，很容易将卡瓦维格的观点归入麦克道威尔所称的"露骨的自然主义"，因为它并未反思"事实性"概念对于理解来说可能存在的问题，如理解过程中的理解者的心灵状态、观念背景、所使用的理由的介入与可能产生的影响的问题。

进而言之，笔者赞同麦克道威尔的理解是基于"理由的空间"的主张。之所以如此，其基本依据是事实与理由的不同。事实（现象、事件、事态等）构成了我们理解的出发点，是我们据以解释的对象；但如何进行解读，依靠的则是我们所具有的理由。事实可以被用来作为理由，但事实本身并不等于理由。

对于事实与理由的不同，我们还可以做出如下的分析。

其一，事实是自在的、客观存在的，理由则既可以是客观的，也可以是主观的。事实的客观性体现在我们无法改变它。中国有座万里长城，

---

① John McDowell, *Mind and World*, p.71.
② 对于戴维森的这一主张，笔者曾经提出反对意见。参见以下文章：陈嘉明：《经验基础与知识确证》，《中国社会科学》2007年第1期，第65—72页；陈嘉明：《外在主义与一致主义可否融合——对戴维森有关思想的回应》，《文史哲》2013年第4期，第42—49页。
③ 笔者认为理解所遵循的原则应是合理性，而非如麦克道威尔所说的是"正当性或正确性"。参见陈嘉明：《理解与合理性》，《哲学研究》2017年第9期，第75—81页。

这是谁也改变不了的事实。但即使是对于同样一个人来说，他的行动的理由既可以源于客观的事实（如家贫无法上学），也可以是主观性的意图（本人不想上学）。在主观方面，理由可以是某种观念、目的、意向等（如某人为什么退学，是因为他想去创办公司）。对于理解而言，特别是对于人的行为的理解而言，由于行为的目的性与意向性具有价值与意义的色彩，因此它们需要依靠理解者的解读。正是这种解读性使得理解更多的取决于理由，而难以取决于单纯的"事实"。

其二，把某种事实作为理由是经过主观的选择、解读、判断的结果。足球赛中的是否"手球"的裁定，出自于裁判员的判断。这种判断虽然是基于事实的，但并不等于事实。这一"不等于"是由如下几个要素构成的。首先，与裁判员的水平有关系。一个裁判员的水平越高，他的有关判断就越准确，越不容易出现失误。其次，与裁判员的职业道德水平有关系。所谓的"黑哨"指的是故意做出违背事实的裁定。三是，与当时裁判员所处的特定位置以及所形成的视角有关。假如他处于一个被遮挡的位置，视角被挡住了，这就容易造成他做出错误的判断。因此，受诸如此类的各种因素所影响，"手球"的裁决虽然是以事实为基础的，但它并不等于事实，而只能说是出自裁判员所给出的理由。

其三，自然的事实之所以能够被认定为是事实，一个主要的依据是它的可重复性。对于可重复的现象，在得到相同的观察的结果、产生相同的感觉印象之后，显然这一现象的"事实性"就具有较高程度的可靠性。然而，理由并不必然具有这样的可重复性。也就是说，假如换为另一位裁判，即使是在相同的情景下，他仍可能提出不同的理由，做出不同的裁决。理由的这种未必有重复性导致的结果是，人们在对某种行为做出理解时，必须为自己的理由提出辩护。

其四，可以有普遍的理由，但不存在普遍的事实。当我们采用事物的规律或原理，或某些理论上的（如哲学上的人性的善或恶）预设时，这样的理由是普遍性的。例如要理解昨晚室外的水为什么会结冰，我们可引用水在零度之下会结冰的规律来作为理由。但事实总是个别的、具体的，总是发生于特定的时间空间之中的。所谓的"普遍事实"，不过是出于人们的概括而来的普遍命题而已。①

就第二点，即单纯因果的关系能否作为一种确证的关系而言，假如否定性的主张能够成立，那么当今理解论中的那些将认识与理解的区别归于除了具有命题性的知识外，理解还把握了有关对象（事件）的原因的看法，就将统统被判为无效的，因为这种因果关系构不成有关理解的理由。然而，在现有的理解论中，将理解归结为把握某种原因是如何引起有关结果的看法，却并非个别的。例如，普里查德曾说到"因果理解的标准观点"是，要理解为什么某人的房子发生火灾，就是要去知道这一火灾的"原因"。②格里姆认为，理解意味着认识结果是如何因果地依赖于其原因，亦即把握原因与结果是以何种模式关联起来的。

对于上述麦克道威尔的"一种单纯因果的关系不能充作一种确证的关系"的看法，笔者持一种反对的意见，因为它似乎只说对了一半。假如他的意思是说，单纯的因果关系是不能自己确证自己的，亦即区分开事物本身的关系与认识的确证关系，那么他的这句断言是对的。这就像"天下雨"的现象本身不能对"地湿"的现象做出理由上的确证一样，因为谁都明白，"天下雨"这一现象本身并不会言说，并不会为"地湿"的现象证明什么。但是，假如他的意思还包括人们无法利用因果关系来对有关的现象进行理由上的确证，那就是错误的了，因为这种确证是依靠证据或理由进行的。而理据或理由包括利用现象或事实。因此，"天下雨"这样的现象是可以被用来说明"地湿"的原因的。既然可以，那么否定事物间的因果关系可以用来作为确证的证据或理由，那就是无法成立的了。

---

① 金岳霖也曾反对有普遍事实的存在。他的论证是，就像概念并不表示普遍的个体一样，普遍的命题也不表示普遍的事实。所谓"普遍的事实"同"普遍的个体"一样，是矛盾的。详见金岳霖：《知识论》，中国人民大学出版社，2010年，第553页。

② Duncan Pritchard, *Epistemology*, p.127.

四、理解与解释的关系

上面我们论述了理解并非建立在事实性的基础上。相反，由于理解可能具有的多样性，因此它从根本上说是以理由为依据的。理由作为解释项，它与被解释项之间构成了一种推论的解释关系。与此相关就涉及理解与解释的关系问题。

首先，理解与解释具有内在的关联性。既然理解是借助理由而进行的，而提出某种理由意味着给出一种解释，因此理解是通过解释而形成的。此外，解释总是在不同的理由中寻找最佳的理由，排除不恰当的理由，因此，解释属于一种最佳理由的解释。上面我们提到休谟与康德对于"因果关系"经验的不同理解，下面我们就以它们为例证，来说明它们所表现出的解释的结构、性质与方法。通过这一说明，我们将表明理解的方法属于"最佳解释的推论"的方法。

我们先从休谟开始。从结构上看，休谟的分析是这样的：

（1）我们从经验中得到有原因与结果的关系，我们力求充分地解释这种关系。[1]

（2）要理解因果关系的观念，必须追溯到它们的根源，从它们的"来源"入手。它们显然是我们从经验中得来的关系。

（3）从因果观念所由产生的印象，可以发现因果关系的观念必然是从对象间的某种关系得来的，接近关系和接续关系是原因和结果的必要条件。

（4）由于这两种关系是不完全的、不满意的，因为因果关系丝毫也不依靠它们，或者说虽然一个对象可以和另一个对象接近并且是先在的，但两者之间未必构成因果关系，因此排除因果关系的观念是得自对象本身的。

（5）由于对进入因果观念中的那个必然联系的本质的问题，也无法

---

[1] 休谟：《人性论》，第85—90页。

得自直接的观察,这就进而否定了因果观念来自感觉本身。

(6)因果观念也不是由理性所决定的。由于我们只能根据经验来从一个对象的存在推断另一个对象的存在,因而理性永远不能使我们相信,任何一个对象的存在涵摄另外一个对象的存在。

(7)通过经验我们得到的发现是,因果之间的一个新的关系是它们的恒常的结合。并且,我们之所以能够根据一个对象的出现推断另一个对象的存在,并不是凭着其他的原则,而只是凭着作用于想象上的习惯。

(8)因此结论是,因果关系的观念是由"习惯或联想原则所决定的"[①]。

从上述分析中可以看出,休谟在对因果观念进行理解与解释时,他是通过寻找最合适,也就是最好的理由来进行的。在这样做的时候,他是在各种可能的理由中进行选择,然后排除他认为是不恰当的理由(包括来自对象本身、来自观察,以及来自理性等),最终确定出最佳的理由(它是由习惯或联想原则所决定的)。从这一理由中,我们能够推论出因果观念的产生与存在,也就是能够给它一个合理的解释。这可以说是休谟所使用的解释方式的根本性质。而对照起来,这一方式正是"最佳解释的推论"的方式。"最佳解释的推论"的过程,就是从已有的某个现象或事件出发,追溯它之所以能够成立的原因,或者说是给出一种理由上的解释。依据这种解释,我们能够推论出该现象或事件之所以存在的结论。

康德有关因果关系知识的性质的解释,通过分析同样展现为最佳解释的推论的样式。它也是从一个有待解释的事物(或情况)出发,通过排除一些不恰当的理由,从而选择出某种最佳的、最合适的理由,以之作为解释项。这一解释项与被解释项之间具有可以推论出的解释关系。

(1)我们具有"因果性"的经验知识。现在需要解释的是它是如何可能的。

[①] 休谟:《人性论》,第115页。

（2）任何知识都具有普遍必然、客观有效的属性，因果经验是一种知识，因此它也具有同样的属性。

（3）来自单纯知觉或想象力的综合的知识只具有偶然性，因为对于原因与结果两个现象在时间关系上的联结，两者孰先孰后，想象力可以任意用两种不同的方式来对原因与结果的状态进行联结，因此，通过单纯的知觉或想象力，相互继起的诸现象之客观关系仍然还是未定的。

（4）反之，因果性概念是一种先天知识，它来自我们的知性本身。原因概念如果是基于归纳，那就会同知觉经验一样只能是偶然的。

（5）经验只有通过知觉的必然的综合才是可能的。这种综合最终只能通过知性运用范畴来进行。范畴起着一种规则的作用。主观的感知中有一种客观的规则，它制约着我们的知觉系列。知觉联结的必然性是在时间的顺序中获得的。这一事件顺序是知性将因果律输入对象中的结果。

（6）因此，因果关系的规则"是经验本身的根据"，它们"之所以是先天的"，是由于它们"曾先行于经验之前的"①，是我们将它们放入经验中去的，并由此规定了分别作为原因与结果的事物之间的承继性综合的秩序。

（7）所以，最后的结论是："现象间原因对结果的关系，乃是我们在知觉的系列方面所做的经验性判断的客观有效性的条件，从而即是知觉系列的经验性真理的条件乃至经验的条件。"②

对于上面的有关休谟与康德的因果论的解释，虽然从另一种角度看，我们也可以把它们分别归结为经验论证的解释与先验论证的解释。但从实质上说，它们都是在为因果关系的观念或知识的解释寻求某种最合适的理由，这是它们两者的共同点。由此可以说，休谟与康德有关因果性的理解与解释，使用的是最佳解释的推论的方法。

---

① 康德：《纯粹理性批判》，王玖兴主译，商务印书馆，2018年，第176页。
② 康德：《纯粹理性批判》，第180页。

与证据主义的解释模式相比，对于理解而言，最佳解释的推论模式是比较适用的。在证据主义的倡导者科内与费德曼那里，理解也被看作是具有解释性的知识。纽曼（Mark Newman）曾把证据主义的解释模式概述为："S理解为什么某个事实f是成立的，当且仅当S认识到f的一个解释e。"①

不过，这一解释模式对于理解而言并不适用，因为它止步于理解是得到一种解释的回答而已。至于如何进行这种"解释"，什么是这种解释的标准，它并没有给出答案。与之相比，最佳解释的推论的优点在于，它为如何进行解释给出了两个关键的要素，一是，解释必须寻找出"最佳的理由"，二是，理由作为解释项，必须与被解释项之间具有可以推出的关系。

最佳解释的推论所遇到的一个最严厉的批评是，总是存在一些我们认为是可替代的、最好的解释。当然从理论上说，这种可能性总是存在的。不过与之相应的是，理解也并非是一劳永逸的、绝对的。本来，理解本身就具有程度性；同理，它所给出的解释也是如此。所谓的"最佳理由"也是一个相对的概念。正是由于存在可替代的、更好的解释的可能性，所以理解才表现为一个持续的过程；同时由于"最佳理由"本身的可争论性，理解也才表现为多样化的理解。

第六节 "理解"的理解②

"理解"是日常经验中的一种重要的思想活动，用伽达默尔的话说，这一现象"遍及人类世界的一切方面"③，因此它受到了不少哲学家的关

---

① Mark Newman, "An Evidentialist Account of Explanatory Understanding", in S. Grimm, C. Baumberger, and S. Ammon (eds.), *Explaining Understanding: New Perspectives from Epistemology and Philosophy of Science*, Routledge, 2017, p.192.
② 本节原文发表于《哲学研究》2019年第9期。国家社会科学基金重大项目"当代知识论的系列研究"的阶段性成果。
③ 伽达默尔：《真理与方法》，洪汉鼎译，商务印书馆，2016年，第3页。

注。不论是欧陆的解释学或是英美的分析哲学,其代表人物都对它进行了深入的研究,并提出了一些有影响的思想。近些年来在分析的知识论中,这一概念再次成为关注的焦点。

由于"理解"这一概念具有广泛的运用,其对象几乎涵括我们日常生活中的各个方面,如理解某个人、某件事情、某个语句或命题,理解某事为什么会如此、如何是这样,等等。"理解"最为典型的对象应当是与心灵活动有关的行为,包括对言语和行动的理解。让我们用熟悉的"空城计"为例来说明。当司马懿面对洞开的"空城"时,他首先产生的一个疑惑是,诸葛亮这么做是什么意思?也就是提出该事件的"意义"问题。随后,要消解这个疑惑,他需要明白:诸葛亮到底想干什么?也就是把握诸葛亮的"意向"。可见,"意义"与"意向"是关联在一起的。要明白某个事件的意义,就需要把握其意向。从这个角度说,意向决定了事件的意义。此外,司马懿对"空城"这一现象的理解表现为一种心理活动;具体说来,是要通过自己的心理活动来理解对方(诸葛亮)的心理活动,其核心也是"意向性"。司马懿所做出的心理分析的结果是,由于诸葛亮一生行事谨慎,因此城里一定有伏兵,从而他下令立即撤兵。

在该例子中,需要被理解的对象是某个行动,它直接呈现为一个城门大开,诸葛亮在城门上自若地弹琴的现象。这一行动或现象构成一个被理解者。司马懿则是需要把握该行动或现象的理解者。"平生谨慎,不曾弄险"是他对诸葛亮的心理与行事方式做出的分析,而"城里必有伏兵"则是他对诸葛亮的行动的"意向性"所做出的判断以及形成的相关信念。通过这样的解读,有关该事件的理解所包含的要素就被呈现了出来:它是由理解者与被理解者双方的心理活动所构成的,其中被理解者的意向决定了该行动的意义;而理解者需要通过把握被理解者的意向来理解该行动的"意义"。

通过这样的分析,我们看到"意向"与"意义"构成了行为理解的两个关键要素。此外,这一理解过程表现为一个心理活动的过程,即理解者想要"把握"(理解)被理解者的过程。这一过程的结果不外有两种可能,一是理解正确,另一是不正确。假如是前者,我们可以说理解者达到了与被理解者在心灵上的"会通",也就是前者把握了后者的"心理因",包括目的、动机等因素,尤其是意向性这一因素,从而理解了行动的意义;反之则是没有会通。

一、当今知识论背景下"理解"诸理论之不足

以上的例子及其分析引出了"什么是理解"的问题。上面提到,在当今英美的知识论中,"理解"重又成为了一个关注的焦点。这其中涉及的首要问题,就是有关理解的对象与性质的界定。归纳起来,学者们对这一问题做出了如下的界定。

(1)认为理解的对象是"某个主题(a subject matter)或信息体",如"凯西理解病毒学""詹姆士理解游戏的规则"。这种观点认为,以这类"信息体"而不是单一命题为对象的理解,属于"对象的理解"。这种理解是通过"言者与听者"之间的互动机制而获得的,其表现形式是"S 理解 φ"。[①]

(2)认为理解的对象是事物之间的相关性或相互依赖的关系,亦即"看"或预见到一个变量的值的变化会如何引起其他变量的变化。这类"把握"所包含的是一种辨认出系统或结构中某一部分的变化将导致其他部分的变化的能力。格里姆认为,这种相互关系可以在心灵上被表现为某种"因果关系图"。例如,对于理解"众议院"这一复杂的对象来说,它的议案是如何出台的,谁有资格来发言,又是在什么时间来发言,它的各个委员会又是如何形成的,等等。他以此说明,为了让心灵能够生成一张形成理解的因果图,就需要能够预见到其中某个变量的值的变化,将导致

---

① Gordon, E. C., "Social Epistemology and the Acquisition of Understanding", in *Explaining Understanding: New Perspectives from Epistemology and Philosophy of Science*, pp.293, 297.

其他变量的值的改变。

（3）理解是把握某种事物区别于其他事物的结构。斯特雷文斯（M. Strevens）认为，理解是比知道更进一步的东西，它从事的是对正确解释的"把握"。所谓"把握"，就是去把握使得某现象区别于他者的"结构"。并且他把这一目标区分为两个任务。其一，是分别辨析出造成差别的东西与非差别的东西；其二，是把握之所以造成这种差别的理由。

（4）认为理解是一种有关"原因"的知识。普里查德所提出的"理解"一词的范式性的用法是，"我理解事情为什么会是如此这般的"，亦即主要是一种有关原因的理解。他指出，这种意义上的理解，与那种运用到一些主题之上的、更加整体性意义上的理解（如"我理解量子物理学"或"我理解我的妻子"）有着很大的不同。这种整体性意义上的"理解"的用法是与非整体性的，或原子性的用法相联系的，后者才是我们的关注点。①

这里让我们来分析上述四种界说的不足之处。就前三种界说而言，它们的问题在于难以将理解同认识加以明确的区分，因为认识也可以是对于某个"主题"、对于事物的相互依赖关系、对于事物的特殊结构的认识。既如此，又何必专门分化出一个"理解"的论域，并且如何能够将"理解"同"认识"切割开呢？就第四种界说而言，笔者部分赞同这一观点，但它的问题仍然在于无法同一般意义上的认识加以区分，因为认识也可以是关于原因的认识，并且也不排除对整体意义上的原因的认识。

进而言之，上述观点的一个共同缺陷是，它们都是把理解局限在"事实"的领域上，也就是限制在传统知识论的命题知识的框架之内，而基本不涉及对人的行为及其心理因（目的因）的理解。虽然在当今的分析的理解论中，对"因果性"的把握通常被看作是理解的"核心"，但这种因果性一般只是指自然的因果性，而不涉及心理的原因。然而在对行为的

---

① Pritchard, D., *Knowledge*, Palgrave Macmillan, 2009, p.140.

理解与解释中，心理因起着关键的作用。上述"空城计"的例子中，诸葛亮的"心理因"，尤其是其中的"意向性"，就起着根本性的作用。由此可以看出，"原因"概念不仅包含了"自然因"，而且还包含着"心理因"。心理因是与"意义"问题相关联的，其中的目的、动机与意向性等要素，决定着行动的意义。一个人有意作恶，与无意中做了恶事，这一差别界定了相关行动的不同意义。这一点也可表明对行动"意向性"的理解在把握行动意义上的作用。

"自然因"与"心理因"这两种因果性的区别，使"理解"在广义的认识活动中获得了自己独有的地盘，其特殊的作用也相应得到凸显。就像"空城计"的例子表明的，欲理解他者的心理因，需要理解者自己心理因素的介入，包括自身的生活经验、信念、情感等，而这些是自然科学的认识并不关注的。因此对于心理因的理解，可以说最为典型地体现了理解的性质与特征，对此我们在下面还会论及。这里还需要面对的一个问题是，可否将行动的理解纳入"知识论"的范畴？对此笔者的看法是，假如我们持有一种广义的"知识"概念，也就是它既包含"理论知识"（科学知识等），同时也包含"实践知识"的话，那么是可以将行动的理解归为实践知识的范畴的。赖尔的"知道如是"与"知道如何"的两类知识的区分，亦可证明这一点。

二、"理解"的基本性质

以上对当今一些"理解"观的批评，其中重要的一点是它们难以将"理解"与"认识"区别开来。这不仅涉及理解的对象，而且涉及理解的性质与特点等基本问题。这些属于建立"理解论"的奠基性的工作。倘若这些基本问题不解决，新的理解论也就难以产生。

伽达默尔曾经提到，在德语中"理解"（Verstehen）兼有"能力"与"知道"两种含义。在英语中其实也一样。这一情况使得在日常的使用中，"理解"一词与"知道"（也可译为"认识"）两者时有交叉，难以明确地区分开来。然而不可否认，在另一更为根本的方面，理解与"认识"之间具有区别，并且这些区别是不可替代的。例如，你告诉我有哪些苦衷，我说"我能够理解"，在这一情况下，"理解"就是无法用"认识"来替代的。为何如此，乃由于理解具有明显的心理因素，包括上面"空城计"的例子中提到的理解者与被理解者之间的心灵"会通"等，而这些是"认识"所不具有的，或者说是不需乃至不能具有的。正是由于理解与认识所具有的不同，才引起知识论上对"理解"进行专门研究的必要性。这一研究首先面对的，除了理解的对象问题之外，就是理解的性质与特点。它作为奠基性的问题，成为近期理解论探究的一个关注点，尤其是过去几年，对理解之"性质"的兴趣剧增。[1]下面我们拟就理解的性质与特点问题进行分析，并试求提出一些新的解释。

1.理解是一个心理活动的过程

上面提到，行动是由行动者心理方面的原因所引发的，因而要理解有关的行动，就必须把握行动者这方面的"心理因"，尤其是其中的"意向性"。因此，理解具有明显的心理因素，它是通过理解者自己的心理活动，来理解对方的心理活动。这是"理解"与"认识"不同的首要之处。这里需要说明的是，根据威廉姆森（Timothy Williamson）的说法，"知道"属于一种心理状态，并且像爱、恨、快乐与疼痛，以及希望、意欲或愿望等，也都是心理状态。这样的话，"理解"如何与这些心理状态，尤其是"知道"的心理状态相区别？

就这一问题而言，区别似乎在于，"知道"作为一种心理状态，是一种"事实态度"，这指的是一个人知道p，仅当p为真。它涉及的是主体与命题的关系。但"理解"作为一种心理状态，并非是一种事实态度，而是一种"心理（理由）态度"。这指的是就行为作为对象而言，理解需要把

---

[1] Grimm, S., "Understanding and Transparency", in *Explaining Understanding: New Perspectives from Epistemology and Philosophy of Science*, p.212.

握的是行为者的"心理因",尤其是"意向性"。[①]它涉及的是主体与他心的关系。这具体体现为要把握他者(行动者)的作为行动理由的心理因,尤其是意向性的活动。反之,"知道"作为一种"事实态度",它的目标是要把握对象的"真"。因此对于"认识"(或"知道"),尤其是科学的认识而言,它们需要的是摆脱个人的主观心理方面的因素,以便能够客观地看待事物或事实,探究它们的真实性。

反之,对于他者的行为的理解,恰恰离不开理解者自己的心理方面的因素。最为强调这方面因素的学说,当属狄尔泰的"体验"说。狄尔泰解释学的一个基本思想,就是强调理解是一种"体验",是以自身的生活(或生命)的经历或经验,来达到对他者的心理的体验,以及把握他者的心理。只有你自身经历过的事情,你才能较好地体验到他人的类似的行为。

与上面所区分的"心理态度"与"事实态度"相应,也存在着两类不同的事实:一类是"内在事实",即心理方面的事实,它属于理解所要把握的;另一类是"外在事实",即外部世界的事实,它属于认识所要把握的。前者由于是心理方面的,因此具有隐秘性。除非行动者自己明说,否则他人只能通过其外在的表现(如行动、表情等),借助人与人之间的某些心理与行为方面的共同性来进行类比,做出推论。后者是外部世界方面的,它本身会以"现象"的方式显现出来。尽管在现象与物体这一对象本身(本质)之间时常会有不一致,也就是现象会由于各种原因而与实在相异(例如"海天一线"这样的现象),但实在本身的性质如何,却是客观的。对这类对象的解释上的差别,只是源于认识的真实性程度上的差别。

2.理解是一个从"个别"到"个别"的过程

对于行动的理解而言,它往往是一个从个别事件入手,把握其个别

[①] 这里需要说明的是,"理由"与"事实"既有差别,同时也有相同之处。差别在于,理由可以是主观性的,如意向、信念等,也可以是普遍性的,如法则、原理等。但事实只能是个别性的、客观的、真实的。

性的意义的过程。它并不以把握普遍的规律为目的，也未必像狄尔泰所论述的那样需要借助于"普遍性"或"相似性"来进行，而是通过寻求最适合的理由来加以解释。

这里以武则天的"无字碑"为例。无字碑位于陕西咸阳的乾陵，是唐高宗李治和武则天的合葬陵。陵前东侧树立着一座武则天的"无字碑"。这座本应记载武则天生平事迹的石碑上，竟然反常地空无一字。与之形成鲜明对比的是，西侧树立的"述圣碑"，上面则镌刻着武则天亲自为高宗撰写的五千余字的碑文。为什么会出现"无字碑"呢？坊间流传有几种说法。一是，武则天立"无字碑"是用以夸耀自己，表示功高德重非文字所能表达。二是，武则天因为自知罪孽重大，感到还是不写碑文为好。三是，假如写碑文的话，如何称谓是一个问题，到底是称"皇后"呢，还是称"皇帝"，等等。

对于"无字碑"的理解显然是对一个个别事件的理解，并且从它这里也得不出什么普遍性的结论。即使再次出现像武则天一样的人物，她也未必竖立"无字碑"。因此这样的行为并不具有普遍性、法则性，从而也无从或无须把握它的普遍意义。对于理解者来说，人们感兴趣的是要把握事件中所隐含的行动者（被理解者）的心理因，也就是武则天（或继任者唐中宗）为何留下无字碑的意向性。对此，理解者只需对需要理解的事件本身做出合理的解释即可。

由于理解是一个从个别到个别的过程，因此科学解释的"覆盖率模型"对它并不适用。适用于它的应当是"最佳解释的推论"方法。因为这一方法的实质在于，从一些不同的理由中选择出最佳的理由，它与被解释的事件或现象具有因果的推论性关系，因此可以用来解释相关的事件或现象。在这种解释中，有关的理由被用来作为一种假设。假如不存在与假设H相竞争的，并且比H更合理的或同样合理的假设H′，那么我们就认为H是一个最佳的，用以解释某个事件或现象的理由（假设）。同样以"无字碑"的例子来说明。在所提到的三种说法（作为可能的解释，也就是假设）中，假如其中的一种说法能够最为合理地解释无字碑的现象（或者说以它作为原因），并且能够最合理地推论出无字碑的现象（作为结果），那么我们就会把它视为最佳的解释。由此可见，最佳解释的推论能够提供从个别到个别的解释的方法。当然，我们也应当说明，逻辑意义上的方法只是程序性的，属于形式方面的东西，至于涉及的被解释对象的内容方面，那是需要寻找具体的理由来支持的。

3.理解是透明的，而认识不必是透明的

前面论述了认识与理解的差别。这种差别的另一个方面还体现在"透明性"（transparency）或"明晰性"（luminosity）问题上。这是当今理解论所争论的一个问题。我们先解释一下这个概念。

"透明性"作为一个知识论的概念，包含两方面的意思。首先，它指的是人对自身在认识上的心灵状态是可以自我认识的。其次，它指的是认识（或知识）本身的明晰性，在这个意义上也有人把它等同于"KK原则"（亦称"KK论题"），即"如果某人知道p，那么他能够知道自己知道p"。[1]

由于心灵状态的问题更多地属于"自我知识"的范畴，因此我们主要集中在有关认识（知识）的透明性问题上。相信认识可以是透明的学者就此给出了这么一些论证。例如，伯恩（A. Byrne）提出一个"KNOW规则"："如果p，那么相信你知道p。"[2] 他的论证是，如果有位学者通过遵循这一规则而相信她知道p，那么她知道的这一信念肯定是真的，因为除非她知道p，否则不能说她遵循了该规则。进而，她的这一信念的真通常不是偶然的，这显得是可信的。一般而言，这足以使得该信念成为知识。因而通过遵循"KNOW规则"，当事者通常能够知道她知道。

然而在持相反观点的学者看来，知识并非是透明或明晰的，也就是

---

[1] Das, N. and Salow, B., "Transparency and the KK Principle", *NOÛS*, vol.52, no.1, 2018, p.6.

[2] Das, N. and Salow, B., "Transparency and the KK Principle", *NOÛS*, vol.52, no.1, 2018, p.5.

我们可能并不知道我们所知道的东西。威廉姆森作为否定知识的透明性的代表人物，在其《知识及其限度》一书中对该问题有过系统的论述。他将"明晰性"界定为"对于任何情形 α 来说，如果C在 α 中得到，那么某人在 α 中就能够知道C得到"[1]，并明确宣称"明晰性是错误的"[2]。他以"知道""相信""希望"这些具体的命题态度为例，来否定认识条件的"明晰性"。例如，对于"知道"而言，威廉姆森否认"一个人在不论何时处于疼痛之中，他就能够知道他处于疼痛之中"[3]。对于"相信"也是如此。就同样的疼痛状态来说，一个人过于自怜就可能把痒误认为疼，而太不自怜又会把疼误认为痒。

尽管上述这些例证未必都有说服力，但如果从KK原则的角度来看，认识者"不知道他所知道的"这种情况还是经常会出现的。就KK论题而言，它自身中实际上包含着两个阶层（order）的认识。首先，第一阶层的认识是"我知道p"，第二阶层的认识是"我知道我知道p"。这里，第一阶的含义容易理解，它直接关系到的是对某个命题的认识。而第二阶的含义则需要做个解释，它指的是认识者对于自己的"知道p"，是必须基于更高一个阶层的条件之上的，亦即必须知道该认识已经满足了知道p的条件。这意味着认识者对所知的命题必须具有反思的能力，能够对构成所知命题的认识条件，或对所知是否遵循了认识的规范进行反思。由于认识来源于知觉、记忆、证言或推理，因此对认识的条件的反思应当包括对这几项条件的反思；也就是说，二阶意义上的"知道"，指的是通过反思的手

---

[1] Williamson, T., *Knowledge and its Limits*, Oxford University Press, 2000, p.94.
[2] Williamson, T., *Knowledge and its Limits*, p.24.
[3] 威廉姆森的论证是这样的：一个人在早晨（用"α"来表示）感觉到冷，由于气温是逐渐、微小地变化的（表示为：$α_i$，$α_{i+1}……α_n$），所以他到了中午（$α_n$）还是感觉到冷，尽管当时的气温已经上升到热的程度了。因此，"感觉冷"的条件并不是透明的。威廉姆森的这一论证依据的道理是逐渐的量变过程不为人所知，但他没有意识到量变到一定的程度会引起质变，也就是"冷"的感觉状态随着温度变化到一定限度，会转而变为感觉到"暖"。详见Williamson, T., *Knowledge and its Limits*, p.106。

段来得知命题所涉及的"知觉"等条件是否有效。例如，对命题p所涉及的事实情况进行反思，以确认命题p的有效性。按照内在主义的主张，在一阶知识中被确证的理由，必须是能够通过内省所通达的。比如说某人知道4+5=9，这是在初等数学的基础上得到证明的。①

然而，这样的要求对于"认识"（或"知道"）而言，并不总是可以满足的。例如，根据来自所得到的信息，我知道宇宙起源于"大爆炸"。这作为我所获得的一种"知识"，我无法仅仅通过对自己所拥有的上述认识条件进行反思来知道该事实的确证性。因为我对"大爆炸"理论的知识是通过他者的"证言"得来的，这样的证言是否有效，超出了我所能反思与确证的范围。此外，诸如我记得张三去年在班上的成绩总分是第一名，然而，当我要写进某份报告时，我却可能怀疑我的记忆有误。在这种情况下，我也无法保证我确实知道这一点。因此，有关这类情况的确证，并不是像内在主义所认为的那样，仅仅由于确证的条件内在于认识者的视角，就对认识者是"透明的"。这是因为对于"认识"的活动来说，仅由于它们具有直接的认识（"亲知"）与间接的认识（如"证言"）的区别，就制约着这种"透明性"的可能性。假如我的信息的来源或根据是间接的、被动的，那么无论我对它们如何进行反思、内省、回忆或推理，也无法进入到更高的"二阶"的认识，得不出"我知道我所知道的"这样的结果。

但"理解"则不一样。理解是基于理由的。一旦我具有了某种据以做出理解的"理由"，这就意味着我在心灵中对它的运用是自觉的、主动的，从而是可以对它加以反思，进入到"二阶"的理解的，即理解自己所理解的东西。这就像司马懿理解诸葛亮的"空城计"一样，他是基于诸葛亮"一向行事谨慎"的理由之上而做出的理解。这一理解是自觉的，因此假如他对此进行反思的话，他可以说理解自己的理解，这也就是说，在心灵状态上，他的理解并非是被动的，或者说并非是不通达的。不过，这里

---

① Bernecker, S. and Pritchard, D. (eds.), *The Routledge Companion to Epistemology*, Routledge, 2011, p.588.

需要说明的是，理解并非意味着只是正确的理解，它也可能是不正确的。但不论正确与否，理解者对于自己所使用的"理由"，在心中总是了然的。这里的"通达"，指的是内在主义对认识的确证要素的要求，也就是它们必须是通过"反思"可获得的东西。[①]借用KK论题的表达来说，就是"理解你所理解的"。这意味着对于你所理解的东西，你是自觉的、主动的，在心中是明白的，能够讲得清楚的。反之，对于仅仅"知道"的东西，你在心灵中未必能够达到这样的明晰状态。你可能获得了某些信息性的知识，但实际上却不知其所以然。

就此我们可认为，虽然认识未必是透明的，但理解却是且应当是透明的。不透明则谈不上理解。这种理解的透明性是建立在"理由"或根据的基础上的：理解E，是由于R。这里的R是理由。对于理由的持有者而言，可能出现的情况是我并不完全知道它的真假如何，但不可能出现我不了解我有了某个理由。我对有关的理由采取什么样的命题态度，即是否相信它、怀疑它等，都是心中有数的。这尤其与感觉阶段的混沌状态不一样。感觉到的东西，我们会怀疑自己是否错了，就像看到"海市蜃楼"的情景一样。知道了的东西有时也会有类似的情况，即我并不能确定自己是否知道，其真实性如何。然而，对于我知道此事是否有理由，这至少是不会不了解，不会有不透明性的。不可想象某个人理解了某个行为或事件，但却不知道自己理解了。假如我不仅知道某人热心公益事业，而且还理解他之所以如此的缘由，这表明我把握了他的相关行动的理由或根据，因而是已经不仅知其然，而且还"知其所以然"。

4. 理解是内在的，而认识不必是内在的

由理解的透明性进而可得出它在性质上是内在的。由于理解是建立在对理由的把握之上，而理由本身是通过反思得来的，属于心灵活动的所

[①] Goldman, A. and McGrath, M., *Epistemology: A Contemporary Introduction*, Oxford University Press, 2014, p.43.

有物，因而作为一种"内在"于心灵的东西，这就意味着理解具有一种内在主义的维度。所谓的"内在主义"，其主张就是认识主体用以确证某个命题的东西（信念、证据、理由等）是内在于主体心灵本身的，或者说，用以"确证"命题的因素是内在的，是通过内省或反思可以把握的。

或许人们会说认识也是内在于心灵的，因为认识也需要经过形成概念与做出判断的阶段，而这些同样属于心灵行为。不过，由于认识往往有着被动性的接受，包括经由他者的证言而获知的情况，因而这种缺乏自己反思与缺乏拥有理由的状况，就构成了知道与理解的一个明显差别。这也正是为什么在知识的传授上要强调理解的一个原因。

由于理解乃是属于理解者在心灵中的内在理解，而不是像外在主义者所主张的那样，只是遵循了一个可靠的认识或理解过程而已，因此，从内在主义的维度来把握理解似乎是恰当的。也正因如此，包括普里查德、扎格泽博斯基（L. Zagzebski）、卡万维格在内的一批颇具影响的知识论学者，都宣称理解具有重要的内在主义的维度。例如，普里查德把理解的透明性与它的内在性质联系起来，断言理解"在本质上属于知识论上的内在主义概念"。既然某人拥有理解，那么对他来说这个理解就不可能是不透明的。因为，"很难想象某人能够拥有理解，但却缺乏好的、在反思上可以支持这一理解的可以通达的根据"[①]。

笔者赞同普里查德的这一观点。理由或根据的可通达性或可把握性，构成理解的一个标志。在我看来，外在主义对认识过程的可靠性要求，实际上只是一种必要条件，而不是充分条件。例如，假如只遵循"如果p，那么q"的形式上的推理规则，就可能得出"如果2+2=4，那么雪是白的"这类虽然推理过程正确，但在内容上却不相干的，乃至是错误的结论。

此外，有些知识论学者从"意识的透明性状态"来解释理解的内在主义属性。扎格泽博斯基认为，理解是由一种意识的透明性所构成的状态。

---

① Pritchard, D., *Knowledge*, pp.141–142.

理解有一些成功的内在主义状态，而知识则没有。即使知识是被界定为"真的、确证了的信念"，并且确证是被内在地加以解释的，然而知识之所以为真的条件，却使得从根本上说它的使用是不可能从内部得到证明的。与之相反，理解不仅具有一个内在可通达的标准，而且它是由一种意识的透明性构成的状态。可能会有这样的情况，即知道某事，但却不知道自己知道这件事；然而却不可能出现这样的情况，即理解某事，却不理解自己理解这件事。[①]卡万维格则把"内在的看"，即把握某一信息体的解释的以及其他的形成一致的关系，视为理解的关键，并把这种"内在的认识"作为理解的一个特征。[②]

对于理解的内在性，笔者的解释是，由于理解表现为不仅"知其然"，而且还"知其所以然"，而这里的"所以然"，作为事情之所以如此的理由或根据，必定是主体已经把握的。这意味着它是主体心中所清楚明白的东西，是经过心灵内在的思考得以把握的，从而是心灵的主动性、自觉性的表现，不同于某种被动性的获知。在这个意义上，理解是内在于心灵的。可以说，知与不知的区别是信息性的，从而是表层的；而理解与不理解的区别则是根据性的，从而是深层的。这一差别正如仅仅知道某个数学公式而不能加以运用的情况一样。之所以能够加以运用，这表明学习者理解了这一公式，把握了它的"所以然"的道理。反之，如果学习者不能"知其所以然"，那就谈不上什么理解了。这也是理解的活动之所以是且能够是"透明"的缘故。从认识的角度说，由于理由的把握与运用属于一种心灵的内在状态，因此断言理解具有一种内在主义的性质是可以成立的。

对理解与认识在透明性与内在性问题上之区别的了解与强调，无疑对于教育而言具有重要的意义。在教学的各个环节上，包括课堂讲授、考试，特别是面试等，都应当把着眼点放在帮助、了解和提升学生的理解

---

① Zagzebski, L., "Recovering Understanding", in M. Steup (ed.), *Knowledge, Truth, and Duty: Essayson Epistemic Justification, Responsibility, and Virtue*, Oxford University Press, 2001, p.235.

② Jonathan L. Kvanvig, *The Value of Knowledge and the Pursuit of Understanding*, p.198.

上。传授知识的目的并非仅仅在于让学生得到某些"知识",而更重要的是要让他们理解这些知识。只有理解了知识,懂得了它们的根据或理由,才称得上是真正掌握了这些知识,也才能够加以运用、加以创新,否则培养出来的只会是一些"掉书袋"而已。"学以致用"的目的正是通过"理解"这个环节才得到更好的实现。

以上我们以"空城计"的例子为切入点,借以表明对行动的理解是一种最为典型的理解。它是通过对意向性的把握来理解行动的意义的。在这种理解中,理解者达到了与被理解者在心灵上的交汇。"自然因"与"心理因"的区分,使后者成为理解的一个特殊领域。与此相应,"理解"也就具有不同于"认识"的性质("透明性、内在性")与方法("最佳解释的推论")。正是基于这些理由,笔者并不赞同当今知识论中有关理解的一些观点,诸如它是把握事物的结构、把握整体性关系等,认为这些观点并没能把握"理解"的特殊性及其实质。

第七节　无解释的理解是否可能[①]

在哲学领域中,"理解"与"解释"(也有译为"说明")是两个重要的概念,它们不论是在哲学本身,或是在知识论与科学哲学中都受到普遍的关注。与此相关,理解与解释两者之间的关系问题,也构成了一个理论上的关注点。在这方面,利普顿(Peter Lipton),这位以《最佳解释的推论》一书闻名的哲学家提出了一个论点:存在着无解释的理解。鉴于这一问题在理论上的重要性以及该论点的新鲜性,因此它得到了一些回应,尤其是批评性的回应。本节的目的也是要介入这一问题的探讨,试图给出有关的思考与回答。

[①] 本节原文发表于《哲学分析》2020年第5期。国家社会科学基金重大项目"当代知识论的系列研究"的阶段性成果。

一、有关理解与解释关系说的简单回顾

我们之所以说理解与解释这两个概念及其关系在哲学上很重要，这可通过如下的简单回顾来看出。让我们从三个方面来说明。

首先，在哲学的层面上，曾经发生过一场旷日持久的关于自然科学与人文科学的方法论之争。"解释"被作为自然科学乃至所有科学的方法，"理解"则被看作是人文科学方法的代名词。前者主要以实证主义为代表，从孔德、穆勒直至亨普尔皆如此。他们把所有的科学认识，包括对历史的认识，都归入"解释"的范畴之下。反之，以新康德主义、解释学和新维特根斯坦主义为代表，狄尔泰、德雷、温茨等都主张人文与社会科学具有自己的方法论，即它们适用的是理解的方法。

在解释学中，虽然"解释学"的概念先后发生了从以文本的诠释到存在的诠释，再到以哲学本身为对象的变化，理解与解释的关系仍然保有其重要性。特别是在海德格尔那里，他在《存在与时间》中专门写了一节"理解与解释"来论述这一问题。海德格尔的存在论的解释学把"理解"解读为是人的生存的一个基本环节，其作用是对人生向何处去的"筹划"，亦即对生活的意义的筹划。而解释则是基于这种理解之上，来把理解中所筹划的可能性整理出来，并造就、实现这种理解的活动。

在分析哲学中，出于把科学看作是一种解释活动的原因，因此处于主导地位的是"解释"概念，这与解释学正相反。不过，这并不意味着科学理解的概念没有地位。相反，在《科学解释面面观》中我们可以看到，亨普尔时常将科学解释与科学理解相提并论，认为这两者是经验科学所寻求的目标，并将这一点看作是得到广泛认可的东西。此外，在他看来，科学的理解与马克斯·韦伯以及其他人的"移情的理解"（empathic understanding）不同，前者是客观的经验，寻求通过找到现象所从属的普遍性规律来获得对它的有效解释；而后者则是主观的经验，通过将自己设身处地于被解释事件的境遇中，追求以想象、移情来认识历史人物，洞见其动机，因此它是心理学性质的，提供不了客观有效性的保证，也构不成

科学的理解，尽管它对于系统的解释以及一般性假设的寻求来说都有所需要，并具有引导的作用。至于理解与解释这两者的关系，当亨普尔说"主观的理解提供不了客观有效性的保障，也提供不了特定现象的系统预见或解释的基础"[1]时，他是将主观的理解排除在与解释的关联之外的，否定这样的理解能够作为科学解释的基础。但另一方面，当他说"重要的是将心理学意义上的、移情式的熟识情感的（a feeling of empathic familiarity）理解，同把现象展现为被解释作某种普遍规律之下的某一个例的、理论或认识意义上的理解区分开来"[2]时，他是把认识意义上的理解当作解释的产物。由于亨普尔所主张的是科学的理解，因此应当说后面这一认识意义上的理解与解释的关系才是他心目中的恰当关系。笔者的这一判断可从亨普尔下面这段话中得到证实，"在特定的境遇与规律的既定情况下，解释使得我们理解为什么该现象发生了"[3]，亦即通过解释我们获得了理解。

分析哲学中有关理解与解释的关系理论，随着理解论在近期的兴起[4]，也相应地得到了更多的关注。这其中除了有戴维森之类的著名人物之外[5]，还有一些从事知识论或科学哲学研究的学者。在有关的文献中，笔者见到的大致有这么一些理论，它们可以被区分为两类，一类是主张理解与解释不可分，另一类则认为理解未必是解释性的。

我们先来看第一类的观点。在证据主义那里，理解意味着具有解释性的知识。科内与费德曼写道："理解为什么获得某个事实……这对我们

---

[1] Carl G. Hemple., *Aspects of Scientific Understanding and Other Essays in the Philosophy of Science*, Free Press, 1965, p.163.

[2] Carl G. Hemple., *Aspects of Scientific Understanding and Other Essays in the Philosophy of Science*, pp.256–257.

[3] Carl G. Hemple., *Aspects of Scientific Understanding and Other Essays in the Philosophy of Science*, p.337.

[4] 有学者认为，如果"理解"在21世纪的头十年只是一个迹象，那么它有望成为21世纪的知识论者与科学哲学家的一个具有活力的主题。参见Kareem Khalifa, "The Role of Explanation in Understanding", *The British Journal for the Philosophy of Science*, vol.64, no.1, 2013, p.161。

[5] 戴维森认为，解释就是在交流中理解和发现意义。

来说是认识到陈述了该事实的解释的一些命题。"纽曼曾把证据主义的这一主张刻画为如下命题:"S理解为什么某个事实f是成立的,当且仅当S认识到f的一个解释e。"可以看出,这是把理解看作解释的结果。[1]在对这一证据主义的理解模式的不足之处做出了一些批评之后,纽曼试图对它加以改进,使之能够得到完善。他因此提出了一种"理解的推论模型",其基本思想是:认识到关于事实的某个解释e,是对该解释的命题内容的一个精确的、得到确证的(justified)呈现(representation)。如果对该解释的命题内容的呈现是内在地与正确的推论相联系的话,那么我们就获得对该解释的理解,等等。

在科学哲学领域里,亨普尔之后解释理论出现了客观主义与非客观主义的不同立场。客观主义以萨尔蒙(Wesley Salmon)等为代表,随着对亨普尔的覆盖率模型的严厉批判而提出了一种替代性的解释性理解概念,即因果性的解释方法。他们认为,要理解世界,理解某些事物为什么发生,需要去把握它们是如何通过因果机制而产生的。与此相关,理解被还原到具有好的解释的当然的结果,这里的"好"意指统一的力量或因果机制的性质。然而这样一种说明伴随的结果是,理解似乎成了解释过程的自动的产物,而其中主体的能力及其发挥的判断作用等被不恰当地忽视了。对于非客观主义者来说,虽然他们将解释是否具有"好"的效果看作是依赖于语境的,也就是取决于听者的价值与兴趣,但在解释与理解的关系上,也一样主张两者之间具有内在的关联。例如,阿钦斯坦(Peter Achinstein)把理解看作是解释所意向的目标。[2]

上面所提到的几种理论都是赞同理解与解释两者具有关联性的。但另一方面,也存在着相反的观点。例如,卡万维格区分了"解释性的理

---

[1] Mark Newman, "An Evidentialist Account of Explanatory Understanding", in *Explaining Understanding: New Perspectives from Epistemology and Philosophy of Science*, p.192.

[2] 参见 Henk W. de Regt, Sabina Leonelli, and Kai Eigner (eds.), *Scientific Understanding: Philosophical Perspectives*, University of Pittsburgh Press, 2009, p.7.

解"与"对象的理解"①，并认为解释性的理解意味着：如果S解释性地理解为什么p，那么就存在某种信息q，它使得S把握了p。例如，假如某人理解为什么阿根廷在2001—2002年遭受了一次经济危机，那么我们可以假定说，他具有一个关于这一危机的解释，如它源于阿根廷的货币委员会将比索与美元挂钩的结果。与此不同，"对象的理解"的情况是，虽然在存在解释性关系的情况下，也包含着这类"对象的理解"，但在这种解释关系不存在的情况下，它仍然可以通过把握"逻辑的"与"概率的"之类的"结构性关系"来达到理解的目的，并且这种对象的理解不可能被还原为解释性的理解。这里，对于本节而言重要的是，这意味着卡万维格也认为存在着非解释性的理解，尽管他这方面论述的目的是服务于做出"解释性的理解"与"对象的理解"的区分的。

以上我们之所以对理解和解释的关系进行一些回顾，目的是为了说明这一问题在知识论与科学哲学中所具有的意义。下面让我们转向对利普顿的《无解释的理解》这篇文章的关注。

二、利普顿的观点：没有解释的理解

在有关理解与解释的关系的思考中，利普顿提出了一个引人注目的观点，即存在着无须经过解释的理解。这里首先需要说明的是，利普顿并不是要否定理解与解释之间存在着的密切联系，相反，他是肯定这种联系的。在他此前的《最佳解释的推论》一书中，他写到"我们可以说理解是解释的目的"②，以及理解是由"我们的解释所提供的"③，解释的明显作用就是理解某个事物为什么是这个样子。即使是在《无解释的理解》这篇文章里，他也开宗明义地提出："解释为什么与理解是密切相关的……解释

---

① objectual understanding，指的是对大的信息体（如"物理学"等）的理解。参见Kareem Khalifa, "Is Understanding Explanatory or Objectual?", *Synthese*, vol.190, no.6, 2013, p.1153。

② Peter Lipton, *Inference to the Best Explanation*, Routledge, 1991, p.2.

③ Peter Lipton, *Inference to the Best Explanation*, p.23.

是理解的典型体现。"①他之所以提出存在无解释的理解的观点，只不过是要说明存在着这样的情况：有些理解是可以不通过解释而获得的。

利普顿的这一观点是在《无解释的理解》一文中提出的。在这篇论文中，他论证的主要思路是这样的：

首先，提出"认识的收益"（cognitive benefits）的概念。利普顿认为，理解之所以包含着比单纯知道某个现象的发生更多的收获（例如，不仅知道天空是蓝的，而且理解为什么它是蓝的），就在于一个好的解释为它提供了额外的"认识的收益"。这类认识的收益有多种多样，其中突出的有如下四种，即对原因、必然性、可能性、统一性的认识，另加一种认识者在具有这种认识之后所获得的"啊哈"（aha，亦即表示喜悦）的感觉。因此，他把理解等同于上述所谓的"认识的收益"，而不是与解释本身相等同。这一区分是他往下提出存在无解释的理解的依据，因为这意味着理解在其来源上要比解释的范围更广，样式更多。换言之，能够取得"认识的收益"的途径大于解释本身，因此我们就有可能通过那些不同于解释的途径来取得类似的"认识的收益"，从而同样获得理解。而这表明存在着不诉诸解释的理解。

其次，利普顿具体指出上述四种认识的收益是如何能够不通过解释来获得的。它们包括对因果关系信息的把握可以通过观察、操作和推论等来获得；必然性可以通过对某个对象、事件或者过程在既定的条件下只能如此的认识来获得；统一性则可以通过诸如库恩的范式意义上的类比和分类的方法，来对现象加以比较而获得。而这几种认识的收益的取得，在利普顿看来，都是不同于获得与给出解释的活动的。

如果进一步展开说明，我们还可以看到在利普顿那里，有关原因的信息也可以是默会的知识内容，这同样用来表明理解无须通过解释来获得。这里所谓的"默会知识"是与"明确描绘"的知识相对的。由于因

---

① Peter Lipton, *Understanding Without Explanation*, Routledge, 1991, p.43.

果的解释需要对信息给出一个明确的描绘,因此默会的知识就被视为非解释性的。在利普顿看来,有默会的理解,但却没有默会的解释。这一区别为我们寻求没有解释的理解提供了空间。并且他认为,通过指出这么一些区别与途径,就使得理解在它的获得源泉方面,比起仅仅被等同于解释来说,其范围更广,途径也更多样化了。

在有关因果关系信息的默会知识里,利普顿还提到了"操控"(manipulation)、图像(image)、模型,以及其他可以不经解释而获得的理解。在这些情况中,一方面他提出理解的方式通常在本质上包含着非言语表达的过程,例如像"操控"这种情况。但另一方面,他还认为即使是在给出清晰表述的、明确的命题知识里,也仍然包含着并不借助解释的理解,即使这从表面上看是不可能的。

此外,利普顿还提到一些其他形式的、可以不通过解释的理解,它们有如下这些:

1.思想实验。他认为,这是通过展示必然性来产生理解且无须解释的一种途径。他从物理学中寻找了一些这样的论证,包括各种对称性的和最优化的论证,并认为"思想实验"是其中最为突出的例证。他以伽利略的思想实验为例来说明。假如一块大石头以某种速度下降,那么按照亚里士多德的论断,一块小些的石头就会以相应慢些的速度下降。但若我们把两块石头绑在一起,它将如何下降呢?如仍按亚里士多德的论断,势必得出两个相反的结论。一方面,捆绑后的石头的下降速度应小于第一块大石头的下降速度,因为加上了一块以较慢速度下降的石头,会使第一块大石头的下降速度减缓;但另一方面,捆绑后的石头的下降速度又应快于第一块大石头,因为把两块石头绑在一起的重量大于第一块。这两个矛盾的结论不能同时成立,可见亚里士多德的论断是不合逻辑的。伽利略由此进一步假定物体下降的速度是独立于它们的质量的。

按照利普顿的解读,上述思想实验为我们提供了对为什么一些物体必须以相同的加速度下降的理解,虽然它并没有对该现象给出一个解释。

在他看来，在接受了伽利略的论证之后，我理解了为什么加速度必定独立于质量的理解，但如果你要我解释为什么如此，我却做不到，至多只能给你同样的一个思想实验，让你自己去理解。这表明，思想实验本身不是一个解释。此外，还由于伽利略的这一思想实验并不是因果性的，也就是它并没有给出有关加速度是独立于质量这一事实的原因，而且它也没有对"为什么加速度是独立于物体质量的"这一问题给出直接的回答。

2.归谬法论证。同伽利略的思想实验相关，利普顿引出了有关归谬法论证的问题。他认为，之所以这一思想实验没能直接回答"为什么加速度是独立于物体质量"的问题，是由于它的论证是通过展现相反的假定必定蕴含矛盾来进行的，亦即它是一种归谬法的论证。在利普顿看来，归谬法的论证可能无法提供解释，因为它们无法展现正确的决定（determination），不过这并不意味着它们无法提供理解。伽利略的思想实验是一个关于物体下降速度是独立于其质量这一必然性的极妙的演示。由于把握必然性是理解的一种形式，因此它是理解的一个源泉，但它本身并不是解释。理由依然是，如果你问我为什么加速度是独立于质量的，我说不出来，虽然我能够向你展示它必定是这样的。因此，归谬法论证是理解的这么一种可能的路径，它能够通过展现必然性来获得理解，但却并不提供解释。

3.潜在的解释。利普顿还认为，我们实际上的理解可以通过潜在的解释来获得，只不过这种理解得到的是一种可能性的知识，而不是必然性的知识。例如，当我设想如果电脑的风扇没有坏的话，我的电脑就不会过热，这一事实帮助解释了为什么我的电脑过热，但这一事实却是有关非现实世界的。这里，或许是想到人们可能会反驳说，这种可能性其实是来自现实经验的，因此他又补充说，在某种意义上，我们也有一种关于现实世界的事实，即风扇坏了引起电脑过热。不过，虽然承认这一可能的事实是来自现实的事实，但利普顿给出的结论依然是，单纯可能的信息也可以帮助理解，而无须经过解释。此外，他还把这种可能性的解释看作是一种

"反事实的解释",亦即对某现象本来如何能够发生(但并未发生)的解释,提供了对它实际上如何发生的理解。

4.通过统一范式获得的理解。利普顿认为,科学增进我们理解的一个方式是通过展现不同的现象如何能够分享根本的相似性来得到的。他以库恩的"范例"(exemplar)说为依据提出,由于分享的范例建立了所知晓的相似性关系,以及各种不同的现象如何契合在一起的知识,因此它给出了一个可能的例证,表明存在着一条无须解释而达到理解的途径。进一步说来,由于范式所支持的、非明确表达出的相似性关系提供了一种分类,给出了关于世界结构的信息,因此它们具有统一现象并由此提供理解的作用。范式提供的统一性理解是对世界的真正理解。在利普顿看来,在产生这种作用的过程中,关键之处在于它们是通过类比来进行的,而不是通过解释。我们可以通过构造分类的图式来统一现象,但这一构造的分类图式本身并不提供解释。他赞成广义的,既包括理解如何,又包括理解为什么的"理解"概念,认为这样的理解可以来自范式,而不是来自解释。在介绍了利普顿的可不通过解释而得到理解的思想后,下面让我们转向对这一思想的回应。

三、对利普顿思想的否定

上述利普顿的思想为一些学者所反对。下面我们以卡利法(Kareem Khalifa)和斯特雷文斯为代表,介绍他们的反对意见。

1.卡利法:理解"为什么"乃是"典型地与解释相同一的"

卡利法基于他所持的立场——"理解为什么需要回答为什么的问题",将理解看作是一种解释性的理解。与此相应,理解"为什么"乃是"典型地与解释相同一的"[①]。也正是基于这一理由,他断言利普顿的主张是不可

[①] Kareem Khalifa, *Understanding, Explanation, and Scientific Knowledge*, Cambridge University Press, 2017, p.125.

信的。他反驳到，既然利普顿所说的理解指的就是理解事情的为什么，因此他所主张的存在未经解释的理解，就像声称某位医生理解他的病人得了麻疹，但却否认他能够指出这种麻疹的原因一样，是近乎荒谬的。

具体说来，卡利法从三个方面对利普顿的主张进行了反驳，以证明其无效。

一是，卡利法提出了"初始的理解"（proto-understanding）的概念，认为它是比一般意义上的"理解"要低级的概念。因为这种理解不过是处于起步的阶段，因此它们只是具有关于某些现象的"知识"而已，尚还达不到一般意义上的"理解"的较高级的阶段。此外，虽然这种初始的理解也处于对事情的原因之理解的"正确轨道"上，但也不过是如此而已。因此，这种未经解释的理解虽然存在，但它仍然要求把握解释的作用。这也就是说，利普顿所说的例子都属于这样一种初始阶段上的，还没有达到正常意义上的具有解释的理解阶段，因此不足以说明问题。它们只有在上升到解释性理解的阶段之后，才能够达到真正的理解。卡利法将此称为"正确轨道的反对意见"。他认为，这一批评意见对于利普顿的所有例子来说都是有效的。

二是，卡利法认为，在一些情况下，我们能够否认利普顿的论证中所说的那种理解是与所讨论的论题有恰当关系的。例如，对于过程以及一些操控性行为（如骑自行车等）的理解，就不属于理解原因这样的科学理解的范围。他以虽然有些人理解如何骑自行车，但却很少能够理解与此相关的物理学原理的例子，来说明尽管像潜在的解释、演绎、类比、操控之类的东西提供了认识上的收益，但这些收益并不等同于对原因的理解。此外，诸如利普顿所依赖的"认识的收益"中的"统一性"，其实也是解释所不提供的。因此，尽管这里也存在着某些理解，但它却与对经验现象在某些方式中起作用的原因的理解无关。由此，卡利法声称，利普顿论证的第二个前提，即有关原因、必然性、可能性和统一性的知识是解释所提供的收益，虽然乍一看起来似乎是不容置疑的，但如果对一些例子进行仔细的推敲，就会得出不同的结论，看出它们实际上与科学的理解并没有多大的关系，因此这一前提就被瓦解了。他把这一点称为"错误的收益的反对意见"（Wrong Benefit Objection）。①

三是，他还认为，利普顿的那些未经解释的理解的例子实际上已经包含了解释在内。这是因为，由于解释是对为什么问题的回答，因此理解为什么正是一种解释性的理解。他称此为"解释的反对意见"（The Explanatory Objection）。

这里，我们具体看一下卡利法对利普顿的伽利略的理想实验的反驳。利普顿认为这一理想实验并不是一种解释，因为伽利略在这一思想实验中是通过把握了加速度乃是独立于物体的质量这一必然性，而得出了他的理解的。然而由于对必然性的把握并不是一种解释，而是属于"认识的收益"，亦即它是一种可以通过非解释的途径得来的理解，因而利普顿宣称伽利略的这一例子表明了存在着不经解释的理解。然而卡利法认为，当伽利略进行这一思想实验时，他实际上从事的是一个专家解释的评价者的角色，所把握的是科学解释的评价方面，即对某个现象的潜在的合理解释进行考虑与评价，而这一点在卡利法看来正是获得科学解释的知识的典型方式，因此他认为利普顿的这一例子丝毫不能证明存在着不经解释而来的理解。

卡利法最后的结论是，利普顿的主张无法贬低理解在解释中的作用。他的那些例子并不构成对"理解是一种解释性的知识"②的威胁。相反，它们实际上是与这一观念一致的，即解释是理解的典范，或者换句话说，其他方式的理解应当依据它们是如何完满地仿制了经由某种好的且正确的解释而提供的理解来加以评判的。他认为，我们通过对利普顿的所有那些不通过解释来理解p的原因的例子的分析，展现出它们都存在着一个正确

---

① Kareem Khalifa, *Understanding, Explanation, and Scientific Knowledge*, pp.129–130.

② Kareem Khalifa, *Understanding, Explanation, and Scientific Knowledge*, p.150.

2.斯特雷文斯：科学中不存在不经解释的理解

斯特雷文斯直接针对利普顿的反驳并不多，他主要是通过确立自己的正面观点来进行的。在这方面，他首先区分了理解的三种类型，即理解"为什么"、理解"有关的理论"（understanding with），以及"直接把握"的理解（understanding that）[①]，然后论证说，对于理解为什么，即理解某件事实为什么成立来说，不存在未经正确解释的理解；对于理解有关的理论，即能够运用该理论去构造或至少领会某一范围的现象的正确解释而言，也不存在未经内在的正确解释的理解。不过，他却也赞成对于直接把握的理解（that）而言，存在着未经任何解释的理解，因为这样的理解是心灵与世界之间的根本联系，在这种联系中，心灵对于世界的所是是很熟悉的，此外，还因为这种理解是所有探究的基础。斯特雷文斯声明，他的《不存在任何未经解释的理解》（"No Understanding Without Explanation"）这篇文章，针对的是科学的理解与解释，也就是指针对前面两种类型的理解。这一点是我们应当首先加以说明的。

对于上述前两类属于科学的理解，他的基本主张是，它们是一种与解释或诸解释有着正确的认知关系的事情，因此在科学中不存在所谓的不经解释的理解。在他看来，理解可以被分析为两个要素："把握"的心理行为与"解释"的概念。理解某个现象为什么会出现，就是去把握有关它的正确解释。去理解某个科学的理论，就是去构造，或至少去把握某个范围内的一些潜在解释。正是通过这些解释，该理论说明了有关的现象。

[①] 这里的"understanding with"特指的是理解"某种理论，而不是某种现象或事件状态"。斯特雷文斯的说明是，在这种新的意义上，理解一个理论意味着具有运用它来解释有关现象的能力。此外，对于"understanding that"，他的说明是，它是"直接理会（apprehension）的代名词"。它与正确的解释一起，构成理解为什么的两个要素。参见Michael Strevens, "No Understanding Without Explanation", *Studies in History and Philosophy of Science*, vol.44, no.3, 2013, p.14, 520–521。

再者,"解释是一些具有某种结构的命题集"①,它们具有某种形式的论证,不论这种论证是终止于自身的解释,或是表现了现实的结构性要素,如统一类型的例示,或因果过程的例示。他认为,不论是亨普尔的解释模式,还是萨尔蒙的统计性关联的观点(例如,解释可以是一份统计信息的图表),以及伍德沃德(James Woodward)的操作性的观点(认为解释可以采取因果图示的方式),都可以纳入他的这一说法。它们都是可以用语句的方式完满地表现出来的。

斯特雷文斯认为,把握某种解释在于把握两种东西。首先是事情的状态,它们是通过在事实上所获得的命题而表现出来的;其次是命题,它们展示了被规定的结构。例如,它们形成了有关被解释项的演绎性论证(如在亨普尔那里),或者处于与被解释项及其彼此之间的恰当的统计性关系之中(如在萨尔蒙那里)。

在他看来,当我们说理解要求"把握正确的解释"时,这意味着它要求把握一些命题,这些命题真实地表达了某个相关模型的解释内容;或换言之,理解由那些命题所表现的事物状态所获得的东西。与此相关,他反对利普顿所声称的这么一种观点,即存在着未经解释而得到理解的一种情况是,你理解了某种情况,但你却没能把它表达出来,因此它是没有得到解释的。对此,斯特雷文斯反驳说,理解或把握一个命题,并不蕴含着清晰表达这个命题的能力。因此存在着这样的情况,我能够把握一个正确的解释,但我却不可能将它清楚地表达出来。

对于前面所提到的伽利略的思想实验例子,斯特雷文斯也进行了反驳。他认为伽利略的论证确实提供了某种解释。这是通过产生如下的直观,即把一个较重的与另一个较轻的物体捆绑在一起,而并不影响物体下落的速度而获得的。在他看来,这种直观要么是真正解释性的,要么不

---

① Michael Strevens, "No Understanding Without Explanation", *Studies in History and Philosophy of Science*, vol.44, no.3, 2013, p.510.

是。如果它们是的话，那么就有一种通过把握正确的解释（或这一解释的某个部分）而带来的对原因的理解，在此情况下这种解释是并不直接言明的。[①]假如它们不是的话，那么就并没有对原因的理解，而只是具有某种有关的印象。

四、利普顿不适当地限制了"解释"的概念

要回答理解是否需要通过解释的问题，首先必须对"什么是解释"做出界定，否则只会出现各唱各的调的情况。然而，对于解释理论而言，哲学家们似乎忙着给出一些解释模型或型式，如亨普尔的演绎覆盖率模型与归纳解释模型，萨尔蒙的统计相关模型、因果机制解释模型、统一性解释模型等，但对于什么是"解释"本身，却似乎罕有给出的定义。诸如内格尔（Ernest Nagel）这样的出版过科学解释方面的经典著作的专家，也只是提到"解释是对'为什么'问题的回答"而已。[②]而M. W.瓦托夫斯基在其《科学思想的概念基础——科学哲学导论》中，亦不过简单地提道："解释某事，就是以一个人能够使另一个人理解这件事这样一种方式来对它做出理解。"[③]至于究竟依靠什么来达到使另一个人能够获得理解，也就是什么是"解释"活动的实质，这里并没有提及。[④]

就此，笔者试图为解释给出的一个大致界定是：解释乃是给出合理的、能够导致理解的理由，不论是对于理解事物的原因（why），事物的

[①] 斯特雷文斯这句话所针对的是利普顿的这一观点，即"解释都是命题的，并且是明确表述出来的"（Peter Lipton, *Understanding Without Explanation*, p.43）。

[②] 内格尔:《科学的结构》，徐向东译，上海译文出版社，2002年，第17页。

[③] 瓦托夫斯基:《科学思想的概念基础——科学哲学导论》，范岱年译，求实出版社，1982年，第336页。

[④] 斯坦福《哲学百科》的"解释"词条提到的科特菊（Noretta Koertge）的如下说法，即尽管存在着众多的关于解释的文献，但对于解释是用来做什么的，其目的是什么，以及它本身是如何与其他的探究目标（如证据的支持，预见、简洁性等）相关联或相互作用，或是不同于这些其他的探究目标，这些都几乎没有得到什么注意。这一说法实际上佐证着笔者的上述判断。参见斯坦福百科的 explanation 词条之"7.2 Explanation and Other Epistemic Goals"。

如何（how），以及事物的"什么"（what）等，都是如此。也就是说，只要是能够说明问题，从而产生理解的，都是理由，也都是解释，只不过解释的方式有所不同，或解释的效果有所不同而已。就像我们对事物的理解可以有多方面（如理解"为什么"、理解"如何"等）的那样，理由也有其多样性，包括作为演绎解释前提的规律、法则，直接的经验或间接的推理等，乃至利普顿所提到的必然性、可能性、统一性等，也都可以用作解释的理由。不论说玻璃杯掉到地上可能破碎或必然破碎，都是给出它之所以会破碎的一个理由，从而也就是给出一种解释。因此，理解是建立在理由（解释）之上。一种可能的情况是，在存在一些竞争性理由的情况下，理解是通过在不同的理由中辨析并确认最恰当的理由，从而获得解释。在这么做时，理由可以表现为一些"假设"。例如，某位学生今天没有来上课，可能的理由（假设）是，他生病了，或者是家里有事了，或者是厌学了，等等。在这些可能的假设性理由中，理解者需要通过各种方式来对它们加以求证，如通过询问他本人、家人或了解情况的同学等，从而在获得有效理由的情况下做出解释，并相应地获得理解。在这么做的时候，理解者实际上在理由与他所理解的命题之间建立起某种有效的联系，这种联系乃是基于理由所起的解释作用。

以上的论证所要表明的是，给出理由就是给出某种解释。当然需要说明的是，并非给出的理由都是正确的解释。存在着不正确的理由，同样也存在着不正确的解释。我们这里所强调的不过是：凡是理解都是有理由的。因此，一般而言，不存在没有解释的理解。或许有人会说，直觉得出来的结果并不需要什么理由。但是，笔者认为直觉并不产生理解，而只能称得上是假设或预感。倘若要获得真正的理解，还需依靠理由。此外，解释也可以是显性的或是隐性的。最佳解释的推论属于一种显性的解释，它以推论的方式选择出最佳的理由，并相应地给出了最好的解释。而伽利略的思想实验则属于隐形的解释，它的实验结果向人们展示的是一种理由，这一理由是通过作为结果的事实来给出的。它表现在即使把一个较重的物体与一个较轻的物体捆绑在一起,它们的下降速度与原来的单个物体相比也不会加快。这就表明物体的下降速度与其重量无关。这里的"理由"直接表现在思想实验所展现的结果,而不在于它是通过何种特定的方式所获得的。此外,利普顿所提出的通过把握必然性、可能性、统一性等来获得"认识的收益"的方式,其实也都是一些解释,只不过它们是通过不同的方式或途径来获得的。以归谬法为例,它通过证明由原有的命题会导致荒谬的结果,来作为一个理由,亦即给出一个反驳性的解释,使认识者对原命题的错误获得了理解,并因此对它加以排除。

因此应当说,利普顿不适当地限制了"解释"的概念,把归谬法、反事实论证等都排除在解释之外。其实这些都是以不同的方式在给出某种理由,使认识者获得理解,因此都属于一种特殊的解释方式。只有把它们都明确地包括在"解释"的范畴里,我们才能更清楚地了解解释的活动,尤其是了解它所可能采取的多种方式,从而不仅有助于更好地了解解释与理解的关系,而且有助于在实践上更有效地进行解释的活动。

第八节　理解与"命题主义"[①]

"命题主义"(propositionalism)是近些年来在心灵哲学(尤其是意向性研究领域)以及知识论中新出现的一个概念,并逐渐受到哲学家们越来越多的关注。所谓的"命题主义"指的是这样的观点,即"所有的意向性的心理关系——所有的意向态度——都与命题或某种命题式的东西相关"[②]。可以看出,这个界定涉及两个基本要素,一是"命题态度",二是"命题",并且这两个要素是相关的;也就是说,它意味着所有的命题态度都与命题有关。

[①] 本节原文发表于《东南学术》2020年第1期。国家社会科学基金重大项目"当代知识论的系列研究"的阶段性成果。

[②] Michelle Montague, "Against Propositionalism", *NOÛS*, vol.41, no.3, 2007, p.503.

"命题态度"作为一种心理状态，它的外延包括知道、思想、相信、否定、怀疑、欲求等。在语言表达形式上，它表现为在这些心理动词（思想、相信等）后面带有"that从句"。例如，当我相信"现在是中午十二点"时，我就处于"相信"这一心理态度与"现在是中午十二点"这一命题从句的关系之中。进而言之，与"命题态度"相关的知识就叫作"命题知识"，也就是知道某种事物是如此这般的情况。

由于"意向性""相信""怀疑"等概念是知识论上的重要概念，因此"命题主义"显然与知识论有着密切关系。相应地，由于"理解"也涉及与"命题"的关系问题，即是否理解都是与命题相关的？因此，这一问题就成为本节所感兴趣的。下面我们先从有关命题主义及其反面"非命题主义"的介绍开始，然后进入有关理解与命题主义的关系问题，亦即"理解"是否也属于命题主义的范畴，其根据何在？

一、命题主义的主张

从现有的文献上看，对命题主义讨论较多的是在心灵哲学的"意向性"问题域。按照论文集《非命题的意向性》(*Non-Propositional Intentionality*)的主编格赞寇斯基（A. Grzankowski）与蒙塔古（M. Montague）的说法，"在当前的意向性的讨论中，有一种几乎是普遍的，有时蕴含的，然而有时典型地明确的假定，即所有的意向性都是命题的"[1]。这里的"意向性"态度包括思想、赞成的态度、信念、知觉、热爱（adoration）、沉思等等。上述的观点有时被称为"命题主义"，它被分析哲学家们所广泛接受。在他们看来，命题主义是如此地无所不在，以致"意向态度"和"命题态度"成为两个可以互换的概念。

在心灵哲学领域，命题主义的基本信条是，每一种心灵的态度，从

---

[1] A. Grzankowski and M. Montague, "An Introduction", in A. Grzankowski and M. Montague (eds.), *Non-Propositional Intentionality*, Oxford University Press, 2018, p.1.

根本上说都是包含了命题在内的态度。对命题主义而言，核心的东西是意向内容的结构。按照蒙塔古的归纳，命题主义共有三种不同的版本。第一种也是最简单的版本是，断言所有意向态度都不过是与命题的关系。这一版本并不把所有的意向态度，或者至少所有意向态度的意向性还原到信念或欲求。也就是说，它允许爱、恨、赞美、想象等作为不可还原的意向态度。第二种是塞尔的版本，认为诸如欢喜、悲伤、爱和恨是不同的态度，其中每一个都具有自己独特的情感特征。不过这些态度的意向性是完全可以还原到"信念与欲求集"的意向性之中。第三种是混合的命题主义版本：尽管爱、恨等是不可还原的意向态度，不过对它们的恰当分析将总会包含着与其他命题态度的关联。[1]这里，蒙塔古把塞尔也纳入命题主义者之列，但按照塞尔自己的说法，他是反对将所有的意向状态都看作是带有命题形式的（对此我们在下文会谈到），因此蒙塔古的这一归类显得并不恰当。

命题主义者为了支持自己的每一种心灵态度从根本上说都包含了命题在内的主张，总是要用具有命题结构的东西来分析对象态度，也就是把作为意向态度的对象分析成为具有that从句的命题结构。这样的命题结构都表现为"a是F"的形式，其中F是某个谓语。例如，像"玛丽爱南希"这样的不带命题从句的语句，会被分析成"玛丽喜爱南希是F"（Mary loves that Nancy is F）的形式。其他的意向态度也是如此，如"玛丽相信南希是F"，"玛丽欲求（desires）南希是F"，等等。因此，对于上述三种命题主义的版本而言，它们之间的差别只是在于对"命题态度"的规定性如何这一看法上的不同，亦即诸如爱、恨是否可以还原到其他命题态度，或者说是否存在某些更为基本的命题态度（如"信念"与"欲求"等）的问题。

这里可能产生的一个疑惑是，为什么要把意向性态度都解释为命题性的，或者说为什么需要命题主义呢？学者们就此给出的理由有逻辑的、

---

[1] Michelle Montague, "Against Propositionalism", *NOÛS*, vol.41, no.3, 2007, p.507.

形而上学方面的，包括命题态度在心理因中的作用，在逻辑关系与推理理论中的作用，以及在论说（reasoning）理论中的作用，等等。在这方面，权威的主导思想源自于罗素、蒯因和刘易斯。以蒯因为例，他的主导思想是要解决以单个对象作为信念等命题态度的对象时，由于语句在其"关系上的含义"与"概念（notional）上的含义"之间的差别，容易产生的读解上的混乱。例如，对于"我想要一艘单桅帆船"这一语句，仅当作为"关系上的含义"的读解，也就是把它读解为"存在某艘我想要的单桅帆船"时，用逻辑表达式来表达是（∃x）（x是一艘单桅帆船，我想要x），这样的读解才是正确的。反之，如果我寻求的仅仅是消除对单桅帆船的渴望，那么做出上述的读解便是错误的。①语句读解上的这一"关系上的含义"与"概念上的含义"之间的区别，如果换成如下这个例子，则会表现得更清楚：

（1）（∃x）（威托尔德希望x是总统）。（关系上的含义）

（2）威托尔德希望（∃x）（x是总统）。（概念上的含义）

按照蒯因的说法，（1）表达的是威托尔德有他的总统候选人，而（2）表达的是他仅仅希望采用适当的政体形式。

为了解决这一语句含义在读解上容易产生混乱的问题，蒯因提出的办法是引进表现为命题的"that从句"，来对语句的内涵做出进一步的、更高程度上的规定，以增加语句的明确性。因此，信念应当看作是拥有信念者与由"that从句"来命名的某一内涵之间的一种关系。这一关系可以通过增加语句中的变项，明确规定出更高程度的内涵，使信念关系从二元提高到三元乃至四元等，从而使语句得到愈加明确的规定。例如，他所例示的四元信念关系为："汤姆相信有关西塞罗和卡泰琳的yz（y斥责过z）。"②

按照格赞寇斯基的解释，蒯因《量词与命题态度》一文是排斥非命

---

① 蒯因:《量词与命题态度》，涂纪亮、陈波主编《蒯因著作集》（第5卷），中国人民大学出版社，2007年，第179页。

② 蒯因:《量词与命题态度》，涂纪亮、陈波主编《蒯因著作集》（第5卷），第183页。

题态度的。他论证说，由于蒯因赞同罗素对诸如"an F"与"the F"的量化短语的处理方式，也就是量词对命题而言并不提供意指（denotation），而只不过是不完全的符号，它通过与谓语相结合来形成一个有意义的语句。因此，当量词在与诸如"想要"这样的动词相关时，在涉及玛丽想要的只是"某艘"单桅帆船，而不是"特定的"一艘单桅帆船的情况下，这时需要一个完整的语句补足语，也就是需要采用某个命题的形式。否则的话，就会出现对"我想要某个东西"的语句进行概念上的读解时，形成像"我要（∃x）"这样的有毛病的结果。①对于"玛丽想要一艘单桅帆船"这样的语句，最好被处理成在"想要"之后带有命题的语句，即"玛丽想要（的是）她有一艘单桅帆船"。因为虽然从表面上看，在"玛丽想要一艘单桅帆船"的句子中，我们所归于意向状态的一种性质是，它将认识主体与某种从结构上看是非命题的东西联系起来。但如果要使该语句在概念上的读解能够明确起来，我们还需要增加一个东西，也就是诸如"我想要（的是）我有一艘单桅帆船"（"I want that I have a sloop"），即增加了一个命题从句。从逻辑形式上表示就是："我想要（∃x［x是一艘单桅帆船并且我有x］）（I want［∃x］［x is a sloop & I have x］）"。格赞寇斯基认为，这似乎不仅更好地把握了从概念上读解"我想要一艘单桅帆船"（"I want a sloop"）的意思，而且还有助于人们从概念上读解"我想要某个东西"（"I want something"），即"我想要（∃x［我有x］）"（I want［∃x（I have x）］）。这样，通过把语句的非命题态度的性质改造为一个具有命题补足语的性质，语句的概念上读解的含糊性就得到了解决。

以上对命题主义的解释主要是从"意向性"与语言的逻辑分析方面进行。从知识论的角度来谈论命题主义问题的，主要是卡万维格。他主张的要点是，其一，从确证论的角度来看待命题主义，将它视为一种与"信念主义"（doxasticism）相对的立场，即主张基本的确证类型是命题的，信

---

① A. Grzankowski, "Non-Propositional Attitudes", *Philosophy Compass*, vol.8, no.12, 2013, p.1127.

念的确证应当用命题来解释；而信念主义的主张则相反，将信念视为确证的基本类型。卡万维格还认为，命题主义与信念主义的区别贯穿于知识论中。戈德曼的"可靠主义"、索萨的"德性知识论"等，都被他看作是信念主义的明显例子。

其二，从证据论的角度将命题主义与状态主义（statism）相对。命题主义的主张是，如果e是证据，那么e是一个命题；而状态主义的主张则是，如果e是证据，那么e是一种心灵状态。[①]进而言之，对于命题主义而言，证据与拥有证据之间的区别是由心灵状态所拥有，或能够拥有的内容所决定的。因此，拥有p的证据就是处于一种具有某些内容的心灵状态中，这些内容是支持p的真的，并且由于这些状态的内容，因此它在认识上是支持相关信念的。从而，内容是证据，并且心灵状态是具有证据的。

其三，将命题主义看作是被用来允许信任我们的感性的感受能力，当它是基于经验产生信念的时候。因为我们的感性允许我们收集证据，而由此得来的证据之所以值得我们相信，是由于它们的经验的内容。因而，通过相信感性所告诉我们的东西，我们必须相信我们的感性。

二、反命题主义

对上述的命题主义提出质疑，构成当今知识论的一个新的关注点。[②]概而言之，对命题主义的挑战集中表现在这一点上：并非所有的态度都像命题主义所主张的那样是命题态度，并且所有态度的对象，也并非都是命题性的。相反，"存在着一些事情的，或有关事情的态度，它们并没有关

[①] J. Kvanvig, "Propositionalism and McCain's Evidentialism", in Kevin McCain (ed.), *Believing in Accordance with the Evidence: New Essays on Evidentialism*, Springer International Publishing AG, 2018, p.350.

[②] 如T. Brewer 的"Three Dogmas of Desire"（2006），A. Grzankowski 的"Not All Attitudes Are Propositional"（2012），T. Merricks 的"Propositional Attitudes?"（2009），等等。

于这些事情的命题内容"①。换言之，这些有关的态度所涉及的是"对象"，而不是所谓的"命题"。

　　反命题主义有其历史渊源，尤其是在"意向性"理论的创始者布伦塔诺那里。他所持的也是反命题主义的观点。②在布伦塔诺看来，所有的意向性态度都是非命题性的，或者说，是对象性的。他写道："每一个肯定你的命题的断定，与一个仅仅以个体对象为对象的断定是等值的。……你的判断不仅是等值于关于具体对象的判断，而且这些具体对象总是可以获得的。因此命题总是完全不必要的/多余的，并且违反了自然的经济性。"③以"信念"为例，所有的信念都是关于存在的，它们都肯定或否定某种东西的存在。克里格尔（U. Kriegel）就此给出如下的例子加以说明。当你判断"教皇是智慧的"时，你不可能在不承认教皇存在的情况下做出这个判断，也就是说，你已经预先将教皇作为一个存在者了。一旦你承认了教皇，那么就不存在额外的关于教皇存在的判断，因为前者已经完全包含了后者。由于承诺（commitment）教皇的存在是已经建立在承认（acknowledging）之中的，因此这个承诺不过是在这个行为中的一个复制而已。④

　　由于信念或判断都是与对象有关，而不是与命题、事物状态等存在论意义上的实体有关，因此就信念而言，它对某种东西之存在的肯定或否定，都应当理解为"相信Fs"（a belief in Fs），而不是理解为"相信Fs是存在的"（a belief that there are Fs）。换言之，也就是应当将信念的对象看作是客体性的，而不是命题性的。

---

① Alex Grzankowski, "Limits of propositionalism", *Inquiry*, vol.59, nos.7–8, 2016, p.819.
② 按照格赞寇斯基和蒙塔古的看法，甚至胡塞尔也接受了非命题的意向性。A. Grzankowski and M. Montague (eds.), *Non-Propositional Intentionality*, p.2.
③ F. C. Brentano, *The True and the Evident*, ed. O. Kraus, trans. M. Schttle and L. L. McAlister, Routledge, 1966, p.84.
④ Uriah Kriegel, "Belief-that and Belief-in: Which Reductive Analysis in Non-Propositional Intentionality?", in A. Grzankowski and M. Montague (eds.), *Non-Propositional Intentionality*, p.208.

在当代学者中，塞尔也应被归为反命题主义者，尽管他认为许多显得并非命题的意向状态事实上在经过考察之后是命题的，例如欲求与知觉就是如此，不过仍然存在着诸如"厌倦""焦急"等心理状态，它们是意向的，却不是命题的。因此他认为，命题主义的意向态度分析是一种仅处理某些情况的"特别的理论"，然而却有一些意向态度不可还原地是对象的。他的反命题主义就表现在区分出这样的一些非命题的意向性态度，并据此证明："所有意向状态是命题的这一命题显然是错误的。"①

在新近出现的一些反命题主义者所提出的观点中，笔者认为值得注意的是如下这些：

一是所提出的"对象态度"（objectual attitude）的概念，如蒙塔古认为，并非所有的意向态度都是指向命题的，而是有些是与"对象"相关的。具有这种对象的态度，蒙塔古命之为"对象态度"。②对象态度抵制命题主义的分析。

与塞尔类似，蒙塔古也通过对命题状态与非命题状态的对比，析取出一些非命题的意向状态。例如在他看来，尽管对动词"欲求"（desire）的分析通常是命题性的，不过这种解释并不能运用到爱、恨、沉思、考虑、想象、注意等对象状态中。这是由于"欲求"通常被描述为使世界成为它能够得到满足的方式，并且因为"世界能够是的方式"在直观上表示的是一种事物的状态，它需要通过命题来表示，这就给我们一种可能的解释，即为什么动词"欲求"自然地导致一个命题主义的分析。然而与此不同，诸如爱、恨、沉思、考虑、想象、注意等意向状态，却并非如此。例如，"玛丽爱南希""她想要南希的汽车"等，它们所表现的意向关系显得是一些单纯地存在于思者与非命题对象之间的关系。从语句的表现形式上看，也就是它们并不带有一个"that"的命题从句。

---

① J. Searle, "Are there Non-Propositional Intentional States?", in A. Grzankowski and M. Montague (eds.), *Non-Propositional Intentionality*, p.271.

② Michelle Montague, "Against propositionalism", *NOÛS*, vol.41, no.3, 2007, p.504.

二是康普（E. Camp）等从"是否图象是命题表象"的问题入手，提出了"图像"（map）与"命题"作为表象在类型上的区别，以及图像所具有的不同于命题的结构，从而否定命题主义的普遍性。在这方面，康普的核心主张是：图像并非是命题的。其具体论据是：

首先，图像主要是平面的、一阶的、非层级的表象模型，它们只是将对象与性质放置在某些位置（locations）上，但这并不是绝对的。例如，在关于城市的电脑图像里，某座建筑的图像可以延伸到它的内部。此外，更重要的是，图像经常运用了多重的"不相容的类别"（如色度、饱和度和织构密度），其中某些具有二阶或更高阶的含义。[①]例如，某位制图师可以运用色调在发病区域内表示最普通的疾病，运用色彩的饱和度来表示它的发生频率，以及运用织构密度来表示具有这一频率的疾病所表现出的可信度或证据状态等，因而所传达的信息是被层级性地构造起来的。它并非仅仅是在某个区域内将疾病 x 加上频率 y 再加上可信度 z，而是表现出这里疾病 x 的可信度 z 是伴随着频率 y 而出现的。

其次，图像是以整体性的、关系型的方式来解码信息，而这一结构不是命题的机制所能直接捕捉的。因为命题是由数字、不对称、递归机制等要素构造的，它们产生了无限交织的、有深度的层级结构，而这种结构并不明显地展现在图像中。当我们将命题的这种特点与图像的把一些特定位置的信息编码为一个更大总体的方式相比较时，它们之间的差异就更明显了。

再次，图象是集成的表象总体，其中的某个单一记号可能是复杂的，由多重的"不相容的类别"组合而成，它表征事物是如何处于某个位置，其中被表示的对象/性质的空间的诸关系，是由那些作为成员的记号中的空间诸关系所表征的。

三是丹西（Jonathan Dancy）的反命题主义。在他的《实践的现实》（*Practical Reality*）一书中，丹西谈论了什么是"行动理由"的问题。按

[①] Elisabeth Camp, "Why Maps are not Propositional", in A. Grzankowski and M. Montague (eds.), *Non-Propositional Intentionality*, p.36.

照摩甘迪（Matteo Morganti）的归纳，这方面存在着三种主张，即主张实践理由是心理状态或关于心理状态的事实的"心理主义"，主张实践理由是命题的"命题主义"和主张实践理由是非心理状态的事件的"状态主义"。[1]对于本节而言，我们关注的是丹西的反对命题主义的立场，也就是，他主张构成实践理由的是"事件状态"，而不是命题。例如，她病了，这给予我一个送她到医院的理由，并且这是一个事件状态，是作为世界一部分的某个事情，而不是某个命题。

这就涉及什么是"命题"的问题。丹西这里所指的命题主要是刘易斯与弗雷格意义上的，前者把命题看作是一组或一类可能世界，在其中语句所表达的命题是真的；后者则把命题看作是一些抽象的对象，它们所映现的是一个做出断定的语句的结构。对此，丹西的质疑是，按照这两种说明是否命题就能够成为行动的理由？他给出的回答是否定的。因为在他看来，某个种类的世界是很难使一个行动成为合理的或正当的东西。此外，命题是抽象的，而处于世界中的事件状态是具体的，就像"现在我的心情好"或"今天天气不好"，都可以成为我是否出门游玩的理由一样。

此外，命题之所以无法被用来解释意向性行为，还因为那些被用以解释这些行为的"所相信的事情"必须是"能够是其所是"的事情[2]，但没有任何命题是属于这一类的。我们所相信的东西可以是，也可以不是该情况；它可以成立，也可以不成立。然而命题是真的或假的，它们不属于成立与否的问题，或是否存在该情况的问题。

三、理解论上的反命题主义

在理解论上，对命题主义的挑战主要来自扎格泽博斯基。在她那里，理解论在知识论中具有的重要地位，它与"确定性"同为知识论所追求的

---

[1] Matteo Morganti and Attila Tanyi, "Can Reasons Be Propositions? Against Dancy's Attack on Propositionalism", *Theoria*, vol.83, no.3, 2017, p.187.

[2] Jonathan Dancy, *Practical Reality*, Oxford University Press, 2000, p.147.

基本价值，尤其是在怀疑论并不被当作一种威胁的时候，理解就成为"主流的"价值。在论述理解论时，扎格泽博斯基的一个目标是想"强调命题知识与一种既重要又被忽略的理解之间的差异"①，也就是提出理解与命题知识的区别。这实际上构成扎格泽博斯基对命题主义的挑战。

理解与命题知识的不同，扎格泽博斯基用的例证是来自地图、照片或图表所获得的理解，认为它们都是对某个事物的"非命题表征"，诸如一个城市的布局、利率与通货膨胀之间的关系、柏拉图的理型世界与物质世界之间的关联等。尽管通过非命题性得到理解的东西通常会有命题性的替代物，就像你可以通过地图来理解如何从甲地到乙地，同样也可以通过命题性的解释而获得相应知识一样。然而即使这样，理解与命题性知识仍然构成认知上把握对象的不同方式，而不仅只是达到同一目标的不同途径。当一位精通音乐者抱怨说他虽然仍旧能够听到音乐，却丧失了聆听音乐的能力，这所指的实际上正是命题性知识与理解的差别：即使能够命题性地描述音乐的结构，但却无法"把握"（理解）那些命题了。换言之，能够"知道"但却无法"把握"那些命题，正是具有命题性知识与理解这两种认知方式之间的差别。

扎格泽博斯基进而将理解与命题知识的区别明确地归结为如下三个方面。

首先，理解与学习艺术和技能相关联。尽管对于一些简单的事情来说，理解它们很容易，未必需要通过学习什么技能，而只需借助以往很简单的经验，就像在美国理解"停车标识"一样，但对于那些比较复杂的事情来说，"有关理解的越来越多的有意思、也很重要的例子会与技能相关联"②。在这方面，扎格泽博斯基以柏拉图的论述作为依据。柏拉图

---

① L. 扎格泽博斯基：《认识的价值与我们所在意的东西》，方环非译，中国人民大学出版社，2019年，第145页。
② L. 扎格泽博斯基：《认识的价值与我们所在意的东西》，第147页。

将"epistêmê"与理解密切关联。① 一些柏拉图学者主张，在柏拉图那里的"epistêmê"是与技艺，即实际的人类艺术或技能的掌握相联系的。柏拉图的技艺观念包括了医疗、狩猎、造船等复杂活动。对于这类活动，掌握了有关技艺就有了一种理解，或者说，通过知道如何把它们做好，一个人才获得理解。这种理解是无法通过其他方式来获得的。

其次，理解并不指向不相关命题，而是对各部分之间关系的把握，包括部分与整体之间的关系。在扎格泽博斯基看来，这样的关系可能是空间上的，因果关系属于其中重要的一种。此外，如果把它加以推广，那么还包括格里姆所说的理解在根本上要把握的"相互依赖关系"。② 在论述这方面问题的时候，扎格泽博斯基还提到除了接受一系列命题，甚至是替代了对一系列命题的接受之外，人们对于他们所把握的关系的心理特征可能通过图型、图片、图标和思维模型来进行。

再次，理解不能通过证言（testimony）得出，而知识可以。这是将理解同命题知识加以区分的又一个特征。其理由在于，知道（knowing）的状态是能够从一个人传递到另一个人的，因为知道是相信（believing）的形式之一，并且信念（belief）也是能够由一个人传递给另一个人的。

为什么理解无法以"知道"那样的方式传递呢？扎格泽博斯基认为，这是由于对"理解"而言，每个人的心灵必须要做出自己的理解工作，而不能通过别人所传递的证言来"直接"得到。对此，扎格泽博斯基给出的一个有信服力的例子是，无论通过什么方式，他者都无法将他对树的理解传给我，即使我与他一样都知道那棵树是什么树，有着什么颜色等。通过证言而来的理解只有一种可能，那就是通过"间接的方式"，即通过"重建产生理解的条件"。③ 例如，如果你通过看地图，理解了如何从上海开

---

① 原文的注释是：莫拉威西克将"epistêmê"译为"理解"，而法因将其译作"知识"，但强调它与理解密切相关。见扎格泽博斯基：《认识的价值与我们所在意的东西》，第146页注释1。
② L. 扎格泽博斯基：《认识的价值与我们所在意的东西》，第147页。
③ L. 扎格泽博斯基：《认识的价值与我们所在意的东西》，第148页。

车到厦门,那么你就能够在地图上向他人指出这条路线,让他获得相应的理解。不过,扎格泽博斯基强调,对于那些需要掌握技艺(technê)的理解,假如你不教他们技艺的话,你就无法将理解传递给他们。比如,你如果只是在口头上教某人如何骑自行车,而没有让他自己学会骑车的技巧,那么他是无法通过你所说的东西,即证言来获得对如何骑车的理解的。

四、命题式的理解是理解的最终归宿

在介绍过有关命题主义及与之相对立的"非命题主义"之后,我们现在进入有关理解与命题主义的关系问题,亦即理解是否也属于命题主义?假如是,其根据何在?

理解作为一种意向态度,自然也涉及它与命题是否相关的问题,乃至它是否也仅仅属于命题主义;换句话说,这意味着命题主义的主张,即"所有的意向态度都与命题或某种命题式的东西相关"[①],是否也适用于理解之上?在这方面,近些年来提出的"对象态度"以及相应的"对象知识"的概念,为我们论究这一问题提供了有益的参考。我们可以参照"命题态度"与"对象态度"的区分来思考"理解"的性质,并依据相应的"命题知识"与"对象知识"的划分来作为划分理解的对象的一个依据。

下面我们且以当今理解论中有关理解的形式的划分为切入点来展开论述。从现有的文献来看,"对象的理解"(objectual understanding)这一概念已经比较频繁地出现在不同的论者那里。就卡万维格而言,他所提到的理解的不同形式,包括了"命题的理解""对象的理解"与"理解 wh(包括理解 how)"三种。并且,他将它们分别与三种同样形式的知识相对应,即"命题的知识""对象的知识"和"wh 的知识"。之所以如此,是由他认为理解与知识是在相同的语言形式中发生的。[②]

---

① Michelle Montague, "Against Propositionalism", *NOÛS*, vol.41, no.3, 2007, p.503.

② Jonathan Kvanvig, "Understanding", in William Abraham and Frederick Aquino (eds.), *Oxford Handbook of the Epistemology of Theology*, Oxford University Press, 2017, p.176.

卡万维格的"对象的理解"这一概念，指的是对"大的信息体"的理解。从他所使用的主要例子中，即理解自1775年至1875年间，印第安人的科曼奇族（Comanche）对北美南部平原的统治，我们可以看出他这一概念的所指：它不是关于某个简单的单一对象（如"张三"个人），也不是关于某个命题，而是关于复杂的事件整体。在对这样的对象进行理解时，理解表现为个人利用所存储的信息来正确地回答有关现象的各种问题的能力；具体说来是把握各种信息之间的概念与解释性的联系。在卡万维格看来，与之相反，"知识"并不做这样的工作。

把理解的对象从单个对象的个别性的规定，扩展到了对大而复杂的、综合的信息体对象的规定，这扩展了"对象的理解"的含义。但这样一来，其结果恰恰违背了作者的初衷，因为对大的信息体的理解，其结果更是需要以命题来表达，乃至以命题的集合来表达的。

与卡万维格不同，虽然其他学者也使用"对象的理解"的概念，但他们的"对象"概念的所指却是不一样的。卡利法提到，有些哲学家将对象的理解视为具有一个主题（a subject matter）的理解。这种理解在形式上表现为以一个名词短语作为语句的补语，如"尼尔斯理解量子力学"。并且他认为，"对象的理解"在哲学上的所有特征能够被"解释性的理解"所把捉。这里，"解释性的理解"指的是一种具有好的解释特征的理解，它是能够用某种"理解为什么"的形式来表达的，甚至可以说这二者是"同义词"。例如，"苏珊理解为什么天空是蓝色的"。[1]

把某个"主题"视为理解的一个专门对象，这样的解释在希尔斯（Alison Hills）那里也出现过。他把理解的对象区分为理解某个句子的意义、理解某个主题（如"苏珊理解化学"）、理解某个p与理解为什么（why）[2]，其中的"理解为什么"又与如下的"主题"相关，即与道德、美

---

[1] Kareem Khalifa, *Understanding, Explanation, and Scientific Knowledge*, p.2.
[2] Alison Hills, "Understanding Why", *NOÛS*, vol.50, no.4, 2016, p.661.

学、哲学、命题以及科学的理解相关。

凯尔普（Christoph Kelp）同样将理解区分为"命题的理解"与"对象的理解"，前者包括理解that和理解why，后者则是有关各种现象，包括人、理论和事件的理解。① 不过这样的区分容易使人产生一个疑惑是：理解"that p"与理解理论、事件能否区分得开？例如，对于理解"人是目的"而言，它是"命题"呢，还是"理论"？可以说二者都是，由此至少可以说后者可以归结、表现为前者。对于"that p"与"事件"而言，也是这样。"第一次世界大战爆发的导火索是奥地利皇储斐迪南德大公被刺杀"，这既是一个事件，同时也是一个命题。因此完整说来，它是一个以命题的方式所陈述的事件。

以上我们看到，反命题主义者将"对象"与"命题"区分开来，使它们分别成为理解的不同对象。这里的问题是，这样的区分是否可能，并且是否具有必要性？

首先，笔者认为并不存在这样的可能性。因为在理解时，"对象"与"命题"并不可分。即使在理解针对的是个体的对象，如"我理解他"的时候，从表面上看似乎该理解与命题无关。然而，一旦被问及为什么理解他，或如何理解他，这时就需要展开为命题。比方说，"这是由于我与他有着相似的经历"等。这时该理解在语言上就展现为一个命题的形式，如我理解他是"由于我与他具有相同的经历"，也就是我理解他是因为命题that所说的理由。这意味着即使是以个别"对象"的方式呈现出来的理解，如果需要的话也可以展现为命题。

同理，对于"大的信息体"或某个"主题"的理解而言，所理解的结果也是可以，而且也应当展现为命题的形式。假如仅仅说"我理解化学"，那是极其笼统的。一旦需要表达清楚时，那就需要展开为命题。例

---

① Christoph Kelp, "Toward a Knowledge-based Account of Understanding", in *Explaining Understanding: New Perspectives from Epistemology and Philosophy of Science*, p.251.

如,"我理解化学"可以展开为"我理解化学是研究物质的组成、结构、性质和变化规律的科学","我理解化学的方法是以实验和推理为基础的定量研究方法",等等。

类似的情况也出现在有关个别对象的理解那里。虽然对于理解而言,它同"相信"一样也可以是"对象态度"的,亦即它可以仅仅涉及对象,而不必是命题。首先,就相信而言,它可以是对象性的,如"我相信他"。也就是说,我相信"他这个人",而未必一定是命题的,亦即未必需要将所相信的对象"他"展开为"他是可靠的""他是诚实的"等等。同理,我们也可以说"我理解他",而未必展现为命题。但即便如此,一旦需要说明为什么理解他的理由时,如"我理解他是因为……",则此时理解该对象即展现为命题。这意味着同理解某个"主题"一样,对个别对象的理解也是最终需要展现为命题的。所以命题式的理解是理解的最终归宿,理解终究是命题性的。

前面提到,布伦塔诺是反命题主义者。他有如下思想:判断是对象的,而不是命题的态度;不论对象是如何不同、复杂,如一只可爱的狗、三条腿的狗等,它们总归是某种对象,而不是诸如命题、事物状态等不同本体论范畴的实体(entity)。然而,即使是对于"一只可爱的狗""三条腿的狗"这样的对象,实际上已经给出了有关对象(如这里的"狗")的判断,亦即命题。例如,"一只可爱的狗"可以看作是命题"这只狗是可爱的"缩写;"三条腿的狗"同样也可看作是命题"这只狗是只有三条腿的"缩写。这与单单只断定"某只狗"是不一样的,在意义上明显多了一层。如果展开为命题形式的话,就体现为从单纯的对象进入了理解或认识上的规定。此外,对于"主题"这样的理解对象而言,以上文所列举出的"化学"为例,这样的对象在被理解时,也同样可以展现为一些命题。

不过深究起来,不可否认的是也存在着一些非命题性的理解,只是它们并非属于上述意义上的"对象性"的知识,而是由于它们的特殊表达方式使然,诸如庄子的寓言、禅宗的偈语等。

这里先以《庄子》为例来说明。《庄子》全书的大小寓言共计200多个，其寓言的用意是"藉外论之"，也就是借助那些寓言来论述自己想说的哲学道理。它们大多"皆空语无事实"（司马迁语）[1]，所以属于一些寓言性的叙事，并不属于命题知识。此外，"藉外论之"，托借"凫胫虽短，续之则忧；鹤胫虽长，断之则悲"之类的寓言来论述"顺其自然"的道理，是一种比喻的表达方式，它们通过对野鸭与野鹤的腿之短长的寓意的解读，来达到对某种道理的阐发。从形式上说，它们同样也不是命题知识。

禅宗最初是主张不立文字的，对其禅理的理解依靠的是直觉。"法以心传心，当令自悟。"[2]如何才能自悟，识得自家的宝藏？禅宗认为这不是一个思辨认识的过程，而是依靠自己去体悟，亦即依靠自己的直觉来获得。

然而这种不借助命题来表达的方式容易出现一个问题，即意义上的含混不清，难以进行普遍的传达，而只能依凭个人的直觉来领悟。在阅读禅宗的那些公案时，实际上容易产生这样的困惑：虽然公案上写的是某某僧人"顿悟"了，但作为读者，其实我们还是不甚了然，甚至是一头雾水。此外，自悟的方式能够表达的义理也有限。比较复杂的义理（命题），恐怕难以通过这种方式使人理解。就禅宗本身的公案所能传达的义理而言，一般也就是表达它们的基本教义，如"平常心是道""顺其自然"之类的道理。

以上所述的，不论是庄子的寓言还是禅宗的偈语，它们都可归属于哲学的范畴。不过从根本上说，哲学在总体上仍属于"命题式"的理解的范畴，尽管它并非像分析的知识论那样将探究的对象限制在经验的范围之内。因为哲学所要把握的是一种思想，思想表现为某些普遍性的理念[3]，

---

[1] 《庄子》，方勇译注，中华书局，2010年，"前言"，第22页。
[2] 转引自黄河涛编：《禅宗公案妙语录》，中国言实出版社，2006年，"季羡林总序"，第9页。
[3] 如黑格尔所言："哲学所研究的对象是理念。"黑格尔：《小逻辑》，贺麟译，商务印书馆，1980年，第45页。

如因果性、知识、命题、确证、人性、自由、正义等。这些理念都是要通过命题来表达的。即使是比较特殊的哲学的理解，如柏拉图的牧羊人的故事、加缪的西西弗斯的故事等，它们借助的是"故事"的方式，通过对象征性的意象、对象意义的解读来表达理解者的理解。但它们最终还是属于一种命题知识的理解，因为它们最后是以一组复杂的意义命题来表示的，只不过这类"命题知识"的表现比较特殊而已。柏拉图对牧羊人故事的表象意义的解读，最终给出的结论是人性是恶的，凡有作恶的可能时，他必定作恶。这其实也就是给出一个命题。因此，当我们说"我理解柏拉图的牧羊人的故事"时，其实在心中所蕴含的是对这一故事所表达的理念的理解，也就是说，理解柏拉图这一故事所要表达的"人性是恶的"之类的命题。假如从语言表达形式上加以展开，对这一故事的理解就展现为一个"理解命题从句that"（"人性是恶的"）的形式，亦即"理解'柏拉图的牧羊人故事所要告诉我们的是人性是恶的'"。在这句话中，"理解"作为一种命题态度，是与作为命题从句的"柏拉图的牧羊人的故事所要告诉我们的是人性是恶的"相结合的。前面提到，蒯因在《量词与命题态度》中提出，假如在动词"想要"之后没有一个语句的补语，那么我们就不可能充分地表现对某个概念的读解。对于理解而言，这一道理也同样适用。

虽然对于理解而言，它同"相信"一样也可以是"对象态度"的，亦即它可以仅仅涉及对象，而不必是命题。但不论是对于个别对象的理解，还是对于某个"主题"的理解，它们最终是需要展现为命题的。所以，命题式的理解是理解的最终归宿。虽然深究起来也存在着一些非命题性的理解，不过它们并非属于所谓的"对象性"的知识，而是由于它们的特殊表达方式使然，诸如庄子的寓言、禅宗的偈语等。

第四章 中国哲学中的知识论

第一节　中国哲学的"力行"知识论[①]

本节拟论述如下几个问题：一是对中国传统哲学中的"知"的观念进行诠释，把它视为以"诚"为立足点的"德性之知"；二是从赖尔的"知道如何"的知识论的意义上，把中国儒家的知识观解释为一种"力行"知识论；三是通过比较这一"力行"知识论与"知道如何"学说的不同，来对有关的理论与争论提出一些自己的见解。

上述问题涉及的一个主要背景是中国有没有知识论的问题。它同中国有没有哲学一样，都是处于争论中的问题。中国哲学史的研究权威冯友兰曾认为，"知识论在中国从来没有发展起来"[②]。不过，他当时（1947年）做出这一判断所依据的标准，显然是西方的求真的知识论。然而，作为哲学的核心之一，中国古代文化是难以想象不存在知识论的。如今，在赖尔提出"知道如何"（knowing how）与"知道如是"（knowing that）的区别之后，"知道如何"也被认可为知识的一种类型。这为我们重新认识中国传统的知识论提供了一个新的视角。本节由此对儒家为代表的主流知识论提出一种新的诠释，将其界定为"力行"的知识论。

一、中国传统的"知"的观念

从汉语"知"这一词的语源与语义上看，它的基本语义是"知道""知识"，相当于英语的"know"。如《尚书·虞书·皋陶谟》中的"知人则哲"，《论语》中的"知之为知之，不知为不知，是知也"。此外，"知"的语义还有交好、相契（《左传·昭公四年》"公孙明知叔孙于齐"）、知遇、主持（《左传·襄公二十六年》"子产其将知政矣"）。最后，还需要提及的是，"知"在语义上还等同于"智"。根据《辞源》，在

[①] 本节原文发表于《学术月刊》2014年第11期。国家社科基金项目"'元哲学'研究"、厦门大学社会科学繁荣计划项目"知识论研究"的阶段性成果。
[②] 冯友兰：《中国哲学简史》，北京大学出版社，1985年，第32页。

《论语》中"智"字皆作"知"。

1. "闻见之知"与"德性之知"

儒家哲学尽管历史悠久,流派众多,但其基本要义,却可以用"内圣外王"来概括。"内圣"是使自己成为一个"仁者"或"君子","外王"是达到"齐家治国平天下"的理想。与此相应,儒家的知识论围绕着这一基本纲领而展开,具有"一以贯之"的逻辑。

在儒家那里,"知"的概念被区分为两类性质上不同的认识,即"闻见之知"与"德性之知"。前者"乃物交而知",属于认识的感性阶段;后者"不萌于见闻"①或不"假于见闻"②,属于内省的思维阶段。儒家"格物致知"的目的是为了知性、知天③,而这在儒者看来是通过内省的方式获得的,因而不能依靠经验性的"闻见之知",由此他们关注的是"德性之知"。董仲舒说"修身审己,明善心以反道者也"④,讲的就是这个道理。

明确提出"闻见之知"与"德性之知"的概念及其区别的,是张载。他把"闻见之知"归为"小知",而把"德性之知"视为"天德良知"。在他看来,前者并不是什么知识,"多闻见适足以长小人之气"而已;"有知乃德性之知也"⑤,只有德性之知才是真正的知识。因此,他主张,"不以见闻梏其心"⑥,明确否认"闻见之知"是一种主要的认识方式。

朱熹的看法与张载相同。他认为,"闻见之知"不是圣贤之知,只有"德性之知"才是"圣人之事"。假如仅仅凭借"闻见之知",它会产生的一个结果是,认识者会被外物所蔽,为其所导引、所左右。因此,需要

---

① 《张载集》,中华书局,1978年,第24页。
② 《二程集》,中华书局,1981年,第317页。
③ 孟子:"尽其心者,知其性也;知其性,则知天矣。"(《孟子·尽心上》)
④ 董仲舒:《春秋繁露·二端》。
⑤ 《张载集》,第282页。
⑥ 《张载集》,第24页。

依靠的是"德性之知",它是我们的"心之官"的功能,尤其是对于圣人而言,更是不应当像普通的"世人"那样,"止于见闻之狭",而是应当"尽性,不以见闻梏其心"。①

到了王阳明那里,"知"的概念更是被归结为"德性之知"意义上的道德之知。他把"良知"概念与"闻见"区别开来,认为"德性之良知,非由于闻见"②,并把二者的关系解释为"知"与"用"的关系,断言"良知不由见闻而有,而见闻莫非良知之用"③。进而,王阳明以"良知"的概念来替代"德性之知"。他声称:"良知之外,更无知;致知之外,更无学。外良知以求知者,邪妄之知矣;外致知以为学者,异端之学矣。"④这就从根本上把"知"的概念限定在道德伦理范畴之内。他要求用反求内心的修养方法,以达到所谓"万物一体"的境界,主张知行合一,扬善去恶,格去心中之"非",由此发展出"致良知"的学说,成为中国"力行"知识论的典型代表。

2. "知"与"穷理"

儒家哲学中的"理",主要是道德伦理方面的,如仁义礼智。孟子首先将"理"论证为"心之所同然者",也就是具有普遍性的东西,并把它同"义"相并列⑤,用"仁义"来解"理",把"理"作为伦理规范的准则。孟子的这一思想规约了后来儒家"知"论的取向。宋代的朱熹以"宇宙之间,一理而已",以及"理一分殊"这两个命题来解释"理"的地位与作用,把"理"转换为宇宙的最高本体,万物之用不过是分有"理"的根据,因此宇宙间"莫非一理之流行"而已。与此相应,"格物致知"被朱熹解释为"所谓致知在格物者,言欲致吾之知,在即物而穷其理也",

---

① 《朱子语类》卷九八,黎靖德编,中华书局,1986年,第2519页。
② 《王阳明全集》(第一册),线装书局,2012年,第148页。
③ 《王阳明全集》(第一册),第148页。
④ 《王阳明全集》(第一册),第314—315页。
⑤ 孟子:"心之所同然者,何也?谓理也,义也。"(《孟子·告子上》)

"穷理"是认识的最高目的。而由于"理便是仁义礼智"①，因此穷理意味着穷尽道德伦理之理。

王阳明同样把格物致知解读为穷理，只是他不像朱熹那样把"理"看作是一种客观精神性质的"天理"，而认为它是内在于吾心的，是我们心中固有的"良知"。他说："所谓格物致知者，致吾心之良知于事事物物也。吾心之良知，即所谓天理也；致吾心良知之天理于事事物物，则事事物物皆得其理矣。致吾心之良知者，致知也；事事物物皆得其理者，格物也。"②

朱熹与王阳明分别作为宋明时期理学与心学的代表人物，他们有关"知"的思想同样影响了宋明以后儒学"知"论的走向。儒家知识观的基本概念——"格物致知"，其目的是为了"穷理"，而这种"理"是道德伦理意义上的，是有关仁义礼智之类的"内圣外王"之理。因此，依照格物致知的"八目"的纲领，"穷理"也就被要求通过"诚意正心"这样的内省方法来达到。换言之，对于主流的儒家而言，"心即理"，因此，探寻"理"的恰当途径，是通过"反身而诚"来进行的，也就是从自身的内省中来求得。另一方面，由于道德伦理的准则是与行为相关的，是用于规范人们的行为的，因此，儒家的这一"知"论自然地与"行"论挂起钩来，产生出一种"知行合一"的学说。

3. 知的结果是达到"知行合一"

"知行合一"说最能体现中国哲学的"知"论的特性，它表现的是一种"力行"的知识论。这一学说是由明代王阳明明确提出的，不过在他之前，已有一些儒家学者先后表达了相关的思想。

程颐曾说："知之深，则行之必至。无有知之而不能行者。"③他还说：

---

① 《朱文公文集》卷八十三。
② 王明阳：《传习录中》，《王阳明全集》（第一册），第123页。
③ 《二程集》（第一册），第164页。

"学者须是真知，才知得是，便泰然行将去也。"①以及，"人谓要力行，亦只是浅近语。人既有知见，岂有不能行？""知而不能行，只是知得浅。"②这些论述都是主张知与行之间的联系，并且已提出"力行"的概念，主张知与行二者的一致性，因此可说是"知行合一"说的前奏，有如黄宗羲所指出的："伊川先生已有知行合一之言也。"不过可以看得出，虽然程颐指出了知与行之间的内在联系，不过他的重点是放在"知"之上的，认为"真知"必然导致"行"的结果；因此相应地，他认为并非如《尚书》所言的"知之非艰，行之惟艰"，而是"知之亦自艰"。③

朱熹以一种比喻的方式来论述知与行的关系："知行常相须，如目无足不行，足无目不见。"并且，他对"知""行"这两个要素分别所起的作用做出了这样的阐述："论先后，知为先；论轻重，行为重。"④与程颐不同，朱熹是把"行"看作比"知"更为重要的，这意味着知是以"行"为目的的。

朱熹的四大弟子之一陈淳（1159—1223年），则更明确地提出了知行并做的说法。他说："致知力行二事，当齐头着力并做，不是截然为二事。先致知然后行，是一套的事。行之不力，非行之罪，皆知之者不真。须见善真如好好色，见恶真如恶恶臭，然后为知之至，而行之力即便在其中矣。"⑤这句话已颇有知行合一的意味了。后来王阳明的有关说法，其用语与此十分相似。为了论述知与行不可分离的道理，陈淳还以目和足的关系做了比喻："譬如行路，目视足履，岂能废一。若瞽者不用目视，专靠足履，寸步决不能行。跛者不用足履，专靠目视，亦决无可至之处。"⑥

---

① 《二程集》（第一册），第188页。
② 《二程集》（第一册），第164页。
③ 《二程集》（第一册），第187页。
④ 《朱子语类》卷九，第148页。
⑤ 《北溪学案》，《宋元学案》卷六十八。
⑥ 《北溪学案》，《宋元学案》卷六十八。

从以上的论述中我们可以看到，虽然"知行合一"的概念是王阳明所提出的，但在他之前，这一思想已有比较广泛的基础，尽管尚未使用这一概念。王阳明对于"力行"知识论的贡献，在于他明确提出"知行合一"的概念，把知与行看作是同一结构中的两个不可分离的要素。

知与行是如何达到"合一"的呢？王阳明给出的解答是："知之真切笃实处即是行。行之明觉精察处即是知。……不行不足谓之知。"①他把知与行看作是不可分割的，一方面是要反对不知而去"冥行妄做"，另一方面也反对仅仅"悬空思索"而全不肯"着实躬行"的做法。因此他说，知行虽然是两个字，"元来只是一个功夫"②，就是要"致良知"。

在儒家的主流哲学里，人性是善的，因而人有"良知"。"良知"的概念早在孟子那里已经提出，它被界定为"不虑而知"③，亦即生而具有的、内在于吾心的。由此人们所需做的不过是"致良知"，即把心中不正的欲望格去，"以归其正"。这里我们可以看到，在儒家那里，与"知"是道德之知相一致，"行"也是道德的行为。自然科学意义上的"知"的概念，基本上不进入儒家的主流视野与话语。这与西方求真的知识论形成强烈的反差。

二、以诚为立足点的"德性之知"

有意思的是，当代西方知识论中产生的一支新流派，叫作"德性知识论"。与"德性知识论"的"德性"（virtue）是以亚里士多德的"理智德性"概念为出发点不同，儒家的德性之知是以"诚"为立脚点的。按照《中庸》的说法，"诚者物之终始，不诚无物"，它构成世上万物存在的根本，是一种基本的价值。同理，它也构成"德性"的基本规范。按照陈荣捷的解读，"联合天人合一的性质是'诚'。诚意指诚实、真理或实在。

---

① 王明阳：《传习录中》，《王阳明全集》（第一册），第120页。
② 王明阳：《答友人问》，《王阳明全集》（第一册），第306页。
③ 《孟子·尽心上》。

这个观念在《中庸》里讨论得颇为详尽，它既有心理的、形上学的，也有宗教的含义。诚不只是心态，它还是股动力，无时无刻地在转化万物、完成万物，将天人联结到同一的文化之流中"①。

从笔者所掌握的文献，"诚"为"知"所做出的规范，包括如下几个方面。

其一是"成己"与"成物"，也就是"内圣外王"。"成己"是要成为一个仁者，属于内圣；"成物"是要齐家治国平天下，属于"外王"。因此，"诚"是君子的一个人格标准，是一种德性（"是故君子诚之为贵"）。对于"诚"的把握，基本的方法是反观自身、进行内省。因为对于儒家而言，尽心就能知性，知性然后能知天。

《中庸》说："诚者自成也，而道自道也。诚者物之终始，不诚无物。是故君子诚之为贵。诚者非自成己而已也，所以成物也。成己，仁也，成物，知也。性之德也，合外内之道，故时措之宜也。"②在这句话中，"诚"被看作是一种"德性"，因而被认作人格的标准——"是故君子诚之为贵"。此外，特别值得指出的是，《中庸》在把"诚"解释为不但成己，而且成物之后，还把"成物"解释为"知"（亦即"智"，这两字在古汉语中相通），也就是把"知"或"智"看作是一种行动，一种把知识转化为实在的行动，因而它是一种行为规范。这实际上蕴含了"知行合一"的思想，亦即"知"（智）不仅仅意味着一种主体方面的事情（"成己"，在道德上内省、修炼，达到"内圣"的目标），而且还意味着要"成物"，也就是要把知的结果转化为现实的存在。这一把"成物"视为"知"的思想，开启了中国哲学后来的"知行合一"思想的先河。

其二是"信"，即"诚信"。在古汉语中，诚与信曾经具有相同的含义，可以替换使用。《说文解字》中说："信，诚也。"又说："诚，信也。"

---

① 陈荣捷:《中国哲学文献选编》，江苏教育出版社，2006年，第106页。
② 《中庸》第二十五章。

诚与信互训，表明的正是这一点。

"信"在儒家那里是一种基本的德性，它被孔子列为"四教"之一。孔子说，"子以四教：文、行、忠、信"①，是不论为人（"人而无信，不知其可也"）②、交友、言语（"言必信，行必果"）③还是行为（"千乘之国，敬事而信"）④，都应当遵守的规范。

由上可见，"信"基本上是一种行为的道德规范。虽然在汉语中"信"也含有"信念"的意思，不过在中国知识论中，"信念"却从来没有被看作是知识的一个要素。这是与中国基本不存在求真知识论的现象并存的，是它的一个结果。

其三是"真实无妄"。这一界定首先来自二程。针对当时有人说"不欺之谓诚"，程颐明确指出："无妄之谓诚，不欺其次矣。"⑤值得指出的是，这里的"无妄"，程颐指的大致是"真"的意思："真近诚，诚者无妄之谓。"⑥朱熹后来采用了这一界说，把"诚"解释为"真实无妄"。他在《中庸章句》中对"诚者，天之道也；诚之者，人之道也"的注释是："诚者，真实无妄之谓，天理之本然也。诚之者，未能真实无妄，而欲其真实无妄之谓，人事之当然也。"⑦并且，朱熹把"诚"提高到至上的地位，声称"天地之道，可一言而尽，不过曰诚而已"⑧。因为与"道"相比，"诚"从"心"的角度说，它是"本"；而"道"作为一种"理"，它只是"用"而已。⑨

---

① 《论语·述而》。
② 《论语·为政》。
③ 《论语·子路》。
④ 《论语·学而》。
⑤ 《河南程氏遗书》卷六，《二程集》（第一册），第92页。
⑥ 《河南程氏遗书》卷二十一下，《二程集》（第一册），第274页。
⑦ 朱熹：《中庸章句》，《四书章句集注》，中华书局，1983年，第31页。
⑧ 朱熹：《中庸章句》，《四书章句集注》，第34页。
⑨ 朱熹：《中庸章句》，《四书章句集注》，第33—34页。

二程、朱熹对"诚"所做的"真实无妄"的解释，后来得到比较普遍的接受。不论是王阳明的"夫诚者，无妄之谓"，还是王夫之的"自欺是不诚"，其解释基本上相同。

不论是"成己成物""诚信"还是"真实无妄"，它们都是属于行为的规范。由于中国传统哲学中的知识论基本上属于道德践履的范畴，因此从根本上说，"诚"作为心之"本"，作为君子的德性[①]，构成了这一知识论的规范性前提，或者说构成中国知识论之所以是"德性"的，而不是"见闻"之知的前提。

"诚"的上述规范展现了中国主流知识论的思想方法。由于成物是以成己为前提，而成己是通过返回自身进行道德修炼而达到的，因此，"闻见之知"就不被看作是"德性之知"的来源。相反，它被视为会对心灵产生蒙蔽作用，因此是认识的障碍，需要加以排除。这样，中国的主流知识论采取的是一种内省的方法。

三、"力行"的知识论

中国传统哲学中是否存在知识论，如果有，其性质又是什么？这无疑是我们应当认真对待的问题。冯友兰曾经断言中国不存在知识论，这是从"求真"的角度（knowing that）讲的。不过，随着另一种类型的"知道如何"（knowing how）的知识论得到认可，似乎可以为我们重新定位传统的知识论提供一个新视角。

长久以来，知识论一直被看作是一种研究"知道如是"的东西。不过到了20世纪下半叶，随着英国哲学家赖尔提出"知道如何"也是一种知识论类型之后，知识论研究的视野得到了拓展，尽管其中也不乏有一些争论。赖尔把"知道如是"界定为一种命题知识，也就是知道某事是如

[①] 张载："天所以长久不已之道，乃所谓诚。……故君子诚之为贵。"（《张载集》，第21页）"不诚不庄，可谓之尽性穷理乎？"（《张载集》，第24页）

此这般的。"知道如何"则主要涉及的是知道如何行事,也就是"知道如何去完成各种任务的问题"①。综合起来,赖尔对什么是"知道如何"的界定,大致有如下几个方面:首先,它属于智力(intelligence)之所为,关涉的是知道如何行动,亦即懂得去实施一个智力的运作;或者说,它意味着某人的知识已经实现在他所做的行为中(这有点知行合一的味道)。其次,"知道如何"是一种倾向。②倾向性构成"知道如何"的一个特点。"知道如何"并不是理智(intellectual)的所为。理智所知道的,是某事是怎么一回事,它属于思考的、理论的范畴。再次,行动(performance)是由某种规则、标准等所支配的。知道一个规则就意味着知道如何,或者换个角度说,它表现的是对行为规则或准则的遵守,或是对行为标准的应用。③总之,在赖尔那里,"知道如何"的规定主要有这么几个要素:智力、行为和规范。一言以蔽之,它属于实践的范畴,而不是理论的范畴。

在笔者看来,赖尔的上述区分是有道理的。因为对于人类的认识而言,确实存在着这么两种知识类型,就像游泳一样,理论上知道什么是游泳,与实践上懂得如何游泳,是两类不同类型的知识。

如果以赖尔的上述区别为参照系来思考中国传统的知识论问题,那么依据上文我们对中国知识论的性质与特征的分析,可以把中国传统的知识论归属于"知道如何"的类型。这样,我们就不会得出否定中国哲学中存在知识论的结论,而是应当肯定它所具有的以"知行合一"为特征的"力行"知识论。

如果把这一"力行"的知识论与赖尔的"知道如何"相比,那么可以看出它与后者之间既有相同之处,同时又具有自己的特点。

相同之处主要在于,它们都与"日常生活"中人们的能力与行动有

---

① G. Ryle, *The Concept of Mind*, Routledge, 2009, p.28.
② G. Ryle, *The Concept of Mind*, p.34.
③ G. Ryle, *The Concept of Mind*, p.34.

关，因此都属于实践知识论的范畴，而不是有关寻求真命题的或事实的知识（它们以数学和自然科学为典范）的理论活动；同属于那种不是"根据对真理的把握来定义智力"①的知识论范畴。在儒家经典《中庸》那里，"知"（即"智"）同仁、勇一起被列为"三达德"，并且有关"知"的界定，是同日常生活中的修身、治人、治国联系在一起的。"子曰：'好学近乎知，力行近乎仁，知耻近乎勇。'知斯三者，则知所以修身；知所以修身，则知所以治人；知所以治人，则知所以治天下国家矣。"②这段话清楚地告诉我们，在儒家那里，"知"是一个"知道如何"的概念，也就是知道如何去行动，包括自我道德修炼、治理他人与国家的行动。

这里需要说明的是，儒家知识论还不同于赖尔所说的"根据智力来把握真理"③，这一点展现的是中国传统知识论缺乏"知道如是"这部分学说的状况。正是由于这种不同，所以赖尔是在西方哲学已经发展出了寻求真命题的知识论后，来反对"理智主义"（intellectualist）的观点；而儒家哲学则是在未能产生这种知识论之前，就已经直接走向"知道如何"的知识论。上述状况与科学未能在近代中国发生直接有关。中国古代文明在技术上有过"四大发明"的辉煌时期，但技术与科学不同，技术可以只凭经验的探索与积累，而科学需要系统的理论，它是建立在求真的认识方法与逻辑的基础上的。

此外，不论儒家还是赖尔，他们都主张规则的规范作用。在赖尔那里，这种规范作为"知道如何"所要遵守并达到的标准，它们属于经验性的规则。而在儒家那里则不同，它是先天性的，并且这种先天性具有两种表现形式。一是在程朱理学那里，它是以实存的"天理"的方式表现出来的，也就是在事物还未存在之前，已经先有独立的"理"存在，就像柏拉

---

① G. Ryle, *The Concept of Mind*, p.27.
② 《中庸》第二十章。
③ G. Ryle, *The Concept of Mind*, p.27.

图的"理念"一样。这样的天理为万物所分有①，就像天上只有一个月亮，而其影子映现在千千万万的江河湖海中一样。另一是在陆王心学那里，它以"良知"的方式表现出来。例如，王阳明说："尔那一点良知，是尔自家底准则。"②这里的"良知"，指的是内在于心中的道德准则。"心外无理"，"理"与外部事物的存在无关。

除了这一不同之外，两者的其他不同之处还在于：

一是，赖尔强调"知道如何"与行动能力的联系。他写道："当我们用某个智力谓词如'精明'或'愚蠢'、'审慎'或'轻率'来描述一个人的时候，该描述赋予他的不是关于这个或那个真理的知或无知，而是具不具备做某些事情的能力。"③他所举的例子甚至包括开玩笑、下棋、钓鱼等。而儒家知行观则是把"知"归结为"德性之知"，强调的是道德践履，偏向于道德知识论。在斯坦利（Jason Stanley）和威廉姆森对赖尔的"知道如何"学说的批评中，其中的一个方面在于他们认为"知道如何做事"并不意味着具有能力。例如，一个钢琴大师如果不幸由于车祸失去双手，那么尽管她仍然知道如何弹钢琴，但她已经丧失了弹钢琴的能力。④这里笔者想说的是，力行知识论并不把"知道如何"等同为"能力"，并且也不以"能力"作为行动的前提，而是以"知"为行动前提，即把"知"当作是一种"主意"，它构成行动的"出发点"。不过，这种"知"是一种道德意识，而不是什么"能力"，这与赖尔不同。

二是，赖尔把"知道如何"的"行动"看作是某种类似"默会知识"的东西，即可以意会、操作而不必能够表达的东西，如某个幽默大师甚至无法告诉人们或者他自己，什么是制造幽默的秘诀。因此，在赖尔那里是

---

① 朱熹："一理之实而万物分之以为体。"（《朱子语类》卷九四）
② 王明阳：《传习录下》，《王阳明全集》（第一册），第170页。
③ G. Ryle, *The Concept of Mind*, pp.16–17.
④ Jason Stanley and Timothy Williamson, "Knowing How", *The Journal of Philosophy*, vol. 98, no. 8, 2001, p.416.

以"行"蕴"知"。而儒家的"力行"知识论则是把"知"认定为"行"的前提，以知为行的理由、根据。这一点应当说是儒家的"力行"知识论与赖尔的"知道如何"学说的根本不同之处。赖尔之所以否认把知与行分作两部分，即"先做一件理论工作"（考虑某些恰当的命题或规定），"再做一件实践工作"，是因为反对"理智主义"的需要，把它看作是一种"传奇"（legend）。①而儒家的知行合一说，虽然也反对将"知"与"行"分作两部分，但却主张"知"对于"行"的观念指导意义。在儒家那里，格物致知是作为"诚意正心"以及"齐家治国平天下"的认知前提。用朱熹的话说是，"不真知得，如何践履得？"②用王阳明的话说是，"知是行的主意……知是行之始"③。

不过，赖尔在反对"理智主义传奇"时似乎走过了头。在他声称"不能将智力在实践中的发挥分析成两个前后相接的活动，即先考虑某些准则，然后去实施它们"④，并举某个幽默大师无法说出什么是幽默所依据的准则、标准的例子时，他给人造成的一种印象是，"知道如何"与"知道如是"两者是不相干的。尽管"人们完全可能在尚未能考虑任何规定他们怎样做某些事的命题的情况下来明智地做某些事情。某些智力行为并不受对其所用原则的预先承认的控制"⑤，但这并不意味着能够否定在行动之前存在"知道如是"的阶段。赖尔的有关论述给出的都是一些简单的例子，如开玩笑、修剪树枝、表演乐器等。假如换成复杂的例子，例如建造飞船、实施某个战役等，则必定事先有一个"知道如是"的阶段，也就是先得把有关的情况（表现为事实命题）认识清楚。例如，要实施某个战役，就必须把地形，敌方的兵力部署、火力配备情况等侦察清楚，而这些都是属于一些事实命题的东西。此外，也并非总是"先有成功的实践，后

---

① G. Ryle, *The Concept of Mind*, p.18.
② 《朱子语类》卷一一六，第2793页。
③ 王阳明：《传习录上》，《王阳明全集》（第一册），第78页。
④ G. Ryle, *The Concept of Mind*, p.40.
⑤ G. Ryle, *The Concept of Mind*, p.19.

有总结实践的理论"①。相反,至少对于价值性的命题来说,行为往往是来自认识到这些命题的结果。没有"自由"的观念,就不可能有争取自由的行动。

中国的知行合一说把"知道如何"看作是一个整体的结构,"知"与"行"是其中两个不可分离的要素。这种解释的好处是可以避免上面所说的赖尔把"知道如何"与"知道如是"过度分离的弊病。具体说来,就是中国的知行合一说主张"知"对于"行"的指导作用,而不是否认这一点。这方面的原因在于,知行合一说涉及的是道德行为,而不是赖尔意指的那些开玩笑、修剪树枝、表演乐器等简单的、与道德无关的行为。道德行为的一个基本特点是,它是需要某些道德意识、道德观念作为前提(动机)的,哪怕这些前提再本能、再微弱,也是如此。利己也罢,利他也罢,总之,道德行为是与某种动机有关的。

从学理方面考虑的话,"知道如何"的知识论类型涉及与"道德知识论"的关系问题。一般而言,这两种知识都属于实践性的知识,只不过道德知识的范围相对要窄一些。相对而言,中国的"力行"知识论更多地具有道德的色彩,它基本上是从对道德认知与道德行为的角度来考虑知与行的问题的,尽管它在理论上并不把知行概念限制在这一方面。

从语言表达方式上看,虽然我们或许能够把"知道如何"还原为"知道如是",但在现实活动中,它们却是分属于不同的知识类型,起着不同的作用。中国哲学在漫长的两千多年的时间里,持续地发展出一种"知道如何"的知识论,但却没有产生求真的"知道如是"的知识论,这从学说史的角度提供了一种有说服力的证据。

就其积极方面的意义说,中国的"力行"知识论强调知行合一,强调知识的经世致用,用现今的语言来说,就是强调理论与实践的联系,强

---

① G. Ryle, *The Concept of Mind*, p.19.

调知识的社会实践功能。此外，强调"力行"，有助于培育一种奋进的精神。再者，力行知识论以"诚"作为认识的前提，这为研究认识的规范性提供了一个思想资源，即思考认识的道德规范前提。

不过，对于"知"如何转化为"行"，此间涉及的心灵能力，包括理性、意志或情感等的作用如何，及其相互之间的关系问题，以及目的、欲望等在其中所起的作用等，这些相关的问题在力行知识论中还有待进一步的解释。因此，在力行知识论的发展上尚有广阔的、有待开拓的空间。

从中国知识论发展的历史经验看，"知道如何"与"知道如是"应当是互补的。由于缺乏"知道如是"的求真理论，因而不仅中国哲学本身的发展趋向片面，导致道德哲学一枝独秀的结果，而且还间接影响了科学在近代中国的发生。从其对哲学本身的影响来说，自从孔子与孟子的哲学以"语录"的方式产生之后，一直到宋明时期，诸如朱子、王阳明这样的大儒，仍然采取"语录""注释""集注"的方式来进行自己的哲学思考、理论诠释和思想表达，这使得儒家的哲学及其命题论证上缺乏系统性与逻辑性。从间接的结果看，由于缺乏对求真方法的探讨，缺乏归纳法与演绎法，这可说是科学与工业革命为什么没有在近代中国发生的认识手段方面的一个原因。

第二节　儒家知行学说的特点与问题[①]

人们所熟悉的传统儒家的"知行"观，从学理上说，隐藏着一些值得深入分析的概念问题，包括知识概念本身的性质、客观知识与道德知识的区别、它们与信念的关系、作为实践理性的"心"的概念，以及知与行

---

① 本节原文发表于《学术月刊》2013年第7期。国家社科基金项目"'元哲学'研究"（10BZX047）、教育部人文社科研究规划基金项目"经验与先验——知识论的基础问题研究"（09YJA720017）、厦门大学基础创新科研基金"哲学前沿问题研究"（2011221024）的阶段性成果。

的动机与助力等问题。本节拟在这些方面做一些初步的探讨,希望能够使这些概念得到某种程度的辨析,并指明儒家知行学说的特点以及一些不足的方面。

一、"知"之概念的双义性

在大多数儒家那里,"知"之概念主要指的是对忠孝仁义之类的价值概念的追求。这类道德践履性质的"学问、慎思、明辨、力行"的主流"知行"概念,属于"道德知识论"的范畴。其具体表现为,陆九渊把"格物"解读为"减担",即减少物质欲望,也就是孟子的"养心莫善于寡欲"之类的寡欲。因此,他的"格物"论显然是一种道德伦理的修养论。在王阳明那里,这种道德知识论表现得最为典型。他的"致良知"概念完全指的是对道德修养、道德原则的认识,也就是诸如"去人欲""破心中贼"之类的道德伦理体认和修炼,通过它们来达到"存天理""致良知"的最终目的。对于王阳明而言,"良知"乃是唯一的真知。因此他断言:"良知之外,更无知;致知之外,更无学。"[①]这就完全把"致知"限制在道德认识的范围内,使之成为一种道德知识论。王阳明的这种"致良知"说,排除了对外部事物的认识。"天下事物,如名物度数、草木鸟兽之类,不胜其烦。圣人须是本体明了,亦何缘能尽知得。但不必知的,圣人自不消求知,若所当知的,圣人自能。"[②]在这段话中,外部世界的"名物度数,草木鸟兽"之类的事物,被归入"不必知"的范围。

不过在一些儒家那里,例如二程和朱熹,"知"之概念则被赋予一种广泛的意义。它主要是指道德伦理之知,但同时,这种需要探察的"理"也包括对外部现象的事理进行探究的含义,因而具有双义性。如二程的"物物皆有其理。如火之所以热,水之所以寒,至于君臣父子间皆是

[①] 王阳明:《与马子莘》,《王阳明全集》(第一册),第314页。
[②] 王阳明:《传习录下》,《王阳明全集》(第一册),第175页。

理"①，这里所提到的"理"，重点自然在于"君臣父子"之间的道德伦理，属于道德知识的范畴；但其中还提及的"火"与"水"之理，则属于有关外部事物的认识的范畴。在朱熹那里也同样如此。他的理学所要把握的"理"，无疑是仁义礼智之类的儒家伦理，但与此同时，他还主张"格物"是要"格凡天下之物"。所谓"物"，他的界说是，"天道流行，造化发育，凡有声色貌象而盈于天地之间者，皆物也"②。显然，这里的"物"指的是显现为"声色貌象"的现象世界的事物。

由上可见，在传统儒家那里，"知"的概念具有双重含义。其主流的方面是与儒家作为一种道德哲学相一致的道德之"知"的概念，另一方面，它又兼有关于外部事物的"知识"概念的含义。然而，这两类"知识"概念不论是在对象、性质或是结果上，都是不同的。以外部事物为对象的"知识"，属于科学认知的范畴，其性质是事实性的，其结果是通过理论理性来把握客观的真理；而以道德伦理为对象的"知识"，则属于道德实践的范畴，其性质是观念性的，其结果是通过实践理性来形成某种主观上的道德"信念"。在这一意义上，道德知识实际上乃是一种"信念"。

二、道德之知乃是一种"信念"

上述分析表明，在儒家的知行学说中，"知"的概念具有双义性。其道德意义上的"知（识）"概念，实际上是指"信念"。因为这种道德之知的对象，是仁义礼智信之类的"理"，即道德意识或原则。众所周知，这类规范原则属于道德伦理的范畴。它们与能够被经验验证的客观知识概念不同：一是在于作为主观性的道德概念，它们是实践理性建构的产物，只具有价值意义上的理由，而不具有经验事实的依据；二是，这类道德概念属于评价性的概念，无法通过经验事实来验证，因此，它们是否为

---

① 《河南程氏遗书》卷十九，《二程集》（第一册），第247页。
② 朱熹：《大学或问下》，《朱子全书》第6册《四书或问》，上海古籍出版社、安徽教育出版社，2002年，第526页。

"真",也只是属于主观上的"认其为真",而不是客观上的真。上述这两种区别,决定了道德意义上的"知"的概念,实际上只是一种"信念"。

上述"知"的概念的双义性表明,儒家知行观未能将"知识"与"信念"区分开来,甚至没有产生"信念"这一概念。在儒家学说中虽然有"信"的概念,但它的基本含义是诚实守信,如孔子所说的"敬事而信""谨而信"[①],而不是"相信"意义上的"信念"之意。

之所以说"忠孝仁义"之类的道德意识或原则属于"信念",而不是"知识",是因为按照现代的知识定义,"知识"必须满足三个要素的条件,即必须是真的,在理由上得到确证的(justified),并且是被相信的;或者用康德的话来说,是不仅在主观上充分的,而且在客观上也充分的。而作为"信念",它们只需在主观上具有充分的理由,从而是在主观上"认其为真"的东西。显然,由于"忠孝仁义"都属于道德价值概念,并没有真假的问题,而只具有主观方面的"认其为真"的根据,因而它们自应当与客观知识区别开来,或者说,它们至多属于信念意义上的"道德知识"。此外,说"忠孝仁义"之类的道德意识或原则属于"信念",还有一个更强的理由是,人们通常只有相信了某事是善的、值得做的,才会去做它;只有相信了某事是恶的、不应当做的,才不去做它。

中国传统哲学在"知识"与"信念"概念上的这种含混性带来了一些问题。它不仅导致了学理上的含糊性,而且也引致行为方面的混乱。一个典型的例子是,王阳明为了"格"竹子的"理",面对竹子七天,结果不仅毫无所得,反而使自己累倒。这例子表明,有关客观事实与有关主观价值的两种不同类型的"知"之概念,如果被混淆的话,不仅在学理上是有碍的,而且在行为的引导上也是不当的。中国古代在人文科学方面的发达,与自然科学方面的相对落后,不能说与此知识论方面的欠缺没有关系。

[①] 《论语·学而》。

有关知识与信念的区别，在西方哲学那里有着较多的探讨，也产生了一些不同的解释。休谟主要将信念看作是一种"与现前印象相关的生动的观念"①，也就是信念的作用在于强化我们的观念，使之变得更加强烈和生动。康德则把它看作是一种在主观上充分，但客观上不充分的认识，并把它归属于实践、学理与道德的领域，而不是科学认识的方面，亦即它与知识无涉。在罗素那里，信念被视为"有机体的一种状态"②，它是由"肌肉、感官和情绪，也许还有某些视觉意象所构成的某种状态"③，包括有身体上与心理上的两方面表现。简单的信念，特别是要求做出行动的信念，甚至可以完全不用文字来表达。④

以上有关信念的解释的差异竟如此之大，足见其自身性质的复杂。在笔者看来，这些解释上的差异的根源，在于产生信念的心灵活动可以是多种能力；也就是说，仅由理性自身可以产生信念，但情感本身也可以产生信念，或者理性加上情感一起，同样也可以产生信念，甚至意志的因素也可以加进来。例如，我相信2加2等于4，这仅需理性就可得出；但在陷入单相思的情况下，当事者所追求的对象实际上已经不爱自己了，但他（她）却仍然相信恋爱可能性的存在，这属于由情感单独产生的信念。再如，持有"钓鱼岛是中国的领土"的信念，除了产生自理性拥有的历史根据之外，还加上一份民族的情感。信念的性质的复杂性正是在于，它并不是单纯的理性或知性所为，而是理性与非理性（情感、意志等）因素的混合产物。在不同的心理要素主导下产生的信念，就具有相当不同的合理性程度。例如，"单相思"可以作为信念的最极端的例子，也就是在不真的情况下仍然还要相信。之所以如此，是因为它由强烈的主观情感的主导所产生，而不是由理性所形成的。所以这种类型的信念，与"知识"就

---

① 休谟：《人性论》，第465页。
② 罗素：《人类的知识》，第179页。
③ 罗素：《人类的知识》，第179页。
④ 有关他们思想的详细论述，参见陈嘉明：《信念、知识与行为》，《哲学动态》2007年第10期。

相去甚远。

正是由于产生信念的心理要素可以有多种，所以不论抓住哪一种，都可以作为依据来解释信念的性质，由此也就导致了对信念性质的差别甚大的理解。然而，由于信念的对象横跨客观认识（科学）与主观价值判断（道德）两大领域，这决定了人们不可能仅仅从某个领域来界定信念的性质。而一旦谈论一个统一的"信念"概念，就必然遇到上述的麻烦。

三、"心"的概念与两种理性

把这个问题进一步上溯的话，客观认识（科学）与主观价值判断（道德）乃是分属于理论理性与实践理性。不过遗憾的是，在儒家哲学乃至在中国传统哲学那里，对于这两类理性都没有明确的区分，相应地没有形成明确的概念。这一情况可说是与"知"的概念的双义性、含混性所共生的，两者互为因果。也就是说，一方面，我们可以认为，由于没能对理论理性与实践理性加以区分，因而导致客观之知与主观道德信念的混同；另一方面，我们也可以声称，由于没能将客观之知与主观信念加以区分，所以相应地未能产生理论理性与实践理性的区分。但不论如何，中国传统哲学未能区分理论理性与实践理性，是与未能区分客观之知与主观道德信念相共生的，这是一个哲学史上的事实。

儒家哲学中与"理性"比较接近的是"心"这一概念。这里我们以对这一概念有过深入论究的朱熹和王阳明为例，来进行一番分析。

在朱熹那里，"心"的基本作用集中体现在这一命题："心统性情。""心"这一意识、精神活动的最高统帅者与"性""情"的关系表现为两个方面：其一，心是性与情的"居所"；其二，心乃是作为性与情的"主宰"。

就第一方面而言，朱熹自己的表述是，心是"神明之舍"。"舍"就是一居所、一容器，"性"与"理"乃是居住在"心"这一居所之内的东西。当心起着这种居所的作用时，它处于一种"未发"的状态，也就是起着一种"体"的作用，它表现为"性"的方式，也就是心所具有的各种"理"。用朱熹的话来说，"性便是人之所有之理，心便是理之所会之地"①。具体说来，所谓"性"就是"仁义礼智"这些"理"。②

就第二方面而言，"统是主宰"③，"心主乎一身"④。特别是，当"心"在应事接物、处于"已发"状态时，它就表现为"恻隐、羞恶、辞让、是非"这些"情"。⑤也就是说，心主宰着人们的爱恨好恶之类的道德情感，它们是心之所"用"。原本潜在的（"未发的"）仁义礼智这些"理"（道德意识或原则），通过"情"的方式展现出来。

心与情关系的论述，可说是朱熹心性说的精彩之处。在道德行为中，理性与情感是分不开的。单凭理性行事的情况毕竟少见。与西方伦理学相比，朱熹心与情的关系说比较合理地解释了这一关系。休谟一味张扬情感，康德则单方面突出理性，各走向一个极端。俗话说"晓之以理，动之以情"，讲的也正是"理"与"情"相关联的道理。如果单单懂得某种道理，而没有情感加以驱动的话，是难以付诸实施的。理性使我们明了事理，情感则使我们得以行动。此外，情感还与欲望经常联系在一起。我们所动了情、喜欢了的东西，往往会使我们产生追求、占有的欲望。不过，朱熹并没有从"欲望"的角度来考虑行为的动机、驱力问题，而是从"气"的角度来加以解释。对此我们将会在本节的最后一个部分论及。

在上面的这些引述里，朱熹的"心"的概念显然是用于伦理意义上的，因此属于"实践理性"的范畴。不过，他同样也把"心"的概念用于

---

① 《朱子语类》卷五，第88页。
② "在人，仁义礼智，性也。"（《朱子语类》卷四，第63—64页）
③ 《朱子语类》卷九八，第2513页。
④ 朱熹：《答张钦夫》，《朱子全书》第21册，第1419页。
⑤ 把"是非"也归为一种"情"，似乎显得不太恰当。毕竟情感识别不了是非的问题。作为"对错"，"是非"属于判断的范畴，从而属于理性的所为。

认识方面。在他看来,"物至而知,知之者心之感也"[①]。也就是说,所谓的认识,是源自心对事物的感应的结果。朱熹把这种作用称为"知觉"。"心者人之知觉,主于身而应事物者也。"[②]可见,在心具有知觉的作用即"应事接物"的意义上,朱熹是把心看作是具有认识功能的。因此,他的"心"的概念,同样也包含有理论理性的含义,是一个广义的概念。

类似的以实践理性为主,同时也包含有理论理性的"心"的概念,在宋明理学里并不乏见。例如,在陆九渊那里,作为根本的方面,他把"心"视为一种道德"本心","心即理也"[③],内含着仁义礼智"四端";另一方面,"心之官则思"的规定性表明,在他那里,"心"同时也具有理论理性的功能。

相比而言,王阳明的"心"的概念,在规定性上更集中于实践理性方面。撇开他的"心"概念的宇宙本体论含义不论,王阳明的"心"的性质,是以"至善者"为"本体"[④],也就是一种道德"本心",其作用乃是"致良知"。而"良知只是个是非之心,是非只是个好恶,只好恶就尽了是非"[⑤]。"致良知"的作用就是要使良知这一本体"发用流行"起来,从而达到"为善去恶"的目的。王阳明的"知行合一",论述与倡导的就是如何体悟、实现道德之知。他的所谓"知",指的就是"良知"。就此而言,王阳明的"心"之概念显然是道德伦理意义上的,从而是实践理性意义上的。由于王阳明的哲学基本上是一种致良知的学说,所以自然也就不涉及理论理性的问题,因此他的"心"的概念,也就有了比较单纯的"实践理性"的意义,特别是在那种"心即理"的先验意义上。

[①] 朱熹:《晦庵先生朱文公文集》卷六十七,臧眉锡、蔡方炳订定,清康熙戊辰(1688年)刻本,第8页。
[②] 朱熹:《晦庵先生朱文公文集》卷六十五,第19页。
[③] 《与李宰》,《陆九渊集》卷十一,中华书局,1980年,第149页。
[④] 王阳明:《传习录下》,《王阳明全集》(第一册),第175页。
[⑤] 王阳明:《传习录下》,《王阳明全集》(第一册),第175页。

实践理性与理论理性在概念上的未分离状态导致了以下的结果。

首先，主体的心灵能力的含混性加剧了"知识"与"道德"不分的状况，也就是它们两者并不被区分为两种不同的领域及相应的学科。本来，儒家哲学整体上就是一种道德哲学，由于理论理性未能与实践理性分离开来，其结果更加剧了这种状况，导致道德哲学压倒了理论哲学。这使得知识论在中国传统哲学里比较不发达，哲学呈现为"长短腿"的状况。

其次，未能分离出"信念"的概念。前面我们已经写到，古代知行观中所谈的"知"，很大一部分指的实际上是道德信念。这里，我们进一步指出未能做出这种区分的原因。由于没有能够对知识与道德两种领域以及对相关的理论理性与实践理性加以区分，相应地，知识与（道德）信念的区别也就同样未能被提出。

再次，未能将主观的真与客观的真的概念区分开来。在谈论信念的时候，人们往往也同认识一样，诉诸"真"的标准。但实际上，这种"真"只是一种主观上被认为是真的东西，而不是客观上的真。之所以这么说，是因为这种主观上的真实际上只是某种或某些理由。由于具有理由上的支持，我们把有关的信念看作是真的。对此，我们可以举一个浅显的例子来加以说明：假设明天有两个足球队要进行比赛，当我说"我相信甲队会赢"时，实际上我是依据某些理由（如平时的战绩、队员当前的竞技状况等）做出的，而不是根据甲队真的赢了这一事实来做出的。等到甲队真的赢了这场比赛，这时我只能说"我知道甲队赢了"，而不宜再说"我相信"甲队会赢，因为结果已经出现，也就是"真"这一情况已经出现。在这种情况下，不论你信不信，情况已经明摆在眼前。

从性质上说，主观的认其为真只是一种"信念"，而不是"知识"。它与知识的差别在于，主观的认其为真的信念仅具有主观方面的充分性，而知识除了这种主观的充分性之外，同时还具有客观的充分性，并且这种客观的充分性一般来说属于可用事实来验证的。

客观知识与主观信念的上述差别，我们可以把它们分别运用于塔尔斯基的T语句来加以验证。对于客观知识所具有的"真"而言，它可以表现为如下的T语句形式："'雪是白的'是真的，当且仅当雪是白的。"这句话中的上半句"雪是白的"表示的是一个语句，下半句表示的则是一个事实。但如果这一形式的语句运用于道德信念，如"'仁者爱人'是真的，当且仅当仁者爱人"，且不说句中的"真"当如何看待，但就语句形式而言就已表现为同语反复，因为后半句的"仁者爱人"表示的并不是一个事实，而仍然是一个"应当"如何的道德信念（价值判断）。这也就是说，该语句的前、后句都是"应当"如何的道德信念，因而是同义反复。

上述例子所揭示的是，客观知识的真，是与事实相关的，它在语句上表现为对相关事实的描述性判断；而主观的道德信念的"真"则不能做到这一点，它的语句在表达上往往采取祈使句的方式。以罗尔斯的正义的两个原则为例，其第一个原则的表述就表现为"应当"的语式："每个人对于其他人所拥有的最广泛的基本自由体系相容的类似自由体系都应有一种平等的权利。"[1]可见，客观知识与主观道德信念的差别，即使是在语言表达式上，也展现出它们的不同。

四、"知"转化为"行"的动机或助力问题

传统的"知行"观强调的是"知行合一"，如朱熹所概括的那样，它所说的"只有两件事：理会、践行"[2]。具体说来就是，"知与行，工夫须著并到。知之愈明，则行之愈笃；行之愈笃，则知之益明。二者皆不可偏废"[3]。

但是，如果只是这样看待知行问题的话，也就是只把它们看作"理会、践行"两件事，那显然是不够的。《红楼梦》里有句话道出了问题的实质："世人都晓神仙好，唯有功名忘不了。"为什么人们都知道"神仙"

---

[1] 罗尔斯：《正义论》，第56页。
[2] 《朱子语类》卷九，第149页。
[3] 《朱子语类》卷十四，第281页。

（逍遥自在）好，但却不能仿效实行呢？这就涉及从"知"到"行"的转换所需要的动机、助力等问题。在这个问题上，中西哲学家的考虑是不同的。

儒家哲学作为一种道德理想主义，对如何使知转化为行为的思考，走的是道义论的路子。在朱熹那里，他从"道义"的方面，借助"养气"的方式来解决问题。就此，朱熹哲学的前提是，仁义礼智这些道德原则作为得之于天的"理"，构成人的本"性"，因此，我们可以认为人性是善的。由于人性是善的，因此如同儒家的先哲一样，"养气"可以作为实施已知的、道义性的"理"的助力。朱熹论述说，人们之所以在认识到理之后还存有疑惧，不能勇决地加以实行，是由于其"气"不足的缘故，因此需要"气"的相助，否则的话就会陷入"道义无助"的状态。这就好像"利刃"，本身即使再锋利，但如果使用者没有力气的话，也是没有用处的。[1]因此，朱熹提出以"养气"来作为知与行之间的一个中介环节。也就是说，单单认识到"理"是还不足以促成"行"的，只有养成此"气"后，才能坚定不移地付诸行动。

朱熹的具体论述是："义者，人心之裁制。道者，天理之自然。馁，饥乏而气不充体也。言人能养成此气，则其气合乎道义而为之助，使其行之勇决，无所疑惮；若无此气，则其一时所为虽未必不出于道义，然其体有所不充，则亦不免于疑惧，而不足以有为矣。"[2]也就是说，朱子认为，通过"养气"可以使人在"知"之后能够勇决地将道德原则（"理"）加以实施，而不再疑惧。由此，作为道义之助的"养气"，成为促成行为实施的助力因素。这一考虑体现了儒家道德理想主义的品格。

儒家的道德理想主义可说是预设了一种"君子国"，即人性是善的，人由此可以通过自身的道德修养（修齐治平）来达到道德的自我完善和国

---

[1] "世之理直而不能自明者，正为无其气耳。譬如利刃不可斩割，须有力者乃能用之。若自无力，利刀何为？"（《朱子语类》卷五十二，第1257页）
[2] 朱熹：《孟子集注》，《四书章句集注》，第231—232页。

家的善治。但由于偏向此一隅，因而它在以下两方面的根本问题上未予考虑。一方面是人的权利问题。由于预设人性是善的，相信人们都能信守忠孝仁义的伦理，这样自然也就无须考虑对人的基本权利加以肯定和保护。基于这种义务论的伦理学，整个中国的古代、近现代历史上，除了民国短暂的时期之外，迄今甚至没有产生一部作为权利学说载体的《民法典》。另一方面，对于人性恶的方面疏于防范，例如对权力导致腐败之类的问题未予考虑，更谈不上加以制约的问题。因而，这种"君子国"的预设使中华民族在人权与法治等重要领域付出了沉重的代价。

与儒家的代表人物朱熹不同，西方的亚里士多德采取的是一种现实的立场，他以"欲望"作为能够促成行为实施的动机因素。在他看来，"实践理智的真理要和正确的欲望相一致"①。这表明，亚里士多德是把"欲望"看作促成行为的动机，即使在人们把握了实践真理的情况下也是如此。反之，如果主观上为"真"的信念与所欲求的东西不一致，那就会导致知了未必行的结果。

与亚里士多德相似，休谟也认为，除非有欲望相助，否则一个单纯的信念是不会给予我们任何行动的动机的。因此，他的哲学所要努力证明的相关命题是："第一，理性单独绝不能成为任何意志活动的动机；第二，理性在指导意志活动方面并不能反对情感。"②例如，相信面前的东西是面包，并不会给予我们要去吃它的动机，如果我们没有吃这一面包的欲望的话。因此，休谟的结论是，理性对于我们的情感和行为没有影响。③

儒家哲学与西方哲学在看待行为的动机与助力方面的不同思想，分别表现为道德理想主义与道德现实主义的取向。从理论上说，道德理想主义所起的作用是一种"范导"（regulative）的作用，引导人们道德向上；道德现实主义所起的另一种作用，则是引导道德追求与现实情况相结合，

---

① 亚里士多德：《尼各马科伦理学》，苗力田译，中国社会科学出版社，1990年，第116页。
② 休谟：《人性论》，第451页。
③ 休谟：《人性论》，第497页。

而不是脱离人们的现实欲求。这两种道德信念的倾向应当构成张力，才能有助于形成合理的道德规范以及建立起在此基础上的法律规范。中国社会长久以来正是由于缺乏这种张力，使得人的正当欲望被不适当地贬抑，一些道德理想成了只能"知"而不能行的空想与空话，甚至导致道德假话流行。儒家（如朱熹）虽然考虑到了行为的助力问题，但由于不能正视欲望与行为的关系，所以还是诉诸道义性的"气"来解决。

以上我们探讨了传统儒家哲学的知行学说。与西方哲学相比，它表现出一些自己的特点，如在道德的能力根据方面并不偏执理性或情感一方，而是考虑到心与情的关系；以道义性的"气"作为从知到行的助力因素等。不过总的说来，它的概念规定性是比较含糊的，尤其是未能将理论理性与实践理性相分离，未能将"知识"与"信念"概念加以区分等，这些造成了它在学理上的一些不足。

一种哲学的形成，是其特定的文化、历史等环境的结果。虽然我们不能苛求古人，但是，把一些学理上的问题分辨清楚，无疑是有助于我们中国哲学今后发展的。

第三节　略论金岳霖《知识论》中的几个问题[①]

金岳霖的《知识论》一书是中国第一部真正意义上的知识论著作。在此之前，中国传统主流的儒家哲学，将"德性之知"，亦即道德方面的知识看作是唯一的知识，因而并没有，或至少没有专门的有关一般意义上的"知识"的研究。在20世纪30年代（1934年），虽然张东荪曾出版过一部《认识论》，但其内容是有关理性主义、经验主义、实在论、表象论之类的东西，属于宏观性的介绍并加以综合，谈不上什么原创性。真正的研究性著作当以金岳霖的《知识论》为代表，因此有学者认为它"填补了中

[①] 本节原文发表于《中国社会科学评价》2021年第1期。

国知识论研究的空白"。

在这部鸿篇巨著中，金岳霖殚精竭虑，精心思辨，对知识论所涉及的问题进行了广泛的思考，对一些概念提出了自己的独到解释。至今为止，汉语学界尚未见能与之匹敌者。因此笔者的评价是，金岳霖的这部著作具有里程碑式的意义。

在以往的文章或讲座中，我曾论及金岳霖《知识论》的一些不足之处，包括认为他的这部著作的最大弊病是没有提出自己的问题，不能发现新的认识现象。他受中国传统哲学的影响比较深，追求去探寻一般意义上的所谓"理"，而缺乏一种把握问题的意识与直觉，因此并没有以问题为导向来对知识论做出有关的解释与推进，尤其是借助的框架比较陈旧，不能开拓新的问题域。他的写法类似于撰写教科书，把有关的要素都罗列出来，如第五章"认识"，第六章"思想"，第九章"自然"，第十章"时空"，第十章"性质、关系、东西、事体、变、动"，第十二章"因果"，第十四章"事实"，第十五章"语言"，等等。从这些篇目中，我们看不出什么问题之间的内在联系。

在本节中，笔者延续以前的思考，进一步深入到如下五个值得提出加以质疑与商讨的问题。

一、知识论的目标并不仅仅是"通"

金岳霖认为知识论的对象是"理"，因而其目标是"通"而非"真"[1]，然而这是不够的。这里的"通"，指的是知识论本身各部分的一致。但这样的"通"，仅仅能够作为一理论系统的形式上，或者说逻辑上的要求而已。与上述的思想相关，金岳霖认为"知识论不在指导人们如何去求知，它底主旨是理解知识"[2]，这实际上是没有看到知识论的规范性的

---

[1] 金岳霖:《知识论》，第9页。
[2] 金岳霖:《知识论》，第1页。

意义与作用。

知识论的目标应当是规范。我们既描述认识是什么，包括知识的构成要素（如知识的定义）及其作用、认识的过程，同时也从它的正确与错误的方式中，通过对认识的经验反思，得出它的应当如何，也就是做出规范。与逻辑学通过探讨思维的结构与规律而形成一些思维的规则一样，知识论通过描述认识活动的发生、过程、结构，揭示出知识的要素与条件，最终也是要提供一些认识需要遵守的规范，包括认识的目标与义务、确证条件（如理由与证据等）的满足、安全性原则等。知识论通过提出这类认识应当遵守的规则，不仅解释了知识本身，而且为认识活动提供了指导，与哲学的功能一样，达到教化的目的。

除此之外，认识的规范还可作为认识评价的根据。某个命题、信念是否为知识，依靠的是某种规范来断定。例如，依据知识的三元定义，假如满足了知识的三个要素条件，即可断定为知识。对认识进行怎样的评价，这不仅直接影响着人们的认识观念，而且也间接地影响着人们的认识活动。因此，这也从另一个角度上体现了知识论的规范的意义。

二、知识论无法以"正觉"为出发点

"正觉"这一概念在金岳霖的知识论中具有核心地位。他写道："本书是以正觉为中心观的知识论。"[①]这里的"正觉中心观"，是与"官觉中心观"相对的。突出正觉的作用，将感觉论作为一种正觉论，这是金岳霖的知识论在感觉论上的与众不同之处。

这里我们需要先解释金岳霖的所谓"正觉"，他对此的界定是"正觉实在只是一种特别的官觉"[②]，而"官觉"则是日常生活中的官能活动，是"能随时以正觉去校对的官能活动"[③]。这就告诉我们，在金岳霖那里，"官

---

① 金岳霖：《知识论》，第120页。
② 金岳霖：《知识论》，第119页。
③ 金岳霖：《知识论》，第120页。

觉"指的是我们通常意义上的感觉活动,如"耳听目视"之类的,它包括"错觉、野觉或非正常的官能活动"①。而正觉乃是这种感觉活动中的特别的一种,因为它不含错觉或幻觉。②因此,金岳霖认为它"才是知识论或官能活动论底基本题材"③。

这种正觉在金岳霖看来具有"校对"某种官能活动是否为正觉而非错觉或幻觉等的作用。他用"圈点古书"来对此种正觉的"校对"做出比喻,即它是"就上下文而决定有无错误"④,而不像通常的校对文稿那样是依据文稿如何来校对的,亦即正觉的校对并没有"符合"与否的问题。在正觉与官觉这两个概念的使用上,金岳霖特别声明,它们没有"相当的日常的名词"。虽然正觉似乎像是英文中的 sensation,但实际上却不是。

之所以需要将官觉中心观改变为正觉中心观,金岳霖的解释大概有如下几点。一是,官觉不如正觉基本,且正觉先于非正觉的官觉。非正觉的官觉是认识者根据正觉的经验去校对、去决定的。比如用近的、看得清楚的东西,去校对远的、看不清楚的东西。二是,因为"官觉中心观"是就梦觉和幻觉来说的,而"正觉中心观"是就错觉和"野觉"(指"马上能以'正觉'去校对或修正的幻觉"⑤)而论的。由于"知识的大本营总是正觉"⑥,因此需要进行这样的改变。三是,之所以要以"正觉"为中心,是因为要以"官觉中的正觉为标准去决定错觉和野觉",即以正觉(它是外物与官觉者两者之间的关系集合)作为认识的正确或错误的判断标准。

然而,在这一问题的论述上金岳霖显出有不一致的地方。一方面,他说正觉是正确的感觉,可以用来决定错觉或野觉,但另一方面,又认为

---

① 金岳霖:《知识论》,第121页。
② 金岳霖写道:"就 sensation 并非错觉、幻觉……说,它似乎是正觉。"《知识论》,第121页。
③ 金岳霖:《知识论》,第121页。
④ 金岳霖:《知识论》,第120—121页。
⑤ 金岳霖:《知识论》,第89页。
⑥ 金岳霖:《知识论》,第89页。

诸如木棍在水里看起来是弯的属于正觉，因为在遇到这种情况时，我们会用触觉去校对，然后得出"一根触觉上的直棍子一半在水里面的时候，看起来空气中部分和水中部分成一钝角"的结论，而这与摸起来是直的棍子但看起来却不直两者毫无矛盾，也与空气中直的棍子半在水中半在空气中的时候不直也没有矛盾。①诚然，在这种情况下我们可以用触觉来校对正觉，但这并不意味着将棍子看成是弯的感觉没有错误，并且称它为"正觉"。特别是在金岳霖明确地将正觉与错觉区别开来，且将正觉界定为正确的知觉之后。假如他上述的说法（即将水中的棍子看成是弯的没有错误）能够成立，那么又如何能够说以"官觉中的正觉为标准去决定错觉和野觉"呢？

　　进而言之，对于金岳霖的"以官觉中的正觉为标准去决定错觉和野觉"这一提法，笔者并不赞成。理由在于，首先，由于在感觉活动中是很容易出现错觉、幻觉等，因此如何排除这类错误的感觉，就属于知识论所要认真对待的问题。金岳霖认为"正觉底呈现是客观的"②，然而尽管它的来源是客观的，即来自对象本身，但由于环境、主体的能力与学识等各种因素的综合作用，这种"客观性"只是有限的。"正觉底呈现"实际上给出的只是一种"表象"，该表象的正确性如何是因人而异的。因此，说"以官觉中的正觉为标准去决定错觉和野觉"，这是没有意义的。假如我们将知识论建立在所谓不含错觉的"正觉"的意义上，那就等于脱离了认识的实际，因而也就回避了问题，从而在很大程度上丧失了研究感觉的意义。当今知识论出现的"析取主义"，试图解决的正是如何能够辨别知觉的真假的问题。它指出概念以及可反思性的、事实性的理由在其中的作用，用以区别"看到p"（如看到并知道某物是"手机"）与"仅仅看到p"（看到但并不知道它是手机）两者之间的不同。

---

① 金岳霖：《知识论》，第130页。
② 金岳霖：《知识论》，第89、108页。

其次，某一感觉是"正觉"或"错觉"与否，不是能够仅仅依靠自身来判定的，这从根本上说是以知性或理性为依据的。如果我们一下子就能确定某个感觉是正确的，那等于否认判断和推理的必要性了。认识活动之所以需要判断，正是因为对于感觉所提供的质料，我们需要加以综合与分析，辨伪存真，给出一个判定。推理的作用也是如此，在感觉上不确定的地方，除了判断之外，有时还需要推理的介入。这样的例子在日常生活中并不少见。例如，在两部列车交会时，有时虽然感觉到是自己乘坐的列车在移动，但实际上是另一部列车在开动。这时我们需要改变参照系才能有正确的判断。所以是理性最终帮助我们得到正确的认识，而不是仅仅依靠感觉。同样，"远方水天相接"的现象，也是无法仅仅通过"正觉"来辨别或"校对"的，而是需要通过理性及其判断来确定。

简单说来，我们的认识并不会停留在感觉的层面上，而是需要上升到理性的层面上，依靠思考（包括判断与推理等）来解决感觉所产生的疑难现象。所以，康德有这样的说法，假如感觉出错的话，那么应当负责的不是感觉本身，而是我们的知性。因而，笔者并不赞成金岳霖的"以正觉为中心观"的主张。我们不能将一个有待解决的问题设定为理论的前提。假如是这样的话，那么他的官觉论乃是建立在一个未决的基础上，因此本身是不牢靠的。对于认识而言，其困难恰恰在于如何辨别正觉与错觉、幻觉，因此相应地，知识论应当在这方面做出解释，为人们提供有关的认识经验，帮助人们获得有效的辨别方法。

三、"所与"的能够是独立的外物吗？

正觉说的问题的另一个方面，在于金岳霖将它和"所与"概念等同起来。他写道："正觉总是有呈现的官能活动。我们称正觉底呈现为'所与'，以别于其他官能活动底呈现。所与就是外物或外物底一部分。所与有两方面的位置，它是内容，同时也是对象；就内容说，它是呈现；就对象说，它是具有对象性的外物或外物底一部分……所与虽然只是外物底部分，然而它仍是独立存在的外物。"①此外，在该书中，金岳霖还写道："我们在本章只谈一官觉种（按：原文如此，疑为"一种官觉"之误）的客观的呈现，所以只谈所与已经够了，不必再谈及呈现。这就是说我们所谈的觉是正觉。"②

上面的引文中值得注意的有两点，一是，金岳霖将所与和正觉等同起来，"称正觉底呈现为'所与'"，并且还说，他在第四章中只谈一种觉，即只谈所与，而所谈的这种觉是正觉。二是，这种正觉，亦即所与，是一种客观的呈现。这种客观性表现在，所与"就是外物或外物底一部分"。金岳霖甚至还强调，所与是"独立存在的外物"。就此他写道："所与虽然只是外物底部分，然而它仍是独立存在的外物。"③

将这两层意思综合起来，我们可以得出：在金岳霖那里，等同于正觉的所与是一种客观的呈现。然而他的这一思想却难以成立。之所以这么说，关键在于所与并非纯然是客观的，因为一个重要的因素是，当我们在对所与进行"收容或应付"（借用金岳霖的用语）时，概念是介入其中的；换言之，所与中渗透着概念。例如，一位从来没有见过手机的人，当他初次见到手机时，他眼中呈现的只是某个物体的形状，而无法形成"手机"的表象（正觉），因为他没有这样的概念。对于复杂的事物的认识更是如此。例如，从物质生产的角度看，对于社会的不同形态，有着农业社会、工业社会与信息社会的区分。而诸如"信息社会"这样的形态，并不存在单纯的所与。对于这样的所与的认识，依靠的是学者们所构造出来的概念。在类似的意义上，马克斯·韦伯曾经构造了"资本主义精神""理性主义""新教伦理"等概念，将它们作为某种"理想类型"，用于把握作为现象的事件中的本质性的联系、某种不变的东西。正是通过这样的概念，我们才对所与有明了的知觉，因而并没有纯粹的所与。所与中既有概

---

① 金岳霖：《知识论》，第96页。
② 金岳霖：《知识论》，第137页。
③ 金岳霖：《知识论》，第96页。

念的介入，因而不能把所与看作是独立存在的外物。

金岳霖虽然也谈到所与同语言的关系问题，而且也把语言视为"收容与应付所与的工具"[1]，但他只是提到这一工具需要是可靠的而已。此外，他还把语言文字视为一种"官觉的所与"[2]。他给出的例子是汉字里的"中"字。当我们看见"中"字时，它呈现给我们的是一种视觉上的东西。金岳霖这两个对语言与所与关系的解读，并没有涉及语言作为概念如何在所与的呈现中所起的概括、赋予意义等作用问题，未能注意到概念在所与的呈现中所起的作用，不能不说是金岳霖的所与说的一个缺憾。

四、"代表说"（表象说）是否用不着或"说不通"？

在哲学史上，有关感觉与对象之间的关系上存在两类不同的学说。一类采取的是两要素说，即主体与客体，认为它们两者之间存在一种直接的关系，我们所知觉到的是外部的对象。另一类是三要素说，介于这两要素之间，存在一个中间的要素——表象，并认为主体并不直接认识客体，而是通过我们的感觉材料，亦即表象来进行。在此问题上，金岳霖所持的是直接实在论的观点，宣称正觉乃是外部对象本身，或是它的一部分。

在这方面，他对感觉的"内容"与"对象"这两个概念做出了界定。"我们有两个不同的现象，前一现象我们叫做内容（按：在金岳霖那里，它指的是所呈现的东西。如我们想象某人时心中所出现的有关他的"意象"，它随我们的想象而存在），后一现象（即对象本身，如被我们想象的某个人，他具有独立的存在）我们叫做对象。"[3]

金岳霖反对"代表说"（从其上下文的含义来看，它指的就是表象说）的感觉只涉及表象内容，而非直接关联到对象的说法；用他的说来

---

[1] 金岳霖：《知识论》，第164页。
[2] 金岳霖：《知识论》，第164页。
[3] 金岳霖：《知识论》，第18页。

说是,"代表说"认为感觉是"只有内容而无对象"的官能活动。[1]在此问题上,他的直接实在论的立场体现在"本书的官觉可以有外物为对象,或者它可以是官能个体与外物的直接接触"[2],这种接触的结果所产生的"正觉中的所与"既不是外物的作用而产生的结果,同时它"也不代表外物"[3],而是直接为外物本身,或者说是外物的一部分,因此它根本没有代表说所要应付的问题,所以"代表说用不着"[4]。类似的说法还有:"本书所谓官觉……根本没有代表说所要应付的问题。"[5]此外,他还宣称,对于他的官觉说而言,"代表说又说不通"[6]。这是由于,官觉虽然有环境中的外物,但不必有对象上的外物,因此说某物X呈现代表环境中的外物,与代表说所要应付的问题不相干;另一方面,有某物X呈现的官觉也许根本就没有对象上的外物。因此他的结论是,代表说(表象说)要么是用不着,要么是说不通,由此我们可以看到,在金岳霖的知识论中,对于解释呈现与外物的关系问题而言,表象说乃是多余的,甚至是成问题的东西。

虽然在感觉与对象的关系上到底是两要素(即认为在感性认识中存在的仅仅是感觉与对象这两者)还是三要素(即认为除了主体与对象之外,还存在一种中介性的"表象"[7])的问题上存在着争论,但在笔者看来,表象说有其合理性,能够更合理地解释感觉与对象的关系问题。说所与就是外物,这才是真的说不通,理由至少有二。首先,当我们说某人"口蜜腹剑"或"笑里藏刀"时,这表明的是他的存在(本体、本质)与

---

[1] 金岳霖:《知识论》,第122页。
[2] 金岳霖:《知识论》,第122页。
[3] 金岳霖:《知识论》,第100页。
[4] 金岳霖:《知识论》,第123页。
[5] 金岳霖:《知识论》,第122页。
[6] 金岳霖:《知识论》,第123页。
[7] 这里我们可举两个表象说的代表。洛克认为,我们知觉到的不是事物本身,而是知识对象的观念或表象。塞尔则声称:"结论是,我从来都没有看到过物质对象,而只看到过感觉予料。"参见约翰·塞尔:《心灵导论》,徐英瑾译,上海人民出版社,2008年,第231页。

呈现出来的表象是不一样的。诸葛亮的"空城计"的例子也类似，司马懿搞不清看到的是真的空城或是另有伏兵，在这两种情况下，在他眼前呈现的同样都是一座空城的表象。因此否定表象论的话，就难以解释事物本身（本体、本质）与现象之间的区别，难以解释事物向我们"呈现"的问题，难以解释"经验"的问题。其次，有如前面提到的，由于所与有概念介入的问题，而一旦有概念介入，且概念的使用本身有真假，因此所与就带有主观上的印记，不可能是纯粹客观的了，从而更使得它与外物本身有了区别。

鉴于上述的理由，本人倾向于采取表象说，它显得更符合实际的感觉活动状况。假如仅仅通过断定官觉有对象来排除表象说，这就把问题简单化了。既然金岳霖在他的《知识论》中也大量地使用了"正觉""错觉""幻觉""野觉"等用语，而这些用语实际上意味着对象通过感觉呈现给我们的并非直接就是对象本身，而是具有不同的呈现结果，表现为不同的"内容"，这些内容如果概括起来，其实可以用"表象"一词来恰当地加以刻画。此外，就他所说的两类现象，即"内容"与"对象"的区别而言，其中的内容这一"现象"，莫若用"表象"概念来刻画会更准确些，而且这样还可避免出现"两种现象"的提法在表达上的含混。

综上可见，与金岳霖所持的"主体和对象"的两要素说相比，这种三要素的表象说显得更符合实际的感觉活动状况，因此在对感觉活动的状况与特征上的解释会显得更合理些。

五、"真"到底是知识论的概念，还是形上学的概念？

金岳霖有这样的看法，将"真"看作是属于命题的值，而不是某种东西的性质。[①]这涉及的问题是，"真"到底是知识论的概念，还是形上学的概念？这是一个容易混淆的问题。金岳霖的看法是，它是一个知识论

---

① "真假是命题底值"，它们"不是'东西'底性质"。见金岳霖:《知识论》，第103页。

的概念。就此他给出的例子是,当我们说"真的宋画"时,我们乃是在肯定那张画为宋画是真的命题,仅仅如此而已。不过,他的这一论断似乎仅说对了一半。另一半是,事物本身也有真假。一幅画是赝品,就是说它不是真的某画家的作品,而是假的、伪造的,这直接关涉的是那幅画自身的性质,它的存在的属性。也就是说,事物本身有真假,才有我们所谓的判定的真假。

亚里士多德的这句话是大家所熟悉的。所谓的"真",是"以是为是,以非为非"("说存在的事物不存在,或说不存在的事物存在,这是假的;但说存在的事物存在,不存在的事物不存在,这就是真的"[①])。这句话中的第一个"是",指的就是事物本身的存在状态(真或假)。与此类似,塔尔斯基的"真"的定义是,"雪是白的,当且仅当雪是白的",这一定义明白不过地告诉我们,我们之所以在认识上断定雪是白的,也就是说它为真,恰是因为在现实世界中雪是白的,亦即认识上的"真"是以现实中的真为基础的,后者决定了前者。正因为事物本身有着存在与否、是否具有某种状态的问题,所以才有我们以命题的方式来真实或虚假地判断有关事物的存在与否或状态如何的问题。这些命题的真值并不受人与事件的相关状态的认识关系的影响。因而从根本上说,真首先是一个存在论的(ontological),也就是形上学的概念。

金岳霖恰恰相反,他是把真当作是一个知识论的概念,而不是形上学的概念。在笔者看来,否定真是一个形上学(存在论)的概念,这是不对的。因为假如没有真实存在的事物,也就没有对这些事物的真假性的认识。史学界曾经出现的有关曹操墓的争论,可以作为这方面的一个有力的例证。在河南的安阳所发现的墓穴,究竟是不是曹操墓,这引起了史学界的大量争论。这一争论所依据的自然是考古所发掘的证据,也就是在安阳墓穴中发现的石牌、石枕等,是否墓中的原物,或是另有其他的来路?总

---

① Aristotle, *Metaphysics*, trans. by W. D. Rose, Book IV, §7, 中央编译出版社, 2012年, 第85页。

之，不论是出土文物的真假，或是曹操墓的真假，它们都属于存在物的真假问题，而对它们的断定，亦即认识上的真假问题，是以存在物的真实性与否为依据的。认为"真"的概念仅仅属于知识论问题，这是片面的，不完整的。

以上我们对金岳霖的《知识论》中的几个问题进行了探讨。最后笔者想说的是，尽管从学说史的发展来说，后来者易于在新的视域中看出前人思想中的某些局限性，但这并不意味着是在苛责前人，而是推进学术发展的一种应由之举。本节充分肯定金岳霖在中国知识论发展史上所做出的里程碑式的贡献，希望能够积极地开掘他所留下的思想资源，继续他在知识论中说出中国话语的努力，但这并不意味着只能单纯地照着他的话语来讲，而更应当是考虑如何"接着讲"。只有这样，我们付出的努力才会有积极的成果。

第五章 中国传统哲学及其现代化问题

第一节　自然主义与形上学：孔子哲学与孟子哲学之不同①

自唐代韩愈（768—824年）在《原道》中提出"孔子传之孟轲，轲之死不得其传焉；荀与扬也，择焉而不精，语焉而不详"，南宋朱熹（1130—1200年）把《孟子》与《论语》《大学》《中庸》合为"四书"之后，"孔孟"并称，他们的哲学也被看作是一脉相传了。例如，不仅《二程集》中有："今人看《论》《孟》之书，亦如见孔孟何异？"②张载（1020—1077年）也写道："古之学者便立天理，孔孟而后，其心不传。"③客观地说，孔孟在伦理思想上的确有一致性，这集中表现在他们都主张"仁""义""礼""智""信"等伦理道德规范，尤其是以"仁""义"概念为核心。孔子（前551—前479年）作为儒家伦理奠基人的地位，突出体现在他的"修己安人"思想，奠定了后来由《大学》所提出的儒家"八纲目"。这样的思想被孟子（约前372—前289年）继承和发扬，在"修己"思想上突出了"义"字："仁，人之安宅也；义，人之正路也。"④"仁，人心也；义，人路也。"⑤把"仁"作为人的本性（"人心"与"安宅"），把"义"作为由这一善的本性所生发出的道德准则与规范（"人路"）。尤其是在"安人"即治国理念方面，孟子还提出了"仁政""王道"思想。正如程颐（1033—1107年）所言："孟子有功于圣门，不可胜言。仲尼只说一个'仁'字，孟子开口便说'仁义'。"⑥这道出了孟子在伦理思想上对孔子的发展。

然而，本节想指出的是，孔孟在伦理思想上的一致性，并不意味着

---

① 本节原文发表于《南国学术》2018年第4期。国家社科基金重大项目"当代知识论的系列研究"的阶段性成果。
② 《二程集》，第205页。
③ 张载：《经学理窟·义理》，《张载集》，第273页。
④ 《孟子·离娄上》。
⑤ 《孟子·告子上》。
⑥ 朱熹：《孟子序说》，《四书章句集注》，第199页。

他们在"哲学"类型上的相同。事实上,两人的思想在哲学层面上是有很大差别的,有些差别甚至是根本性的。而这些差别,又关涉他们的哲学的性质问题。简而言之,孔子哲学属于一种"自然主义哲学",孟子哲学则属于一种"形上学""先验哲学"。由于这一差别事关重大,因此,不可不辨。

一、孔子的哲学属于一种"自然主义"

孔子在中国思想史上的突出地位,在于他创立了一套以"仁"为核心、以忠孝和"仁""义""礼""智""信"为主要内容的伦理道德范畴,建立了一个后来成为儒家伦理、成为中国传统社会基本道德规范的思想系统。虽然孔子的思想基本上属于伦理学范畴,但他并不关注道德信念的性质与根据问题、道德知识的"确证"与方法问题,以及道德伦理的本体论问题,这就使孔子的道德哲学具有一种自然主义的色彩。他基本上是从经验甚或常识的角度来考虑道德伦理的问题,而不大涉及形而上的层面。尽管他的一些零星言谈偶尔也涉及与形上学意义上的"哲学"有关的内容,如"道""性""天"之类的概念,但按照子贡(前520—前456年)等弟子的说法,这些内容是孔子所"罕言"的,甚至是他们所"不可得而闻"的东西。

从哲学史上已经出现过的类型看,很难完全将孔子的哲学归入某一类。在不完全的意义上说,孔子哲学比较接近的是自然主义或"常识"(common sense)哲学。它与自然主义相近的地方在于,将知识视为有关事物存在的知识,而拒斥谈论有关上帝存在的"形而上学"之类的东西(如"子不语怪力乱神"中的"神"[①])。它与常识哲学相适的地方则在于,对日常所见的、所习惯的东西并不怀疑,并以它们为基础,而不是依靠某种形而上的理据。不过,这种接近,只是在很有限的意义上而言的。因为,

---

① 《论语·述而》。

从西方哲学的角度说，这两类哲学都与自然科学的思想态度和方法相关，而对处于古代时期的孔子而言，显然是不可能具有的东西。

在这两类哲学类型中，孔子哲学更像是一种"自然主义"哲学。所谓"自然主义"，指的是把自然世界看作是存在着的唯一世界，把它的一切运作都看作是自然的事情，并且认为真正的认识方法也是自然的、事实性的，不存在超自然的认识，本体论应当在事实的、"经验的"（a posteriori）基础上产生，因而拒绝"先天性的"（a priori）推论，主张善恶是通过自然的、事实的话语来解释的，反对通过形上学来理解道德。[1]孔子的"不语怪力乱神"以及不怎么谈论"天道"与"性"之类的话题，可说是体现了一种朴素的自然主义。之所以说它是"朴素的"，因为它不可能像现代的自然主义那样讲究科学的、实验的方法。

说孔子学说更类似"自然主义"哲学，还可从它所谈论的话题得到印证。这些话题通常是有关"人伦日用"间的事物或经验，如家庭与社会的人际关系、婚嫁祭祀等礼仪活动，以及人格修养、建立稳固的社会秩序等问题。它们经过孔子的洞见，形成了一些道德上的规诫（如"己欲立而立人，己欲达而达人"[2]）、立身处世的箴言（如"人无远虑，必有近忧"[3]）等。撇开它们在内容方面的差异，如程颐所说的"孔子言语句句是自然"[4]外，前面提到的"子不语怪力乱神"等，可说是典型地刻画了孔子哲学的特征，尤其是其中的"神"字。用哲学的语言来说，孔子并不考虑超越经验范围的存在，特别是诸如"神"那样的终极性的存在，从而也就不探求道德伦理的根据之类的形上学问题，诸如孟子提出的"人性论"那样的形上学问题。

---

[1] Donald M. Borchert, *Encyclopedia of Philosophy*, Thomson Gale Corporation, 2006, vol.6, pp.92–95. 现代的自然主义概念还包括对科学方法的主张，这显然不适用于孔子的哲学。

[2] 《论语·雍也》。

[3] 《论语·卫灵公》。

[4] 朱熹：《读论语孟子法》，《四书章句集注》，第44页。

孔子也追求"道",但他的"道"是"君子之道",即人格修养的准则,而不是形上学意义上的"天道"。这可以用子贡的话来作证:"夫子之文章,可得而闻也。夫子之言性与天道,不可得而闻也。"①这句话告诉人们,孔子并不怎么谈论"天道"之类的东西。

朱熹对孔子有关"道"的语录"志于道"做过如下注释:"志者,心之所之之谓。道,则人伦日用之间所当行者是也。"②这一注释极为贴切。孔子的一些语录,表现的正是如此。例如,子曰:"君子道者三,我无能焉:仁者不忧,知者不惑,勇者不惧。"再如,"子谓子产:'有君子之道四焉:其行己也恭,其事上也敬,其养民也惠,其使民也义'"。而所谓的"人伦日用之间",展示的正是孔子的自然主义哲学的特征。孔子这一"道"的概念的非形上学性,还可以用曾子的话来佐证。"曾子曰:'夫子之道,忠恕而已矣。'"③"忠"与"恕",两者都属于伦理上的规范。假如用孔子自己的话来解释,那么前者讲的是"己欲立而立人,己欲达而达人",强调的是"仁"的积极的方面;后者讲的则是"己所不欲,勿施于人",强调的是"仁"的消极的一面,但都与道德经验中的人格与行为有关,而不是形而上的概念。

进一步说来,孔子的"道"有点天下之"至理""信仰"的味道。子曰:"朝闻道,夕死可矣。""士志于道,而耻恶衣恶食者,未足与议也。""参乎!吾道一以贯之。""道不同,不相为谋。"这里,如果将"道"置换为某种"至理""信仰"而不会有什么不妥。因此,它同样不是什么形上学的东西。

子贡"夫子之言性与天道,不可得而闻也"的话同时还告诉人们,孔子也基本不谈论"(人)性"的问题。④"性"字在《论语》中只出现过

---

① 《论语·公冶长》。
② 朱熹:《论语集注》,《四书章句集注》,第94页。
③ 《论语·里仁》。
④ 朱熹在《论语集注》中的注释是:"至于性与天道,则夫子罕言之。"

两次，其中一次是"性相近也，习相远也"①。这句话虽然很简短，但却很重要，因为它显露出孔子具有人性相近的思想。不过，孔子并没有就人性的问题展开讨论，也没有涉及人性是否天生，即是否为形而上的问题。这样的问题在孟子那里却得到特别的关注，并且将人性论提升到形上学的层面，从而使孟子哲学具有了一种与孔子的自然主义哲学不同的形态——形上学的形态。

此外，作为一种自然主义哲学，孔子也很少谈及"天命"。《论语·子罕》明白地告诉人们："子罕言利与命与仁。""罕言"当然并不是不谈及。《论语》中偶尔也谈及"命"，如"子曰：不知命，无以为君子也。不知礼，无以立也。不知言，无以知人也"②等。这里"命"的含义，朱熹在《论语或问》中解释为"命者，天理流行、赋于万物之谓也"，即将它看作一种"天理"之类的形而上的东西。孔子的"五十而知天命"③，所指的也是某种"天道本然不可争"之物。它是处于人伦日用之外的东西。所以，即使孔子的"命"概念具有一定的形而上色彩，但毕竟属于"罕言"的东西，它不构成孔子思想的基本内容。特别是联系子贡所说"夫子之言性与天道，不可得而闻也"，更是向人们展示了孔子思想的注重现世、不论及形上学的自然主义特征。

总之，虽然孔子提出了以"仁"为核心的、比较完整的伦理思想系统，但他并不追究这套思想的根据问题，尤其是不从形上学（如人性、天道之类）的层面上给出这样的根据。因此，如果从类型上进行归纳的话，他的哲学大致属于一种自然主义哲学，而不具有什么形上学的色彩。

二、孟子的形上学与先验哲学

从哲学上而言，与孔子相比，孟子思想的突出变化是提升至一种形

---

① 《论语·阳货》。
② 《论语·尧曰》。
③ 《论语·为政》。

上学层面，具体形态是"先验哲学"，尽管还没有形成这样一个体系。这里的"先验"一词，主要是指康德意义上的、先于经验并且作为使经验得以可能的根据。用中国哲学的语言来说，孟子哲学表现为一种"心学"。这种心学与孔子的自然主义的根本区别在于，"良知"而不是经验或情感成为了道德信念与知识的源泉。这样的思想，使得孟子开创了一种道德内在主义。它后来经由阳明心学的阐发，形成了中国伦理学的一个传统。

孟子的这一先验哲学具体展现为三个方面：（1）在人性论上，它使儒家哲学提升到超越经验的形上学的层面。（2）在本体论上，它使"不虑而知"①即源于直觉的"良知"成为道德的本源。（3）在认识论上，它表现为"反求诸己"、不假外求的先验哲学形态。

先来看"人性论"。孟子就人性问题有过专门的论述，并提出了对中国文化影响至深的"性善论"。《孟子·滕文公上》记有："孟子道性善，言必称尧舜。"在这方面，最著名的是"四端说"："恻隐之心，仁之端也；羞恶之心，义之端也；辞让之心，礼之端也；是非之心，智之端也。人之有是四端也，犹其有四体也。"②孟子将"仁""义""礼""智"这四个孔子伦理最基本的行为规范，解释为在人"心"中都有其根源（"端"）。譬如，"仁"是恻隐之心的体现，也就是人心所固有的，等等。这样一来，孔子的"仁、义、礼、智"学说便被提供了一种本体论上的根据，也就是在人"心"中的根据。从而，儒家伦理就不是在一种常识的、经验的层面上，而是在形上学的、先验的层面上来谈论和论述了。如果说在孔子那里总体上还只是一种伦理学的话，那么，在孟子这里，儒家产生了它的形上学，其哲学形态发生了转折性变化。

此外，孟子还断言："人皆有不忍人之心。先王有不忍人之心，斯有不忍人之政矣。"③这就把在哲学层面确立的东西进而加以演绎，往下推及

---

① 《孟子·尽心上》。
② 《孟子·公孙丑上》。
③ 《孟子·公孙丑上》。

政治学层面，建立起他的"仁政"学说。他的另一段论述所展示的也是类似的意思："人皆有所不忍，达之于其所忍，仁也；人皆有所不为，达之于其所为，义也。"①同样是以"心"为基点进行演绎，以此从人心中推演出"仁义"等道德规范之存在的合理性与有效性。总之，在孟子哲学那里，不论伦理或政治，它们都是以"心"或者说是以"性善"这一先验的基点为根据的，都是由"心"那里演绎出来的。这样的推演是富含逻辑的。

本来，人性善与不善，乃是深藏于心、无法显现出来的东西。为此，应当如何加以论证呢？孟子同样展现了他的思想的逻辑性。他采用了"模拟"的方法，也就是以人的五官具有相同的爱好、旨趣为前提，由之推出人心亦有"同然"的结论。此外，孟子还以"水"为模拟，论证"人性之善也，犹水之就下也。人无有不善，水无有不下"②。由于孟子的这些论证为人们所熟知，这里就不再展开。

孟子的性善论得到了程颐的大力推崇："孟子有大功于世，以其言性善也。"虽然在儒家中也有不同的主张，如荀子（前313—前238年）的"性恶论"，但由于孔孟之学后来成为"官学"，所以孟子与荀子两者的人性论的地位与影响是不可比拟的。由于孟子的性善论的根本性影响，中国文化等于是预设了一个人性善的前提。这不啻假设了一个"君子国"。由于人人是"君子"，这意味着国家与社会的治理，只需依靠人们通过"诚意正心"与"修身"来开启人性中的善，从而达到治国平天下的目标，而无须对人性之恶进行防范，包括权力与制度上的防范，即建立一个"法治"的社会。

再来看本体论。之所以说孟子哲学具有形上学的形态，主要是指它所具有的"道德形上学"形态，有如康德在这方面所探求的道德之根据那样。虽然孟子与康德所探求的这种道德根据不同，前者以"心性"为根

---

① 《孟子·尽心下》。
② 《孟子·告子上》。

据,后者以"理性"或"自由意志"为根据,但这两种道德形上学却有一个共同点,都是以心灵中的某种东西为依据。

与人性论相关,孟子还提出了他的形而上的"心学"理论。同样,孟子在这方面也找到了一个"基点",即"心"或"良知"。

孟子是中国哲学史上首位集中阐述"心"概念的哲学家。据统计,在《孟子》一书中,"心"字共出现过119次。孟子对"心"的认识主要包含三个方面:(1)在本体论上把"心"(灵)作为世界的本体,宣称"万物皆备于我"①,使"心"成为一切事物的根据,包括认识与道德的根据;(2)在知识论上提出"心之官则思",把"心"看作是具有与"耳目之官"不同的思想功能;(3)在伦理思想上将"心"看作是道德原则的根据或本源,断言"仁义礼智根于心",并且这一心灵的活动,作为一种本能的"良知",它是直觉的,无须通过思虑而得到的("不虑而知")。这三方面的哲学规定,即使从现代哲学的角度来衡量,也足以认定孟子具有一个观念论的哲学框架,并重在给出相应的理据。在这个意义上,孟子的哲学已是一种地道的哲学。

之所以这么说,是因为哲学本来就是要探求事物的根据。在孔子那里,作为一种自然主义哲学,它把道德规范预设为合理的,不必加以推究,更不必加以怀疑的东西。在此前提下,孔子并不去追寻事物的根据。例如,他在面对学生樊迟请教什么是"仁"的时候,给出的回答是"爱人"。但是,为什么仁者需要爱人呢?这方面的根据是什么?孔子并没有追问这样的问题,因而他的哲学也就没有上升到形而上的层面。此外,假如孔子能够进行这样的追问,那么"人是什么"这样的深刻的哲学问题,就会早于西方而在中国出现,并且不排除它可能给儒家的人文主义带来另一种景象,诸如产生"人是目的""人是自由的"之类的观念。当然,历史不可假设,哲学史同样也不可假设。

孔子之所以并不追问事物的根据,这与他的语录式的思维(孔子的

---

① 《孟子·尽心上》。

思想是以回答学生提问的方式，并通过《论语》的语录方式流传下来的）有关。古希腊柏拉图哲学那样的对话的方式，一般而言，由于对话者之间的质疑、诘难与反驳，"助产婆"在其中所起的作用，因而似乎更有助于对事物根据的追问。

　　这里可能会被质疑的一个问题是，难道哲学一定要追问事物的根据吗，形而上的根据是否有必要呢？要回答这样的问题，需要从哲学的作用与功能说起。在文化的各种构成要素里，人们一般承认哲学的基础作用。这种基础作用主要是由形上学、知识论与伦理学所担负。形上学为人们提供了关于世界的基本认识，知识论与伦理学则分别提供了关于求"真"与求"善"的基本观念。这样的学说与观念，是通过哲学上的"说理"与"论证"来给出的。说理必定有一个"为什么"的问题，如前面提到的为什么需要爱人的问题。假如只停留在经验性的层面上，那么就难以进入更深层的"理"的层面，不能进入把握"理据"的真正的哲学思想。形象一点说，人们就只能停留在"形而下"的层面上，而不能进入"形而上"的层面；就不能把握现象中持存恒定的普遍共相，包括无法从内容中分离出"形式"。中国古代哲学史表明，对于受象形化文字局限的中华民族来说，要抽象出单纯的形式、实现这种分离是比较困难的事情。①

　　虽然从历时性的角度看，社会与国家的形成表现为一个延续的过程，表现为一个传统，但从现时性的角度看，这种形成则是由于规范的结果。而规范是需要依据一定的理念来进行的。之所以采用某种理念而不采用其他理念，虽然是受到多种因素制约的，尤其是利益的因素，但不可否认的是，说理在其中起着一个重要的作用。正是由于某种理念或学说能够说服人，能够使人信服，因此能够在不同的观念与学说中得到选择与接受。甚至在涉及利益方面的关联问题时，也是需要通过给出理据来说服人的。

---

① 形成对照的是，西方的柏拉图哲学抽象出这种"形式"（理念），或者说，从"多"（特殊）中分离出"一"（共相），而以"形式"或"共相"作为事物（内容）的根据。西方哲学之所以被说成是柏拉图哲学的"注脚"，所"注"的其实就是这个核心的思想。

与孟子相比，孔子并不寻求道德的根据。但是一种学说要使人信服、让人接受的话，是需要说理的。根据的寻求就是这种说理的深层的部分。所以，孟子的先验论对于儒家的伦理学来说，在学理方面是一个重要的提升。这方面的一个具体体现，是它使道德的解释基于"心性"或"良知"，为之奠定了其"所以然"的基础。这就产生了中国伦理学中最早的道德内在主义。哲学总是需要理据的，一个民族的理论思维也是需要讲究理据的，因此在这个意义上，孟子的哲学对于中国传统哲学的发展来说是一个提升。

最后看认识论。孟子哲学的"青出于蓝而胜于蓝"之处，在于它讲究论证的逻辑。孟子晚于孔子差不多一百年，这期间，墨子（约前476—约前390年）已经在孟子之前产生了一些逻辑思想。他提出了"类""故"等概念，用以明辨是非，审查异同，并且还运用"类"的概念进行推理。而孟子采用"模拟"的方法来论证人性是善的，则显示了逻辑学的一个发展。孟子之后，后期墨家又进一步发展出"墨辨逻辑"，这些都是在孔子之后中国学术的一个比较重要的进步。可惜，后来包括"墨辨"在内的逻辑学没有得到发展，这方面的原因也不能全归为所谓的民族的"实用理性"。应当说，科举作为一个古老的制度在其中起着一个重要的导向作用，也就是引导学子一心只读科举应试所需要的"圣贤书"，而罔顾其他。

三、辨明孔子哲学与孟子哲学之不同的学理意义

孔孟之后的儒家哲学的发展，究竟主要是沿着孔子的自然主义哲学，还是孟子的形上学或先验哲学的道路？辨明这一点，不仅有助于看清儒家哲学本身的发展轨迹及其哲学形态，而且反过来也可以认清辨明孔、孟哲学之不同的意义。

实际上，在儒家思想发展史上，曾有过什么是"正当的"哲学，亦即哲学应当是自然主义哲学还是形上学的争论，尽管并不使用这样的语

言。例如，顾炎武（1613—1682年）就以孔子不怎么谈论性与天道为由，反对宋明理学的空谈心性。①这实际上是以孔子的自然主义哲学为哲学正当性的标准，而反对宋明理学的心性论的形而上学。从后来儒学的发展看，虽然在伦理学上是沿着孔子的框架，但在哲学理路上则主要是沿着孟子的形上学。对此，徐洪兴在《思想的转型——理学发生过程研究》一书中详细论述了从中唐到南宋中叶长达五百年左右的"孟子升格运动"②，其中所涉及的内容从侧面反映出，中国传统哲学中的哲学正当性的标准问题。

从徐著中可以看到，在唐代中期以前，孟子的地位并没有达到"孔孟"并称的地步。因为，按照儒学的"孔子传之颜、曾，曾子传之子思，子思传之孟子"的说法，孟子不过是在曾子、子思之后的一位儒者。但是到了中唐之后，孟子学说的重要性被不断发现，特别是孔子不怎么谈及，而由孟子所阐发的"心性"学说，被欧阳修（1007—1072年）等人视为对抗、排斥佛道二教的异端邪说的根本，因此提出要"修"这个"本"，以作为"辟佛"的利器，简言之，就是要"修本以胜之"③。徐洪兴通过介绍有关史料后给出的结论是："从二程、张载、王安石到朱熹、陆九渊，他们无不大谈所谓的心性与功夫。"④并且认为，宋代的这些主要的哲学家们所做的一项重要工作，是"充分提高心的主体地位……从而建立起了以普遍、超越、绝对的道德法则为人性根本标志的道德本体论。这也就是宋代开始出现的新的儒学形态之本质所在"⑤。这一评价，表明了孟子的形上学

---

① 蔡仁厚在《孔孟荀哲学》中曾经涉及这样的问题，虽然他的用意是指责顾炎武对孔子思想的误解，即"如何能说'性与天道'是孔子之所'不言'？"蔡仁厚：《孔孟荀哲学》，台北学生书局，1984年，第105页。
② 该提法是由周予同教授首先提出的，并为徐洪兴所接受并运用。徐洪兴：《思想的转型——理学发生过程研究》，上海人民出版社，2016年，第89页。
③ 徐洪兴：《思想的转型——理学发生过程研究》，第114页。
④ 徐洪兴：《思想的转型——理学发生过程研究》，第114页。
⑤ 徐洪兴：《思想的转型——理学发生过程研究》，第114—115页。

在儒学后来的发展中所起的引领作用；也间接地表明，区分孔子与孟子的不同哲学形态的学术意义。

上述的"孟子升格运动"在相当的程度上是在确认儒家"道统"的名义下进行的。从某种意义上说，这实际上是在论辩哲学的正当性问题。也就是说，什么样的思想学说才能够正当地进入儒学的教义之中，成为儒学思想的正宗。不过遗憾的是，这些新儒学家们并未能从思想的内容中分离出"形式"，未能建立一种形式方面的标准，即思想的普遍性、客观性、必然性、合理性等方面的标准，而只能停留在以思想的内容为标准，具体说来就是以某个既有的思想权威为标准。这样造成的结果，实际上是给思想画地为牢，使"道统"实即"守成"为思想的判定标准。这无异于宣告了思想的终结。现实的情况也正是如此，在王阳明（1472—1529年）于孟子心性说的基础上把"心学"推向顶峰之后，儒家再也没有产生出能够与理学或心学相颉颃的学说了。

对于本节关注的问题而言，不论是程朱理学还是陆王心学，它们所大谈的"天理"或"心性"，都是属于某种形上学或先验哲学的范畴，而不是自然主义哲学。可见，从哲学的形态上看（而不是哲学的思想本身），孟子哲学给予后世儒学的影响要甚于孔子。这一点在直接接续孟子心性哲学的陆王心学那里，可以看得很清楚。即使对于程朱理学来说，虽然它们不是以"良知"为根本，但它们以之为本的"天理"，也是属于形上学的范畴。因此，在哲学的形态上，它们也不同于孔子的哲学。牟宗三（1909—1995年）把王阳明哲学归为"正宗"，而把朱熹哲学贬为"别子为宗"，实际上也是以孟子的先验的"心学"为标准（"道统"），或者说作为哲学的正当性的标准。他虽然争论的是"道统"与否的问题，但却也间接反映出对"什么是哲学"的理解，反映出对哲学的一个目标是追问事物的根据，包括道德的根据的认可。这进一步说，就是承认了形上学形态的合理性，也等于是间接认可了孟子的先验哲学，而不是孔子的自然主义哲学的形态。

此外，辨明这样的问题，对于长期以来的"中国有无哲学"问题的争论，至少可以给出一个比较有说服力的回答：至少在孔子、孟子那里，即使以西方哲学的标准来看，中国已有两种形态的哲学：自然主义哲学、形上学哲学。尽管没有使用那样的概念，也未能发展出近现代西方哲学那样的、逻辑性的叙事系统，但究其实质，体现的正是相关的哲学思维类型与内容。因此，本节实际上也对"中国没有哲学"的论断给出了一个有理据的反驳。

第二节　仁者为何应当爱人
——兼论哲学的形而上发问的意义[①]

作为一种人文主义，孔子最经典的，也是最为人所熟知的话语是"仁者爱人"[②]。不过，去爱人可以出于不同的动机，比如说同情、怜悯乃至施舍。因此这里就有一个为什么应当爱人的问题。遗憾的是，孔子本人以及后来的儒者并没能就此发问，去追寻仁者爱人的根据。在笔者看来，未能追问这一根据关涉并影响到儒家哲学与中国传统文化的一些根本性的问题，包括孔子哲学的思维方式、儒家伦理的义务论性质、公私观与权利意识缺位，以及中国法律史上的民法缺失的问题，等等。

一、孔子的经验性思维方式

这里，我们主要以《论语》为依据来谈论孔子的思维方式与叙事方式，即它是一种经验性的方式。之所以这么说，并不因为它是一种语录性的记述，而是由于它所体现的思考方式，并不追寻事物的根据，包括认识的根据。例如上面提到的"爱人"这样的命题的提出，孔子并不追问为

[①] 本节原文发表于《哲学分析》2011年第3期。国家社科基金项目"'元哲学'研究"、教育部人文社科研究规划基金项目"经验与先验——知识论的基础问题研究"的阶段性成果。

[②] 《论语·颜渊》。

什么应当爱人,并不给出它的根据。假如追问这一根据的话,就势必涉及"人是什么"的问题,就像康德哲学所提出的那样,而这样一来,就恰恰进入了形而上的思考,进入某种"形而上学"。因为"人是目的"之类的回答,并不是经验性的命题,而是形而上学的。这里的"形而上学"一语,是在康德的意义上使用的,具体说来,是在康德哲学的思考与发问方式上使用的,即探寻"人是什么",以及探寻"纯粹数学如何可能""先天综合判断如何可能"之类问题的意义上使用的。这类探寻方式的特点,在于对已存在事物(人、纯粹数学、先天综合判断等)的可能性的根据进行发问,探寻出它们的根据之所在。

我们可以举出其他的依据来佐证孔子的经验思维方式。《论语》中有"子不语怪力乱神",亦即孔子不谈论诸如鬼怪、神灵之类的东西。在近代欧洲,类似灵魂不朽、上帝(神)存在之类的话题,正是形而上学的谈论对象。当然,这种意义上的形而上学是非科学的,所以才有康德等哲学家对其的批判,要建立"科学的形而上学"。同理,也正是在这一意义上,孔子不谈怪力乱神的经验论倾向是一种好的、反对非科学的形而上学的倾向。

再者,庄子给出过一个论断:"六合之外,圣人存而不论。"[1] 句中的"圣人"一词,《论语译注》的作者杨伯峻先生认为无疑指的是孔子,理由在于这句话的下文"春秋经世先王之志,圣人议而不辩"[2]。《春秋》乃孔子这一圣人所作、所议,所以上文的圣人当指孔子。此外,庄子的这一论断也与孔子的"不语怪力乱神"的思想精神相符。

"六合"在古汉语中,泛指"天下或宇宙"。详细辨析起来,"六合之外,圣人存而不论",很有点为思想和知识划界的味道:凡是超出宇宙范围的东西,都是不可谈论的,都应当保持缄默。可以为这种近乎实证精神

---

[1] 《庄子·齐物论》。
[2] 杨伯峻:《论语译注》,中华书局,1980年,第9页。

做印证的，是孔子明白宣示的知识观："知之为知之，不知为不知，是知也。"①总之，概括起来，孔子的思考方式是一种经验性的。可经验范围之内的东西是可思想的、可知的，而超出这一范围之外（"六合之外"）的东西则是不可思想、不可知的。

不过对于笔者来说，关心的则是问题的另一方面。我们说孔子的思考方式是经验性的，具有反对坏的形而上学的倾向。但是，它的不好的一面则在于不追寻事物的根据。从神或"天"那里寻求事物的根据的做法固然不科学，但是这种探求的形而上思考方式本身则是可取的，因为它是哲学的一种必需的思考方式。只要探寻的方向得当，它就是有益的。上面提到的康德给出的"人是目的"这样的形而上学根据，就是一个有力的例证。

孔子之后，儒家逐渐趋向于形而上学的思考，逐渐淡化其经验性的成分，增加了先验论的色彩。在孟子那里，哲学的思考方式开始有所变化。孟子要回答的一个问题是：为什么说人性是善的，其根据是什么？所以反过来看，这也等于是孟子的发问方式。孟子对此做出了"四端"说的解释，即"仁"的根源，在于"恻隐之心"；"义"的根源，在于"羞恶之心"；"礼"的根源，在于"辞让之心"；智的根源，在于"是非之心"。孟子的"四端"说表现出他具有形而上学的意识，开始追寻人性善的根据。这种形而上学性质的探寻之所以有益，在于它把问题深化了，而不是像孔子那样停留于经验的层面。到了宋明理学那里，这种对"根据"的探寻达到了高峰。朱熹在"理"那里找到了万物之"源"，即事物存在的本体论根据。这种根据是先验性的，用他的话来说属于"形而上之道"②。王阳明则秉承了孟子的思想，以"心"作为道德的根据，把"天理"归之为心所本有的"良知"。不过虽然有此分歧，朱熹与王阳明在思

---

① 《论语·为政》。
② 《答黄道夫二书之第一书》，《朱子文集》卷五十八。

考方式上的一个共同点在于,他们都以形而上学的方式探寻事物与道德的根据(先验的"理"或"心")。与当时的西方哲学相比,其问题思辨的深度可说是毫不逊色。朱熹与王阳明所达到的这类哲学思考,足可构成对"中国没有哲学"论的有力批驳,证明中国古代哲学具有自己的特殊形态。

不过可惜的是,朱熹与王阳明的这种本体论探寻,并没能走向对"人是什么"的发问,仁者为什么要爱人的问题仍然没有被提出。一直到清朝末期,西方的有关哲学思想被启蒙思想家传播进来后,这样的问题才为国人所知晓,才逐渐成为一个受关注的话题。

与这一问题的缺失相关,作为中国传统文化核心的儒家哲学,孕育出的是一种义务论的伦理,强调的是人的道德伦理义务,而缺乏对人的权利的关注。进而,作为一个完整的文化系统,反映在法律文化上的则是中国民法的缺失,反映在政治文化上的是民众的权利的缺失,以及总的社会形态上的专制社会形态。权利的缺失,构成了中国传统文化从观念到现实的一个根本缺陷,构成了这一文化的一个基本特征。

二、儒家的义务论伦理及其义利观

之所以断言儒家的伦理在性质上是义务论的,这可以从它的核心价值观念上得到印证。

在儒家伦理里,"忠孝仁义"即是它的核心价值观念,它们所规范的都是某种义务。其中,"忠"主要是对君王应当忠诚的义务[1],"孝"是对父母、长辈应当孝顺的义务;"仁"是处世做人的义务、应当去关爱他人的义务;"义"同样也是一种义务,是行为必须符合某种正当的道德规范的义务("义者,宜也")。既然这些核心的伦理价值规范的都是人们的义务,而不是权利,因此可以说儒家的伦理是一种"义务论"的伦理。

---

[1] "臣事君以忠。"(《论语·八佾》)

或许有人会说，义务往往是与权利相对的，规范了一方的义务，等于同时也规范了另一方的权利，因此不能说在儒家伦理那里权利是缺失的。这一说法似乎听起来有理，但如果加以分析，则不难看出问题。首先，正面地规范权利与隐含地涉及权利毕竟是不一样的。假如是前者的话，那么整个价值观念就会以权利为基础，并且在此之上生长起以权利认可与保障为本质内容的文化系统。但中国传统文化恰恰与之相反。其次，"忠""孝"这样的义务所派生的权利，是君王、父母（长辈）对臣民、子女等的权利，这样的权利恰恰是等级制的，是不平等的，它们为宗法制的社会提供了伦理的基础。至于作为现代宪政社会基础的基本权利，如生命、财产与自由的权利，这些恰恰是儒家伦理缺乏认识的。

围绕着忠孝仁义这样的义务论，儒家还形成了一种"义利"观，把"利"界定为"私利"，将追求利益或功利视为"小人"的行为而加以贬斥。这方面孔子的说法最为典型："君子喻于义，小人喻于利。"[1]孟子的思想也是如此。他把义与利对立起来，并把后者看作是无须具有的东西（"王何必曰利？亦有仁义而已矣"[2]）。荀子也主张一种讲"义"而不讲"利"的荣辱观："先义而后利者荣，先利而后义者辱。"[3]

这种义利观的要害之处在于，"利"被单纯作为一种"私"的东西，而"私"则被看作是某种"恶"而加以排斥，这对中国文化的影响是致命的。本来，追求个人的利益或功利的行为，只要它是正当的，就是合理的；而且这种行为构成社会发展的一种动力。但传统儒家在把"利"等同于"私"，并与"公"截然对立起来之后（例如，程颐说"义与利，只是个公与私也"[4]），"私"成了"恶"的代名词，成了伦理讨伐的对象。朱

---

[1] 《论语·里仁》。
[2] 《孟子·梁惠王上》。
[3] 《荀子·荣辱》。
[4] 《河南程氏遗书》卷十七。

熹甚至把有关义利的伦理上升为"儒者第一义"①。

虽然儒家的"利"的概念一般指的是利益、功利，而不是"权利"，但就中国古代哲学而言，最贴近权利概念的，也就是"利"这个概念。"权利"本来也属于人的一种利益，它是人所应得利益的道德上的诉求或法律上的享有。但在传统儒家那里，个人利益既在道德上被贬斥、否定，个人的权利自然也就无从诉求，无从产生相关的观念，进而无从得到保障。相应地，由于缺乏权利的意识和概念，因此这在政治、法律等领域造成的结果，同样是人的权利状态的缺失。

三、儒家义务论伦理的影响

中国古代法律的一个明显特点，在于它是儒家伦理的法律化的结果，也就是使儒家的伦理观念转化为具体的法律规范。古代法律的"十恶不赦"罪基本上直接与伦理上所谴责的不忠、不孝有关，如"谋反"（试图推翻朝廷）、"谋大逆"（毁坏皇帝的宗庙、陵寝、宫殿的行为）、"恶逆"（打杀祖父母、父母以及姑、舅、叔等长辈和尊亲）、"大不敬"（对君主的人身及尊严有所侵犯的行为）、"不孝"（咒骂、控告以及不赡养自己的祖父母、父母，祖、父辈死后亡匿不举哀，在丧期内嫁娶作乐）、"不睦"（亲族之间互相侵犯的行为）、"不义"（殴打、杀死地方长官，丈夫死后不举哀并作乐改嫁等），等等。

中国古代法律的上述性质，使得它与儒家伦理一样是以"义务"为本位的，而不是以"权利"为本位。这造成的一个直接严重的结果，是"民法"在中国法律史上的缺失。中国古代的成文法中只有刑法，基本上没有"民法"，或至少说是民、刑法不分，并没有一部单独编撰的形式上的"民法"。在晚清时期政府有关部门提出的《编撰民法之理由》（草稿）中，对此事实进行了如下的陈述："夫规定私法上法律关系之法令古来中

---

① 朱熹："义利之说乃儒者第一义。"参见《朱子大全集·与延平李先生书》。

国亦存在，然多散见于各处，于实际上既为不便，又多系不成文法，终无法确知。"① 美国著名的汉学家费正清也指出："中国很少甚至没有发展出民法保护公民；法律大部分是行政性的和刑事的，是民众避之犹恐不及的东西。"②

清末开始的法律改革首次系统地引进西方的法律制度，民法是其中的重要内容之一。不过，这一改革最终也没能颁行一部《民法典》，只是产生了一个阶段性的过渡成果——大体上仿照德国与日本民法的《大清民律草案》。但随着清王朝很快被推翻，这部《民律草案》也没能付诸实施。

民法作为"私法"在中国古代社会一直未能制定，应当说与儒家伦理对"私"的贬斥有关。由于"私"被看作是某种"恶"，不加分别地成为要被灭除的对象，自然也就谈不上对"私"有的东西进行保护。早自先秦起即已有"以公灭私"③、"废私立公"④之类的命题，致使在法律上没有"主体人"的观念和规定，没有独立性的"私"和"己"的地位。与此相应，由于"私利""私有"没有足够独立的合法地位，因此私人的生活空间被严重挤压，独立的市民社会自治空间从来不曾存在。法律体系成为维护王朝统治的一种手段，独立的私法因而也就无从产生。

有一种辩解认为，中国古代虽无形式上的民法，但有实质性的民法。这种辩解其实是不对的。例如，刑律规定杀人者当诛，表面上看，似乎可以解释为被杀者有生命的权利，而且这种权利得到保护。但实际上，刑律处罚的只是杀人者违背了"不得杀人"的义务。因为，假如刑律保护的是

---

① 原载中国第一历史档案馆藏档案《修订法律馆全宗》（五二四—十一—），第七档，《编撰民法之理由》（草稿）。转引自柴荣：《清末中国民法思想形成分析》，《江海学刊》2007年第4期，第160页。
② 高道蕴等：《美国学者论中国法律传统》，中国政法大学出版社，1994年，第3页。
③ 《尚书·周官》。
④ 《管子·正》。

人的生命的权利，那么这一权利就是任何人皆不得侵犯的。但事实上却不是如此，因为至少"君要臣死，臣不得不死"，这意味着臣民并没有法定的权利；反之，这种权利是可剥夺的，只是一般人剥夺不了而已。假如是在法治的、权利真正得到认可与保护的社会，那么要剥夺某个人的生命的权利，是要经过法律程序的，是不允许任意剥夺的。因此，不能从刑律上有杀人者偿命之类的规定，来反推出所谓有民法的存在、有权利的存在，等等。

四、哲学的形而上发问的意义

文化是一个系统，其伦理、政治、法律、社会诸因素相互影响，因此难以说中国历史上权利缺位的根源究竟在哪里。这就像到底是先有鸡、后有蛋，还是先有蛋、后有鸡的问题一样。但法律的条款为什么要这样规定而不那样规定，是有其理念方面的根据的。因此，我们说儒家的义务论伦理影响着中国古代的法律，这是能够成立的。

从伦理学的角度看，缺乏对"人是什么"的问题的发问与思考，造成了对人的权利的认识的不足，至少构成一个认识方面的原因。而缺乏这种发问与思考的原因，则与儒家的祖师孔子的缺乏形而上学的思考方式有关。孔子的哲学是经验性的，它关注于事物"是"什么，而不追问事物的形而上根据。讲仁者爱人，而不追问为什么应当爱人，不追问人是什么，就是一个典型的事例。

"形而上学"一语在现代经过实证主义等思潮的批判，往往被等同于思辨性的、背离科学方法的标志。这种看法实际上是科学主义思潮的一种偏见。在20世纪上半叶，科学主义思潮曾对哲学产生了猛烈的冲击，一时间"哲学的终结"的声音不绝于耳。属于科学主义范畴的逻辑实证主义者自不用说是以清除形而上学为使命，甚至那些不属于这一范畴的哲学家们，包括海德格尔、后期维特根斯坦、罗蒂，等等，也都以不同方式声称哲学的终结。海德格尔晚年以《哲学的终结和思的任务》为题专门撰写了文章，将哲学等同于形而上学①，并断言"哲学在现时代正在走向终结"，取代它的是一种对"存在"的"思"。后期维特根斯坦则断言哲学得了"病"，表现为语言的混乱，因此需要对它进行治疗。罗蒂也认为"大写"的哲学（即追问"真理""善""合理性"这类规范性观念的本性问题的哲学②）已经消亡，柏拉图的传统已经非常古老，我们不再需要像柏拉图那样的发问。罗蒂比实证主义走得更远，他甚至指责实证主义还在从事大写的哲学。

作为实证主义哲学思潮的产物，法律实证主义排除法律与正义的关系，将正义的观念以及"自然法"学说贬斥为一种"形而上学"，认为它们属于主观的价值判断，无法像自然科学那样确认其内容。在法律实证主义看来，法学只能是"纯粹的法学"，是经验性的科学，其客体是现实的法律，而不是正义。法律实证主义的错误在于，它试图将法律与正义割裂开来，但这实际上是不可能的。法律属于文化，而文化本身是价值观念（包括正义）的产物。人类之所以形成这样或那样的文化与法律，是他们追逐或排斥某种价值观念（首先是善、恶的观念）的结果。举一个简单的例子。"亲亲相隐""为亲者讳"在传统儒家伦理里得到认可，这样的行为在法律上也就得到保护，历代王朝的司法实践都规定父子之间可以相互包庇犯罪。但在现代，这样的伦理观念则是有争议的，为亲属隐瞒犯罪的行为相应地在法律上不仅得不到保护，而且行为人还要被追究刑事责任。刑法上的这种变化，实际上是伦理观念变化的结果。对于革命伦理来说，犯罪者属于"罪犯""阶级敌人"，甚至包括亲属都应当与之划清界限，乃至"大义灭亲"。

假如法学不关正义问题的话，其结果势必是"恶法亦法"，"恶法"亦有其合理性。如此，现存的"恶法"如何能够得到改变？就像任何事实

---

① 海德格尔："哲学即形而上学。"见《哲学的终结和思的任务》，孙周兴选编《海德格尔选集》（下卷），上海三联书店，1996年，第1242页。
② 参见罗蒂：《后哲学文化》，黄勇编译，上海译文出版社，1992年，第3页。

实际上都有其需要遵循的规则一样，法律本身也有其需要遵循的最高规则，这就是正义的原则，它们构成法律的出发点，不论这类规则以何种名目和方式（自然法、神法等）出现。

以自然科学的思考方式来取代哲学思考方式的错误在于，自然科学的对象是"物"，它们是没有意识、没有理性、没有激情的，从而也没有目的取向、没有价值观念。而人则相反。因此，要理解人的行为，就不能像解释物一样来进行。"主观性"构成人的行为的基本特征。物的运动可以用精确的数学公式来刻画，但人的行为在根本上需要从其目的性和价值性方面来理解。因此，自然科学以数学为其基本工具，而人文社会科学却以哲学为指南。对于"仁者为何应当爱人"的命题，数学并不能给予描述和刻画，它需要的是哲学上的诠释。尤其是人类是需要面对未来的，在这一基本的时间维度上，经验只能告诉我们现在的事实如何，却不能告诉我们将来应当如何。因为对于人类而言，重要的是要改变世界，使将来比现在更美好。这意味着归纳法在这里是无效的；人类行为的特征是有意识的选择，是自由意志的决定。而对于自然的事物而言，将来与现在之间是同一事物的重复或无意识的进化。

明白了这些基本点的不同，就不难理解"仁者为何应当爱人"这类发问的意义。人之为人的特点决定了我们需要进行这样的发问，需要有启发我们进行发问的哲学、形而上学。如果缺乏这样的哲学和形而上学，只能表明我们的智慧还不够、认识还不够，还未达到应有的水平。如果说古代的先贤没有上升到这样的层面是由于时代的局限，那么今天如果我们还否认这一发问的意义，特别是在哲学史上曾经出现的发问，那显示的只能是自己的愚昧。

从形而上学的意义上说，权利是一种"目的论"的东西，一种形而上学的设定。认识本来是以客观性为依据的。一个认识如果是客观的，意味着它与外部事实的相符。但在人的行为领域，特别是对于时间上属于未来的事物，例如某种理想的社会，则不存在现成的东西能够让行为去符合。因此在这种状况下，主观的概念、理念，反倒成了行为的根据，成了客观性的标准。以"幸福"问题为例。什么是"幸福"？它实际上取决于人们对幸福的理解。在当今社会里，评价某个地方（如城市、地区）的生活是否幸福，是依靠某种"幸福指数"来进行的。在这种情况下，本来是主观的、由人所制定的"幸福指数"，反倒成了客观的幸福标准，成了社会所追求的目标。

这样的道理对于法学也是一样的。实证主义把法律看成是某种事实。然而这种法律"事实"的存在却是人们主观规范的结果。法律之所以规定某种权利需要保护，是来自人们对这种权利存在的必要性的认识，然后才有可能做出相应的规范。因此，"自然法"之类的法学理念先于法律，它是法律规范的源泉。就像"幸福指数"的指标规定构成社会幸福的依据一样。在道德哲学的意义上，权利是一种"诉求"，一种"应得"。假如仅仅把权利看作是在法律上得到规定的东西，那就会造成这样的结果，即法律上没有规定的东西就不成其为权利。如此形成的结果将是，一旦"应当"的问题（公平、正义等）从法学中消失，那么被"恶法"统治的社会、缺乏法治的社会，将永远也无法改变其法律现状。

回到本节开头的问题本身。假如孔子、孟子及后来的儒家能够对仁者为什么应当爱人的问题发问，那么它就可能会涉及"人是什么"的问题，涉及人的权利的问题。假如能够这样的话，不仅我们哲学的历史将改写，或许我们的伦理、法律、政治与文化也将改写，历史也将改写。

第三节 中国现代化视角下的儒家义务论伦理[①]

国家的现代化是以形成某种现代性为指向的，而不单纯是经济上的

[①] 本节原文发表于《中国社会科学》2016年第9期。国家社科基金重大项目"当代知识论的系列研究"和国家社科基金项目"'元哲学'研究"的阶段性成果。

增长与技术上的进步。这意味着现代化的过程需要且实际上是以某些现代性的观念为引导,或者说是以它们作为所追求的目标。而构成这些现代性观念的深层,无疑是哲学与伦理的观念,这就无怪乎在中国现代化的发端时期,缺乏一些现代观念要素(如自由、民主、权利等)的传统伦理构成了现代化的思想障碍。传统伦理与现代化欲求间的冲突,在"中学为体,西学为用"的争论下展开,其实质是要"以中国之伦常名教为原本,辅以诸国富强之术"①。其中关涉的核心问题是,传统儒家伦理是否能够在中国现代化过程中提供文化的支持作用。随着中国现代化进程的推进,相关争论也不断变换着主题与内容。在当代,学者们关注的一个焦点,是在现代社会中儒家伦理能否被作为中国现代化的思想资源之一。中国共产党人在探索中国现代化道路时,更是将如何正确对待传统文化和现实文化视为必须把握好的重大课题。毛泽东明确提出"古为今用"的原则;习近平也提出"要坚持古为今用、以古鉴今,坚持有鉴别的对待、有扬弃的继承……努力实现传统文化的创造性转化、创新性发展"的时代任务。本节拟就儒家伦理的基本性质进行反思,由此论证对于中国现代化进程以及现代性社会的构建而言,需从儒家伦理当中转化出以"权利"为本位的伦理观。

一、有关儒家伦理反思的两种思路

对儒家伦理进行反思,是近百年来中国思想界、学术界的重要论题之一。随着对传统文化反思的取向不断发生变化,从五四时期的单纯以批判传统文化、吁求西方思想,逐步转向思考如何在批判反思传统文化的同时,将其作为中国现代性文化建构的思想资源之一。尤其是当前随着中国的崛起,国力的强盛,民族自信心得到增强之后,更是如此。本节并不打算对已有的儒家文化反思进行全面的描述与概括,而仅就近几十年来两种

---

① 冯桂芬:《校邠庐抗议·采西学议》,《续修四库全书》编纂委员会编《续修四库全书》之"子部·儒家类",上海古籍出版社,1996年,第541页。

有代表性的思路加以点评，以期引出有关问题。

第一种是现当代新儒家的思路，其代表人物是牟宗三。这一思路以继承和发扬儒学为己任，依照传统儒学的"内圣外王"之道，把"心性之学"，即个体的心性修养，看作是儒学的根本，视之为现代中国文化复兴的重要思想资源。例如，牟宗三提出要"返本开新"，从儒学的"本"，也就是"内圣"的修炼中，通过"圣贤功夫"，成就理想道德人格，从而开出"新外王"，即西方意义上的科学与民主。近期杜维明的一个讲演，思路也大致相同。他的"文化复兴梦的期许"，提到的"第一层面"就是"个人的修身哲学"，然后由此推及人与社会之间的健康互动，人类和自然的持久和谐等。①

不过这种从"内圣"开出"新外王"的构想，从其产生的影响来看，只停留于有限的哲学圈子之内，不免使人感到是在书斋里演绎学问、自说自话。在科学的观念与活动已经在中国落地生根的情况下，谈论其从儒家的"内圣"中开出，未免让人觉得是一种"马后炮"。科学引进中国，是出于民族生存与发展的现实需要，而科学思潮高涨的时候（如五四时期），正是儒家思想受到广泛社会批判的时候。此外，就培育民众的科学意识，使之在中国得到发展而言，其既是教育，同时也是现实功利选择的结果。一个简单的现实是，如果在学校选择学习自然科学学科有利于毕业后找到工作，学生们自然就会挑选这样的专业，接受科学的思想和教育。这与心性的修炼或者儒家毫无关系。

此外，要从儒家的"内圣"中转化出民主的论断错在两个方面。首先，民主观念与意识在中国的输入与普及，是五四新文化运动的结果，而后者的目标之一，是要破除传统儒家的消极影响。可见，民主观念输入中国，是在不借助儒家思想的情况下进行的。其次，民主主要是一种制度，而制度的建立，依靠政治行为，而不是从"内圣"中开出。当然，先要有

---

① 杜维明：《什么是精神人文主义》，《南方周末》2014年12月25日，C20版。

民主的观念，才会去建立民主的制度。但是，如上所言，民主观念的引入，是在排斥儒家的情况下进行的。

第二种是李泽厚的思路。李泽厚亦思考了如何利用儒家的合理思想资源，来协助建设当代中国社会道德的问题。他秉持这样的信念："中国传统的特殊性经过转化性的创造可以具有普遍性和普世的理想性。"[1] 这其中"转化性创造"是关键，目的是使以儒家为主干的"宗教性道德"，在现代生活的社会性道德中发挥其所能起的作用。总体思路，"就是以孔老夫子来消化康德、马克思和黑格尔"[2]。这具体表现为以"天、地、国、亲、师"的信仰和传统的"仁义"感情，作为一种"范导理念"[3]，对今日和今后的中国人的行为规范起一种"引导、示范"的作用，"来协助建立起当今迫切需要的中国的现代社会性道德"[4]。

李泽厚思路的关键，是现代社会性道德（公德）需要与宗教性道德（私德）相结合，并借助于后者的献身精神与情感来推动前者实现，其中要点是"情"与"理"的结合。道德原则是一些抽象的理性原则，如何将它们"润滑"、发动起来，李泽厚设想借助于"情感"的"软化"作用。例如，他认为"亲子情（父慈子孝）不仅具有巩固社会结构（由家及国）的作用，而且在文化心理上也培育了人情至上的特征"，因此它就可以在现代社会性道德中起某种"润滑、引导作用"。[5]

不过，李泽厚的上述构想虽有"亮点"，抓住了道德伦理问题的一个关键，即道德行为的动力问题，但对于实现儒家伦理的"转化性创造"而言，却未涉及其根本。首先，李泽厚所开的这一"药方"显得有些空疏，大而无当，是套到哪里都能适用的空话。它诊治的并非病根所在。儒家伦

---

[1] 李泽厚:《哲学纲要》，北京大学出版社，2011年，第99页。
[2] 李泽厚:《哲学纲要》，第2页。
[3] 李泽厚:《哲学纲要》，第38页。
[4] 李泽厚:《哲学纲要》，第36—37页。
[5] 李泽厚:《哲学纲要》，第35页。

理的根本问题,除了它具有一些与现代社会不相适的价值规范(如"三纲")外,要害在于它从性质上说,是一种单边的"义务论"伦理。它只顾要求个体遵守某些道德义务,却极为忽视个体应当具有的权利。这种性质的道德伦理在中国历史上造成了一系列严重的后果,不仅包括道德本身,而且政治、法律、社会等诸多领域均被波及。其次,虽然李泽厚反对"善优先于权利"[①],然而对于他所希望的用"天、地、国、亲、师"来"协助建立起当今迫切需要的中国的现代社会性道德","重构……新的'礼仪之邦'"[②]而言,道德重构又意味着只是义务,而并无对权利的认可。这样,李泽厚就使自己所要提倡的伦理,重又回到"善优先"的旧轨道上来。

二、儒家伦理是一种单边的"义务论"

笔者所说的"儒家伦理",指的是以孔子、孟子为代表的经典儒家的主流伦理学说,其基本道德规范,如忠、孝、仁、义等,显然都是一些道德上的义务,而不是权利。"忠"是臣民对于君王的义务,"孝"是子女对于长辈的义务,等等。因此从本质上说,儒家所推行的伦理,是一种以道德"义务"为本位的伦理,我们可以把它称为"义务论"的伦理。这里所说的"义务论",是与"权利论"相对的一个概念,指的是单方面强调道德的义务,而忽视道德的权利,如"生命"与"自由"等。

之所以说儒家这一义务论是"单边"的,主要根据如下。

首先,儒家伦理片面地强调义务。义务与权利本来是对等的、不可分离的。我有尊重他者的尊严的义务,反之也有被尊重的权利。儒家伦理的单边义务论的性质,尤其在作为伦常的"三纲"中表现得特别明显。在

[①] 李泽厚的主要观点是,由于对于"善"可以有各种不同的认识,因此如果"善优先于权利",就有可能在堂皇冠冕的"善"的伪装下,从事对权利的压迫或侵害。参见他的《权利优先于善,和谐高于正义》等谈话(中国青年网,http://wenhua.youth.cn/xwj/xw/201406/t20140616_5370761_1.htm)。

[②] 李泽厚:《哲学纲要》,第37页。

这一纲常中,地位在下者无疑只有对在上者的义务,而无权利可言。假如说"权利"存在的话,那也只是在有限的意义上为特定的人群,即地位在上者,特别是君王所有。不过那也只能说是某种"特权",而不是我们现在所理解的公民意义上的"权利"。其次,传统中国社会的"家—国"结构(从"家"到"国"的不同层级上的"家长制")、文化价值取向以及法律的价值取向等,抑制了人们的权利意识。这使得整个中国的传统文化系统成为义务导向的规则系统,而不是权利导向的系统。再次,儒家虽然有博爱仁义的思想,如《论语》的"泛爱众而亲仁",但博爱仁义不等于权利,反倒在根本上是一种义务;虽然有天下为公、天下大同的思想,但"公"与"大同"也并不等于权利,而"私"(个人利益)如果在道德上被剥夺了正当性,则权利的意识也就等于被封杀。最后,这一切的根源在于,传统中国社会是一种以"君君、臣臣、父父、子子"为特征的身份社会,而不是契约社会。身份社会的基础乃是等级制。而等级制是依靠义务论,而不是权利论来维持的。这一点可从韩愈的如下论述得到印证:"君者,出令者也;臣者,行君之令而致之民者也;民者,出粟米麻丝,作器皿,通货财,以事其上者也。君不出令,则失其所以为君;臣不行君之令而致之民,民不出粟米麻丝,作器皿,通货财,以事其上,则诛。"① 这段话所强调的是,臣民只有服从君王命令的义务,并且如有违背将受到惩罚。

与此相关的是,中国古代的法律系统实际上只能说是"刑律",而不是"法(律)"②,因为"法"维护的是人的权利,而刑律惩罚的是对义务的违背。此外,古代中国的"刑不上大夫,礼不下庶人"的礼制(治),属于差别性的行为规范,而"法律面前人人平等"的法制(治),则属于统一性行为规范。③ 既然是差别性的行为规范,其伦理基础只能以义务论

---

① 韩愈:《原道》,郭预衡主编《唐宋八大家文集·韩愈文》,人民日报出版社,1997年,第9—10页。
② 参见易中天:《帝国的终结:中国古代政治制度批判》,复旦大学出版社,2007年,第111页。
③ 参见刘建军:《中国古代政治制度十六讲》,上海人民出版社,2009年,第55页。

为基础，而无法以权利论为基础。因为权利之所以为权利，意味着它是平等的。

需要说明的是，笔者所说的这种义务论，并不是在与"德性论"相对的意义上使用的；相反，儒家的义务论是一种基于德性的伦理，它关注的主要是"德"以及作为其基础的"善"。它是以道德主体的德性培育与人格修养为目的，而形成的一种德性的义务论规范。在伦理学上，"义务论"的基本内涵是规范人们道德上的责任，它们表现为某些"应为"。儒家的义务论规范人们的道德责任，这本身并没有错，但由于既缺乏权利的意识（古代汉语中甚至没有个体权益意义上的"权利"的概念），又缺乏"权利"的内容，因此，它成为了单边的义务论。尽管在正常的意义上，道德伦理往往表现为义务的方式，但儒家的义务论却与权利无涉，完全缺乏诸如"自由""生命"与"财产"等权利意识，因此它是单边的义务论。尤其是到了汉代以后，通过董仲舒的"三纲五常"的改造，设定了"阳尊阴卑"的地位，"君为臣纲，父为子纲，夫为妻纲"；并且仁义礼智信的"五常"，也沦为了服从封建统治关系的原则。处于地位中"阴"极的一方，由此更是只能负有义务，而无权利可言。儒家伦理于是被封建统治者所利用，成为一种封建社会的意识形态，从而使这种义务论不仅对道德，而且还对政治、法律和社会都造成了相当不幸的影响。

如与康德的伦理学对比，那么儒家义务论的这种单面性就能看得更清楚。康德的伦理学虽然也讲德性和义务，并且它把道德行为的本质看作是"自律"的，但康德的"道德形而上学"却由两部分构成，其中第一部分是"权利论"，第二部分才是"德性论"。在"权利论"部分给出的"普遍的权利法则"，即"外在地要这样行动，使你的意志的自由行使，能够与所有其他人的自由并存"[1]中，个人行为的义务不仅以自己意志

---

[1] 康德：《道德形而上学》，李秋零主编《康德著作全集》（第6卷），中国人民大学出版社，2007年版，第239页。

的"自由"为前提,而且还需要以能够同所有他人的"自由"并存为条件。这意味着义务以"权利"为前提。为此康德特别予以说明,这条权利法则虽然赋予我们一种道德的责任,但并不是要限制我们的自由。此外,在康德的"德性论的至上原则"(即"你要按照一个目的准则行动,拥有这些目的的人对任何人而言都可以是一个普遍法则")及其所做的说明"使一般而言的人成为自己的目的,这本身就是人的义务"[①]中,康德指出道德的义务是有前提的,即以人为目的。而这一点恰恰是儒家义务论所欠缺的。康德的论述表明,道德的义务论不应当是片面的,而应当以"权利"的存在为前提,特别是以"以人为目的"和"自由"的权利为前提。

儒家伦理之所以是义务论的,与其创始人孔子所处的社会背景直接相关。"春秋"乃是乱世,因此孔子追求的目标是建立起一种稳定的秩序。他试图通过倡立"忠""孝"之类的伦理价值观念,来巩固"君君、臣臣、父父、子子"这样的社会等级秩序。后来的儒家依此发展出一套"修齐治平"的自我道德修炼的心性哲学。这样的伦理观主导了中国文化达两千多年之久。在前现代的社会里,它之所以能够被皇朝所"独尊",看重的也正是它维护既有的统治秩序这一特点。不过这种等级制的封建秩序,与以自由和民主为基础的现代社会,却是不相容的。现代社会固然也需要社会秩序的稳定,需要有责任、义务性的伦理,但问题在于这样的伦理需要以什么为前提?显然,这样的前提应当是对权利的肯定与维护,这样的伦理才是公平正义的伦理。这可说是现代与前现代伦理观的基本区别。

分析起来,儒家的义务论伦理存在如下的问题。

其一,它以性善论为前提,特别是以孟子为代表的心性论,假定人性是善的,人具有"良知良能",因此人会自觉地"诚意正心",修炼自

[①] 康德:《道德形而上学》,李秋零主编《康德著作全集》(第6卷),第408页。

己，达到道德上的自我完善。性善论在逻辑上导出的结果是，人在道德上是自觉的，是能够"克己复礼"的。这实际上是预设了一个"君子国"，亦即在道德领域里人人都是"君子"，而不是"小人"。由此，国家的治理上就只需要礼治，而不需要法治。而且，既然人人都是君子，因此对权力的使用也不需要防范。

其二，这种伦理学很少考虑到如何将道德信念转化为道德行为的动力问题。即使有为善的意愿，我们究竟是否同样具有为善的动力呢？古希腊的亚里士多德用"欲望"来回答这个问题，近代英国的休谟也是如此。在传统儒家中，朱熹比较罕见地考虑了这个问题。他采用的是一种理想主义的方式，认为通过"养气"可以使人勇决地将道德之"理"加以实行。[①] 这意味着儒家的伦理观将人假定为高尚的"君子"，他们会自觉地修炼自己，革除欲望，践履善行。这样的设定显然是违背现实的。

其三，它不恰当地将"国"与"家"进行类比，并把"国"当成是一个大"家"。这一理解上的错误是致命的，它是导致儒家无法产生"契约论"思想，以及相应地缺乏"权利"观念的根本原因。因为，"家"首先是一个血缘的、亲情的单元，其次它是一个同一的经济体，因而一般说来在利益上没有根本的冲突。父母自觉地把抚养子女作为自己的天职，而子女也在不同程度上认同尽孝心的义务。虽然也不排除一些例外的情况，但一般而言，这里无须存在什么"契约"，真正统治着这个领域的是基于血缘与良知的人伦关系。但"国"与"家"不同。在"国"之内，人与人之间充满了各种利益上的冲突，假如不建立起各种规范性的，乃至强制性的契约关系，那么类似霍布斯所说的"人对人是豺狼"的状况将会成为常态，每个人都可能成为被伤害的对象。在权利得不到保障的状态下，人将丧失自我。没有自主性，也就没有主体，这无异于奴隶。

其四，它涉及的多是"私德"。梁启超最早提出，中国人的道德意识

[①] 参见陈嘉明：《儒家知行学说的特点与问题》，《学术月刊》2013年第7期。

虽然发达很早，但却是"偏于私德，而公德殆阙如"[①]。他指出，君臣、父子、兄弟、夫妇、朋友，都是"一私人对于一私人之事"[②]，因此，与之相关的道德是私德。而对于"人人相善其群者"的"公德"，在儒家那里则是缺失的。这里所说的"私德"与"公德"，如今我们可以大致把它们区分为：前者指有关私人领域的道德规范，它通常与个体的信念或信仰相关；后者指有关公共领域的道德法则，它是社会行为的普遍法则。就儒家的核心伦理"三纲五常"而言，父子、夫妇之间的关系，属于私人关系，与之相关联的是个体的道德信念（如"孝"，等等），这是确切无疑的。至于君臣之间的关系，它也只是国家伦理的一部分而已，并没有穷尽国家伦理的范围。此外，就现代意义上的"公德"而言，儒家伦理尤其缺乏公平、人权之类的规范，因此如果按照梁启超的划分，儒家伦理涉及的君臣之间的伦理关系，也属于"一私人对于一私人之事"，同样应归入"私德"的范畴。

如果进一步从学理上进行分析，传统儒家的义务论伦理还涉及道德哲学上争论的一个基本问题，即善与权利何者更为根本？换言之，到底应该是"善优先于权利"，还是"权利优先于善"？

这里需要先说明的是，right一词在西文里，例如在英文和德文里，除了"权利"的意思之外，还有"正当""法"等意思。"法哲学"在英文里是"the philosophy of right"，黑格尔的《法哲学原理》一书的德文名字是"Grundlinien der Philosophie des Rechts"。有权利的、正当的东西就等于法。法律保护的是人的权利，亦即保护正当的东西。德文Recht一词，可说是最典型地表达了right的语义。

就"善"和"权利（正当性）"何者更为根本的问题而言，乍一听起来，似乎"善"更根本，因为不论"权利"还是"正当"，也都是一种

---

① 梁启超:《新民说》，辽宁人民出版社，1994年，第16页。
② 梁启超:《新民说》，第17页。

"善"(good，好)。但细加思考的话，则会发现其实不然。因为什么是"善"，依据不同的理解而变化；处于不同的社会、文化背景下的人，对它有着不同的理解。因此，某种东西，包括道德价值是否为"善"，是需要经过审视的，也就是考量它的"正当性"如何。例如，康德就通过设定某种先验的道德法则，来作为是否为善的标准。特别对于儒家伦理来说，维持"君君、臣臣"的封建等级制度的"忠"是否是一种"善"，其正当性如何，同样需要审视。进一步深究下去，如果维护这种等级制度的伦理被认为是一种善，那么统治者享有无上的权柄，反之普通臣民没有任何的权利，能够被统治者任意地生杀予夺，则被当作是正当的。事实上，许多对个体权利的侵犯乃至剥夺，都是在国家、民族的名义下（"善"）进行的。假如从这样的视角来考量问题，显然"正当性（权利）"应当优先于善。因为在今天，谁都知道生命、财产与自由是每个人生而具有的、不可剥夺的权利。

明白了上述的道理，我们就能了解儒家这种义务论的伦理学，实质上是以"善优先于权利"为预设的，属于"善优先"立场的伦理学。由此至少可以引申出如下两个推论：首先，这意味着儒家伦理所采纳的那些"善"的概念是未经道德法则确证的，其正当性未经证明。其次，善优先的结果客观上排斥了"权利"概念，使之在中国历史上被长期漠视。这种状况与中国历史上长期的封建社会制度相适配。儒家的纲常伦理以自己所理解的"善"客观上压制了人的权利。"忠、孝、仁、义"不谓不善，尤其是在特定的古代社会的背景下，但它们确实排斥了权利，是以漠视人的权利为代价的。在儒家伦理中，没有自由、幸福、财产等权利的位置。因此，儒家的纲常伦理的历史事实表明，"善优先"的导向潜藏着对权利的压制或排斥的可能。

儒家义务论伦理走到极端的状况，便是五四时期鲁迅等先进思想家所批判的"吃人的礼教"。它是与"中国传统社会的'权力—依附'型社会结构"相适应的，为封建专制社会的等级秩序提供了合法性的辩护，而与现代性的"权利本位"型的价值系统不相容。它在中国社会所造成的影响,是对人的权利的漠视。

三、儒家义务论伦理缺失"权利"的观念

作为一种义务论,儒家伦理最致命之处是缺乏构成现代社会价值基础的"权利"观念,如生命、自由、财产等。而且不仅是儒家,甚至在中国历史上,在引进西方的概念之前,汉语里不存在作为个体权益意义上的"权利"概念,而这意味着我们的古代文化中根本不存在这种意义上的"权利"意识。

古代的"权利"一词主要有如下三个意思。其一,指"权势与货财"。如《荀子·君道》的"接之以声色、权利、忿怒、患险而观其能无离守也",《后汉书·董卓列传》的"稍争权利,更相杀害"。其二,指有钱有势的人。《旧唐书·崔从传》:"从少以贞晦恭让自处,不交权利,忠厚方严,正人多所推仰。"其三,谓权衡利害。《商君书·算地》:"夫民之情,朴则生劳而易力,穷则生知而权利。易力则轻死而乐用,权利则畏罚而易苦。"在汉语中,只是到现代之后,"权利"一词才具有"公民依法应享有的权力和利益"的含义。这是引进西方概念的结果。

张岱年也曾经说到,中国古代典籍中没有与权利概念意义完全相同的名词。不过在他看来,中国古代典籍中却"有一个词既表示权利,又表示义务,这个词就是'分'"[①]。他所举的例子是《礼记·大同》中的"男有分,女有归",并引用郑玄的注:"分犹职也。"张岱年同时还引用了《庄子·秋水》中的"夫物量无穷,时无止,分无常"作为另一个例证。不过从这两个例子中,笔者看不出有什么权利与义务相统一的意思。此外,从一些权威的汉语词典里,也不见有类似的解释。再者,即使有类似

---

① 张岱年:《中国古典哲学概念范畴要论》,中国社会科学出版社,1987年,第214页。

的解释的话，由于这样的用法实属罕见，并不流行，属于"死"的语言，因此也没有什么学说上的意义。

以上是从语言用法方面来揭明"权利"概念的阙如。对此还可从儒家伦理思想的具体概念方面来探讨。一般认为，生命、财产与自由属于人的基本权利。对于"生命"，儒家虽然也有尊重生命、珍爱生命的思想，孟子甚至有"善战者服上刑"（《孟子·离娄上》）的说法，不将"善战者"看作英雄，而是当作罪犯，以此表达了对残害生命的战争的反对。应当说，孟子对生命尊重的态度主要间接表现在"仁者爱人""仁民爱物"之类的思想上，罕有直接肯定生命价值的论断，尤其没有把生命看作是一种不可剥夺的权利。在当今对儒家生命观的解释中，时而会遇到一些人为"拔高"的做法，如通常被解读为孔子重视生命的代表性语录"未知生，焉知死"（《论语·先进》），这句话与其说表现了孔子对生命的重视，莫若说是表达了他的肯定经验研究的态度，就像他"不语怪力乱神"这些玄乎的、超经验的东西一样。

"自由"作为一种"权利"的思想是儒家完全缺乏的。近代中国启蒙思想家严复曾指出，中国与西方的一切差别的根本，在于西方有自由，而中国无自由。"自由"之类的权利从来没有为古代的圣贤所提出。"夫自由一言，真中国历古圣贤之所深畏，而从未尝立以为教者。"[1]由此派生出中西方的种种差别（"由是群异丛然而生"），包括中国重"三纲"，而西方重"平等"；中国"亲亲"，而西方"尚贤"；中国"以孝治天下"，而西方"以公治天下"；等等。[2]这里顺便说明的是，由于"自由"一词有不同方面的含义，除了作为"权利"的自由外，还有道德的、意志上的自由。即使孔子的"为仁由己"（《论语·颜渊》）而不是"由人"的说法，

---

[1] 王栻主编：《严复集》（第1册），第2页。
[2] 王栻主编：《严复集》（第1册），第3—4页。

称得上有点"自由意志"或"道德自由"的意思，但这种"自由"也只是断定主体行为的自主性（"我欲仁，斯仁至矣"，《论语·述而》），而仍然与"权利"无涉。

"财产"作为拥有者的一种权利，不可侵犯、不可剥夺，这也是权利思想的一个重要组成部分。但对于儒家而言，他们在义利观上采取的是"何必曰利"的立场，从一种泛道德主义的立场来看待私利，进而把"义"与"利"对立起来。如程颐所界说的，"义与利，只是个公与私也"[①]。在这种泛道德主义的背景下，可以想象，在总体上既缺乏权利概念，又缺乏生命观念的背景下，儒家是不大可能去考虑财产的权利问题的。

儒家伦理中是否存在"权利"概念的问题，近期成为海外儒学研究的一个焦点。这方面存在着对立的意见。否认儒家伦理中存在权利思想的学者，如美国学者罗思文（Henry Rosemont），认为中国伦理学不仅缺乏权利的概念，也缺乏基于权利的道德的概念簇。这是由于儒家伦理学与诸如角色、关系、公共承诺等概念紧密相连，因而没有为权利概念在其体系中留下空间。另一方面，为儒家存在"权利"观念进行辩护的学者中，韩国的李承焕认为，儒家的"仁""义"等概念不仅是美德，而且还是权利与责任。他反对那种断定儒学中没有权利观念的观点，认为这是将关于权利的词汇与关于权利的观念混同起来。他辩驳说，尽管儒家学说中并不存在一个关于权利的专门词汇，但对权利可以做出有效理解。他反诘道："倘若儒学中没有权利的观念，那么，有关财产的典章制度以及承诺与契约的实践又如何实现？"[②]不过在笔者看来，李承焕的这一反驳并不能成立。因为他所做出的这种推论，其逻辑等于说，我有了财产交易的行为，就意味着我具有关于财产权利的理论观念；或者更通俗地说，我有着吃饭的行

[①] 《河南程氏遗书》卷十七，《二程集》（第一册），第176页。
[②] 李承焕：《儒家基于美德的道德中存在权利观念吗？》，梁涛等译，《现代哲学》2013年第3期。

为，因此我就具有关于饮食的理论一样。这显然是不对的。具有某种行为并不等于具有某种相应的理论。理论是一种自觉，体现在具体的概念及其表述之中。①

权利概念的缺失，在中国历史上产生了灾难性的影响，留下了悲剧性的后果。就与权利观念密切相关的领域法律而言，权利的缺失造成的一个最直接的后果是，在中国古代法律文献中甚至没有"民法"一词。成文法中只有刑法，而没有"民法"，或至少说是民、刑法不分，有关钱、债、田、土、户、婚等法律规范，都收在各个朝代的律、例之中，并没有一部单独编撰的形式上的"民法"。而民法是规定主体所享有的权利的法律，是用以调整社会生活中财产关系和人身关系的法律规范。后来一直到清朝末年至中华民国时期，才曾制定"民律"草案，后经修订于1929—1930年分编陆续公布时改称"民法"。新中国成立之后，历经了数次周折，直至2014年才重新决定并开始组织编撰《民法典》，而这比起古代《罗马民法大全》来，在时间上足足相差了15个世纪之久。之所以如此，不能不说与缺乏权利的观念直接有关。

中国历史上经历了长达两千多年的专制社会。专制社会的一个特征，就是只有少数人有权利，或者说有特权，而绝大多数人没有权利，人身自由没有保障。有了生命、自由与财产的权利，人才真正成其为"人"，才能从自在的存在转变为自为的存在。福柯曾以"人死了"的命题来刻画西方启蒙之后依然不自由的人的状态。借用这一命题，我们可以说，权利无保障的人，不用说是"自为的"存在，甚至连"自在的"存在也谈不上。他空有躯壳，而不能自主，其"自我"已是名存实亡。

---

① 此外还有一种折衷的观点，如美国学者田史丹的主张。一方面他认为，"那些主张儒家与权利思想不相容的人们更接近事实真相"，另一方面，他将儒家的"权利"解读为一种"备用权利""备用机制"，即仅当"儒家和谐社会关系及相应美德中出现危机、过失"时起着补救作用的。而这实际上已经间接地承认了儒家不存在一般意义上的"权利"观念（参见田史丹：《作为"备用机制"的儒家权利》，梁涛等译，《学术月刊》2013年第11期）。

四、"权利论"伦理对于中国现代化的重要性

由于儒家只讲义务,不讲权利,这意味着现代性所需要的"生命""财产""自由"等基本价值恰恰为儒家所欠缺。本来,义务与权利是对等的。就像马克思所说的那样:"没有无义务的权利,也没有无权利的义务。"基于这样的认识,马克思还主张:"一个人有责任不仅为自己本人,而且为每一个履行自己义务的人要求人权和公民权。"[1]与此相关,启蒙的进步思想家们所批判的社会不平等、不正义的一个基本方面,正是在于普通民众只有义务,而无对等的权利。因此现代社会需要实现的一个根本改变,就是要实现义务与权利的对等与同一。黑格尔把这种同一称为"人类人身的自由原则"[2]。

西方社会之所以能够进入现代社会,其中的一个关键之处就是从观念与现实层面上都奠定了权利保障的基础,由此建立起现代社会的典章制度。西方启蒙运动的最重要工作,就在于对人的权利意识的启蒙。而后通过1776年的美国《独立宣言》和1789年的法国《人权与公民权宣言》,确立起了"个人权利不可侵犯"原则,从而建立起现代的政治、经济与社会的秩序。

中国的现代化运动的发生是由外因所驱动的。这既包括西方列强的坚船利炮所带来的震动,同时也包括对西方文化的认识的结果。对现代意义上的、作为公民依法应享有的权力和利益的"权利"概念及其作用的认识,在我国经历了一个引进与接受的过程,对此一些学者已经进行了专门的研究。

根据这些研究结果,"权利"这一概念最早见于1864年出版的《万国公法》一书中,"rights"被表达为"权利""私权""自然之权"等不同的

---

[1] 《马克思恩格斯全集》(第21卷),人民出版社,2003年,第17页。不过,马克思与此前的启蒙思想家们,包括黑格尔的根本不同之处在于,他认为要争取平等的权利与义务,其前提是要"消灭任何阶级统治"(《马克思恩格斯全集》[第21卷],第16页)。

[2] 黑格尔:《法哲学原理》,第262页。

词汇。[①]按照康有为自己的说法,他是在中国"首创言民权者"[②]。这种"民权"包括"自由民权"[③]、"人有自主之权"、"天地生人,本来平等"[④]、"人人有议政之权"[⑤]等自由、平等的权利。并且他强调国民应该具有民权意识,即自觉到自身所享有的权利,而且这种权利不能因为少数人的干涉而随便变易。显然,康有为的民权观在当时是具有先进性的。

不难想见,在"权利"观的引进与认识过程中,伴随着尖锐的思想对立与冲突。反对者如张之洞一方面赞同国家必须有自主之权,但同时却坚决反对"人人有自主之权"。他认为后者是对西方思想的误解,会导致"子不从父、弟不尊师、妇不从夫、贱不服贵、弱肉强食不尽"的后果,从而使人类社会秩序完全解体。赞成者如何启和胡礼垣等,则站在改革派立场上全面批驳张之洞的观点。1899年他们在合作的《劝学篇书后》论述了"人人有权,其国必兴;人人无权,其国必废"的道理,认为国家的主权同民权相互依存。[⑥]

"权利"观念被官方所接受,见于1908年清政府颁布的《钦定宪法大纲》,其中开始有"臣民权利"的内容。该大纲附录部分的名称就叫作"臣民权利义务"。它共有九条,前六条是关于基本权利方面的,其内容已包含着一些"基本权利"的内容。权利观念在中国出现的一个大的变化在于,辛亥革命前,知识分子大多以国家的自主性为前提来推出个人必须自主。而在《新青年》杂志的讨论中,个人自主的权利则被看成是国家权利的基础,国家的自主性被看作是必须建立在个人自主性之上。

[①] 参见韩大元:《基本权利概念在中国的起源与演变》,《中国法学》2009年第6期。
[②] 汤志钧编:《康有为政论集》(上册),中华书局,1981年,第476页。
[③] 汤志钧编:《康有为政论集》(上册),第478页。
[④] 康有为:《实理公法全书》,刘梦溪主编《中国现代学术经典·康有为卷》,河北教育出版社,1996年,第6、15页。
[⑤] 康有为:《公民自治篇》,王忍之编《辛亥革命前十年间时论选集》(第1卷上),生活·读书·新知三联书店,1963年,第173页。
[⑥] 参见金观涛、刘青峰:《近代中国"权利"观念的意义演变》,《"中央研究院"近代史研究所集刊》第32期,1999年12月,第229页。

对于"权利"这么一个社会进步的根本的保障要素，由于各种原因，包括民族救亡等急务的冲击，使得其意义与价值并不是时常能够得到充分认识。五四时期的标志性的口号，是"科学"与"民主"。但这两个口号实际上并未抓住社会问题的最深层方面。科学与民主都只是服务于社会进步的手段，而"人"才是社会的根本。对于人而言，"权利"是其立身之本。也就是说，人之"本"体现在他的生命、自由与财产等权利中。一旦这些权利被剥夺，人也就不复为人了。

改革开放的成功经验，从正面提供了权利对于现代化进程的重要性的典型例证。邓小平领导的经济改革的成功，关键在于一开始就抓住了民众的利益诉求。就农村的改革而言，表现在以"家庭承包制"的方式，允许了农民拥有土地经营权和剩余索取权。对企业的改革而言，起先是从简政放权开始，而后推进到建立"产权明晰"的现代企业制度。在国家的经济治理方面，国家保护企业以法人财产权依法自主经营、自负盈亏，完善激励创新的产权制度、知识产权保护制度等，这些举措的实质，从伦理的层面上看就是"权利"意识的自觉。中国的经济改革的过程，从某种意义上说，是一个"权利"回归的过程，也就是一个从个人到社会组织的权利关系逐步明晰、确立，各种利益主体逐步形成，并且其权利越来越受到法律保护，从而使经济具有内在竞争活力的过程。我们所呼唤的市场经济体制的法治化，其核心目的也正是为了保护市场主体的各种权利，从而能够建立起合理的、正常的市场秩序。对于政府而言，这也正是其基本职责所在。

正是由于"权利"对于现代社会的重要性，因此笔者将"权利论"伦理的欠缺，视为儒家伦理的根本缺陷所在。中国进入现代性社会需要建立一系列相应的政治、经济与法律等方面的规范，伦理规范构成了这些规范的基础。而对于伦理规范而言，由于"权利优先于善"的合理性，因而有关"权利"的伦理，构成伦理规范的出发点。以"人是目的"的权利观为价值前提，我们就有了善恶的判定标准：凡是以人为目的的、有利于人的生存与幸福的东西，就是善的，反之则是恶的。

此外，权利论伦理对于中国现代化建设的重要性，还在于权利论是一种"公德"论。而公德论恰恰是儒家伦理所欠缺的。前面说到，梁启超区分了私德与公德，并且批评儒家在公德论上的缺失。私德并非不善，而是不足。因此从现代性的角度反思儒家文化，就必定要重视公德伦理的建设，特别是其中的重视权利的公德伦理。

对于什么是"公德"，至今仍是一个有争议的概念。按照日本哲学家福泽谕吉的看法，"与外界接触而表现于社交行为的，如廉耻、公平、正直、勇敢等叫作公德"[①]。但是这一界定有点失之过宽，因为诸如与朋友交往也属于一种与外界接触的社交行为，然而它显然不能算作是"公德"。因此有的则借助"公共领域"与"私人领域"的区别，来界定"公德"与"私德"。凡是与集体、社会、国家等公共领域的利益有关的德性，被看作是"公德"；反之，与亲属、朋友、同事等私人领域有关的德性，则被视为"私德"。

相比起来，培育社会公德显得要比私德困难得多。因为私德大体是建立在个人之间的亲情或友情之上的，它有着血缘、亲缘或地缘等方面的基础。这方面最明显的是"孝悌"。一般而言，子女天然地对父母具有感恩之心，"孝"是正常情况下源于亲情的一种道德表现。而公德则实实在在需要通过教化来培养出公共关怀的精神。具体说来，我们应当通过倡导、弘扬以人为本、公平正义这类公德，来培养对于权利、正义的尊重乃至敬畏之心，彻底改变历史上长期的漠视人的权利的状况，使"人是最高目的"的理念真正成为一种普遍的大众（社会）伦理，而不只是停留于一般的观念层面的认识；使这样的伦理化成风俗，成为行为的准则和习惯。凡是侵犯他人权利的，行事不符合公义的，都将被视为不道德的、是某种程度上的"恶"。由此使公德真正成为一种社会所默认的"应当"，就像

[①] 福泽谕吉：《文明论概略》，北京编译社译，商务印书馆，2007年，第73页。

私德（诸如"孝"）所被普遍接受的那样。

以上的论证，从现代化的角度阐明了权利论伦理在社会伦理构建中的重要性。这里所谓的"权利论"，指的是以权利为本位的伦理观。它与传统儒家的义务论伦理针锋相对。之所以需要转变儒家以"义务论"为本位伦理，根本的原因是它与现代社会不相配。现代社会以"权利"为本位来构建，人们所承担的义务以相应的权利为基础。这既是一种无形的社会契约的关系，同时也由法治社会来保障。中国社会长期以来的状况是，不是权利太多，而是义务太多；不是义务太少，而是权利太少。如此造成的结果是，社会不仅难以和谐，而是将深陷于动荡和灾难。对此中国人民有着惨痛的历史教训。

当然，提倡以权利为本位的伦理观，并不是要否定道德义务。彰显权利论，使之达到与义务论的平衡，这只是根据我国的历史教训与现实需要所引出的一个结论。道德行为离不开对义务的承担，只是对于中国的现代化建设而言，当务之急是需要形成权利的意识观念与相应的保障体系，也就是我们常说的"法治"。儒家义务论伦理的悲剧在于，它使中国人在历史上从观念到现实方面都成为屈从于不均等义务的人，成为单边丧失权利的人，成为生命与财产无保障的没有自由的人。

中国社会当今观念上的一个巨大进步，是认识到必须以人为本、以人为目的。与此相应，我们的道德伦理应当引导人们尊重权利，维护权利，追求幸福。与此相关，维护人的权利就成为一种义务。这样的伦理学的建构是现代社会的需要，是一种历史的必然。伦理学由此也就是一种权利本位的伦理学。因此，当今我们传统文化的重建、更新，首先需要有一种正当的伦理学，即建立在维护个人权利基础上的、以追求幸福和公正为目的的，而不是只讲究责任的义务论的伦理学。

通过以上的批判性反思，笔者强调的是儒家伦理要在中国的现代化进程中发挥积极的作用，需要弥补其缺陷，发展出一种权利论，以求在义务与权利之间取得一种平衡。因此作为一种纠偏的措施，特别是由于"矫枉必须过正",如将儒家作为有助于中国的现代化的文化资源之一,对其的更新与转化就应当更新其道德哲学,以其"仁者爱人"的人文精神为基础,从中转化出以"权利"为本位的伦理;亦即以尊重人的权利为前提,并从道德权利方面为法定权利提供伦理基础。之所以说是"更新""转化",其可能性在于,以孔子、孟子为代表的传统儒家本已具有"天地之性人为贵"的人本主义思想,只是囿于时代的局限,未能进而对仁者为何需要爱人的根据进行发问,未能深入到人之所以为人的权利论层面。因此,通过批判性的反思,我们可以在吸纳儒家原有的人本主义思想,原有的仁、义等德性思想中的合理要素的基础上,将其更新、转化为具有现代伦理价值、与现代化的需要相适合的,并能够为现代化的构建服务的学说。从伦理学的角度说,就是把传统儒家伦理从关注如何正确地行动,提升到关注什么是应当追求的目的,什么是应当欲求的"善"(人是目的)。前者涉及的是责任,后者则与权利相关。权利的伦理,构成法治的道德基础。以人为本,保障人的基本权利,实现法治,这些都是现代性的诉求,是现代性区别于前现代性的标志。

第四节　内在论:儒家心学的一种新诠释
——兼论"中国有无哲学"[1]

《庄子·秋水》里有一段著名的"濠梁之辩"。庄子说:"儵鱼出游从容,是鱼之乐也。"惠子说:"子非鱼,安知鱼之乐?"庄子说:"子非我,安知我不知鱼之乐?"惠子说:"我非子,固不知子矣;子固非鱼矣,子之不知鱼之乐,全矣。"关于这段对话,人们有着不同的解释,如解释为怀疑论、诡辩论等。不过,从知识论的角度看,我认为可将它解读为提出了

---

[1] 本节原文发表于《学术月刊》2012年第5期。国家社科基金项目"'元哲学'研究"、教育部人文社科研究规划基金项目"经验与先验——知识论的基础问题研究"的阶段性成果。

认识及其确证的根据与可能性问题。也就是说，它的诘难与论辩的基本思想是，认识是以主体本身为根据的，或者进一步说，是以主体对自身心灵的内在"把握"为根据的。

惠子之所以质疑庄子，理由是庄子并非"鱼"，也就是说，他不是那一"出游从容"者的主体，所以不可能认识儵鱼的心灵状态，不可能知道儵鱼是否处于快乐的状态。同样，庄子用以反驳惠子的，也是相同的理由，即惠子并不是我（庄子），因此不可能知道我是否认识到鱼是否快乐，等等。这段著名的哲学对话实际上明确地提出了认识的根据问题，并且同样明确地将这种根据放置在主体的心灵之上。由于心灵属于一种"内在"的状态，所以这种把握认识根据的方式属于一种"内在论"（internalism）。联系到当代哲学的"他心问题"，即由于他人心灵的不可显现性，我们是否能够认识以及如何认识它的问题，上述濠梁对话就凸显出其理论意义。本节的论题也由此引出，即中国传统哲学中是否存在某种"内在论"。在我看来，儒家心学可诠释为一种内在论[①]，不论是从本体论还是从知识论[②]的形态上看，都是如此。此外，这一以西方哲学概念为视角的诠释，自然容易使人联系到"中国有无哲学"的争论，因此这也就附带地成为本节最后所要叙说的一个问题。

一、内在论的根据——心是本体

在中国哲学史上，人们通常将"孔孟"哲学并称，作为儒家哲学的源泉和最高代表，但实际上，孔子和孟子两人的哲学虽然在内容上相类，都是一种"仁"的哲学，都主张仁义忠孝的伦理，但它们在哲学的形态上是不同的。孔子哲学在根本上属于一种自然主义，"子不语怪力乱神"，

[①] 这里的"内在论"，是借用西方哲学的概念，主要指认识与确证的根据在于心灵的学说，但并不局限于西方哲学这一概念的现有含义。

[②] "epistemology"，亦可翻译为"认识论"。虽然在英语中"知识论"与"认识论"都是这同一个词，但在汉语中则各有侧重，因此本节将根据语境的不同而分别使用这两个概念。

即对于超经验的东西，孔子是不谈、不涉及的。孔子只是提出道德规范的原则，诸如"仁者爱人"、仁义礼智之类，至于这些道德规范的根据是什么，孔子也是不加考虑的。但孟子则不同，他要深挖这样的根据，从学理上予以更深入的解释，因此有"恻隐之心"之类的"四端"说。这意味着孟子提出了道德伦理在人性善方面的形上学根据，从而使儒家哲学具有了形上学的形态。自然主义与形上学，这是孔子哲学与孟子哲学分别具有的不同形态。

与此相关，哲学在孟子那里表现为内在论，而在孔子那里则不是。这种内在论在儒家哲学中从孟子开始，后来在陆象山尤其是王阳明那里发扬光大，以"心学"的形式达到其学说的高峰。

孟子哲学以"心"为认识与行为的根据，这是大家所熟悉的。"仁、义、礼、智，非由外铄我也，我固有之也。"[1]这一命题明确地宣称所有道德基本准则都是来源于"心"，"心"是它们的源泉与根据，因此，就能够是"尽其心者，知其性也。知其性，则知天矣。存其心，养其性，所以事天也"[2]。在这段话中，不论是"性"还是"天"，对于它们的认识都是不假外求的，都是通过"尽心"就可得到的。据此，孟子的哲学也可归为一种先验论。

孟子提出的"四端说"，对于儒家哲学来说具有里程碑式的意义，它使儒学开始具有了形而上学的形态。"恻隐之心，仁之端也；羞恶之心，义之端也；辞让之心，礼之端也；是非之心，智之端也。"[3]这里的"端"，是开端之意，要解释的是仁义礼智来自何处，也就是它们的源泉和根据。由于仁义礼智是儒家所倡导的基本价值，它们都被归为来自心灵本体，因此，孟子的这种内在论是一元的、彻底的。

---

[1] 《孟子·告子上》。
[2] 《孟子·尽心上》。
[3] 《孟子·公孙丑上》。

王阳明的良知哲学是孟子心学的延伸与放大。他论述说:"心之体,性也;性即理也。"①除了同孟子一样把心作为"性之体"之外,稍有不同的是,王阳明更多地谈到"理",并且基于宋明时期的哲学思想背景,也更明确地把"理"的来源归之于心。这从他的这段话中即可看出:"故有孝亲之心,即有孝之理,无孝亲之心,即无孝之理矣。有忠君之心,即有忠之理,无忠君之心,即无忠之理矣。理岂外于吾心邪?"②有孝亲的心,就会有孝亲的理,反之则没有;有忠君的心,就会有忠君的理,反之同样没有。很明显,这与孟子的心学思想一脉相承,都是把忠孝仁义的来源与根据置于"心"这一本体之内。另有不同的是,王阳明还把知与行统一起来,提出"求理于吾心",乃是"圣门知行合一之教"③,极力强调知行合一,并使"行"成为确证"知"的一个手段。

这里涉及的一个问题是,道德原则如何能够"根于心",我们又如何能够认识到它们是"根于心"的? 这在西方哲学那里是到了康德才提出的问题。对于康德而言,所谓认识是与现象相关的,或者说,认识的对象只能是可见的现象,而不可能是不显现的、不能诉诸直观的本体。由于"自由意志"这一道德法则的根据(本体)无法见诸现象,因此它只能是"设定"性的,我们只能通过道德法则的存在来推定它的存在。所以康德说,道德法则是自由意志存在的"认识根据";反之,自由意志是道德法则的"存在根据"④。后来新儒家牟宗三不满意康德的上述解释,他接受熊十力的看法,断言道德的基础不能只是某种设定性的东西,否则道德就会处于孤悬的状态。因此,他试图借助"理智直观"的概念来论证心(自由意志)的实在性,对此我曾提出批评性的意见。⑤不过对这类问题的认识属

---

① 王阳明:《传习录》(卷中),中州古籍出版社,2008年。
② 王阳明:《传习录》(卷中)。
③ 王阳明:《传习录》(卷中)。
④ 康德:《实践理性批判》,李秋零主编《康德著作全集》(第5卷),第5页。
⑤ 陈嘉明:《康德与先验论证问题》,《厦门大学学报》(哲学社会科学版)2010年第4期。

于现代哲学的范畴了,它是知识论深入发展的结果,反映的是实证的哲学思想与非实证的哲学思想的冲突。

二、心有"同然"的预设及其"类"的逻辑

以心为认识的本体,这是内在论的基础,但也只是一个基本的要求,因为内在论的成立,更复杂的问题在于这样的认识主张是否能够以及如何能够成立。具体说来,既然人的心灵都是个体性的,而知识乃是普遍性的,那么,如何能够从个体性的心灵的主张达到一种普遍性的认识结果?这就需要解决认识的确证方面的问题。

1. 以"心有同然"为预设前提

儒学的心性哲学的基本主张是,仁义礼智之类的道德原则是来自于心、不假外求的,并且是每个人都内在具有的。但现实的情况是,每个人作为道德主体都是个体的,因此一个需要面对的问题是,如何解释这些道德原则所具有的普遍性?

在这方面,儒家心性哲学采用的是一种预设的方法,也就是预设人心都有其相同的地方("心有同然"),并以此构成论证的逻辑前提。我们先来看《孟子·告子上》中的一段论述:

> 口之于味也,有同耆焉;耳之于声也,有同听焉;目之于色也,有同美焉。至于心,独无所同然乎?心之所同然者何也?谓理也,义也。圣人先得我心之所同然耳。

在这段话中,孟子通过类比的方式,从人的味觉嗜好、听觉欣赏等有共同之处,推演出人心也一样有其共同之处,即在道德伦理的原则、标准方面有所"同然"。并且,孟子强调,这种共同的道德之心并不是圣贤所独有的,而是包括普通百姓在内都具有的("非独贤者有是心也,人皆有之,

贤者能勿丧耳"①）。显然，如果这一前提能够成立，那么就可以演绎出这样的逻辑结果：普遍性的道德判断是得以可能的。

孟子这一设定性的前提后来为陆象山、王阳明所延续，他们沿用了相同的思路与概念。这里兹列举一二。陆象山提到："此心此理，我固有之所谓万物皆备于我昔之圣贤先得我心之，所同然者。"②王阳明也说："此圣人之学所以至易至简，易知易从，学易能而才易成者，正以大端惟在复心体之同然。"③正由于有这样的前提，王阳明就能够否认有"人己之分"从而肯定仁义之类的"精神""志气"是流贯通达，人所共有的。④

2. 以"类"概念为认识基础

不难看出，上述孟子等心性哲学的"人心同然"的预设，是建立在人作为共同的"类"的基础之上的。具体说来，由于所有的"人"都属于一个共同的类，所以他们才能有饮食上共同的嗜好、听觉上共同的爱好，以及有着共同的人心、共同的道德准则。孟子这方面的例证很多，如：

舜，人也；我亦人也。⑤

何以异于人哉？尧舜与人同耳。⑥

麒麟之于走兽，凤凰之于飞鸟，太山之于丘垤，河海之于行潦，类也，圣人之于民，亦类也。⑦

这些所要论证的都是相同的道理，即不论尧舜这样的圣人或普通的黎民百

---

① 《孟子·告子上》。
② 《陆九渊集》卷一《与侄孙濬》。
③ 王阳明：《传习录》（卷中）。
④ 王阳明："盖其心学纯明，而有以全其万物一体之仁，故其精神流贯，志气通达，而无有乎人己之分，物我之间。"（《传习录》[卷中]）
⑤ 《孟子·离娄下》。
⑥ 《孟子·离娄下》。
⑦ 《孟子·公孙丑上》。

姓，他们都同属于人"类"，因此都会具有相同的"心"，也就是"心有同然"。

应当指出，"类"概念在中国古代哲学思维中具有基础性的作用，类比推理的逻辑就是基于它而建立起来的。这种"类"的逻辑思维的特点与中国传统文化的特点密切相关。中国传统文化属于一种"象形的""具象思维"的文化，其最直接的表现是象形文字、号脉看舌象的医学、"近取诸身，远取诸物"的哲学认识论。而西方文化则相反，它是一种抽象的、形式化的文化，其语言是拼音文字的，其数学在古希腊时代即已产生了具有公理系统与形式推理的欧几里得几何学，其医学是分析的，等等。

具象的思维因为不注重分离出事物"形式的"方面，所以在归纳法或演绎法等形式的推理方面都比较欠缺。它的逻辑论证因此主要依靠内容方面的共同性的"类"来作为基础，并由此进行一种类比性的思维和推理。与此相关，"类"概念在中国古代哲学中的作用就凸显出来，它成为中国古代经典逻辑——墨辩逻辑中的"故""理""类"的"三物逻辑"中的一种。

"类"概念在认识中所起的作用，一是用来作为辨别事物的性质、衡量事物的轻重的标准。孟子所说的"指不若人，则知恶之；心不若人，则不知恶，此之谓不知类也"[①]就是其中的一例。这句话说的是，有人因无名指弯曲伸不直这样的小事，就觉得不如他人而嫌恶，但对于心不如他人这样的大事却不知道嫌恶，这叫作"不知类"，也就是对这两种不同性质、不同轻重的事物的类别未能加以区别。

"类"概念在认识中所起的另一种作用，按照荀子的说法是使人能够"以近知远，以一知万，以微知明"[②]，也就是进行某种推论。这种推论虽然基于"类比"的性质，但被寄予的希望则远远超出单纯类比的范围，希

[①] 《孟子·告子上》。
[②] 《荀子·非相》。

求达到某种普遍性,如"以一知万"等。在孟子那里,它表现为诸如"老吾老,以及人之老,幼吾幼,以及人之幼,天下可运于掌"①之类的推论,这属于由己推人的做法,与上例的道理是一样的,只不过是出于不同的意愿而已。而在之前的孔子那里,"己所不欲,勿施于人"的"恕"道,其实也是这样一种推论的反向应用;也就是说,既然某种行为是自己所不愿做的,因此同样地也不能施加于他人身上。

由于目标是"以一知万",实际上就是要从个别性的对象达到对普遍性全体的把握,因此,单靠类比的方式来进行,只考虑个别事物之间的同异,而不进一步考虑个别与一般之间的关系,如共相的问题、归纳与演绎等,在知识论与逻辑学上都是不足的,容易在论证上产生一些问题。我们不妨用孟子心性哲学的有关例子来做个分析。孟子哲学的一个基本命题是:"人皆有不忍人之心。……以不忍人之心,行不忍人之政,治天下可运之掌上。"对此他所进行的论证是:

今人乍见孺子将入于井,皆有怵惕恻隐之心,非所以内交于孺子之父母也,非所以要誉于乡党朋友也,非恶其声而然也。②

分析起来,这段论证中存在两个问题。首先,断言"今人乍见孺子将入于井,皆有怵惕恻隐之心",其中涉及的"怵惕恻隐之心",属于人的隐秘的、并不显现的内心情感活动。试问,孟子如何能够得知所有的人"皆有"这样的"怵惕恻隐之心"呢?是通过直觉,还是通过推论而来,或是通过问卷调查?问卷调查在当时是自然不可能的;至于是否通过直觉或推论,对此孟子并没有说明。但不论直觉或推论,它们在方法上都是不可靠的。其次,这句话中的"皆有"表明,它是一个普遍性的判

---

① 《孟子·梁惠王上》。
② 《孟子·公孙丑上》。

断。因此，另一个问题是，孟子是如何得出这个全称判断的？是通过归纳的方法，在见到很多个别的人遇到孩童将落井时的反应，来得出上述命题的吗？假设有见到的话，那么孟子见到的个例有多少呢？如果完全的归纳做不到，那么如何能够避免休谟式的问题，也就是这样的推论的必然性何在呢？

孟子类似的论证，我们还可再举出一些。如：

> 至于味，天下期于易牙，是天下之口相似也。惟耳亦然，至于声，天下期于师旷，是天下之耳相似也。惟目亦然，至于子都，天下莫不知其姣也，不知子都之姣者无目者也。①

孟子在这里断言天下的口、耳、目如何如何，这在学理上同样面临上述的问题。我在这里指出这些问题，并不是要非议孟子的论证，而是为了表明，在古代哲学那里，由于知识论与逻辑学的背景知识的局限，在命题的确证上就存在一些不足，这也从反面彰显了知识论与逻辑学的重要性。

3. 对事物的同与异的辨别

认识与推论既以"类"为基础，而类的一个基本特征就是相同或相异，因此对事物的同与异的辨别也就自然成为论证的一个基本方式。这在孟子那里表现得很明显。我们且以孟子的下述对话为例做一番解读。

> 告子曰："生谓之性。"孟子曰："生之谓性也，犹白之谓白与？"曰："然。""白羽之白也犹白雪之白，白雪之白犹白玉之白与？"曰："然。""然则犬之性犹牛之性，牛之性犹人之性与？"②

---

① 《孟子·告子上》。

② 《孟子·告子上》。

在这段对话中，孟子对以下三种"类"做了辨识。白羽之"白"与白雪之"白"在"类"上相同，而人之性与牛之性在"类"上不同。联系到前面所引的例子，即通过论述人的口、耳、眼皆有相同的嗜好、喜好等，以引出心有同然的结论，可以看出，孟子的这些论证都是基于对事物的同类或异类的分辨来进行的，以此达到对有关命题的确证。这些论证的逻辑都是一样的，即"凡同类者举相似"，"类"的同一性逻辑构成命题确证的基础。

在确证方式上，孟子哲学的内在论的基本表现，在于采用的是通过类比手段表现出的"一致主义"的方式（不过只是在有限的意义上），即通过引用一致性的命题（信念）来支持有待论证的命题（信念）。如口之于味、耳之于声、目之于色，都有相同之处，以此为由来确证"心"也有"同然"的结论。换言之，在这里口之于味、耳之于声、目之于色，都是作为理由性的命题（信念），来支持"心有同然"的命题（信念），这些信念之间产生了一种相互支持的确证关系。

三、心灵投射与认识的准则

作为古代心学发展的高峰，王阳明的"致良知"说提出了一种类似于"意义投射"的认识观念："吾心之良知，即所谓天理也。致吾心良知之天理于事事物物，则事事物物皆得其理也。"[①] 这里，所谓事物的"理"可理解为事物或行为的一种特殊的意义，它们被解释为不外是由"吾心"所赋予的结果。换句话说，事物本无所谓理，理乃是主体的心所赋予的。具体说来，"发之事父便是孝，发之事君便是忠，发之交友治民便是信与仁"[②]。也就是说不论是"孝""忠""信"还是"仁"，它们的道德意义（"理"）都是心所赋予的（发动）结果。事物本来并不具有所谓的"理"（意义），它们都是经由心所赋予的意义才成其为特定的事物，所以说，

---

① 王阳明:《传习录》(卷中)。
② 王阳明:《传习录》(卷上)。

"意之所在便是物"①。并且，王阳明展开论述，如果意在于事亲，那么事亲便是一物；意在于事君，则事君便是一物；意在于仁民爱物，则仁民爱物便是一物；意在于视听言动，即视听言动便是一物。②反之，如果认为"理"是事物本身所有的，如"孝"的理在亲人身上，那么当亲人不在之后，"孝"的理也就必然随之消失，而这是不可能的。因此，结论只能是"无心外之理，无心外之物"③。这就像山中的花一样，你未看它时，"此花与汝心同归于寂"，并无所谓存在或意义；你来看此花时，"则此花颜色一时明白起来"，它的亮丽呈显，乃是内在心灵投射的结果。④

把对事物的认识理解为一种意义的投射，是儒家心学的内在论的突出表现，因为它把事物从其存在到意义都归结为内在心灵活动的结果。作为一种认识活动，意义投射说不可避免地涉及认识的有效性问题，即其有效性的判定标准是什么？

从西方哲学的角度说，知识乃是得到确证的真信念；也就是说，知识的构成有三个要素：确证、真和信念。如果把这一知识定义同中国传统哲学中的知识论加以对照，就会发现，由于中国传统哲学涉及的多是道德伦理方面的认识，因此有关"真"这一概念的论述极为罕见，如果不是全然没有的话。然而，对于知识而言，它总有一个"有效性"（包括普遍性、必然性、客观性等）如何的问题。如果不是以真假作为判定的标准，那么中国传统哲学的知识判定标准是什么？

孔子曾经提出凡事物必有其准则的思想——"有物必有则"⑤，但显然这并不是专门用来指认识的法则。有关认识法则或标准的论述，在中国古代哲学文献中似乎相当少见，这与中国古代哲学并不太专注于知识论问题

---

① 王阳明：《传习录》（卷上）。
② 王阳明：《传习录》（卷上）。
③ 王阳明：《传习录》（卷上）。
④ 王阳明：《传习录》（卷下）。
⑤ 《孟子·告子上》。

的状况直接有关。

从王阳明的有关论述看,他对此的解决方式有两方面。其一,以"良知"本身来作为认识的准则。用他的话来说是:"尔那一点良知,是尔自家的准则。尔意念着处,他是便知是,非便知非,更瞒他一些不得。"[①]这意味着,心自身既是意义产生的源泉,同时也是判定意义(表现为道德的是非)的标准。

其二,以"行"来作为是否"知"的标准。王阳明提出:"知而不行,只是未知。"[②]很显然,这里"行"被用来作为是否"知"的标准。如果不"行",就是"未知"。"行"构成"知"的必要条件。他的另一段表述也是这个意思:"可以知致知之必在行,而不行之不可以为知也。"[③]其中的"不行之不可以为知也",同样是把"行"作为"知"的必要条件。

王阳明的这两种解决方式,一是属于命题的确证本身,在认识范围之内来解决命题的有效性问题;另一是从知与行的关系方面来解决相关问题。就前者而言,是否有可能达致这样的解决呢?看来可能的途径是通过一致主义的确证方式,用同一系统中的命题(信念的表达)来确证其他的命题,亦即命题之间的相互确证。这一点在孟子的口之于味、耳之于声、目之于色及至心有同然的论证中已有表现。这样的确证方式,对于道德命题来说,尤其显得合适。毕竟价值与事实不同,价值性的判断无法通过真假来验证。至于从知与行的关系方面来解决认识的判定标准问题,这可说是儒家心性哲学的一个显著特点,它集中体现了其学说经世致用的品格。

四、中国有无哲学?

概括地说,儒家心学的内在论是一种以心灵为本体、为认识与道德原则的根源,并通过心有"同然"的预设,以"类"概念构成论证的逻辑

---

① 王阳明:《传习录》(卷下)。
② 王阳明:《传习录》(卷上)。
③ 王阳明:《传习录》(卷中)。

前提。它通过一种类比性的辨识和推论，用某种一致主义的方式，来确证道德原则的普适性。事物的"理"被看作是心灵所赋予的结果，这类似于现代哲学的"意义投射"的解释。此外，"良知"本身以及"行"被用来作为认识的准则，"知行合一"说体现了儒家心性哲学经世致用的特色。

不过，如果深究起来，这种内在论通过类比来得出普遍性命题的方式，在逻辑上还是比较脆弱的。这一论证是直接建立在"类"概念的基础之上的，然而，"人"虽然在物种上同属一类，但在各自的宗教信仰、道德信念、哲学思想等方面，却是多有不同，也就是说，实际上并不存在这么一种所谓共同的人心。因此，以"心有同然"为预设来推论道德原则的普适性，其前提并不与现实情况相符合，因而所得出的理论也不一定具有普遍的解释力。联系到西方哲学后来的发展，罗尔斯提出"公共理性""重叠共识"的概念，哈贝马斯提出"交往理性""共识"的概念，都是基于在多元社会中，人们具有不同的宗教信仰、哲学信念、政治观念等现实状况，而做出的较为现实、合理的概念刻画。

在上文的诠释中，我使用了一些西方哲学的概念，如"内在论""先验论""自然主义"等。这些概念的使用在某种意义上，有助于我们了解儒家心学的哲学形态，同时也使我们能够看到它在思想内容、思考方式等方面与西方哲学的一些相似之处。联系到"中国有无哲学"的长期论争，可以说本节的诠释有助于反驳"中国没有哲学"的论调。虽然这一争论本身涉及的范围很广，不过其中最为根本的问题是"什么是哲学"。说中国"只有思想"，而"没有哲学"，其含义大概是指这两个方面，一是哲学的表达方式，二是哲学的问题。

就哲学的表达方式而言，中国哲学确实与西方哲学不同。中国哲学往往采用语录的、注解的方式，而西方哲学一般采用的是体系化的方式。不过在我看来，对于"什么是哲学"的界定，不应当主要依据其叙事方式亦即"形式"来进行，而应当根据其思想与教化的"功能"来进行。这道理就像中国尽管没有西方那样的拼音文字，但却有自己的可以行使同西方拼音文字一样功能的象形文字；中国没有西方意义上的医学，却同样有可以行使西方医学一样功能的中医。因此，尽管中国的文字和医学与西方的不同，却没有人能够说中国没有文字和医学。同理，中国虽然没有西方形式上的哲学，却有同样能够行使西方哲学功能的中国哲学。在思想与教化功能的意义上，中国古代并不缺乏西方人所意指的哲学，只是在表现方式上有显著差别。不过对于哲学而言，重要的是其功能，而不是表现形式。西方哲学也有其不同的表现形式，如柏拉图哲学的对话方式，康德哲学的演绎证明方式，维特根斯坦的短论警句方式，但这并不妨碍它们都成为哲学。因此，表现形式的不同，并不能用来作为判断是否为"哲学"的标准。

在所思考的问题方面，除了道德哲学方面的相似性外，还有一个被人们所忽视的方面，即"形而上学"。西方传统的形而上学的对象，是上帝（神）概念、世界与自我的心灵，而中国古代哲学的"天""地""人"概念，实际上与这三者正好相对应。这意味着，不论中国或西方，它们都不可避免地要面对相同的思考对象，并且做出具有相似功能的思考，即回答"人是什么"，解释人与天（神）的关系问题、人在世界上如何安身行事的问题，等等。所以，即使在最富哲学色彩的形而上学方面，中国也不乏西方意义上的哲学。本节之所以做这番"诠释"的工作，恰恰是为了表明，中西哲学虽然有不同的叙事话题、叙事方式，但却不妨碍它们表达了某种程度上相同的思想观念与思考方式。

第五节　从语言现象学看中国传统哲学现代化问题[①]

冯友兰曾有一个论断："新的现代化的中国哲学，只能是用近代逻辑学的成就，分析中国传统哲学中的概念，使那些似乎是含混不清的概念明

---

① 本节原文发表于《哲学动态》2010年第1期。

确起来。"①冯氏的这句话说得很绝对,"只能"意味着唯一性。因此这句话意味着中国哲学的现代化之路只有一条。也就是说,中国传统哲学的现代化,只能通过对其含混的语言的澄清来达到,并且这种澄清须得借助于现代的逻辑工具,实际上也就是西方哲学的分析方法来达到。冯氏的上述说法,显然是受了西方的分析哲学的影响。

冯氏的上述论断直接产生了这么一个问题:走这条通过澄清传统哲学的概念来使中国哲学实现现代化的道路,能够行得通吗?对这一论断的回答可以从多种角度进行,例如哲学与时代的关系、哲学对象的可变换性等,不过本文打算仅从一种"语言现象学"的视角出发来思考这一问题,并由此提出一种否定的回答。这里所谓的"语言现象学",指的是从哲学概念的流传、使用状况来分析某种哲学的现状。具体地说,是从中国传统哲学概念在现今的流行、使用情况,来论就中国传统哲学的现状。由于中国传统哲学概念如今继续被使用得不多,因此本文引出这样的结论——冯氏的上述想法并不可行。中国哲学的现代化,至少不能仅仅取决于对传统概念的澄清这一路向来进行。

一、"语言现象学"的概念

一种语言的存在或消亡,直接反映着这种语言的生命力状况;同理,一种哲学语言的存在或消亡,也直接反映着这种哲学的生命力如何。假如一种语言没有什么人使用,这至少表明它在当前没有活力,乃至已经丧失了生命力。这或许是由于它的使用者与使用范围在减少,或许由于这种语言本身存在缺陷,或许还有其他原因。例如,一些少数民族语言,如鄂伦春语、满语等的逐渐消失。

从语言的使用、流行情况等现象来看待、论究某种语言,这可以视为一种"语言现象学"。语言是思想的反映。某些语词、话语的流行与否

---

① 冯友兰:《中国现代哲学史》,广东人民出版社,1999年,第200页。

的现象，可以作为一个检验标准，从中看出其所承载的思想的兴与衰，看出其在现时代的影响状况。例如，对于鲁迅、茅盾、巴金等名家的作品，假如我们问问自己和他人，我们能记得哪些主人公的名字、其中提到的地名、场景等？从能够回答出的阿Q、祥林嫂、孔乙己、咸亨酒店等，我们就可看出鲁迅作品在我们心中留下了比其他人的作品较强的印象，这表明它有较大的影响力。

对于哲学的语言和概念也是如此。属于不同国度、不同历史时期与文化背景的哲学话语，哪些如今能够在中国流传，为人们所使用，本身就表明它具有某种客观性。康德曾经把普遍性与客观性看作是一对可以互相交换的概念，普遍的也就是客观的。在不严格的意义上，这里我们也可以说，某种哲学话语的流传表明它具有"客观性"，也就是它把握了客观对象（包括存在、语言等现象），从而被使用者所接受，具有生命力。假如我们以此作为标准，来看待某种哲学在先进社会的影响力，则似乎可以减少主观褒贬的任意性，而求得对事情的恰当评价。

通过现象来把握对象的研究方法，已有不少先例。直接使用过"语言现象学"概念的是奥斯汀，他把它看作是一种哲学方法。不过这主要指的是对语言的使用，包括对特定术语的使用进行研究。此外，如所周知，黑格尔的《精神现象学》力图通过对"意识""自我意识""理性"等精神现象的生成与变化，来把握人类精神的历史发展。胡塞尔的现象学将"纯粹意识"现象作为哲学的研究对象，来解答认识如何可能的问题，以达到使哲学成为严格的科学的目的，并因而使"面向事情本身"成为现象学运动的宗旨。海德格尔秉承这样的信念，通过"烦""畏""怕"等生存现象来研究人的存在状况，从而别开生面，开创了哲学的一个新领域。维特根斯坦则把语言中的稳固的深层结构看作是语言的"原始现象"，需要通过"描述"的方式来加以把握。哲学被他归结为进行某种"纯粹的描述"。[1]

---

[1] 维特根斯坦：《哲学研究》，第18页。

二、中国哲学中的语汇变化

按照这种现象学的思想方式，让我们尝试将它用于对哲学的语言现象学的研究。也就是，依据某种哲学话语、概念的流行与否，来判断这种哲学的现有影响力及其生命力的状况。

我们先来看中国传统哲学目前仍在流行的语言（概念）。不难看出，它主要是道德方面的，如善、礼、义、智、仁、诚、勇等。一些存在论（形而上学）的概念，如阴阳、太极、气等流传在文化的其他领域，如中医、体育等，但在哲学里已罕见使用。在认识论的语言里，如果说在金岳霖那一代的哲学家那里还使用一些传统哲学的概念，如道、势、能、所，等等，到了今天，这些概念基本上已不复存在，人们使用的是诸如主体、客体、感性、理性之类的外来语。与此相似，有关逻辑的传统概念也已基本消失殆尽，如辞（判断）、说（论证）、故（理由）、侔（相当于直接推论）、援（类似于类比推论），等等。

从当今流行的哲学用语来看，最为流行的当是马克思主义哲学的概念与话语，如辩证法、矛盾、现象、本质、对立统一、否定之否定，等等。它们流行之广的一个标志，是进入非哲学的领域，成为一般民众的口头禅。这一情况是与马克思主义作为国家意识形态相适应的。上述概念与话语作为官方的语言，通过学校的教育与各种媒体，为民众所耳濡目染，进入意识的深处，成为社会大众普遍的思想模式。

西方哲学方面，目前在国内流行的西方哲学的概念主要有真理、主体、客体、存在、意识、感性、知性、理性、普遍、特殊、现象、本质、解构、价值、权利、自由，等等。比较起来，这些概念反倒成了我们经常使用的、熟悉的概念。

如果转而回顾哲学话语在现代中国的演变现象，那么遗憾的是，中国传统哲学与外来哲学的语汇，呈现出一个此消彼长的状况。基于外来哲学的语汇在逐渐增多，而中国传统哲学语汇的使用在不断减少。这有点类似于汽车、火车、飞机、电话、电视等商品与技术的引进，自然取代了牛车、马车等传统的东西一样。我们列举两个典型的例子来说明。

一是严复的西学翻译。早先对西方哲学的翻译，译者们还是试图选择本土的概念来翻译西方概念的。严复就是一个典型。在《穆勒名学》中，他用"名学"来翻译"逻辑学"，用"内籀"与"外籀"分别翻译"归纳"与"演绎"，用"连珠法"来翻译三段论。不过其结果是，严复所用的译名后来几乎很少有被接受并继续使用的。

以这种方式确定译名的情况，到了1949年以后有了根本性的改变，哲学译名基本上"西化"了。特别是马克思主义著作的翻译，以及德国古典哲学著作的翻译（如贺麟译的《小逻辑》，杨一之译的《逻辑学》）。在这些经典译著中基本上已不再采用中国传统哲学概念做译名了。这些译本对我们哲学概念的使用的影响不可估量，它们在很大程度上改变了中国的哲学语言。随着这些概念的流行，中国的哲学可说是换了一套语汇系统。

二是在冯友兰、金岳霖的著作中，也曾使用了一些中国传统哲学的概念，如冯友兰在他的《新理学》《新原道》等哲学著作里，使用了"太极""理""气""两仪""四象"等中国传统哲学概念；金岳霖在其《论道》《知识论》中，使用了"道""式""能""所""无极""太极""正觉"等传统哲学概念。然而遗憾的是，这些本土的概念在本土终究未能流行。为何如此，这是值得探讨的。在笔者看来，其中的原因，应当说首先是传统哲学概念用语本身的问题，也就是它们是否能够恰当地刻画、命名、表示所指称的对象，以及它们是否为社会上所通行的语汇？例如，用"气"这个概念来表示物质，本身就难以准确地表达对象，因此它有点像西方的"以太"那样，成为过时的概念。此外，类似"内籀""外籀"这样的语词，则是十分生僻，难以为大众所接受。

不无惋惜的是，在我们日常的哲学用语中，中国传统哲学的用语已经所剩有限了，如上面所例示的那样。不管我们的主观意愿如何，这毕竟是一个现实。中国的一些哲学家们，尤其是新儒家们曾试图挽狂澜于既倒，继承道统，复兴传统儒家哲学。他们对于儒家思想在现代的诠释与传承、对于中国文化的弘扬做出了自己的努力。然而从语言现象学的角度，我们不无遗憾地看到，新儒家们所使用的语言、所讲述的话语，迄今未能在社会上流传，而只是局限于专业的小圈子里。为什么会有这样的结果？在我看来，新儒学最大的问题在于价值倾向太强烈，致使不能超越"特殊"而进入"普遍"的视角与思维。这里的"特殊"与"普遍"之分，既指哲学的对象，同时也指思考问题的角度。首先，与历史、社会的个案研究对象不同，哲学研究的对象是普遍的事物，如实在、意识、语言、概念（范畴）等。这类对象的规定性，不论对于中国还是西方都是普遍的、一致的，不会因为国别、民族、人种的不同而有差别。其次，哲学的思考是从普遍性的角度进行的。在新儒家的哲学中，预设的前提是中西哲学的相互对立，出发点是传统的儒家哲学，目的是以弘扬中国传统哲学为己任。但实际上，一种面对时代现实的、创新的哲学是不应当以这种方式来思考问题的，或者说，这种思考方式不应当成为哲学的根本。试想，当维特根斯坦在解释语言问题，提出"语言游戏""家族相似性"等概念时，他是否把自己摆在英国哲学，或西方哲学的位置上，认为自己是在继承、发扬什么西方哲学的"道统"，是在进行什么"继往圣，开未来"之类的事业吗？不是，他是一种完全不同的思维方式，眼光注视的是某个问题域（语言），考虑的是对问题如何做出恰当的解释。这样的思考使得他在对语言的理解与思想的表述（概念）上都是前无古人的。但人们又不能不把它归为西方哲学，因为它是西方人所写，是用西方文字所写，是来自西方人的思想。然而它却是典型的普遍性思维——语词的意义是什么？语言游戏是什么？语言是什么？这些问题的提问与回答都是普遍的，不论对于英语、德语还是汉语，都是普遍适用的。这就是普遍性的哲学。

说到这里，也使我们容易理解西方哲学家的一种思维方式，就是要求排除一切先有之见，然后进入自己的哲学思考。这在笛卡尔那里表现为先进行"普遍的怀疑",在胡塞尔那里表现为对自然意识先进行"悬置",等等。这恰与新儒家的思维方式构成一个强烈的对比。新儒家由于局限于传统哲学的视角,不能以一种纯粹哲学的眼光来理解与解释事物,因此他们的哲学基本上停留在传统的框架里。哲学的话题仍然还是"心性""内圣外王"之类的东西,而不能有新的开拓,其哲学在某种程度上成为他们心底的"古玩"。此外,从方法论上说,新儒家在这方面也欠考虑,例如牟宗三就没有"可说"与"不可说"的区别的意识,而以一种非科学的、模糊的语言,对诸如"心性""智的直觉"之类的非实证概念做出论证,例如他说"智是德性生命的莹澈与朗照"[1],把它看作是"本心仁体自身之明觉活动"[2]。对"智的直觉"的证明采用的是一种隐喻的方式,把它比喻为一种自我活动所放射的"光"。他写道:"智的直觉不过是本心仁体底诚明之自照照他(自觉觉他)之活动。"[3]"智的直觉者即是此明觉觉情之自我活动所放射光。……本质的关键仍在本心之明觉觉情,此即吾所谓'逆觉体证'。这逆觉其实就是它的自我震动之惊醒其自己。"[4]牟氏用自我的"所放射光""自我震动""逆觉体证"之类的非分析的语言,来证明智的直觉的存在,给人的感觉是使哲学重又成为"玄学"。还有,他提出的通过"良知"的"自我坎陷"来开出科学和民主,也属于同样类型的毛病。这类论证涉及的是有关经验与先验的区别,以及先验论证的性质与方法问题。牟宗三反对康德有关理智直观与自由意志的论证,但他似乎对经验论证与先验论证的区别并没有什么考虑。[5]

---

[1] 郑家栋编:《道德理想主义的重建——牟宗三新儒学论著辑要》,中国广播电视出版社,1992年,第204页。

[2] 牟宗三:《智的直觉与中国哲学》,第171页。

[3] 郑家栋编:《道德理想主义的重建——牟宗三新儒学论著辑要》,第374页。

[4] 郑家栋编:《道德理想主义的重建——牟宗三新儒学论著辑要》,第457页。

[5] 有关"先验论证"的问题,近期已引起国内学者的注意。赵汀阳、倪梁康、徐向东、钱杰等先后发表了有关文章,对此进行过讨论。

三、中国哲学中概念的变化说明了什么

前面我们列举了中国现有的哲学语言中,中国传统哲学、马克思主义哲学,以及西方哲学的一些概念用语的情况,虽然在其中它们各自所占的分量不一样。这一多种话语系统概念并存的局面,反映了当今中国学术界、思想界的状况,即不再是某种话语专断天下。这些话语的去留,表明了中国文化对外来文化的吸纳,同时也体现出某种程度上的多元文化的共存、融合的局面。对外来文化的吸收、共存与融合,是社会开放的表现,是社会的进步,也是历史的趋势。对外来哲学文化加以融合的一个表现,是在对它们的概念的使用上,加进了自己的理解,增添了新的含义。这也像在引进了汽车、火车、飞机、电话、电视等产品的生产与技术之后,我们并非只是不断照搬,而是能够对之加以改进、提高乃至创新一样。在现阶段,中国哲学的现代化可能更多的是采取了这种方式。

在这样的文化融合(包括哲学观念与用语的融合)的过程中,中国哲学的话语与概念发生变化,乃至一些被外来语所取代,虽然说并不奇怪,但分析一下其中的原因,毕竟还是有益的。为什么中国传统哲学的概念和话语,虽经本土哲学家的继承和使用,以及翻译家的努力,但大部分还是难以延续,这样的哲学语言现象说明了什么问题?

首先,从概念本身来说,一些不被继续使用的概念,乃是由于它们未能刻画、表现事物的性质,所以导致自身生命力的消失。语词、概念的作用本来是用来描述事物的现象,刻画事物的本质、特征的。假如某些概念不能做到这一点,自然就会被淘汰,不再被采用,或者被更准确的概念所代替。如"气"被"物质"所代替,"象"为"现象"所代替,等等。

其次,一些传统哲学概念之所以被替换,在很大程度上与文言文转变为白话文有关。白话文的推广与使用形成的长期趋势,是使文字更加口语化、更加接近日常的用语,这在表达方式上改变了中国语言的面貌。随着文言文的白话化,传统哲学的语言自然也发生了变化。中国古代哲学

的概念，因是文言文，所以基本上都是用单字表达，如"体""义""象"等。现在用白话文表示，则分别为"本体"、"正义"（或"公义"）、"象征"（或"现象"）。此外，一些使用文言文的翻译，由于在用词上过于生僻，诸如严复的"内籀"与"外籀"等，因此被浅近平易的白话文译名，如演绎、归纳等所取代，这也是水到渠成的事情。

再次，与国家意识形态有关。福柯的"话语—权力"说有助于解释上述的现象。与作为国家意识形态的马克思主义哲学相比，儒学自然退出主流的话语圈，加上近现代史上儒学与中国的落后衰败联系在一起，遭受广泛而持久的怀疑和批判，这也直接导致儒家话语在社会上的认同度的衰减。

最后，或许还有一个特殊的原因，即中国知识分子"文人相轻"的陋习。中国一些学者有个很不好的习惯，是大体不屑于阅读同仁的论著，更遑论加以探讨了，似乎这样就抬举了对方。这种状况造成的结果，抽象地说是思想无法交流，具体的损害则是中国的哲学圈子恐怕很难形成自己的话语系统，因为当我们之中有人使用本土的语言的时候，没有人愿意谈论，自然也无人会去接续，这样的语言肯定"活"不起来，其结果必定是"无疾而终"。笔者在美国麻省理工学院听"知识论"课时，见到的情况正好相反。授课的教授有一次在课上分发的讨论资料，其中竟有来听课的一位年轻教师的文章。此外，美国的哲学年会上，会以某位学者新出的专著为会议的研讨对象。联想到美国哲学界新思想、新观念迭出，不能不说与这种风气和做法有直接关系。

以上笔者粗略地列举了一些哲学语言现象，并在此基础上做了简要的分析。从分析中可以看出，由于中国传统哲学的概念目前仍在流传的已经十分有限，因此想要通过对这些概念的含义加以明确来使中国哲学现代化的做法，显然是逆潮流的，是不可行的。从西方哲学的历史发展状况来看，其发展主要是通过新领域的开拓与新方法的运用而实现的。例如，知识论、语言哲学、存在哲学等领域的开拓，逻辑分析、日常语言分析、现象学等方法的运用，等等。

最后，需要补充说明的是，要准确地列举出哲学语言现象在中国的变化有一定的难度，尤其是中国的语言词典难以提供这方面的帮助。它们大都缺少一项重要的内容，即词语的"词源"说明，包括它来自何处（在英语词典中表现为来自拉丁语、希腊语等），何时开始出现，其间有什么语义上的变化。《词源》虽然有关于某一词语的出处，但这仅限于本土的古词。至于外来语方面（如"哲学""逻辑""概念"等），则无此类介绍。这方面的缺陷给我们语言现象学的研究造成了一定的困难，例如，我们难以知道西方哲学的概念是如何引入中国的，以及相应地，中国哲学的概念是如何演变的。与此相比，《牛津英语大词典》（*Oxford English Dictionary*）的优点自见。它有详细的某一语词的词源方面的介绍，包括来自何方（如拉丁语、法语、德语）；在古代、中世纪又是如何用法；有哪些经典的用例及相关年份。不过，虽然这方面的研究不易，但笔者相信这一语言现象学的思路是正确的、有益的，循此加以深入探讨定能有所收获。

第六节　新儒学现象与哲学创新问题[①]

一、"现代新儒学"过于依附于传统

在中国现代学术史上，能够潜心对哲学进行研究，并有系列的著作传世的哲学家中，新儒家是数得上的群体。不过本节目的并不在于指出新儒学的成就，而是在于分析其所代表的哲学研思经验所存在的问题。之所以称其为"新儒学现象"，也是指它代表了一种执守于传统的哲学研思经验。

[①] 本节原文发表于《复旦学报》（社会科学版）2010年第2期。

"现代新儒学"的研思所存在的问题,在笔者看来,根本上是过于依附于传统、局限于传统,甚至讲道统,坐而论道,在经典里求学问。牟宗三津津乐道于儒学的道统,曾写下《道之本统与孔子对于本统之再建》一文,"以明尧舜三代道之本统之何所是",目的在于达到"道之本统"的"再建"。①徐复观也说:"不谈文化则已,一谈便应该谈'统'。"②在具体操作上,熊十力提出:"承先圣之业而演之。"冯友兰虽然有所不同,要借助现代的逻辑分析技术来使中国哲学现代化,但这一技术的应用,在他看来也只能用于传统哲学。他明确认为:"新的现代化的中国哲学,只能是用近代逻辑学的成就(注意:冯氏说"只能"),分析中国传统哲学中的概念,使那些似乎是含混不清的概念明确起来。"③冯氏这一思想很具代表性,很能说明新儒家乃至相当一部分哲学研究者的思想,即他们对中国哲学的现代化路向的看法,是受传统的理念与框架所限制的,而不是把哲学思考的对象放在事物本身,从时代的角度进行思考。

这种思路与做法造成的结果是不能从根本上超越传统,致使哲学保持着往昔的形态与内容,变成与社会越来越隔绝的东西,并最终丧失其生命力,成为少数人书斋内的"古玩"。新儒家的论著所展现的,大体上是这样的命运。

具体说来,新儒家以执守传统的观念为指引,产生了如下消极的后果:

其一,局限于"特殊",而不能站在"普遍"的立场上思考。这里的"特殊"与"普遍"之分,既指哲学的对象,同时也指思考问题的角度。首先,与历史、社会的个案研究对象不同,哲学研究的对象是普遍的事物,如实在、意识、语言、概念(范畴)等。这类对象的规定性,不论对于中国还是西方都是普遍的、一致的,不会因为国别、民族、人种的不

---

① 郑家栋编:《道德理想主义的重建——牟宗三新儒学论著辑要》,第179页。
② 黄克剑等编:《徐复观集》,群言出版社,1993年,第541页。
③ 冯友兰:《中国现代哲学史》,第200页。

同而有差别。其次,哲学的思考是从普遍性的角度进行的。就西方哲学而言,维特根斯坦思考语言问题时,他无须考虑到英国哲学的传统或西方哲学的传统,并不需要认为自己是在秉承、发扬一种传统。他只是从"普遍性"的角度出发,就语言的性质做出自己的思考与解释。同理,当伽达默尔论述解释学的思想时,他所谈论的"传统""视野"等概念,都是普遍性的概念,并不局限于哪一个国家或民族的传统、视野。中国的哲学要现代化,要走向世界,同样要在类似的普遍的立场上思考、把握事物的普遍意义。

前面曾述及,冯友兰提出中国哲学的现代化,"只能是用近代逻辑学的成就,分析中国传统哲学中的概念"。不是不能这样做,而是并非"只能"这样做。使这一路向变成"唯一"的做法,在认识上是一种错误,在现实上是一种困境。

其二,脱离时代,脱离现实,问题陈旧。哲学本应是时代思想的精华,是面对事物本身的反思的产物。即使是像黑格尔这样的被视为"思辨"的哲学家,他也明确认为"哲学研究的对象就是现实性"[①]。胡塞尔的现象学的格言"面向事物本身",更是典型地代表了哲学发展的时代潮流。然而新儒家受儒家的道统观念的束缚,局限于"特殊"的立场,执守于传统的性、理、心、命之学,其结果是,似乎中国只能有一种"内圣外王"的哲学,似乎哲学的对象只有心体、性体,而不能在宇宙论、人生论之外,还有语言哲学、心灵哲学、知识论等新天地。

熊十力自述其治学之路,先是从六经入手,继而趋向佛法一路,再而悟于易经。晚年所著的《明心篇》,自序其中的"三大义",也就是"三大原理":一是宇宙实体具有复杂性,二是体用不二,三是心物不可分割。这样的结果,虽然有自己的感悟,但命题却不能不说是老旧,于哲学并不能增加什么新认识。

---

① 黑格尔:《小逻辑》,第45页。

多数新儒学的著作，则是属于"坐而论道"之类，流于一般表面的议论，不是扎实地研究一些问题。如张君劢的《立国之道》《明日之中国文化》，唐君毅的《中国文化之精神价值》《人文精神之重建》，方东美的《中国人的人生观》，等等。虽然这样的论题不能说没有必要，但假如总是停留于这种比较空虚的层面上，学术自然无法往纵深推进。

牟宗三哲学的一个主要思想，是阐发"内圣开出新外王"。不过就现实而言，如今不论是理论还是现实所面临的问题，已经不是能否开出外王，如何开出外王，而是对民主理论本身、民主制度建设的经验本身进行反思、检讨的问题。在这样的背景下，谈论由内圣开出新外王的问题，未免落后于时代。

其三，方法论上缺乏新的开拓，从根本上依然是"我注六经，六经注我"，顶多是增强了一些概念的"分析"，如前面提到的冯友兰的说法就是这样。尤其不足的是，缺乏一种科学的方法论的意识，对"可说"与"不可说"的、经验与先验的区别缺乏明确的意识。"心性"之类属于非经验的领域，如何加以论证是一个需要仔细考虑的问题。假如它们属于"先验的论证"，那么这种论证本身是否就是有效的？在这方面，新儒家的考虑明显不足，在相关的论证上也就欠妥当。以牟宗三为例，他把"性"界定为"实体性"[①]，但我们不知他据以确定某物是实体性的标准是什么。按理，这样的标准应当是经验上可验证的，但牟宗三似乎并没有给出相应的标准。

再如，他有关"智的直觉"的论证，在学理上的依据不足。他时常用一些含混的、似是而非的概念来进行论说、证明。例如，他说"智是德性生命的莹澈与朗照"[②]，把它看作是"本心仁体自身之明觉活动"[③]，用"自知自证"的"逆觉体证"来证明它的存在，但所谓"逆觉体证"的东

[①] 郑家栋编：《道德理想主义的重建——牟宗三新儒学论著辑要》，第203页。
[②] 郑家栋编：《道德理想主义的重建——牟宗三新儒学论著辑要》，第204页。
[③] 牟宗三：《智的直觉与中国哲学》，第171页。

西是否存在，本来就是需要证明的。用未经证明的东西来证明"本心仁体"这类有待证明的东西，其结果自然还是未经证明的。还有，他提出的通过"良知"的"自我坎陷"来开出科学和民主，更是显出一种神秘化的色彩，而不像是一种学理上的论证。

二、新儒学所存在的问题的深层原因

上面，我们分析了新儒学所存在的问题。进一步说，这些问题的产生有其深层的原因。

首先，这与现代新儒学产生的背景有直接的关系。现代新儒学是在中国一个特定的历史阶段产生的，即中国处于历史上一个贫弱的阶段，经济落后、民生凋敝、屡遭帝国主义侵略，国家危亡，继而又发生内战。民族的不幸导致传统文化遭到普遍怀疑，甚至发出了"打倒孔家店"的呐喊。在此背景下，新儒家怀着强烈的民族与文化的危机意识，自觉担当拯救与复兴传统哲学的沉重使命，力图通过阐发儒家的义理，来弘扬传统文化的价值与精神。这样的使命感自然使新儒家具有强烈的价值取向，并且相应地限制了他们的视野。

其次，传统儒学存在的社会基础已经改变，而新儒学未能适应这一转变。余英时曾经给出一个判断，即20世纪以来中国传统的社会结构解体了，儒学已不再支配着社会的日常生活。从家庭到学校，儒家教育都没有寄身之处。他指出，一部分知识分子关于现代儒学的"论说"，即使十分精微高妙，又如何能够传布到一般人的身上呢？"儒学'托之空言'已远远超过'见之行事'了。"[①]笔者赞同这样的分析，并认为新儒学已丧失其社会存在的基础。在笔者看来，最为要害的地方在于，现代社会追求的核心是个人权利（自由权、财产权等），而以往儒家在对社会支配的主要方式——礼教上，恰恰最缺乏这样的思想，因此它与现代意识在根本点上构

---

① 余英时：《现代儒学的回顾与展望》，生活·读书·新知三联书店，2004年，第266页。

成冲突，难以相容。例如，儒家的礼教在家庭关系上的要求是不能"别籍离财"，即子女与父母不能分家产，并且不能离开父母单独居住。但如今"空巢"老人比比皆是，经济上也多是父母与成家的子女各自独立，至少在城市里是如此。

上面提到，新儒学对国学、对传统的弘扬有其特殊的历史背景，即中国在近现代历史上的贫弱、所遭受的侵略，使得一些知识分子把对传统文化的颂扬与爱国等同起来。这样的认识有时会把人的思想弄得很狭隘。实际上，创新是传统的最好的延续。哲学的进步、文化的进步在于向前看，在于开拓新视野、解答新问题、增长新知识，而不是相反。越是执着于传统，反倒越会妨碍创新。

再次，中国近现代史的一个特殊现象，是社会往何处去的问题与如何对待传统的问题纠结在一起，且又与是否以"中学"为体的问题纠结在一起。这对新儒家造成的影响，是使得传统问题成了他们的一个"情结"，似乎哲学的思考就等于对传统哲学的思考，哲学的现代化就等于传统哲学（包括儒、道、释）的现代化。

三、汲取哲学研究上的经验以提升中国哲学

随着中国在经济上的崛起，相应也带来了文化复兴的要求，这也向哲学提出了新的课题，即如何创新，如何提升中国哲学的水平？以上对新儒学现象的反思，目的也在于汲取一些哲学研究上的经验，从而有助于提供一些中国哲学建设的思路。

中国的哲学建设，从西学研究的角度看，经过引进、介绍的阶段，目前对西方的大多数理论，如分析哲学、现象学、解释学等，都已形成一定数量的专家队伍，并在各个领域已有不同数量的研究著作出版，由此可说引进的阶段已经结束，需要适时地转向反思与创新的阶段。

这里分析的当代新儒学的不足，也正是我们在哲学的创新上需要克服之处。

1. 从摆脱传统的、习惯的思维方式的束缚，上升到普遍的、世界的立场上思考。这里所说的"传统的、习惯的思维方式"，包括"坐而论道"的学院派方式、预设中西哲学对立的狭隘方式，等等。哲学的问题一般来说并不具有地域的性质，譬如语言的问题。语词的"意义"是否在于其使用，或是在于其指称某个对象，这并不因为它是汉语、英语或俄语而有所不同。范畴是否经验综合的必要条件，这也不因德国、英国或中国的国家差别而有所不同。人是否具有自由意志等道德哲学问题也是如此。因此，对于哲学研究而言，不应过多地强调传统的差别、文化的差别。这些差别的影响，主要是在道德哲学、价值哲学方面的，而哲学的范围比这大得多。

2. 重视方法论的思考，鼓励采用不同的方法来研究问题。西方哲学的方法论有值得学习的地方。如维特根斯坦的"不要想，而要看"[1]，胡塞尔现象学的"面向事物本身"，引导人们从学院式的哲学思考方法，走向面对事物的现象，发现问题，把握本质。20世纪以来，一方面，是以经验论为基础的分析哲学使英美哲学寻求谈论"可说"的命题；另一方面，是面向事物本身的要求，使欧洲大陆哲学改变了思辨的传统，转向了对存在、身体、伦理现象等可见现象的关注。不论是英美的分析哲学还是欧洲大陆的现象学，某种可经验的知觉的"给予（者）"（the given）成为哲学思考的共同基础。

中国哲学的创新，在现阶段很需要借鉴现象学的"悬搁"的概念。虽然胡塞尔用这一概念的主要目的是要把与"哲学意识"相对的"自然意识"搁置起来，不过其中的对"历史的观念"的悬搁，实际上也就是把传统搁置起来，存而不论。对中国走向现代化而言，传统的影响是弊大于利，而不是相反。中国的现代化的成就，主要并不是传统文化作用的结果。当代中国的崛起，是结合中国的实际学习世界的现代化观念与经验的

---

[1] 维特根斯坦：《哲学研究》，§66。

结果，其中主要有三条，即市场经济的体制与运作、民主与法治的建设、人的权利的逐步认可。虽然传统文化中确有一些有价值的因素，但迄今为止人们所阐发的，不外是天人合一的和谐理念、重视教育与家庭和睦的观念、重视人格修养的道德观念等，这些对于中国的现代化来说，毕竟不是决定性的因素。

3.善于学习中、西哲学史上的思维经验。在如何吸收、融合不同的哲学思想方面，中、西哲学都有值得借鉴的经验。程朱理学对外来的佛学，以及作为"他者"的道学的融合，是通过吸纳、重新诠解它们的概念，形成新的、统一的哲学系统来实现的。西方哲学也有类似的方式，例如康德通过吸收经验论与唯理论，来创立起自己的先验论。不过区别在于，西方哲学更多的是通过新领域的开辟或方法上的创新，来达到哲学创新的结果。如胡塞尔通过现象学方法，来建立他的不同于康德的先验哲学，海德格尔则通过开辟有关人的生存状况的"存在论"领域，来建立自己的现象学的存在论。

4.树立多元、多样性的哲学观念。哲学与经验科学、数学的不同在于，它的问题并没有一个唯一的"解"。对概念的功能与对语言（如语词的意义问题）的解释如此，对价值概念的解释（如"正义"概念）也如此，因此并不存在某种唯一的哲学。哲学的多元性在于，对不同的现象领域（如语言、生存、心灵等）的解释，可以产生不同领域的哲学，并且对相同领域的现象的解释，也可以产生不同的哲学。这样的说法似乎与哲学具有"普遍性"的说法相矛盾。不过，哲学解释的普遍性在于，虽然对于同一现象可以有不同的解释，但每一种解释却都有其普遍性，只是这种普遍性关涉的方面不同而已。例如，语词意义的"使用说"与"指称论"，两者都有其解释的效力，只是它们所关涉的方面不同，前者与"语境"相关，而后者与"对象"相关。例如"砖"这一语词，作为名词它的意义在于指称相关的物体；而在建筑工地上，当某位正在砌墙的师傅向小工喊

"砖"时，它所传达的意义则是"把砖递给我"。在对人的本质是"理性"或是"非理性"的解释上也是如此。人本身是一种复杂的存在，加上每个人又有其特殊性，因此他在某些方面、某些情况下是理性的，但在另一些方面、另一些情况下则是非理性的。

上述各个方面中，最为根本的在于面对时代，把握现象，发现问题。哲学的创新不能停留于口号上。假如我们多关注一些"存在"问题、"语言"问题、"心灵"问题等，甚至开拓一些西方哲学尚未研究的领域，而不是停留在呼唤创新的口号上，那么中国哲学的现代化就有了希望。就创新与传统的关系而言，创新才是最好的传承传统的方式。创新在这方面的意义，在于它会形成新的传统，因此这使得传统得到延续。反之，拘守传统，跟不上社会的发展与需要，则传统反失。

第七节　元哲学问题与中国哲学的发展
——对"如何做哲学"的几点思考[①]

一、"元哲学"的概念

"元哲学"研究的是有关哲学的对象、性质、类型、方法与基本概念框架等根本性的问题。由于"如何做哲学"的问题涉及哲学的性质与方法等，因此，这一问题属于元哲学的范围。这类元哲学问题的思考，在具有开创性的哲学家那里不难见到。例如，休谟的《人性论》一书的副标题是"在精神科学中采用试验推理方法的一个尝试"，表明休谟对于建立自己的哲学系统，在方法论上是自觉的，即试图运用一种新的、类似于自然科学的实验与推论方法来研究哲学。康德在《纯粹理性批判》最后的"先验方法论"部分专门论述了有关元哲学问题，就"纯粹理性完整体系的形式

---

① 本节原文发表于《山西师大学报》（社会科学版）2020年第3期。国家社会科学基金重大项目"当代知识论的系列研究"的阶段性成果。

性条件的规定"①做出了思考，提出了有关哲学知识与数学知识的差别，各自所使用的方法的不同以及理性批判作为哲学思考的前提的必要性等。黑格尔在其《小逻辑》中着重从哲学与宗教思想的对比中来论述哲学的性质与方法。他认为这两者都以"真理为对象"②，不同的只是宗教是被上帝所启示的，因而它是一种"表象的方式"③。宗教的信念是以"人里面的精神"为见证的。而哲学属于"思辨思维"的方式④，是一种提高到具有自我意识的思维。它要以概念去代替表象，因此是一种把握对象的概念式的思维，其最高目的在于"确认思想与经验的一致"⑤。黑格尔还考虑了哲学与科学的关系，认为前者对后者应当加以承认和利用，以充实其自身的内容。此外，他所提出的哲学思辨的方法，乃是众所周知的"否定之否定"的辩证法。在胡塞尔那里，"现象学还原"也属于元哲学的考虑，目的在于以一种不同于"自然态度"的思想方式和有效的途径来进入现象学的特有研究对象，即"纯粹意识"的领域，使哲学能够成为严格的科学。上述所列举的这些考虑，无疑都属于如何做哲学的范畴。它们在这些试图开创新体系的大哲学家那里，都是一项必要的工作，是构成他们的哲学思想的前提。

对于一般的哲学研究者，虽然我们未必有那么高的创造新哲学体系的目标，但既然是做哲学研究，总有一个如何做的问题。不过正是在这方面，因为缺乏应有的思考，所以导致一些问题的出现，导致我们在哲学研究上存在一些不能令人满意的状况，尤其是缺乏创新性的成果，因此不可不察。

二、"元哲学"问题在儒学中的特殊表现：道统论

由于传统哲学采用的多是"语录"与"注释"等方式，这使得传统哲学家们缺乏对元哲学问题的思考。不仅"元哲学"这一概念过去在中国

---

① 康德：《纯粹理性批判》，王玖兴主译，商务印书馆，2018年，第571页。
② 黑格尔：《小逻辑》，第37页。
③ 黑格尔：《精神哲学》，杨祖陶译，人民出版社，2006年，第385页。
④ 黑格尔：《精神哲学》，第384页。
⑤ 黑格尔：《小逻辑》，第43页。

哲学中并没有出现，即使是在现当代，哲学家们对于"什么是哲学"、哲学知识的性质之类的问题也较少发问。不过细究起来，它却以一种特殊的方式发生，即在有关哲学的"性质"问题上，偏执于判问某种哲学是否属于"道统"或"正宗"。"道统"思想的提出原本有着对抗佛教、道教冲击的针对性，韩愈即为其中的重要代表。他为此开列出了从尧舜至孔孟的"道"传谱系，以此来阐明"博爱之谓仁，行而宜之之谓义"的儒家之"道"，以区别于佛学与老子之说，并力图排除后两者的影响。朱熹则大力推崇程颢、程颐兄弟的道统说，赞扬它的"使圣人之道焕然复明于世"之功，并明确标榜该道统说所具有的"辨异端，辟邪说"的功能。他描述彼时的状况是"异端之说日新月盛，以至于老、佛之徒出，则弥近理而大乱真矣"[1]，将老子、佛学都归入"异端之说"，指责它们造成了"君子不幸而不得闻大道之要"[2]的灾难性后果。"道统"与"异端"之间的对立，已不是什么学理上的问题，而是类似于我们今天所说的意识形态的问题了。

道统说所造成的后果，从学说史的角度说，是一种类似"复古"的举动。它不是倡导向前看的思想方式，而是以古为范，以孔孟思想为亘古不变的教义。这样的思想方式在儒学里，实际上在其创始人孔子那里就已被奠定。孔子的"法先王"以周代的典章制度为范本，追求"克己复礼"，就属于复古性的向后看的方式。进而，董仲舒的"罢黜百家，独尊儒术"，从制度上强化了儒学的这种道统地位。此外，对于学说史的发展来说，道统说所造成的恶果，在于它变异为一种"判教"式的标准。依此标准，学术问题被道德化，乃至政治化。明代哲学家李贽由于在《焚书》《藏书》等著作中提出"以孔子之是非为不足据"等非正统思想，就被视为异端，不仅遭到某位大臣的上疏劾奏，而且明神宗做出如下的批

---

[1] 朱熹：《四书章句集注》，第17页。
[2] 朱熹：《四书章句集注》，第3页。

示:"李贽敢倡(倡)乱道,惑世诬民,便令厂卫五城严拿治罪。其书籍已刊未刊者令所在官司,尽搜烧毁,不许存留。"①由此,李贽的书不仅被烧掉,而且他本人还被治了罪。

对于中国哲学的发展而言,这种道统的观念无啻于画地为牢,使哲学不敢越主流儒家经典的雷池一步。即如朱熹这样的哲学大家,亦只能表示对于"道统之传,不敢妄议"②。这一道统论虽在历史上也曾遭到一些批评,如方以智主张"道统且置",将其搁置不论,而且把"道"与百家的关系视为一种包容的关系,"天容物之芸芸也,犹道容百家众技之效能也"③。他还提倡"融三教百家于一炉",将佛、老、百家与儒家平等相待,这与道统论恰是针锋相对的。

不过,儒家的道统论终究还是造成一种根深蒂固的影响。在现代中国,比较成气候的哲学流派当属"现代新儒学"。但新儒家哲学存在的问题从根本上说是过于依附于传统,甚至讲道统,在经典里求学问。牟宗三把自己的思想概括为"三统之说"④,其中第一个就是"道统之肯定"⑤。徐复观也声言:"不谈文化则已,一谈便应该谈'统。'"⑥在具体操作上,熊十力的思想也是一样,提出"承先圣之业而演之"。

在这种道统观念的导引下,牟宗三所做的一项工作是在宋明儒家内部区分"正宗"或"歧出",判定朱熹哲学是"别子为宗"⑦,即以《大学》而不是以《论》《孟》等为宗。具体而言,就把握超越之理方面说,它是"根本上的歧出与转向,就经验知识之取得方面说,是枝节上的歧出与支

---

① 魏崇新:《明代异端思想家李贽》,《文史知识》1996年第2期。
② 朱熹:《四书章句集注》,第19页。
③ 潘志锋:《方以智"三教合一"的超越性道统观》,《河北学刊》2011年第6期。
④ 郑家栋编:《道德理想主义的重建——牟宗三新儒学论著辑要》。文中的"三统",指的是"道统""学统"与"政统"。
⑤ 郑家栋编:《道德理想主义的重建——牟宗三新儒学论著辑要》,第11页。
⑥ 黄克剑等编:《徐复观集》,第541页。
⑦ 郑家栋编:《道德理想主义的重建——牟宗三新儒学论著辑要》,第228页。

离"①。虽然牟宗三这么做的目的是为了梳理儒学史上的不同义理系统及其路向,这与韩愈和朱熹的道统说的目的之一是要贬斥佛、老之学为"异端"的做法不同,但毕竟从如何做哲学的角度上看,他的"识宋明儒之大宗即是恢复《论》《孟》《中庸》《易传》之主导的地位"②的主旨,及其使用的"道统""正宗"之类的概念所含有的强烈的价值化色彩,颇似确立某种"元叙事"来作为其他叙事的标准的做法,这在客观上有悖于学术活动所应有的自由、开放的精神。

从正面看,众所周知,中国哲学的繁荣时期是在先秦的诸子百家的争鸣时期。不论是儒家、道家、名家还是法家等,它们各自作为一种独立的哲学学派,发表着自己的主张,倡导着自己的学说。没有哪家是正统,是被独尊的。哲学史上的这一事实雄辩地表明,唯有在这种平等、竞争的学术环境里,在并无什么"元叙事"标准的话语状态下,哲学才能自由地发展,思想之花才能盛开。

三、哲学研究的思路与方法

与逻辑学、知识论的不发达相伴随,中国古代哲学中有关如何做哲学的方法论几乎不发生,或者说很少发生。随着学术视野的拓展,这种状况开始出现了变化,产生了一些元哲学上的思考。如梁启超认为哲学的研究方法有三种:问题的研究法、时代的研究法、宗派的研究法。他认为,这三种方法无论是对于研究东方哲学或西方哲学都是可以适用的。就此他给出的例子是性善或性恶问题的研究法;把几千年的历史划分为若干时代,以求在每个时期中把握其特色的时代研究法以及类似今文学派、古文学派的宗派研究法。

冯友兰对如何做哲学的问题进行了较多的思考。他这方面的一个主

---

① 郑家栋编:《道德理想主义的重建——牟宗三新儒学论著辑要》,第262页。
② 郑家栋编:《道德理想主义的重建——牟宗三新儒学论著辑要》,第230页。

张是,"新的现代化的中国哲学,只能是用近代逻辑学的成就(注意:冯氏说"只能"——引者)分析中国传统哲学中的概念,使那些似乎是含混不清的概念明确起来"[1]。这是借用"他山之石"来"攻玉"的方法。然而他这一主张中存在一个问题,即把中国哲学的"现代化"的道路限制在"只能是"用"近代逻辑学的成就",来分析中国传统哲学中的概念。这使得这一路向变成唯一的选择,而排除了其他能够使中国哲学得以现代化的路径,未免显得过于绝对化。

此外,众所周知,冯友兰还提出了"负的方法"的概念,这是他在元哲学的思考上独有创建的地方,以解决如何对哲学中的那些非实证性的对象进行思考与论述的问题。这里所谓"负的",指的是与"正的",即逻辑分析的方法相对立的、直觉的方法。它是为了解决对于终极性的"大全"或"大一"这类形上学对象的言说问题。既然这类对象是既超越经验又超越理智的,我们难以从正面描写和分析它是什么,因此冯友兰认为我们仅仅能够像《老子》与《庄子》对于"道"的概念所能做的那样,"只说它不是什么"[2]。他以传统国画的"烘云托月"的手法做比喻:在画中我们可以只画出"云",而留出的圆形空白处自然就显现为"月"。然而这一类比性解释留下的问题是,对于"大全"或"大一"这样的不可言说的东西,在"只说了它不是什么"之后,我们仍然不可能像冯友兰所说的"也就明白了一些它是什么"[3],就像我们知道了某个人不是张三、不是李四、不是王五等,我们仍然不知道他是何人。同理,就冯友兰认为的哲学的任务在于"提高人的精神境界"而言,假如我们借助"负的方法"仅仅告诉人们最高的"天地境界"不是什么,哲学也仍然没能达到它的教化的目的,反倒只会使哲学处于一种未决的、神秘的状态。

冯友兰还把这种"负的方法"视为直觉的方法。然而,所谓"直觉

---

[1] 冯友兰:《中国现代哲学史》,第200页。
[2] 冯友兰:《中国哲学简史》,第393页。
[3] 冯友兰:《中国哲学简史》,第393页。

的方法",虽然可以用来解释人们思想的某些方面,诸如凭借瞬间的灵感而产生了某种理解,或是具有某种理智的直接洞察性,但它也可以成为某种理论上的"避难所",即把难以解释的思想活动通通都归之于直觉。另外,直觉的方法也并不等于是不界说的方法,它是有着肯定的结果,是有所言说的。哲学之"思"可以来自直觉,但其结果必定是要有所言说的。神秘性并不是哲学所应当期待的结果。

不过,虽然笔者对冯友兰的上述元哲学思考提出异议,但他的这些思考还是殊为可贵的。因为相比起来,国内的哲学家们在如何做哲学问题上进行的思考是不足的。这一元哲学层面上思考的缺乏,在哲学研究中导致了一些不能令人满意的结果。这集中体现在哲学史方面的研究比较发达,而哲学本身的原创性研究成果阙如。因此在某种意义上甚至可以说,当今的中国只有哲学史家而没有什么哲学家。

为什么会有这样的结果发生,原因可能有多方面的。这里,笔者仅从元哲学的角度提出三种解释。

其一,缺乏一种在各类现象中发现哲学问题的思路,而往往局限于在书本中讨学问。例如在知识论领域的认识分歧、认识的运气之类的现象,语言哲学中的句子表面的意义("句子的意义")与说话者实际上所蕴含的意义("说话者的意义")不同的现象,"以言行事"的现象等,这些按理来说并不是很难发现的,但却总是由国外学者首先加以把捉。

胡塞尔提出的"从实事出发"的现象学原则,值得我们认真对待与借鉴。从某种意义上说,哲学就是对不同现象的认识史、观念史。就宏观的现象而言,它大致包括从古代的外部世界的存在现象(本体论问题),到近代的认识现象(知识论问题),再到现代的语言现象(语言哲学)和心灵现象(心灵哲学)等。这些宏观的现象下又包含着一些微观的现象,如上面提到的那几种认识现象。海德格尔正是遵循这样的"从实事出发"的思想路向,将眼光投向人的生存现象,如焦虑、沉沦与被抛、面对死亡等,遂开拓出了哲学的一片新天地,形成了"存在主义"的流派。这种面对现象、发现问题的研究经验值得我们学习，并应成为我们在研究思路上的一种习惯。

这方面值得注意的是，不论维特根斯坦、胡塞尔还是海德格尔，虽然他们面对的问题不同，所提出的学说也不同，但都一致地声称自己的哲学方法是"描述"的方法。胡塞尔明确宣称，他的现象学是"一门纯'描述性的'科学"[1]。海德格尔也写道："现象'的'科学等于说：以这样的方法来把捉它的对象——关于这些对象所要讨论的一切都必须以直接展示和直接指示的方式加以描述。"[2]维特根斯坦也明确表示，"哲学的确是'纯粹描述的'"[3]。为什么如此？因为一切都"呈现在我们眼前，没有什么要解释。因为隐藏起来的东西……对我们毫无兴趣"[4]。通过描述，我们就可以如其所是地把握语言的事实。虽然在如何描述的问题上，这三位大哲学家的理解有所不同[5]，但他们之所以都把自己的哲学方法界定为"描述"的，这可说是体现了20世纪西方哲学的一个共同趋向，即反形上学，使哲学保持在一个可见的、可以言说的领域之内。在这个意义上说，他们的元哲学观念体现了一种共同的、追求类似于具有自然科学那样的"客观性"的趋向。

"描述"之所以为描述，是因为它面对的是某种现象或事实，所以描述作为一种认识活动才能得以展开。与之相反的做法，则是在书本里讨学问，这种做哲学的方法是无法通过"描述"来进行的。虽然对已有的哲学概念、命题和思想进行梳理与辨明，使其意义能够得到澄清，这对哲学的

---

[1] 胡塞尔：《纯粹现象学通论》，李幼蒸译，商务印书馆，1992年，第165页。
[2] 海德格尔：《存在与时间》，陈嘉映、王庆节译，生活·读书·新知三联书店，2006年，第41页。
[3] 维特根斯坦：《维特根斯坦全集》（第6卷），涂纪亮编译，河北教育出版社，2003年，第25—26页。
[4] 维特根斯坦：《哲学研究》，第70页。
[5] 注：胡塞尔的描述是通过直观进行的，其目的是把握本质；海德格尔对现象的描述还需与"诠释"相结合，因为由此才能解读出现象蕴含的意义；而维特根斯坦则只限于描述本身，因为在他看来，语言现象的背后并没有隐藏什么"本质"之类的东西。

研究也有着重要的学术价值；但是，如果仅限于做书本上的学问，也会带来一些消极的后果。首先，是不能拓展哲学思考的空间，使它只是停留在原有的范围内。就国内的哲学研究而言，这种状况显得比较突出。对一些未曾注意的现象在哲学上加以关注（它们通常表现为一些新的哲学问题），往往是由国外学者首先做出的，然后才有国内学者的跟进，对它们进行介绍。好一点的话，是能够相应提出一些问题，做出一些自己的思考，提出某些见解或给出某种解释。但即便如此，也仍然谈不上太大的学术贡献，因为他们所使用的仍然是国外学者的概念与框架，所以在理论上仍然没能做出根本性的推进。这一点下面我们还会讲到。其次，更糟糕的是，这会使哲学变得更加"学院化"，与现实越来越脱离，越来越没有生气。哲学家们自说自话，其话语传不到圈外，民众也不明白哲学家们在说些什么，或者所说的有什么意义。

这方面现代"新儒学"可说是一个典型。例如，牟宗三哲学所做的一个努力，是要论证从"内圣"能够开出"新外王"，即开出民主与科学。而达到这一目的的途径，乃是从道德理性转出"知性"，也就是"道德理性（良知）的自我坎陷"[①]。这种说法虽然听起来新鲜，但却没有什么道理。因为现实的情况是，科学与民主是通过思想的启蒙而得到的，对它们的诉求早已成为社会的共识。在牟宗三所处的时代，问题乃是在于如何更有效地发展科学以及如何建立民主制度，乃至反思民主制度的不足，推进民主制度的完善等，而不是在于如何从"内圣"来开出的问题。这样的问题显然落后于时代，属于书斋里自我想象的问题。此外，科学与民主观念的获得，也并非如牟宗三所认为的那样，"乃是要在自己的生命中生出来的。这是要展开自己心灵的，要开出心灵之角度与方向的"[②]。因为科学与民主并非是道德的自我觉知的产物，从而也不是通过所谓的"内圣"开

[①] 郑家栋编：《道德理想主义的重建——牟宗三新儒学论著辑要》，第18页。
[②] 王兴国编：《中国近代思想家文库·牟宗三卷》，中国人民大学出版社，2015年，第438页。

出来的，而是理性认识的产物，包括人类为了应对自己生存的自然环境与政治环境的产物。

其二，是对哲学的"普遍性"特征缺乏应有的认识，而局限于"特殊性"的立场。哲学是否是普遍的，抑或特殊性是其特征，这同样是如何做好中国哲学的一个基本问题。有关"以西释中"问题的争论，其实质就在于此。哲学的概念与学说是否具有普遍性，构成了能否以西释中的前提。

对于哲学是否具有普遍性这一问题，在"中国哲学"的圈子内，存在着三种有代表性的观点。一是冯友兰的"普遍性"观点。他认为"哲学中有普遍的公共底义理"，因此，如果哲学家"受所谓民族性的拘囿"的话，只会使自己受到不必要的束缚。因而"哲学的目的，正是要打破这些拘囿，而求普遍底公共底义理。如果有所谓民族性，哲学家于讲哲学的时候，正要超过之"[①]。与此相关，甚至也不存在哲学语言的民族性问题，因为"某民族的语言，对于这些义理完全是偶然底，不相干底"[②]。二是陈荣捷的观点。他主张的是具有特殊性的中国哲学，认为不应当以西方哲学的模型来处理中国哲学，否则那好比是将中国哲学穿上极不合身的西式外套，是一个极大的错误。三是牟宗三的观点，主张"具体的普遍性"，也就是说，由于中西哲学是通过各自不同的文化"通孔"发展而来的，因此它们各有其特殊性，这是由两者各自的历史语境所决定的。不过，"凡是哲学的真理都是普遍的"[③]。由于中西哲学能够从各自特殊的"通孔"中把握到真理，因而它们也就有了普遍性。因此，这种普遍性是黑格尔意义上的"具体的普遍性"。

诚然，我们所见到的现象都是特殊的，而且大部分的哲学概念可说也是通过对现象的把握而产生的。不过对于哲学的思考而言，在形成其概

[①] 冯友兰：《三松堂学术文集》，北京大学出版社，1984年，第432页。
[②] 冯友兰：《三松堂学术文集》，第431页。
[③] 牟宗三：《中国哲学十九讲》，上海古籍出版社，1997年，第28页。

念时是不必考虑它们的特殊性的。这就像孔子在考虑"仁"的概念时,不必去考虑它是属于鲁国、齐国或是晋国等那样。"仁"的概念对于孔子而言,它意味着"爱人",无论在哪里都是一样的。同理,当休谟思考"因果性"问题时,他也不必考虑它是英国的、法国的或是德国的因果性。"因果性"概念意味着时间上在先的原因决定在后的结果,这同样是在哪里都一样的。

之所以会有"具体的普遍性"的情况的发生,其实并不在于哲学的概念是否普遍的,因为概念只要具有广泛的解释力,它们就是普遍的;而是在于对哲学家而言,他们都是处于不同的社会与历史语境之中,并且这构成他们各自的发现与把握现象的特殊视角。"仁"的概念是普遍的,但之所以会提出这一"仁"的概念,却是由于当时的社会处于春秋时期的战乱境况中。这种需要加以稳定的社会环境,使得孔子形成了自己的特定哲学,尤其是道德哲学。它的概念系统,如仁、义、礼、智,都是做人所需要的品德,从而也就具有普遍性的意义。道德的概念如此,其他的认识领域、语言领域、心灵领域的概念更是如此;也就是说,即使是在特定环境下发现的认识现象(诸如认识上的"分歧"),但一旦形成概念的规定,其普遍性则是不言而喻的。

因此,如果片面地强调哲学思考的特殊性,这实际上也是画地为牢,束缚了自己的思想。与历史、社会研究的个案对象不同,哲学研究的对象是普遍的事物,如实在、意识、语言、心灵等。这类对象的规定性,不论对于中国还是西方都是普遍的,不会因为国别、民族、人种的不同而有差别。因此,我们对这些对象进行思考时,应当从普遍性的角度进行。朱熹曾经用"一月映万川"来比喻"理一分殊"的道理。这个哲学上的"理"乃是一个共同的理,就像天上的月亮乃是一个共同的月亮那样。

假如我们搞清了这样的道理,那么在"以西释中"问题上的争论就不难对待,尤其是不要使这样的问题价值化。如果承认哲学的目标是追求真理,那么其普遍性的意义就不会成为什么问题,如何做中国哲学的问题也就同样变得明了，而不至于有自设的障碍。

其三，通常不能提出自己对问题进行解释的概念，而是只能借用已有的概念乃至整个概念框架。

以金岳霖的《知识论》为例。它可说是一篇殚精竭虑之作，亦有不少闪光的思想。但它存在的不足亦同样明显。首先，这部巨著并不能提出自己的问题，而只不过是重复古老的、柏拉图式的"知识究竟是甚么"的问题。① 这显示出它未能独立地捕捉认识的现象，把握其问题。它与罗素的《人类的知识》所开宗明义地提出的"既然人们和世界接触的时间短暂，观察事物又不免带有个人偏见和局限性，那么人们又是怎样得以获知他们的全部知识的"②问题相比，显然在对认识现象的把捉上、在问题的意识上有着明显的反差。其次，这部著作由"认识""思想""摹状与规律""自然""时空"等概念所组成，在解释的概念上也显得未能有所突破。

如何使用汉语中已有的概念来讲述哲学，形成中国哲学自己的概念系统，冯友兰与金岳霖等都曾做过努力。冯友兰在他的《新理学》等著作中使用了"太极""理""气""两仪""四象"等概念，金岳霖也在其《论道》中使用了"道""式""能""几"等。但这些概念终未能流行。严复在其译著中也曾做过类似的努力。他以"内籀"和"外籀"来分别翻译"归纳"与"演绎"，以"连珠法"来翻译"三段论"，但他的这些译名却不能被沿用。如果探寻其原因的话，一是可能与西方哲学著作的翻译有关，它们带来了一套新的、不同于传统哲学的概念（语汇）系统，特别是马克思主义著作的翻译，其整套的概念译名通过学校的教育加以推行，并通过各种媒体变成社会的通行话语，自然使得哲学话语更换了一套概念系统。另一是中国本土的传统术语或概念能否适合表达现代的哲学观念的

---

① 金岳霖：《知识论》，第1页。
② 罗素：《人类的知识——其范围与限度》，张金言译，《罗素全集》（第九卷），商务印书馆，2012年，第11页。

问题。

联系到当今国内做哲学的方式，应当说不论是"以西释中"或"中西互释"，存在的一个根本问题是，它们都依赖于现有的概念系统，而不能提出新的解释概念，更谈不上形成自己的概念系统。另一种可能促进哲学创新的思路是"以今释古"。这里的"今"，除了包括既有的概念与学说外，笔者更强调的是能够有新的解释概念的产生。斯特劳森曾经有这样的说法："任何哲学家只有在用他自己时代的术语来重新思考前人的思想时，他才能真正理解他们。"[1]引文中的"自己时代的术语"，我们可以将它理解为新的、具有创造性的解释概念。

当今西方哲学的新观念迭出，仅以知识论为例，什么"内在主义""外在主义""证据主义""可靠主义""命题主义"等，举不胜举。虽然对这些概念的解释有效性如何也还存在争论，但客观上它们的产生更新并丰富了人们对认识现象的理解。例如，"内在主义"概念的提出，有助于理解已经存在的"基础主义"与"一致主义"的思想，因为这个概念能够清晰地刻画基础主义与一致主义所具有的通过信念和信念之间的关系来进行确证的内在性质。[2]特别是在"外在主义"的概念提出之后[3]，作为一种概念上的对比，内在主义所强调的确证的内在性质就表现得更为清楚。

探讨如何做哲学的元哲学问题，对于促进中国哲学的发展无疑具有积极的意义。上述的元哲学上的道统观念以及未能捕捉现象、缺乏对哲学

---

[1] Strawson, *Individuals*, p.11.
[2] 根据基础主义，一信念对另一信念的确证，表现为前者作为自身无须确证的"基础信念"对作为上位的"非基础信念"的确证。而按照"一致主义"，信念的确证是基于所有相关信念之间的一致关系之上的，也就是这些信念之间具有一种相互支持的关系。
[3] "外在主义"认为，某一信念是得到确证的，当且仅当它来自一个可靠的信念形成过程。这个过程之所以是可靠的，在于它趋向于产生一个具有高度为真的信念结果。这与内在主义的主张正好相反。

概念的"普遍性"的认识、缺乏自己的解释概念这三种情况，在观念与方法上构成了妨碍中国哲学发展的主要障碍。这是因为，以这些方式做哲学，结果只能是画地为牢，使自身停留在既有的哲学系统与概念的水平上，无法通过发现新的哲学现象以及提出新的解释概念来推进哲学的发展。

陈嘉明著作一览

1.《建构与范导——康德哲学的方法论》，社会科学文献出版社，1992年；上海人民出版社，2013年再版。

2.《当代西方哲学方法论与社会科学》，厦门大学出版社，1991年。

3.《现代社会思潮评析》（第二主编），厦门大学出版社，1992年。

4.《现代性与后现代性》（第一作者），人民出版社，2001年。

5.《知识与确证——当代知识论引论》，上海人民出版社，2003年。

6.《实在、心灵与信念——当代美国哲学概论》（主编），人民出版社，2005年。

7.《现代性与后现代性十五讲》（"名家通识讲座书系"），北京大学出版社，2006年。

8.《现代西方哲学方法论讲演录》（"大学名师讲课实录"），广西师范大学出版社，2009年。

9.《科学解释与人文理解》（第一作者），上海人民出版社，2010年。

图书在版编目（CIP）数据

哲学、现代性与知识论/陈嘉明著. —北京：商务印书馆，2022
（上海交大·全球人文学术前沿丛书）
ISBN 978−7−100−21794−1

Ⅰ.①哲⋯　Ⅱ.①陈⋯　Ⅲ.①哲学—文集　②知识论　文集　Ⅳ.① B-53 ② G302-53

中国版本图书馆 CIP 数据核字（2022）第 194674 号

权利保留，侵权必究。

哲学、现代性与知识论
陈嘉明　著

商 务 印 书 馆 出 版
（北京王府井大街36号　邮政编码100710）
商 务 印 书 馆 发 行
上海盛通时代印刷有限公司印刷
ISBN 978−7−100−21794−1

2022年11月第1版　　　开本 670×970　1/16
2022年11月第1次印刷　印张 26.75　插页 2

定价：136.00元